A ECOLOGIA DE MARX
materialismo e natureza

JOHN BELLAMY FOSTER

A ECOLOGIA DE MARX
materialismo e natureza

TRADUÇÃO: JOÃO POMPEU

1ª edição

EXPRESSÃO POPULAR

São Paulo • 2023

Copyright 2000 by Monthly Review Press

John Bellamy Foster. *Marx's ecology: materialism and nature.*
Monthly Review Press.
Copyright © 2023 by Editora Expressão Popular

Tradução: João Pompeu
Revisão de tradução: Mariana Tavares
Revisão: Lia Urbini, Miguel Yoshida e Aline Piva
Projeto gráfico e diagramação: Zap Design
Capa: Rafael Stédile
Impressão e acabamento: gráfica Vox

Dados Internacionais de Catalogação-na-Publicação (CIP)

F755e	Foster, John Bellamy
	    A ecologia de Marx: materialismo e natureza / John Bellamy
	Foster ; tradução: João Pompeu --1.ed. -- São Paulo:
	Expressão Popular, 2023.
	    384 p.
	
	    Traduzido de: Marx's ecology: materialism and nature
	    ISBN 978-65-5891-085-5
	
	    1. Ecologia. 2. Materialismo 3. Marxismo. I. Pompeu, João.
	II. Título.

	CDU 330.85

Catalogação na Publicação: Eliane M. S. Jovanovich CRB 9/1250

Todos os direitos reservados.
Nenhuma parte deste livro pode ser utilizada
ou reproduzida sem a autorização da editora.

1ª edição: janeiro de 2023
1ª reimpressão: maio de 2025

EXPRESSÃO POPULAR
Rua Abolição, 197 – Bela Vista
CEP 01319-010 – São Paulo – SP
Tel: (11) 3112-0941 / 3105-9500
livraria@expressaopopular.com.br
www.expressaopopular.com.br
⬛ ed.expressaopopular
▣ editoraexpressaopopular

SUMÁRIO

Nota editorial..7

Prefácio..11

Introdução...17
    Materialismo..18
    Ecologia...28
    A crise da socioecologia...38

1. A concepção materialista da natureza...45
    Materialismo e o novíssimo Marx..59
    Epicuro e a revolução da ciência e da razão....................................71

2. A verdadeira questão terrena..107
    Feuerbach..109
    A alienação da natureza e da humanidade.................................... 114
    Associação *versus* Economia Política..123

3. Párocos naturalistas 127
    Teologia natural 129
    Teologia natural e Economia Política..133
    O *Primeiro ensaio* 138
    O *Segundo ensaio* 150
    Thomas Chalmers e os Tratados de Bridgewater 155

4. A concepção materialista da História..159
    A crítica de Malthus e as origens do materialismo histórico 160
    O novo materialismo...166
    Geologia histórica e geografia histórica 175
    A crítica aos socialistas verdadeiros..183
    O "prometeísmo" mecanicista de Proudhon..................................187
    A visão do *Manifesto Comunista* 197

5. O metabolismo entre natureza e sociedade..207
    Superpopulação e as condições de reprodução dos seres humanos.............. 209
    James Anderson e as origens da fertilidade diferencial.............................211
    Liebig, Marx e a Segunda Revolução Agrícola..216
    Liebig e a degradação do solo 219
    A teoria de Marx sobre a ruptura metabólica...227
    A análise de Marx sobre sustentabilidade 238
    Rumo à sociedade de produtores associados 247

6. As bases na História Natural para a nossa opinião 257
    A origem das espécies...263
    Darwin, Huxley e a derrota da teleologia...271
    Marx e Engels: trabalho e evolução humana 281
    O flagelo dos materialistas..296
    A revolução no tempo etnológico: Morgan e Marx..................................301
    Um jovem darwinista e Karl Marx..314

Epílogo 319
    Naturalismo dialético...323
    Marxismo e ecologia depois de Engels..332
    A dialética de Caudwell... 342
    O ecologista dialético...349
    O princípio da conservação 356

Referências..359

Índice onomástico..377

NOTA EDITORIAL

A *Ecologia de Marx: materialismo e natureza* teve sua primeira edição há mais de 20 anos, em 2000. À época foi um marco no debate sobre a interpretação da questão ecológica a partir da teoria social desenvolvida por Karl Marx e Friedrich Engels abrindo um amplo debate produtivo e criativo em torno dessa questão que se mostra cada vez mais urgente no atual estágio de desenvolvimento do capital. O saldo dessa publicação, depois de 20 anos, é o de um aprofundamento na reflexão em torno do legado de Marx não apenas para a crítica ao modo de produção atual, mas sobretudo à possibilidade de se pensar e se construir a superação dele.

A urgência desta nova edição no Brasil se justifica. Vivemos em tempos de extinção progressiva de espécies animais e vegetais, de contaminação de solos, águas e ar com as mais diversas substâncias tóxicas. Mudanças climáticas acentuadas já não se restringem ao degelo dos polos e às florestas ou desertos remotos, modificando regimes de seca, chuvas e ventos de todo o planeta, desregulando sistemas e permitindo o surgimento de vírus em proporções epidêmicas e até pandêmicas. Refugiados do clima já constituem uma parcela considerável da população, e a eles se somam contingentes enormes de pessoas que enfrentam a destruição dos territórios em que vivem em virtude de crimes ambientais de proporções cada vez mais alarmantes, e ao mesmo tempo cada vez mais recorrentes, perpetrados em sua maioria por corporações transnacionais cujos lucros anuais transcendem PIBs de muitos países.

Diante de um cenário como este, a dicotomia ser humano e meio ambiente se torna progressivamente mais absurda e obsoleta. Bebemos e nos alimentamos do meio ambiente, respiramos, crescemos em conexão orgânica com ele. Fazemos parte do meio ambiente, não estamos acima ou cercados por ele, como um outro superior. Se até pouco tempo atrás essa constatação óbvia ainda era ridicularizada e considerada romântica pelos defensores da produção desenfreada, desconectada com o compromisso de um desenvolvimento humano igualitário e justo ambientalmente, atualmente apenas os capitalistas de visão imediatista, terraplanistas e negacionistas patológicos se arriscam a desmerecer ou diminuir a dimensão da questão ambiental, ou a considerá-la alheia à questão da sobrevivência humana.

A degradação que a produção sob a lógica capitalista produz, e que por um tempo pôde ser empurrada para o quintal dos povos periféricos, volta pela porta da frente das casas dos países enriquecidos. Encurralados pela própria materialidade do problema, os porta-vozes mais antenados do capital apresentam propostas reformistas que apenas "enxugam gelo", que fazem da tragédia coletiva novas oportunidades de negócios e não comprometem a estrutura da exploração em grandes conferências internacionais. Ideias como "racismo ambiental", "justiça ambiental" e "desenvolvimento socialmente e ambientalmente responsável" são sequestradas das lutas populares, esvaziadas e ressignificadas como se pudessem ser protagonizadas e colocadas em prática pelos que ainda estão no poder, sem prejuízo ao cerne da marcha capitalista. Em contrapartida, perspectivas holísticas e integrativas são relegadas ao plano idealista, individualista ou místico.

A ecologia de Marx: materialismo e natureza foi escrito com o intuito de incidir nesse estágio do debate ampliando e radicalizando as possibilidades de posicionamento crítico no mundo. Por meio de um mergulho profundo nas obras de Marx e Engels rigorosamente contextualizadas, Foster consegue reconstruir passo a passo o percurso investigativo dos autores em busca de uma leitura materialista da história que, contra o reducionismo de muitas interpretações posteriores, se prova profundamente ecológica. Fazendo isso, o autor fornece bases fundamentais para que as novas gerações de pesquisadores e militantes não repitam os erros de leituras rasas do passado, e possam dar prosseguimento às atualizações da luta que realmente se fazem necessárias dentro do escopo do que se tem de melhor no legado socialista científico.

É de fundamental importância ressaltar que trazer de volta essa obra ao público – que teve uma edição em português pela Civilização Brasileira em 2005 e há muito esgotada – com nossa nova tradução faz parte da missão da Editora Expressão Popular em fortalecer a batalha das ideias e contribuir, lembrando o velho Marx, para que a teoria se torne força material a partir de sua incorporação pelas massas. Nesse sentido, esta edição dá continuidade à articulação política entre a Expressão Popular e algumas Associações de docentes do Ensino Superior, em curso desde 2019, que tem dado muitos frutos, com o avanço nos debates e na batalha das ideias. Esta publicação é resultado do trabalho conjunto com editora da Adufop, Adunirio e Apes. Além disso, gostaríamos de agradecer a John Bellamy Foster e à editora Monthly Review que solidariamente nos cederam os direitos de publicação deste livro no Brasil, fortalecendo com isso os laços de solidariedade e a construção do internacionalismo.

Por fim, cabe um alerta em relação aos procedimentos editoriais aqui estabelecidos para que se desfrute da obra com todos os elementos necessários. Nos casos em que havia tradução consolidada das obras citadas e nos foi possível acessá-las, preservamos a tradução brasileira existente. As referências completas dessas edições brasileiras aparecem na seção Referências, sempre entre colchetes, após a referência em inglês. Nos demais casos, a tradução é nossa. Também traduzimos os títulos de obras, mesmo quando não foram editadas no Brasil. Nas referências ao final é possível encontrar as informações completas da publicação original, e o título traduzido aparece entre colchetes, ao final.

Os editores

PREFÁCIO

O título original deste livro, no princípio, era *Marx e ecologia*. Em algum momento durante a escrita o título mudou para *A ecologia de Marx*. Essa troca significa uma grande transformação no meu pensamento sobre Marx (e sobre ecologia) ao longo dos últimos anos, uma mudança que aconteceu devido ao papel desempenhado por inúmeras pessoas.

Marx é frequentemente caracterizado como um pensador antiecológico. Mas sempre fui muito familiarizado com sua escrita para levar essa crítica a sério. Ele tinha, como eu sabia, demonstrado uma profunda consciência ecológica em vários pontos de sua obra. Mas quando escrevi *O planeta vulnerável: uma breve história econômica do ambiente*, em 1994, eu ainda acreditava que as ideias ecológicas de Marx eram de alguma forma secundárias em seu pensamento; acreditava que elas não apresentavam nenhuma contribuição nova ou essencial para os nossos conhecimentos sobre ecologia como tal nos dias de hoje; e que a importância de suas ideias para o desenvolvimento da ecologia estavam no fato de que ele proporcionou a análise histórico-materialista que a ecologia, com suas noções geralmente a-históricas e malthusianas, necessitava urgentemente.

Eu sabia que era possível interpretar Marx de uma maneira diferente, de uma maneira que concebesse a ecologia como central em seu pensamento, desde que isso me foi apontado, diariamente, nos anos 1980 pelo meu amigo Ira Shapiro, expatriado de Nova York, agricultor, carpinteiro, filósofo da classe trabalhadora e, naquele momento, estudante que frequentava as minhas aulas. Contrariando todas as convenções sobre as interpretações de Marx, Ira dizia para mim: "olhe isto", me mostrando passagens em que Marx lidava com os problemas da agricultura e da circulação de nutrientes do solo. Eu ouvia atentamente, mas ainda não compreendia de forma plena todo o significado do que me estava sendo dito (algo que sem dúvida me impedia de entender, ao contrário dele, era o fato de que eu não tinha nenhuma experiência real no trabalho com a terra). Naqueles mesmos anos, meu amigo Charles Hunt, militante radical, sociólogo, professor em meio período e apicultor profissional, me disse que eu deveria conhecer melhor o livro de Engels *Dialética da natureza*, por sua ciência e seu naturalismo. Novamente eu escutei, mas tinha minhas hesitações. Não seria a "dialética da natureza" falha desde o princípio?

O meu caminho para o materialismo ecológico estava bloqueado pelo marxismo que eu tinha aprendido com o passar dos anos. Minha base filosófica situava-se em Hegel e na revolta do marxismo hegeliano contra o marxismo positivista, revolta essa que teve início nos anos 1920 com as obras de Lukács, Korsch e Gramsci, e que foi levada para a Escola de Frankfurt e para a Nova Esquerda (parte da revolta muito maior contra o positivismo que dominou a vida intelectual europeia de 1890 a 1930 e até anos posteriores). A ênfase aqui era no materialismo prático de Marx, baseado em seu conceito de práxis; que em meu próprio pensamento viria a se combinar com a tradição da Economia Política da *Monthly Review* nos Estados Unidos, e com as teorias histórico-culturais de E. P. Thompson e Raymond Williams na Grã-Bretanha. No entanto, parecia haver pouco espaço nessa síntese para uma abordagem marxista de problemas da natureza e das ciências natural e física.

É verdade que pensadores como Thompson e Williams na Grã-Bretanha, e Sweezy, Baran, Magdoff e Braverman, associados à *Monthly Review* nos Estados Unidos, insistiram na importância de se conectar o marxismo com o domínio natural-físico mais amplo, e cada um deles contribuiu a sua maneira para o pensamento ecológico. Mas o legado teórico de Lukács e Gramsci, que eu internalizei, negou a possibilidade de aplicação de modos dialéticos para se pensar a natureza, essencialmente

PREFÁCIO

13

cedendo todo esse domínio ao positivismo. Naquela época, eu não tinha ciência de uma tradição alternativa, mais dialética no seio das ciências da vida contemporâneas, associadas em nosso tempo com as obras de alguns pensadores importantes como Richard Lewontin, Richard Levins e Stephen Jay Gould. (Quando eu finalmente adquiri essa consciência, foi por conta da *Monthly Review*, que há muito tempo procura retomar a relação do marxismo em geral com as ciências natural e física). Eu tampouco conhecia o realismo crítico de Roy Bhaskar.

Para piorar as coisas, assim como a maioria dos marxistas (fora do campo das ciências biológicas, em que parte dessa história foi conservada), eu não conhecia a história real do materialismo. Todo meu materialismo era de ordem prática, político-econômica; filosoficamente informado pelo idealismo hegeliano e pela revolta materialista de Feuerbach contra Hegel, mas ignorante da história mais ampla do materialismo dentro da filosofia e da ciência. Nesse aspecto, a própria tradição marxista, da maneira como foi ensinada ao longo do tempo, foi relativamente de pouca serventia, dado que a base a partir da qual Marx rompera com o materialismo mecanicista, sem deixar de ser materialista, nunca fora adequadamente compreendida.

É impossível explicar os estágios (exceto, talvez, ao destacar o argumento que segue) de como eu finalmente cheguei à conclusão de que a visão de mundo de Marx era profundamente e, de fato, sistematicamente ecológica (em todos os sentidos positivos que este termo é utilizado hoje), e que essa perspectiva ecológica era derivada de seu materialismo. Se houve um ponto decisivo de mudança no meu pensamento foi logo após a publicação de *O planeta vulnerável*, quando meu amigo John Mage, advogado radical, estudioso clássico e colega de trabalho na *Monthly Review*, me disse que eu tinha cometido um erro no meu livro e em um artigo subsequente ao adotar de maneira incerta a romântica visão verde de que as tendências antiecológicas do capitalismo poderiam, em grande medida, remontar à revolução científica do século XVII, e em particular à obra de Francis Bacon. John levantou a questão sobre a relação de Marx com Bacon e o significado histórico da ideia de "dominação da natureza" que emergiu no século XVII. Gradualmente, eu percebi que toda a questão da ciência e ecologia teria de ser reconsiderada desde o início.

Dentre as questões que me preocupavam: por que Bacon era comumente apresentado como *o* inimigo no seio da Teoria Verde? Por que Darwin era tão frequentemente ignorado nas discussões sobre ecologia do século XIX (para além da mera atribuição de concepções de darwinismo social e malthusianismo a ele)? Qual era a relação de Marx com tudo isso?

Concluí logo no início desse processo que as tentativas de "ecossocialistas" de enxertar a Teoria Verde em Marx, ou Marx na Teoria Verde, nunca poderiam gerar a síntese orgânica agora necessária. Nesse sentido, eu fiquei impressionado com o conhecido aforismo de Bacon de que:

> Buscaremos em vão o avanço do conhecimento científico como proveniente da superindução e enxerto de coisas novas nas velhas. Há de se partir de um novo começo (*instauratio*), desde as primeiras bases, a menos que queiramos caminhar para sempre em círculos e fazer progressos mínimos, quase desprezíveis. (Bacon, 1994)

O problema se tornou, então, o de voltar aos fundamentos do materialismo, nos quais cada vez mais pareciam residir as respostas, reexaminando nossa teoria social e sua relação com a ecologia desde o princípio, ou seja, dialeticamente, em termos de sua *emergência*.

O que eu descobri, para minha surpresa, foi uma estória que tinha algo do enredo de uma literatura de detetives, em que várias pistas diferentes levavam inexoravelmente a uma fonte única e surpreendente. Neste caso, o materialismo de Bacon e Marx, e até mesmo aquele de Darwin (ainda que menos diretamente), poderiam ter sua origem estabelecida em um ponto comum: a antiga filosofia materialista de Epicuro. O papel de Epicuro como o grande iluminista da Antiguidade – uma opinião sobre sua obra que foi compartilhada por pensadores tão distintos como Bacon, Kant, Hegel e Marx – me possibilitou pela primeira vez uma visão coerente da emergência da ecologia materialista, no contexto de uma luta dialética sobre a definição do mundo.

Em uma linha de pesquisa muito similar, eu descobri que a investigação sistemática de Marx sobre a obra do grande químico agrícola alemão Justus von Liebig, que nasceu de sua crítica ao malthusianismo, foi o que o levou ao seu conceito central de "ruptura metabólica" na relação humana com a natureza – sua análise madura da alienação da natureza. Para a total compreensão disso, entretanto, foi necessário reconstruir o debate histórico sobre a degradação do solo que emergiu em meados do século XIX no contexto da "Segunda Revolução Agrícola", e que se estende até os dias de hoje. Aqui está a contribuição mais direta de Marx para a discussão ecológica (ver capítulo cinco). Eu sou extremamente grato a Liz Allsopp e seus colegas do Instituto de Culturas Aráveis – Estação Experimental Rothamsted (IACR-Rothamsted), em Hertfordshire [Inglaterra], por disponibilizarem para mim a tradução que Lady Gilbert fez da "Introdução", de Liebig, obra que se encontra nos arquivos de Rothamsted. Ao conduzir essa pesquisa, eu pude contar com a colaboração próxima de Fred Magdoff e Fred Buttel no contexto da coedição de um número especial da *Monthly Review* de julho-agosto de 1998, com o título de *Fome pelo lucro* – agora expandido na forma de livro. Eu também tive o privilégio de contar com a contribuição do meu coeditor da revista *Organization & Environment*, John Jermier. Parte deste trabalho apareceu em formas iniciais e menos desenvolvidas na edição de setembro de 1997 de *Organization & Environment* e na edição de setembro de 1999 da *American Journal of Sociology*.

Dada a complexidade da história intelectual que este livro tenta desvendar e suas incursões em áreas aparentemente tão distantes umas das outras quanto a filosofia da antiguidade e a filosofia moderna, eu necessitava, obviamente, de um interlocutor com talentos extraordinários. Esse papel foi desempenhado por John Mage, cuja abordagem *clássica* do conhecimento, bem como a imensa compreensão histórica e teórica, é acompanhada da proficiência dialética de um advogado. Não há uma linha neste livro que não tenha sido alvo das indagações de John. Muito do que há de melhor aqui eu devo a ele, enquanto quaisquer falhas que persistam neste trabalho são necessariamente, e mesmo teimosamente, minhas.

O trabalho magistral de Paul Burkett chamado *Marx e a Natureza: uma perspectiva vermelha e verde* (1999) constitui não somente parte das bases a partir das quais eu escrevi esta obra, mas também um complemento essencial para a análise desenvolvida aqui. Se, por vezes, deixei de desenvolver plenamente aspectos político-econômicos da ecologia de Marx, é porque a existência dessa obra de Burkett a torna desnecessária e redundante. Os anos de diálogos estimulantes com Paul foram muito importantes para refinar a análise que segue.

Eu também devo muito ao incentivo e à força dos exemplos de Paul Sweezy, Harry Magdoff e Ellen Meiksins Wood, os três, editores da *Monthly Review*. O compromisso de Paul com a análise ambiental foi um fator decisivo para me conduzir nesta direção. Christopher Phelps, que, como diretor editorial da editora *Monthly Review*, esteve envolvido neste livro desde o início, me ajudou de diversas e importantes maneiras.

Não posso deixar de dizer que amor e amizade são essenciais para tudo aquilo que é realmente criativo. Aqui eu gostaria de agradecer à Laura Tamkin, com quem eu compartilho os meus sonhos, e Saul e Ida Foster; e também a Bill Foster e Bob McChesney. Eu dedico este livro a Saul e Ida, e a toda a jovem geração deles.

INTRODUÇÃO

> Não é a *unidade* do ser humano vivo e ativo com
> as condições naturais, inorgânicas, do seu meta-
> bolismo com a natureza e, em consequência, a sua
> apropriação da natureza que precisa de explicação
> ou é resultado de um processo histórico, mas a
> *separação* entre essas condições inorgânicas da
> existência humana e essa existência ativa, uma
> separação que só está posta por completo na re-
> lação entre trabalho assalariado e capital.
>
> Marx, 1973, p. 489

A tese deste livro é baseada em uma premissa bastante simples: a de que para se compreender as origens da ecologia, é necessário compreender as novas visões de natureza que apareceram com o desenvolvimento do materialismo e da ciência entre os séculos XVII e XIX. Além disso, em vez de apenas retratar o materialismo e a ciência como os inimigos das concepções anteriores e supostamente preferíveis de natureza, como é comum na Teoria Verde contemporânea, a ênfase aqui é em como o desenvolvimento tanto do materialismo quanto da ciência promoveram – e de fato possibilitaram – maneiras ecológicas de se pensar.

A discussão geral está estruturada em torno da obra de Darwin e Marx – os dois maiores materialistas do século XIX. Mas é no segundo que está o foco principal deste trabalho, uma vez que o objetivo é entender e desenvolver uma visão ecológica revolucionária de grande importância para nós hoje; uma visão que vincule a transformação social com a transformação da relação humana com a natureza de formas que agora nós consideramos ecológicas. A chave para o pensamento de Marx com relação a isso, argumentamos, está na forma em que ele desenvolveu e transformou uma tradição epicurista existente atinente ao materialismo e à liberdade, que foi fundamental para a emergência de grande parte do pensamento científico e ecológico moderno.[1]

Nesta introdução, eu tentarei esclarecer esses temas separando desde o início as questões de materialismo e ecologia – ainda que o objetivo principal deste estudo seja a necessária conexão entre eles – e comentando brevemente o problema ao qual, afinal, esta análise crítica se dirige: a crise da socioecologia contemporânea.

Materialismo

O materialismo como teoria da natureza das coisas surgiu nos primórdios da filosofia grega. "E persistiu até os nossos dias", observou Bertrand Russell no início deste século [XX], "apesar de poucos filósofos eminentes terem defendido isso. Foi associado a muitos avanços científicos e, aparentemente, em certas épocas, foi quase sinônimo de um ponto de vista científico" (Russell, 1950, p. v).

Em seu sentido mais geral, o materialismo afirma que as origens e o desenvolvimento de qualquer coisa que exista são dependentes da natureza e da "matéria", ou seja, um nível de realidade física que é independente e anterior ao pensamento. Segundo o filósofo da ciência britânico Roy Bhaskar, podemos dizer que um *materialismo filosófico* racional, como uma visão de mundo complexa, compreende:

1) o *materialismo ontológico*, afirmando a dependência unilateral do ser social com relação ao ser biológico (e, em sentido mais geral, do ser físico) e o surgimento do primeiro a partir do segundo;

2) o *materialismo epistemológico*, afirmando a existência independente e a atividade transfactual [isto é, causal e com caráter de lei] de ao menos alguns dos objetos do pensamento científico; e

3) o *materialismo prático*, afirmando o papel constitutivo da agência transformadora do ser humano na reprodução e transformação das formas sociais (Bhaskar, 1983, p. 324).

---

[1] A importância de Epicuro, bem como a de Liebig e Darwin, para a ecologia de Marx foi apontada há alguns anos pelo resumo extraordinário de Jean-Guy Vaillancourt sobre o desenvolvimento das visões ecológicas de Marx. Vaillancourt sugeriu diretamente o tipo de análise oferecida neste livro. Ver Vaillancourt (1996, p. 50-63).

A concepção materialista da história de Marx focava principalmente no "materialismo prático". "As relações do homem com a natureza" eram "práticas desde o início, ou seja, relações estabelecidas pela ação" (Marx, 1975, p. 190). Mas em sua concepção materialista da natureza e da ciência mais geral, ele abrangeu tanto o "materialismo ontológico" quanto o "materialismo epistemológico". Tal concepção materialista da natureza era, na visão de Marx, essencial para o desenvolvimento da ciência.

É importante entender que a concepção materialista da natureza, tal como Marx a compreendia – e como costumava ser compreendida em seu tempo –, não necessariamente implicava um determinismo rígido, mecânico, como no mecanicismo (isto é, materialismo mecanicista). A própria abordagem de Marx ao materialismo foi inspirada de forma considerável pela obra de Epicuro, filósofo da Grécia antiga, que foi tema de sua tese de doutorado. "Epicuro", nas palavras de Russell, "foi um materialista, mas não um determinista" (Russell, 1945, p. 246).[2] Sua filosofia se dedicava a mostrar como uma visão materialista da natureza das coisas proporcionava a base essencial para uma concepção da liberdade humana.

O interesse de Marx em Epicuro se desenvolveu a partir de seus primeiros estudos sobre a religião e a filosofia do Iluminismo, em que foi influenciado por Bacon e Kant – ambos indicaram Epicuro como fundamental para o desenvolvimento de suas respectivas filosofias. Tal interesse ganhou um ímpeto ainda maior quando Marx encontrou Hegel, que via Epicuro como "o inventor da Ciência Natural empírica" e a encarnação do espírito do "assim chamado Iluminismo" na Antiguidade (Hegel, 1995, v. 2, p. 295-298). E foi ainda mais acentuado pelo renovado interesse em doutrinas materialistas que emergira, começando com Feuerbach já no início dos anos 1830, dentre muitos dos jovens hegelianos. Como Engels explicou em *Ludwig Feuerbach e o fim da filosofia clássica alemã* (1888), "o núcleo principal dos jovens hegelianos mais determinados" teve, "pelas necessidades práticas de seus embates contra a religião positiva", que "se remeter ao materialismo anglo-francês" – isto é, para pensadores como Bacon, Hobbes, Locke e Hume na Inglaterra

---

[2] Ver também McCarthy (1990, p. 42-43).

e na Escócia, e para La Mettrie, Diderot e Holbach na França. A base comum para o materialismo desses pensadores, como Marx bem sabia, era a filosofia de Epicuro. Acima de tudo, o epicurismo representava um ponto de vista antiteleológico: a rejeição de todas as explicações naturais baseadas nas causas finais, em intenções divinas. É aqui que o materialismo e a ciência coincidiriam.

Para compreender o significado de tudo isso é crucial reconhecer que uma questão estava à frente de todas as discussões filosóficas no princípio do século XIX. A saber, nas palavras de Engels:

> Criou deus o mundo ou existe o mundo desde a eternidade? Conforme esta questão era respondida desta ou daquela maneira, os filósofos cindiam-se em dois grandes campos. Aqueles que afirmavam a originariedade do espírito face à Natureza, que admitiam, portanto, em última instância, uma criação do mundo, de qualquer espécie que fosse – e esta criação é frequentemente, entre os filósofos, por exemplo, em Hegel, ainda de longe mais complicada e mais impossível do que no cristianismo –, formavam o campo do idealismo. Os outros, que viam a Natureza como o originário, pertencem às diversas escolas do materialismo. Originariamente, ambas as expressões – idealismo e materialismo – não significavam senão isto, e não serão aqui utilizadas em outro sentido. (Engels, 1941, p. 17-21)

Tal materialismo foi comumente associado tanto com o sensacionismo quanto com o empirismo dentro das teorias de cognição humana, devido a sua oposição às explicações teleológicas. Consequentemente, o materialismo e o sensacionismo foram frequentemente contrapostos ao idealismo e ao espiritualismo. Como observado pelo grande poeta alemão (e escritor de prosa) Heinrich Heine, nos primeiros anos da década de 1830, "o espiritualismo", no seu sentido puramente filosófico, poderia ser definido como "essa presunção iníqua do espírito que, buscando glorificar-se unicamente a si mesmo, tenta aniquilar a matéria ou, ao menos, difamá-la". "O sensacionismo", em contrapartida, poderia ser definido como "a oposição enérgica que busca reabilitar a matéria e reivindicar os direitos dos sentidos". Outro nome para o primeiro era "idealismo", e para o segundo, "materialismo" (Heine, 1993, p. 238-240).

Tanto o materialismo quanto o idealismo, entretanto, eram confrontados com o ceticismo, que era comum para o empirismo de David Hume e para a filosofia idealista transcendental de Immanuel Kant. É verdade, admitia Kant, que existe uma realidade para além dos nossos

INTRODUÇÃO

21

sentidos, mas é uma realidade que pode ser percebida somente por meio dos nossos sentidos, e não diretamente. Para Kant, essa realidade era o domínio do *"noumena"*, ou da "coisa em si mesma" – e era transcendental e impossível de se conhecer. Consequentemente, a necessidade de certeza requerida por Kant de que nós confiemos não apenas em um conhecimento *a posteriori* (baseado na experiência), do qual nunca podemos estar certos, mas também em um certo conhecimento *a priori* (baseado em categorias da nossa compreensão, como o espaço e o tempo), nos quais se deve confiar, por uma questão de lógica, para que nossa experiência seja possível. A crítica kantiana a qualquer visão que se baseasse nos poderes causais das "coisas em si mesmas" parecia minar todas as tentativas de se construir uma filosofia materialista consistente. A estrutura e os poderes reais da matéria não presentes aos sentidos (como os "átomos" dos materialistas da Antiguidade e todas as outras tentativas de caracterizar os componentes e poderes inatuais, porém reais, da matéria) foram afetados pelo racionalismo kantiano – assim como o foram todas as tentativas de idealistas absolutos de postular a identidade *entre* pensamento e ser. Em sua breve "História da razão pura", ao final de sua *Crítica da razão pura*, Kant escreveu que "Epicuro pode ser considerado como o maior filósofo da sensibilidade, e Platão, o maior da intelectualidade", enquanto a própria filosofia crítica de Kant era uma tentativa de transcender ambos de uma só vez (Kant, 1997, p. 702-703; Kant, 1997, p. 117).

A relevância da filosofia dialética de Georg Wilhelm Friedrich Hegel, da perspectiva de Marx (e de Engels), foi a de apresentar uma saída para o dilema kantiano da coisa em si mesma, na medida em que isso era possível partindo de um ponto de vista idealista. Ele assim o fez argumentando que a objetificação e a alienação que separavam os seres humanos do mundo externo – e, assim, criavam problemas gnosiológicos – estão no processo de serem superadas por meio do desenvolvimento do espírito na história.[3] A precisão das nossas visões sobre o mundo, a confirmação da nossa razão, é estabelecida ao passo em que nós transformamos o mundo e a nós mesmos com ele. É esse processo de contradição e transcendência,

---

[3] Sobre o papel da dialética hegeliana para a transcendência da coisa em si mesma kantiana, ver Taylor (1979, p. 47-49).

e o fim da alienação, que constitui a essência da dialética. Ainda assim, para Hegel, tudo isso acontecia unicamente no domínio do desenvolvimento do pensamento, e tendia a reforçar, no fim, um ponto de vista idealista (de fato, religioso). "A proposição de que o finito é ideal", de que não possui existência em si e nem por si mesma, mas que existe apenas por meio do pensamento, Hegel escreveu em sua *Lógica*,

> constitui o idealismo. O idealismo da filosofia consiste em nada mais do que reconhecer que o finito não é um ente verdadeiro. Toda a filosofia é essencialmente idealismo, ou tem o mesmo, pelo menos, por seu princípio [...]. A filosofia é [um idealismo] assim como a religião; pois a religião reconhece a finitude tampouco como um ser verdadeiro, quanto como um último, absoluto, ou seja, como um não posto, não criado, eterno. (Hegel, 1969, p. 154-155)

Porém, para Marx, essa tentativa de subordinar a realidade/existência material ao pensamento, que caracterizou a filosofia idealista de Hegel, levou precisamente a uma visão de mundo religiosa e à negação do humanismo e do materialismo. Assim, para ser realmente significativa, a concepção dialética de uma totalidade no processo de vir a ser, associada a Hegel, teria de ser posta em um contexto prático, materialista, transcendendo todo o projeto de Hegel de restaurar dialeticamente a metafísica do século XVII à custa do materialismo iluminista (Marx e Engels, 1975, v. 4, p. 125). De acordo com Marx, nós transformamos nossa relação com o mundo e transcendemos nossa alienação deste – criando nossas próprias relações manifestamente *humano-naturais* – por meio da ação, ou seja, por meio da nossa práxis material.

Se, para Kant, as vertentes materialista e idealista da filosofia tiveram como maiores representantes Epicuro e Platão, para Marx, elas foram representadas por Epicuro e por Hegel. Epicuro, o materialista da Antiguidade, teve um papel fundamental na formação de uma concepção dialética da realidade, na visão de Marx, porque ele "foi o primeiro a conceber manifestação como manifestação, isto é, como estranhamento da essência", e por "reconhecer a autoconsciência humana como a divindade suprema". Marx afirmou que "enquanto pulsar uma gota de sangue em seu coração absolutamente livre, dominador do mundo, a filosofia sempre clamará a seus opositores as seguintes palavras de Epicuro: 'Ímpio não é quem elimina os deuses aceitos pela maioria, e sim quem aplica aos

deuses as opiniões da maioria'" (Marx e Engels, 1975, v. 1, p. 30, 64).[4]
Impiedade aqui consiste na negação tanto da autodeterminação e da
liberdade *humana* quanto da base *mortal*, material da vida.

O materialismo de Epicuro enfatizou a mortalidade do mundo; o
caráter transitório de toda a vida e existência. Seus princípios mais fundamentais eram que nada surge do nada e que, ao ser destruído, nada
pode ser reduzido a nada. Toda a existência material era interdependente,
surgindo a partir dos átomos (e desaparecendo novamente neles) – organizados em padrões infinitos para produzir novas realidades. A profundidade do materialismo de Epicuro, para Marx, era revelada pelo fato
de que no interior dessa filosofia – e no próprio conceito de átomo – "a
morte da natureza se tornou sua substância imortal; de maneira correta,
Lucrécio exclama: 'A morte imortal arrebatou a vida mortal'" (Marx e
Engels, 1975, v. 1, p. 62; Lucrécio, 1999, p. 93). Consequentemente, na
filosofia de Epicuro não havia a necessidade das causas finais aristoté-
licas; ao contrário, a ênfase estava nos arranjos em constante mudança
no interior da própria natureza, concebida como mortal e transitória
(*mors immortalis*).

A crítica materialista a Hegel pelo jovem hegeliano Ludwig Feuerbach,
que emergiu com mais força em suas *Teses preliminares para a reforma da
filosofia* (1842), se sobrepôs à crítica que Marx já estava desenvolvendo
em sua tese de doutorado sobre Epicuro, finalizada apenas um ano antes.
Em seu livro anterior, *História da filosofia moderna de Bacon a Spinoza*
(1833), ao qual Marx fez referência em sua tese sobre Epicuro, Feuerbach
se esforçava em desenvolver uma perspectiva materialista, ainda que
rejeitando o materialismo abstrato, mecânico ou "puro" de Hobbes e
Descartes (em sua física). A determinação de Feuerbach para desenvolver uma alternativa ao materialismo mecânico, com o qual contrapôs

---

[4]   Em termos de filosofia pura, Marx escreveu para Ferdinand Lassalle que preferia Aristóteles
e Heráclito dentre os filósofos da Antiguidade ao "mais fácil" Epicuro. Foi a Epicuro, no
entanto, que Marx dedicou um "estudo especial" por causa de sua relevância "[política]"
– presumivelmente o conceito de liberdade de Epicuro e sua conexão com o Iluminismo.
Marx para Lassalle, 21 de dezembro de 1857 e 31 de maio de 1858, em Marx e Engels (1975,
v. 40, p. 226-316). (A palavra "política" está entre colchetes na citação acima porque é uma
reconstrução editorial – a redação de fato empregada por Marx não está clara por causa
de danos ao manuscrito).

ao idealismo de Hegel, o levou a uma ênfase no sensacionismo em suas *Teses preliminares*, na qual ele contrapôs uma essência humana à essência abstrata do espírito como a chave para o desenvolvimento dialético (e para a transcendência da coisa em si mesma). Mesmo assim, Marx argumentaria em suas *Teses sobre Feuerbach* que, assim como todas as formas anteriores de materialismo, mais notavelmente aquela de Epicuro, o materialismo de Feuerbach foi afetado por um materialismo puramente contemplativo (de fato, mais abstratamente contemplativo que Epicuro, porque carecia por completo de qualquer conteúdo ético positivo). O que era preciso, de acordo com Marx, era deslocar o materialismo em direção à prática, em um princípio em atividade.[5]

O que é importante entender, contudo, é que ao tornar o materialismo *prático*, Marx nunca abandonou seu compromisso geral com uma concepção materialista da natureza, ou seja, com o materialismo tanto como uma categoria *ontológica* quanto *epistemológica*. O materialismo, tanto no sentido de "uma dependência unilateral do ser social com relação ao ser biológico (e em sentido mais geral, do ser físico) e o surgimento do primeiro a partir do segundo" quanto no sentido da "existência independente e a atividade transfactual de ao menos alguns dos objetos do pensamento científico" (em referência aos dois primeiros componentes do materialismo de Bhaskar), continuaram essenciais para a análise de Marx. Por trás disso está uma crítica materialista radical a todas as formas teleológicas de pensamento.

Nesse sentido, Marx adotou o que hoje seria considerado como uma perspectiva ontológica "realista", enfatizando a existência do mundo externo, físico, independente do pensamento. Aqui deve-se destacar

---

[5] A referência a um "princípio em atividade" aqui deve estar associada com o materialismo *prático* e em contraste com sua forma mais *contemplativa*. De forma alguma se pretende sugerir que a natureza impõe relações aos seres humanos nas quais eles são simplesmente "passivos", que há um "elemento passivo na experiência", como na infeliz terminologia adotada por Sebastiano Timpanaro em sua crítica, ainda assim valiosa, em *On materialism* [*Sobre o materialismo*]. Esse erro encontra sua contrapartida dialética no pensamento de Timpanaro em sua tendência de ver a própria natureza como, de certa forma, "passiva", reduzida a um conjunto de condições limitantes sobre os seres humanos. A natureza determinística dessas premissas influencia o extremo pessimismo que caracteriza a abordagem de Timpanaro. Ver Timpanaro (1980, p. 107-109); Anderson (1979, p. 60-91).

que as duas primeiras componentes do materialismo racional, como descritas por Bhaskar, de fato constituem os pontos de partida ontológico e epistemológico do próprio "realismo crítico" de Bhaskar. Com base em uma perspectiva declaradamente materialista, Marx, então, adotou uma abordagem que era tanto realista como relacional (isto é, dialética). Hegel, como vimos anteriormente, buscou por meio da dialética superar as antinomias representadas pela coisa em si mesma kantiana. Porém, na filosofia de Hegel, de acordo com Bhaskar, isso envolveu:

> precisamente a negação da existência *autônoma* da matéria; ou seja, da sua existência salvo como um momento do desenvolvimento do *Geist* [espírito], a autorrealização da ideia absoluta. Para Marx, em oposição, 'nem o pensamento, nem a linguagem, [...] constituem um domínio próprio, eles são unicamente *manifestações* da vida real' [...] de tal modo que a 'consciência nunca pode ser algo além da existência consciente'. (Bhaskar, 1979, p. 100)

A importância dessa abordagem com relação ao desenvolvimento subsequente da filosofia e da ciência social não pode ser exagerada. Como uma forma de realismo, essa abordagem insistiu em uma conexão perpétua e estreita entre ciências natural e social, entre uma concepção do mundo material/natural e do mundo da sociedade. Por essa razão, Marx continuamente definia seu materialismo como um materialismo pertencente ao "processo histórico-natural" (Marx, 1976, p. 92). Ao mesmo tempo, ele enfatizava o caráter dialético-relacional da história social e a imersão da sociedade humana na práxis social. Qualquer tentativa de separar o materialismo do domínio da natureza e da ciência físico-natural foi, portanto, rejeitada desde o primeiro momento. Ao mesmo tempo, seu materialismo assumiu um caráter único, prático no domínio social, que refletiu a liberdade (e a alienação) que existiu na história humana.

Tudo isso pode parecer incontroverso, mas sua maior importância está no fato de estabelecer o que Bhaskar chamou de "a possibilidade do naturalismo", isto é, "a tese de que há (ou pode haver) uma unidade essencial de método entre as ciências sociais e naturais" – por mais distintos que sejam esses domínios. Isso é importante porque se afasta da divisão dualística da ciência social em um "positivismo hiper-naturalista" de um lado e, de outro, uma "hermenêutica antinaturalista" (Bhaskar, 1979, p. 3; Bhaskar, 1998, p. xiii). O marxismo ocidental, crítico (junto de grande parte da filosofia e da ciência social contemporâneas) foi definido por sua rejeição do positivismo cru do século XIX, que tentava transferir uma visão de mundo mecanicista e reducionista (à qual foram atribuídos alguns notáveis êxitos no desenvolvimento da ciência) ao domínio da existência social. No entanto, ao rejeitar o mecanicismo, incluindo o biologismo mecanicista da vertente do darwinismo social, pensadores das ciências humanas, incluindo marxistas, passaram cada vez mais a rejeitar o realismo e o materialismo, adotando uma visão de que o mundo social era construído, no todo de suas relações, pela prática humana – incluindo, notavelmente, aqueles aspectos da natureza que impactam negativamente o mundo social –, simplesmente negando, assim, os objetos intransitivos do conhecimento (objetos do conhecimento que são naturais e existem independentemente dos seres humanos e das construções sociais).

Dentro do marxismo, isso representou uma guinada ao idealismo. Em particular, era frequentemente defendido, em oposição a Engels – como se ele sozinho, e não Marx, fosse o responsável pela existência de uma concepção materialista da natureza dentro do marxismo –, que a dialética se relacionava apenas com a práxis e, portanto, com o mundo sócio-humano.[6] Por essa razão, cientistas sociais marxistas foram se distanciando cada vez mais da ciência – ainda que uma tradição marxista dentro da ciência continuasse existindo de forma um tanto separada. E, dessa maneira, o próprio ideal de Marx, claramente expresso n'*O capital*, de uma análise que combinasse uma concepção materialista da história

---

[6] Isso foi afirmado explicitamente na grande obra de Georg Lukács, *História e consciência de classe* (1922). Nas palavras de Lukács: "Os equívocos surgidos a partir da exposição de Engels sobre a dialética baseiam-se essencialmente no fato de que Engels – seguindo o mau exemplo de Hegel – estende o método dialético também para o conhecimento da natureza. No entanto, as determinações decisivas da dialética (interação entre sujeito e objeto, unidade de teoria e prática, modificação histórica do substrato das categorias como fundamento de sua modificação no pensamento etc.) não estão presentes no conhecimento da natureza". Por mais importantes que fossem estes pontos, a consequência da própria obra de Lukács foi a separação radical da ciência social em relação à ciência natural e da história em relação à natureza – como se o domínio físico-natural pudesse ser cedido ao positivismo (Lukács, 1971, p. 24). Nesse sentido, nas palavras de Bhaskar, Lukács "inaugura uma longa tradição no marxismo que confunde a ciência com sua errônea interpretação positivística" (Bhaskar, 1989, p. 139).

com uma concepção materialista da natureza, com toda a potência histórico-natural, foi declarada uma violação da razão.

O resultado trágico para o marxismo foi que o conceito de materialismo se tornou cada vez mais abstrato e, de fato, sem significado, uma mera "categoria verbal", como observou Raymond Williams, reduzida a alguma prioridade na última instância da produção da vida e da existência econômica com relação a elementos "superestruturais", tais como ideias (Williams, 1980, p. 104). Portanto, se tornou inseparável de uma concepção reificada da famosa metáfora base-superestrutura, a qual os teóricos marxistas procuraram, em vão, deixar de lado.

Ironicamente, dada a oposição do marxismo ocidental, crítico em geral (ao menos fora da tradição estruturalista) à metáfora da base--superestrutura, a falta de um materialismo mais profundo e integral tornou a dependência dessa metáfora inevitável – caso qualquer sentido do materialismo devesse ser mantido. Tal visão materialista mais profunda é possível somente ao vincular o materialismo, em sua relação com a existência produtiva, com as condições naturais/físicas da realidade – incluindo o domínio dos sentidos – e, de fato, com o mundo natural mais amplo. Somente dessa maneira é que questões tão fundamentais, como vida e morte, reprodução, dependência da biosfera, e assim por diante, podem ser verdadeiramente abordadas.

"Já há uma geração" escreveu Raymond Williams em 1978, "existe um desconforto incomum entre o marxismo e as ciências naturais", lamentável "não somente porque existem então lacunas no conhecimento e falhas no seu desenvolvimento [do marxismo], mas porque, por meio dessas lacunas, e de ambos os lados, penetram os inimigos do materialismo" (Williams, 1980, p. 105).[7] A renovação do biologismo, ou o darwinismo social extremo, dentro da ciência, é uma preocupação que só pode ser combatida efetivamente por meio de um materialismo crítico não mecanicista, não reducionista, que mantém uma conexão com uma concepção materialista da história – tal como grandes cientistas naturais, como Richard Lewontin e Stephen Jay Gould, demonstraram minucio-

---

[7] Ver também Thompson (1994, p. 98).

samente.[8] Da mesma forma que nas ciências sociais, a única defesa real contra as visões idealistas que reduzem a realidade ao domínio de ideias inatas e noções culturalistas abstratas (distintas do materialismo cultural associado a Raymond Williams) é o desenvolvimento de um *materialismo histórico forte* que não empobreça o seu materialismo com a negação dos aspectos físico-naturais da existência material.

Assim, o ponto de vista de Marx exigia que a ciência fosse materialista para ser realmente científica. Por essa perspectiva, nenhum estudo sobre os desenvolvimentos e possibilidades de transformação histórica poderia estar livre do estudo da ciência físico-natural. Assim, Marx trabalhou implacavelmente, ao longo de toda a sua vida, para se manter informado dos desenvolvimentos científicos. O equívoco comum de que isso era uma obsessão de Engels, da qual Marx não compartilhava, é refutado por uma enorme quantidade de evidências – um fato muito mais óbvio para nós hoje do que há uma década, após a publicação de cadernos científicos adicionais de Marx.

Ecologia

Ainda que haja uma longa história de denúncias contra Marx por sua falta de preocupação ecológica, agora está suficientemente claro, depois de décadas de debates, que essa visão de forma alguma se sustenta pelas evidências. Ao contrário, como observado pelo geógrafo italiano Massimo Quaini, "Marx denunciou a espoliação da natureza antes que a consciência ecológica burguesa moderna tivesse nascido" (Quaini, 1982, p. 136). Desde o princípio, a noção de Marx da alienação do trabalho humano estava conectada a uma compreensão da alienação dos seres humanos com relação à natureza. Era essa dupla alienação que, acima de tudo, deveria ser explicada *historicamente*.

Assim, até mesmo muitos dos mais virulentos críticos de Marx foram forçados a admitir recentemente que seu trabalho contém inúmeras e notáveis ideias ecológicas. Em vez de simplesmente condenar Marx de imediato com relação a isso, seis argumentos intimamente correlacionados são, agora, comumente empregados pelos críticos. Primeiro, as

---

[8]   Ver Gould (1996); Lewontin; Rose; Kamin (1984).

afirmações de Marx sobre ecologia são descartadas como "adendos esclarecedores" sem nenhuma relação sistemática com o corpo principal de sua obra (Goldblatt, 1996, p. 5). Segundo, diz-se que essas ideias ecológicas surgem de forma desproporcional de sua crítica inicial da alienação e que são muito menos evidentes em sua obra tardia. Terceiro, nos é dito que Marx, em última instância, não abordou a exploração da natureza (negligenciando incorporá-la em sua teoria do valor) e, em vez disso, adotou uma visão "prometeica" (pró-tecnológica, antiecológica) (Giddens, 1981, p. 59-60).[9] Em quarto lugar, como um corolário ao argumento "prometeico", alega-se que, na visão de Marx, a tecnologia capitalista e o desenvolvimento econômico solucionaram todos os problemas dos limites ecológicos e que a sociedade futura de produtores associados existiria sob condições de abundância. Não seria necessário, portanto, como assinala o economista Alec Nove, supostamente seguindo a lógica de Marx, "levar a sério o problema da alocação de recursos escassos" ou desenvolver um socialismo "ecologicamente consciente" (Nove, 1987, p. 399). Quinto, considera-se que Marx teria tido pouco interesse em temas da ciência ou nos efeitos da tecnologia sobre o ambiente e, consequentemente, não teria nenhuma base científica real para a análise das questões ecológicas. De acordo com os proeminentes sociólogos britânicos Michael Redclift e Graham Woodgate, Marx sugeriu que as interações humanas com o ambiente natural, enquanto sociais, eram também "ubíquas e imutáveis, comuns a cada fase da existência social [...]. Tal perspectiva não reconhece plenamente o papel da tecnologia e de seus efeitos no ambiente" (Redclift, 1994, p. 53). Sexto, considera-se que Marx era "especista", desconectando radicalmente os seres humanos dos animais e tomando partido dos primeiros sobre os últimos (Bramwell, 1989, p. 34).

Todas essas críticas são categoricamente refutadas pela análise que segue neste livro, que procura uma reconstrução sistemática do pensamento ecológico de Marx. Muitas dessas críticas confundem Marx com outros teóricos socialistas, os quais o próprio Marx criticava, seguindo uma antiga tradição na crítica a Marx segundo a qual, para citar Jean Paul Sartre, "um argumento 'antimarxista' não passa do rejuvenescimento

---

[9] Ver também Benton (1989, p. 51-86).

aparente de uma ideia pré-marxista" (Sartre, 1963, p. 7).[10] Logo, Marx é atacado pelo seu suposto "prometeísmo" tecnológico, ainda que o maior ataque já escrito contra tais visões "prometeicas" tenha vindo do próprio Marx, em sua crítica ao *Sistema de contradições econômicas* de Proudhon.[11] Da mesma maneira, Marx é condenado por não reconhecer a contribuição da natureza para a riqueza, apesar de ter criticado severamente o socialista alemão Ferdinand Lassalle por adotar a visão "sobrenatural" de que o trabalho era a única fonte de riqueza, ignorando, portanto, a contribuição da natureza.

Mais fundamentalmente, entretanto, o que está sendo questionado na maior parte dessas críticas é o materialismo de Marx. Aqui, considerou-se que o materialismo de Marx o levou a enfatizar um tipo de dominação da natureza e de desenvolvimento econômico "baconiano", em vez de uma afirmação dos *valores* ecológicos. Portanto, Marx se torna uma espécie de *whig* radical em oposição aos *tories* veneradores da natureza, um representante do antropocentrismo utilitarista em oposição ao ecocentrismo romântico. O problema dessa crítica, assim como muito do pensamento socioeconômico contemporâneo, é que não consegue reconhecer a natureza fundamental da *interação* entre seres humanos e seu ambiente. A questão ecológica é reduzida, acima de tudo, a uma questão de *valores*, enquanto se ignora totalmente o problema de muito mais difícil compreensão, a saber, as *inter-relações materiais em evolução* entre seres humanos e natureza (que Marx chamou de "relações metabólicas"). De um ponto de vista materialista consistente, a questão não é de antropocentrismo *versus* ecocentrismo – de fato tais dualismos pouco nos ajudam a entender as condições materiais reais e em constante mudança da existência humana na biosfera – mas, sim, de *coevolução*. As abordagens que focam simplesmente nos *valores* ecológicos, como o idealismo filosófico e o espiritualismo em geral, são de pouca ajuda para a compreensão dessas relações complexas. Em oposição a todas essas visões, que "desce[m] do céu à terra", é necessário "subir da terra ao

---

[10]   Ver também Foster (1996, p. 7-30).

[11]   O texto é mais conhecido pela parte final do seu título: *Sistema das contradições econômicas ou Filosofia da Miséria* (2003). A crítica de Marx a qual o autor se refere está presente no livro *Miséria da Filosofia* (2009). (N.E.)

céu" (Marx e Engels, 1975, v. 5, p. 36). Isto é, devemos entender como as concepções espirituais, incluindo nossas conexões espirituais com a terra, estão relacionadas com nossas condições materiais, terrenas.

É evidente que aqui há mais em questão do que simplesmente Marx. O que realmente está em jogo é toda a história das abordagens materialistas à natureza e à existência humana. Dentro do pensamento verde contemporâneo desenvolveu-se uma forte tendência de atribuir todo o curso da degradação ecológica à emergência da revolução científica do século XVII, representada, acima de tudo, pelas contribuições de Francis Bacon. Bacon é retratado como o principal proponente da "dominação da natureza" – um ponto que é frequentemente desenvolvido pela citação de determinados aforismos, sem qualquer consideração sistemática de seu pensamento. Assim, a ideia da "dominação da natureza" é tratada como uma perspectiva antropocêntrica simples e direta, característica do mecanicismo, à qual se pode opor uma visão romântica, organicista, vitalista e pós-moderna.[12]

Porém, ao focar no conflito entre mecanicismo e vitalismo ou idealismo (e perder de vista a questão mais fundamental do materialismo) pode-se cair em uma concepção dualista incapaz de reconhecer que essas categorias estão dialeticamente conectadas em sua unilateralidade, e devem ser transcendidas juntas, uma vez que representam a alienação da sociedade capitalista. Como evidenciado nos anos 1930 por Christopher Caudwell (1907-1937), sem sombra de dúvidas o maior pensador marxista de sua geração na Grã-Bretanha, o mecanicista é "conduzido pela reflexão sobre a experiência ao polo oposto, que é meramente o outro aspecto da mesma ilusão – à teleologia, ao vitalismo, ao idealismo, à evolução criativa, ou qualquer que seja o nome dado, mas que é certamente a ideologia da moda do capitalismo em decadência" (Caudwell, 1986, p. 199).

A perpetuação dessa perspectiva dualista é intrínseca à grande parte da Teoria Verde contemporânea e levou essa tradição a uma crua rejeição, por vezes, de quase toda a ciência moderna, do Iluminismo e da maioria dos movimentos revolucionários – uma tendência que alimen-

---

[12] Para um exemplo clássico e brilhante disso, ver Merchant (1980) – um trabalho que é indispensável, apesar de seu tratamento unilateral da tradição baconiana, por sua profunda crítica das tendências mecanicistas e patriarcais de grande parte da ciência do século XVII.

tou o antirracionalismo de grande parte do pensamento pós-moderno contemporâneo. Segundo esta visão, entre os séculos XVII e XX, quase todos os pensadores, com exceção de poucos poetas, artistas e críticos culturais, foram declarados culpados por aderir a valores antiecológicos e ao endeusamento do progresso.[13]

Nesse estranho contexto idealista, no qual somente os valores importam, as questões histórico-materiais reais desaparecem, e grandes embates históricos e intelectuais são reduzidos a meras frases. É óbvio, ou deveria ser, que a noção da "dominação da natureza" pelos seres humanos, enquanto tende ao antropocentrismo, não necessariamente implica o extremo desprezo da natureza ou de suas leis. O próprio Bacon argumentava que o controle da natureza se baseava em compreender e seguir suas leis. Embora Marx condenasse isso, sobretudo, como um "ardil" para obrigar a natureza a se conformar às necessidades do desenvolvimento burguês, a formulação, não obstante, expressava uma contradição real da condição humana.[14]

Assim, partindo do conceito do "controle da natureza", Caudwell escreveria, em *Ilusão e realidade* (1937), que:

> Em sua luta com a Natureza (isto é, em sua luta por liberdade), os homens se envolvem em determinadas relações uns com os outros para obter esta liberdade [...]. Mas os homens não podem transformar a Natureza sem se transformar a si mesmos. A compreensão plena dessa interpenetração mútua do movimento reflexivo dos homens e da Natureza, mediada pelas relações necessárias e em desenvolvimento conhecidas como sociedade, é o *reconhecimento* da necessidade, não somente na Natureza, mas em nós mesmos e, portanto, na sociedade. Vista objetivamente, essa relação ativa sujeito-objeto é ciência; vista subjetivamente, é arte; mas como consciência que emerge em união ativa com a prática é, simplesmente, a vida concreta – todo o processo de trabalhar, sentir, pensar, e de se comportar como indivíduos humanos em um mundo de indivíduos e Natureza. (Caudwell, 1937, p. 279)

Em tal concepção dialética, enfatizando a "reflexividade", o assim chamado "controle da natureza" torna-se um processo infinito de interação

---

[13] Ver, por exemplo, Sikorski (1993).

[14] Sobre a natureza complexa do conceito da "dominação da natureza", como ele surgiu em Bacon e a forma dialética muito mais complexa presente na percepção de Marx, ver Leiss (1974). Sobre a crítica de Marx ao "ardil" de estilo baconiano, ver Marx (1973, p. 409-410).

INTRODUÇÃO

33

dialética. Logo, não é de surpreender que em sua obra *Hereditariedade e desenvolvimento*, escrito logo após *Ilusão e realidade*, mas só publicado meio século mais tarde, em 1986, Caudwell defenderia energeticamente uma abordagem coevolucionista das relações seres humanos-natureza, baseada tanto em Darwin quanto em Marx.

Uma vez que reconhecemos, de acordo com o argumento anteriormente exposto, que não há uma contradição fundamental necessária entre a mera ideia do "controle da natureza" e o conceito de sustentabilidade, não é de se surpreender que as noções de "controle" e "sustentabilidade" surgiram juntas na mesma tradição baconiana. Não é algo acidental que os "aperfeiçoadores" baconianos também incluíam os primeiros defensores do desenvolvimento sustentável, como John Evelyn em sua grande defesa das florestas em sua obra *Sylva* (1664) e seu ataque à poluição do ar – a maior crítica materialista à poluição do ar já escrita –, em sua obra *Fumifugium* (1661). Não somente como um aperfeiçoador baconiano, mas também como tradutor de parte da obra de Lucrécio, *Sobre a natureza das coisas*, a obra-prima poética do materialismo epicurista da Antiguidade (que seria um ponto de partida para o materialismo do próprio Marx), Evelyn representa o conjunto bastante complexo de questões aqui envolvido.[15]

De fato, os maiores desenvolvimentos na evolução do pensamento ecológico até o século XIX resultaram da proeminência alcançada pelas concepções materialistas da natureza, interagindo com as condições históricas em transformação. Nos tempos medievais, e de fato até o século XIX, a visão de mundo dominante era a visão teleológica da Grande Cadeia do Ser (posteriormente modificada pela teologia natural), que explicava tudo no universo em termos da providência divina e, secundariamente, em termos da criação da terra por deus para "o homem". Todas as espécies foram criadas separadamente. A terra era o centro do universo, e tempo e espaço eram limitados. O grande inimigo desse ponto de vista, desde o princípio, era o materialismo da Antiguidade, particularmente o materialismo de Epicuro, que seria ressuscitado no interior da ciência renascentista e iluminista.

---

[15] Ver Foster (1999, p. 184-187).

Questionando o ponto de vista escolástico-aristotélico, o materialismo também questionou o antropocentrismo que era central para essa teleologia: a terra foi removida do centro do universo; descobriu-se que tempo e espaço eram infinitos (e até mesmo que a história da terra estava vinculada ao "grande abismo" do tempo); e, finalmente, demonstrou-se que os seres humanos compartilhavam uma ancestralidade comum com os símios, ramificando da mesma árvore evolutiva. A cada ponto nesse crescimento da ciência, que veio a ser equiparado com o crescimento do materialismo, deus era retirado do universo material – do sistema solar, da evolução da Terra, por fim, da evolução da própria vida; de modo que deus, na visão da ciência moderna, tal como os deuses de Epicuro, cada vez mais passou a habitar, de fato, os *intermundia*, nos poros entre os mundos, sem qualquer relação com o universo material. De igual importância, realizou-se a grande descoberta – essencial para a análise ecológica – da interdependência dos seres humanos com a terra ao longo de todo o curso da evolução material. Não era mais possível pressupor que os seres humanos eram simplesmente dominantes, ou supremos, ocupando sua própria posição fixa na Grande Cadeia do Ser, no meio do caminho entre os organismos mais primitivos e os anjos mais elevados (ou deus). Ao contrário, o que interessava era a natureza da interação entre seres humanos e o mundo material, do qual eles faziam parte. A relação humana com a natureza era, como Bacon enfatizara, um fenômeno de *história natural*, ou, como Darwin destacara, de um longo curso de seleção natural.[16]

O relato evolutivo da natureza do próprio Darwin derivava de seu materialismo fundamental e intransigente (com respeito ao mundo natural). Representava ao mesmo tempo "a morte da teleologia" (como ressaltou Marx) e o crescimento de um ponto de vista antiantropocêntrico. Foi com base na obra bio-histórica de Darwin, complementada pelas descobertas biofísicas de outros cientistas, como o grande químico agrícola alemão Justus von Liebig, com sua ênfase na circulação de nutrientes do solo e sua relação com o metabolismo animal, que se pode dizer que a ecologia moderna emergiu em meados do século XIX. Ainda que o

---

16 Para uma análise histórica sobre o aperfeiçoamento baconiano e o conceito de "história natural" no século XVII, ver Webster (1975).

darwinismo fosse frequentemente convertido em apenas outra perspectiva mecanicista, "o darwinismo tal como encontrado nos escritos de Darwin", escreveu Caudwell,

> ainda está sob o impacto do contato com a multitude de novos fatos biológicos sendo então descobertos. Ele ainda não coloca o organismo aridamente contra o ambiente, mas a teia da vida é ainda vista fluidamente interpenetrando o restante da realidade [...]. A riqueza extraordinária do cortejo da transformação, da história e do conflito na vida, que Darwin expõe, proporciona um poder revolucionário insurgente para seus escritos e para seus seguidores imediatos, como Huxley. (Caudwell, 1986, p. 187-188)

A importância da análise de Darwin para nós hoje em dia foi enfatizada, acima de tudo, por Rachel Carson, que escreveu:

> Hoje seria difícil encontrar qualquer pessoa instruída que negasse os fatos da evolução. Ainda assim, muitos de nós negamos o corolário óbvio: de que o homem é afetado pelas mesmas influências ambientais que controlam a vida de todas as muitas milhares de outras espécies, às quais ele está relacionado por meio de vínculos evolutivos. (Carson, 1998, p. 245)

As implicações mais amplas disso e a relevância geral do materialismo para o desenvolvimento do pensamento ecológico podem ser compreendidas, mais claramente, a partir de uma perspectiva ecológica contemporânea ao considerar as célebres quatro "leis informais" da ecologia de Barry Commoner. São elas: 1) tudo está conectado com tudo o mais; 2) tudo deve ir para algum lugar; 3) a natureza tem razão; e 4) nada vem do nada (Commoner, 1971, p 37-41).[17]

As duas primeiras dessas "leis informais", bem como a última, eram princípios orientadores da física epicurista, enfatizados no Livro I da obra de Lucrécio *Sobre a natureza das coisas*, que foi uma tentativa de apresentar a filosofia de Epicuro de forma poética.[18] A terceira "lei informal" parece, à primeira vista, implicar um determinismo naturalista, teleológico, mas, no contexto do argumento de Commoner, é melhor entendido como "a evolução tem razão". Ou seja, ao longo do curso da

---

[17] Ainda que o próprio Commoner tenha se referido à quarta lei informal como "não existe almoço grátis", o ecólogo russo Alexei Yablokov traduziu isso de maneira mais geral como "nada vem do nada" (Edberg, 1991, p. 89).

[18] A relação próxima entre Epicuro (e Lucrécio) e Commoner foi destacada em Vaillancourt (1996, p. 52).

evolução – que é devidamente entendida não como um processo rigidamente determinado ou teleológico, mas como um processo que contém enormes níveis de contingência em todos os estágios –, as espécies, incluindo os seres humanos, se adaptaram aos seus ambientes por meio de um processo de seleção natural de variações inatas, operando em uma escala de tempo de milhões de anos. De acordo com essa perspectiva, então, nós devemos prosseguir com cuidado ao realizar transformações ecológicas fundamentais, reconhecendo que se nós introduzirmos no ambiente substâncias químicas novas, sintéticas, que não são produto de uma longa evolução, nós estamos brincando com fogo.

Em última instância, os seres humanos não são, obviamente, determinados em sua inteireza pelas condições naturais (além da morte, a qual, nas palavras de Epicuro, "não é nada para nós"). Há, de fato, um elemento da liberdade humana, uma habilidade para "mudar de direção", mas sempre com base nas condições materiais que existem previamente e que carregam com elas algumas limitações. Consequentemente, os seres humanos, como enfatizado por Epicuro, existem em um mundo governado pela extinção daquelas espécies incapazes de se adaptarem (aqui não se deve confundir com a teoria de seleção natural plenamente desenvolvida no sentido darwinista), e caracterizado pelo desenvolvimento na relação humana com a subsistência. Tudo isso está sujeito à contingência e, no caso humano, à escolha ética: incluindo a formação de pactos sociais. (Tudo isso pode ser encontrado no Livro V do grande poema de Lucrécio).

É essa a filosofia materialista fundamental com a qual Marx se debateu, ao menos em alguma medida, desde seus primeiros dias. Mesmo como estudante do ensino secundário, muito antes de ter qualquer familiaridade com Hegel, Marx se debatia com a crítica de Epicuro sobre a concepção religiosa de mundo. Mais tarde, o epicurismo se tornou o tema de sua tese de doutorado, permitindo-o focar, ao mesmo tempo, nas primeiras teorias materialistas; em suas concepções de liberdade humana; nas origens do Iluminismo; no problema da filosofia hegeliana da natureza; na crítica à religião; e no desenvolvimento da ciência.

Para Marx, a principal limitação da filosofia de Epicuro estava no fato de que seu materialismo era meramente "contemplativo", um problema que posteriormente reapareceu em Feuerbach. Assumindo o elemento ativo da filosofia e dialética hegeliana, Marx desenvolveu um materialismo prático baseado no conceito de práxis. Mas isso nunca foi apartado, em momento algum de sua obra, de uma concepção materialista mais profunda da natureza, que permaneceu implícita em seu pensamento. Isso trouxe um grande poder teórico para a obra de Marx, para além do que é usualmente atribuído a ela. Assim se explica o fato de Marx ter sido tão rápido em determinar a importância da obra tanto de Liebig quanto de Darwin. Ademais, isso nos ajuda a entender como Marx, tal como veremos adiante, foi capaz de construir uma compreensão de desenvolvimento sustentável baseada na obra do primeiro, e de coevolução, baseada no segundo.

Uma análise ecológica integral requer um ponto de vista que é tanto materialista quanto dialético. Em oposição a uma visão espiritualista, vitalista, do mundo natural, que tende a vê-lo como em conformidade com alguma finalidade teleológica, um materialista vê a evolução como um processo aberto de história natural, governado pela contingência, mas suscetível a uma explicação racional. Um ponto de vista materialista que também é de natureza dialética (isto é, um materialismo não mecanicista) enxerga isso como um processo de transmutação das formas em um contexto de inter-relação que exclui todas as distinções absolutas. A vida (os organismos) e o mundo físico, como Rachel Carson costumava enfatizar, não existem em "compartimentos isolados". Em vez disso, há uma "unidade extraordinária entre os organismos e o ambiente" (Carson, 1998, p. 230-231). Uma abordagem dialética nos força a reconhecer que os organismos, em geral, não se adaptam simplesmente aos seus ambientes; eles também afetam aquele ambiente de várias maneiras, e, ao afetá-lo, o transformam. A relação é, portanto, de reciprocidade. Por exemplo, "o solo passa por grandes e duradouras transformações evolutivas como consequência direta da atividade das plantas crescendo nele, e tais transformações, por sua vez, devolvem aos organismos as condições de existência" (Levins; Lewontin, 1985, p. 134).

Uma comunidade ecológica e seu ambiente devem ser, portanto, vistos como um todo dialético; um todo em que diferentes níveis de existência são ontologicamente significativos – e em que não existe nenhum propósito geral guiando tais comunidades. Mesmo propósitos humanos supostamente universais são abertos a questionamentos por seu caráter limitado. Os seres humanos, notou Marx, atribuem características universais, "úteis", aos "bens" que eles produzem, "ainda que dificilmente pareceria a uma ovelha que uma de suas propriedades 'úteis' é a de ser alimento para seres humanos" (Marx, 1975, p. 191). Esse tipo de complexidade dialética no entendimento das relações ecológicas tinha por objetivo transcender todos os pontos de vista unilaterais, reducionistas.

Como explicam Richard Levins e Richard Lewontin em *O biólogo dialético*,

> Tanto as necessidades teóricas internas da ecologia quanto as demandas sociais que informam nossas interações planejadas com a natureza exigem fazer com que a compreensão da complexidade seja problema central. A ecologia deve lidar com a interdependência e autonomia relativa, com similaridade e diferença, com o geral e o particular, com a oportunidade e a necessidade, com equilíbrio e transformação, com continuidade e descontinuidade, com processos contraditórios. A ecologia deve se tornar cada vez mais autoconsciente de sua própria filosofia, e essa filosofia será efetiva na medida em que se tornar não somente materialista, mas dialética. (Levins; Lewontin, 1985, p. 160)

A crise da socioecologia

A maior parte das análises sociocientíficas contemporâneas acerca dos problemas ambientais tem se centrado no que hoje se crê amplamente ser uma crise global na relação humana com a terra, e podem ser compreendidas como uma resposta para essa crise. No nível teórico, entretanto, os tratamentos sociocientíficos tendem a estar mal equipados para lidar com a enormidade dos problemas envolvidos. Até recentemente, a maior parte das análises teóricas gerais focaram em duas questões, que têm sido predominantes dentro do pensamento verde em geral, a saber: a ideia dos limites naturais para a expansão humana e a questão da oposição entre o ponto de vista antropocêntrico e o ecocêntrico. O pensamento social clássico (ou seja, o pensamento social herdado principalmente do século XIX) tem sido tradicionalmente condenado por sociólogos

INTRODUÇÃO

ambientais como uma forma de "construcionismo radical" que nega a prioridade ontológica do mundo natural, percebendo a natureza como o produto do desenvolvimento humano. Isso é visto como um reflexo de um antropocentrismo arraigado, de uma abordagem instrumentalista da natureza e da incapacidade de considerar os limites naturais (incluindo os limites para o crescimento).[19]

Os méritos dessa crítica derivam do seu realismo implícito; ou seja, sua insistência na prioridade ontológica (e material) do mundo natural; seu reconhecimento da suprema dependência humana com relação à terra; e da sua compreensão da existência da transformação irrevogável (a flecha do tempo). Em última análise, isso sugere que estamos em um ponto de inflexão na relação do ser humano com a terra. Ainda assim, a teoria social, enfatiza-se, foi construída sem quaisquer fundamentos materiais fortes, uma vez que não possui qualquer teoria significativa da dependência do ser humano com relação ao ambiente.

Contudo, apesar da relevância dessa crítica, a teoria social ambiental até agora não teve uma orientação suficientemente materialista, histórica ou dialética para reconstruir a teoria social segundo linhas mais realistas e ecologicamente conscientes. O sociólogo ambiental típico assume uma existência de centauro: com a cabeça de uma criatura e o corpo de outra.[20] Como sociólogos, eles aderem às grandes tradições clássicas que

---

[19] É possível dizer que a sociologia ambiental contemporânea surgiu com a introdução, por parte de William Catton e Riley Dunlap em 1978, da distinção entre o "paradigma social dominante" (originalmente referido como o "paradigma da excepcionalidade humana") que, segundo eles, caracterizava grande parte da sociologia pós-Segunda Guerra e que negava que os seres humanos eram dependentes da natureza, e o "novo paradigma ambiental", que eles mesmos propuseram, que reconhecia essa dependência. O primeiro era compreendido como uma forma de construcionismo radical na relação humana com a natureza, enquanto o segundo refletia o realismo. Ironicamente, esse realismo, que caracterizava a sociologia ambiental nos Estados Unidos, recentemente se encontra na defensiva com relação a considerações construcionistas mais extremas que surgiram na Europa (refletindo o crescimento do pensamento pós-moderno e culturalista radical), forçando o primeiro a se redefinir como um "construcionismo cauteloso" ou fraco (em oposição ao forte construcionismo do segundo). Ainda assim, o que está nitidamente ausente de todo esse debate até agora é qualquer tentativa genuína de compreender a natureza dialética e coevolucionista da interação entre os seres humanos e seu ambiente físico-natural. Ver Catton; Dunlap (1978, p. 252-256).

[20] Esse argumento é desenvolvido de modo mais completo em Foster (1999, p. 370). Para uma discussão do estado geral da sociologia ambiental, ver Buttel (1987, p. 465-488).

derivam de Marx, Durkheim e Weber, tal como estas nos foram transmitidas. Como ambientalistas, rejeitam tal tradição como se ela tivesse sido desenvolvida "como se natureza não tivesse importância" (Murphy, 1996, p. 10). A tarefa complexa, entretanto, de retornar historicamente às bases da teoria social, e descobrir o que faltou e o que necessita ser recuperado, bem como o que necessita ser dialeticamente transcendido, está descartada para muitos desses pensadores pela falta de uma herança intelectual de crítica. Assim, o debate no interior da sociologia ambiental continua preso à divisão entre as perspectivas construcionista (principalmente culturalista) e anticonstrucionista (profundamente ecológica), enquanto a tentativa de transcender esse dualismo somente produziu a noção de um "construcionismo cauteloso" – um resultado importante, mas carente de qualquer conteúdo substantivo ou de orientação teórica clara (Dunlap, 1997, p. 31-32).

Como resultado, há uma tendência de seguir girando eternamente em círculos, de modo que a análise termine onde ela começou, não mais equipada no final do que estava no começo para lidar com os problemas reais do ambiente e da sociedade. Inúmeros estudos foram escritos sobre antropocentrismo *versus* ecocentrismo, argumentando que este ou aquele pensador, cultura ou civilização eram mais ou menos antropocêntricos.[21] Ainda que isso, frequentemente, tenha aberto os nossos olhos para questões que por muitas vezes foram minimizadas, a perspectiva dualista perpetuada aqui tende a bloquear qualquer desenvolvimento genuíno de conhecimento ou de uma prática significativa. De fato, a dicotomização incorporada em tais visões tende a perpetuar as concepções de "humanidade *versus* natureza", que são, de muitas maneiras, a fonte do problema. Assim, enquanto é inegável que o conceito de "controle da natureza" tenha sido um tema constante do pensamento ocidental moderno, nunca houve (como vimos) nada de simples sobre o conceito de "controle da natureza" em si, que com frequência foi concebido mesmo por aqueles que adotaram essa terminologia de maneiras complexas, dialéticas – com preocupação com a natureza da interação. Mas se isso for verdade, então tais distinções como antropocêntrico e ecocêntrico

---

[21] Ver, por exemplo, Eckersley (1992).

INTRODUÇÃO

41

se revelam abstrações vazias – meras reafirmações de velhos dualismos, como a conquista humana da natureza *versus* a adoração da natureza.

Tampouco podemos entender a questão dos limites naturais, ou "limites ao crescimento", tal como entraram na cultura ocidental, sem analisar de que modo essas questões emergiram historicamente ao longo dos séculos nos grandes debates político-econômicos e nos problemas de agricultura e do solo tais como eram compreendidos no século XIX. As razões para retornar à teoria do século XIX (ou XVIII ou XVII) vão além da necessidade de compreender o princípio de uma linha de raciocínio lógica. Ao contrário, a importância da teoria clássica para cientistas sociais deriva da natureza inerentemente histórica da própria teoria social. As teorias clássicas foram elaboradas em um contexto de transição do feudalismo para o capitalismo, e da escolástica medieval para a ciência moderna. Por isso, as ideias teóricas sobre a relação em transformação do ser humano com a natureza, característica da teoria social clássica, foram vinculadas a uma compreensão da transição em curso de um sistema histórico e social para outro.

Se nós, em nossa era, persistimos em não entender isso, é em partes devido ao subsequente estreitamento dos campos do conhecimento, e em partes pelo fato de, na reconstrução do pensamento social após a Segunda Guerra Mundial, ter havido uma tendência em campos inteiros, como na sociologia, de desenvolver argumentos puramente construcionistas, minimizando as conexões com o ambiente físico-natural (ou simplesmente adotando uma visão triunfalista sobre isso, na qual a natureza é progressivamente substituída pelo "homem") e, portanto, cortando qualquer ligação genuína entre teoria social e reflexão sobre a relação humana com a natureza. Os seres humanos se tornaram o *"Homo faber"*, não em um sentido prometeico revolucionário, mas no que foi redefinido como um prometeísmo tecnológico (prefigurado por Proudhon no século XIX). A luta mitológica em torno do "fogo" deixava de representar uma luta revolucionária acerca da relação humana com a natureza e da constituição do poder (como em Ésquilo, Shelley e Marx) e se tornou, ao contrário, simplesmente, um símbolo do eterno triunfo tecnológico.

O marxismo tem uma vantagem potencial enorme em lidar com todas essas questões precisamente porque se baseia em uma teoria de sociedade que é materialista, não somente no sentido de enfatizar as condições materiais-produtivas antecedentes da sociedade e como elas serviram para delimitar as possibilidades e liberdades humanas, mas também porque, pelo menos em Marx e Engels, o marxismo nunca perdeu de vista a relação necessária dessas condições materiais com a história natural, ou seja, com uma concepção materialista da natureza. Assim, ele aponta para a necessidade de um materialismo ecológico, ou uma concepção dialética da história natural. Ainda que isso se sobreponha ao que seria chamado mais tarde (seguindo Engels) de "materialismo dialético", seria um erro interpretar a análise do próprio Marx do ponto de vista desta categoria posterior, ainda bastante indiferenciada. Ao contrário, uma análise completa do desenvolvimento do pensamento de Marx nessa área fornecerá uma base para um escrutínio crítico renovado do debate sobre a "dialética da natureza" – reconhecendo a todo momento que é aqui que se encontram as principais lacunas no desenvolvimento do pensamento marxista.[22] Uma vez que este livro está concebido em torno da vida e da obra de Marx (e de Darwin) e, essencialmente, termina com a morte dos dois maiores materialistas do século XIX em 1882-1883, um compromisso total com o conceito posterior de dialética da natureza vai além do escopo da presente análise. Mas algumas reflexões sobre o desenvolvimento posterior da teoria marxista nessa área, e o trágico destino da fase clássica da ecologia histórico-materialista, são apresentadas no epílogo deste livro.

Não há dúvidas de que esta análise, por enfatizar os elementos ecológicos do pensamento de Marx, será criticada por alguns por atribuírem meras visões contemporâneas sobre ecologia ahistoricamente a sua obra. Mas tal crítica seria completamente equivocada, uma vez que a intenção aqui não é "esverdear Marx" para torná-lo "ecologicamente correto". Ao contrário, o objetivo é destacar as debilidades da própria Teoria Verde contemporânea como consequência da sua incapacidade

---

[22] A dificuldade tradicional de estabelecer a relação de Marx com o debate subsequente da "dialética da natureza" é bem definida por Bhaskar, que escreve: "Enquanto a evidência indica que Marx concordava com o impulso geral da intervenção de Engels, sua própria crítica da Economia Política não pressupõe nem envolve nenhuma dialética da natureza" (Bhaskar, 1989, p. 122).

INTRODUÇÃO

de se conciliar com as formas de pensamento materialista e dialético que, no período do ascenso revolucionário da sociedade capitalista, em primeiro lugar levaram à descoberta da ecologia (e, mais importante, da socioecologia). Colocado de outra maneira, o objetivo é transcender o idealismo, o espiritualismo e o dualismo de grande parte do pensamento verde contemporâneo, recuperando a crítica mais profunda da alienação da humanidade com relação à natureza, que era central na obra de Marx (e, segundo argumentaremos, na de Darwin).

As ideias ecológicas de Marx, frequentemente brilhantes, não eram meros lampejos de genialidade. Ao contrário, seus pensamentos nessa área derivavam de um envolvimento sistemático com a revolução científica do século XVII e o ambiente do século XIX, por meio de um profundo entendimento filosófico da concepção materialista da natureza. Assim, desde sua juventude (por exemplo, nos *Manuscritos econômico-filosóficos de 1844*), Marx analisou a alienação humana da natureza de uma forma sofisticada e ecologicamente sensível. Essa tendência foi reforçada por suas preocupações com a subsistência humana e a relação com o solo, e todo o problema da agricultura capitalista. Era central em seu pensamento uma preocupação com a divisão antagônica entre cidade e campo. Esses temas no pensamento de Marx não perderam espaço em seus trabalhos posteriores, mas ganharam nova importância na medida em que ele tentou abordar os problemas das formas comunais arcaicas e pré-históricas nos escritos etnológicos de sua última década.

Grande parte da relevância da presente investigação deriva, no que toca à reinterpretação de Marx, da luz que lança sobre várias anomalias, até agora inexplicadas, no desenvolvimento intelectual de Marx. Por que Marx escreveu sua tese de doutorado sobre os atomistas da Antiguidade? Quais eram as bases de sua crítica materialista de Hegel (dada a natureza superficial do materialismo de Feuerbach e as inadequações filosóficas da Economia Política)? Qual era a relação de Marx com o Iluminismo? Como é possível explicar o fato de que, n'*A sagrada família*, Marx expressou grande estima pelo trabalho de Bacon, Hobbes e Locke? Por que Marx se dedicou ao estudo sistemático das ciências natural e física durante sua vida? O que está por trás da crítica complexa e contínua de Marx à teoria malthusiana? Como podemos explicar a mudança abrupta da atitude de Marx com relação a Proudhon, de amigo a inimigo? Por que Marx declara que Liebig foi mais importante do que todos os economistas políticos juntos para a compreensão do desenvolvimento da agricultura capitalista? Que explicação podemos dar para a afirmação de Marx de que a teoria de Darwin da seleção natural forneceu "a base na história natural para nossa visão"? (Marx, 1936, p. 126). Por que Marx dedicou seus últimos anos principalmente aos estudos etnológicos, em vez de finalizar *O capital*? Respostas para essas e outras perguntas incômodas, que há muito tempo intrigam analistas do vasto corpo teórico de Marx, são fornecidas aqui e reforçam a visão de que a obra de Marx não pode ser plenamente compreendida sem um entendimento de sua concepção materialista da natureza e da sua relação com a concepção materialista da história. O pensamento social de Marx, em outras palavras, é inextricavelmente vinculado a uma visão de mundo ecológica.

A CONCEPÇÃO MATERIALISTA DA NATUREZA

Em 1837, um jovem Charles Darwin, recém-chegado de sua expedição de cinco anos de descoberta a bordo do HMS *Beagle*, começou o primeiro de uma série de cadernos sobre a "transmutação das espécies", dando início a um estudo sistemático sobre este tema elusivo. Foi quando estava lendo o *Ensaio sobre o princípio da população*, de Thomas Malthus, pouco mais de um ano depois, no outono de 1838, que Darwin teve sua grande revelação de que a transmutação das espécies ocorria por meio da seleção natural provocada por uma luta pela existência. Inspirado na descrição de Malthus sobre o crescimento exponencial das populações quando não há nenhum tipo de restrição e, logo, a necessidade de limitações naturais sobre o crescimento populacional para manter um equilíbrio entre população e os meios de subsistência, Darwin observou, em seu caderno, que as limitações ao crescimento da população entre espécies operaram como "uma força semelhante a cem mil cunhas" empurrando "todo tipo de estrutura adaptada para dentro das falhas na economia da Natureza" – uma forma de expressão que ele repetiria mais de duas décadas depois em seu grande trabalho *A origem das espécies por meio da seleção natural* (Darwin, 1987, p. 375). Darwin relembrou, assim, este grande momento muitos anos mais tarde em sua *Autobiografia*:

> Em outubro de 1838, isto é, 15 meses depois de haver iniciado minha investigação sistemática, sucedeu-me ler, para me distrair, o texto de Malthus

> sobre a população. Estando bem preparado para apreciar a luta pela vida que se dá por toda parte, em decorrência da observação prolongada e contínua dos hábitos dos animais e das plantas, ocorreu-me prontamente que, naquelas circunstâncias, as variações favoráveis tenderiam a ser preservadas e as desfavoráveis, a ser destruídas. O resultado disso seria a formação de novas espécies. Desse modo, portanto, eu finalmente havia conseguido uma teoria com que trabalhar; mas estava tão ansioso por evitar os preconceitos que decidi, durante algum tempo, não redigir nenhum esboço dela, por mais sucinto que fosse. Em junho de 1842, concedi-me pela primeira vez a satisfação de escrever a lápis um resumo de minha teoria, com 35 páginas; este foi ampliado, durante o verão de 1844, para um resumo de 230 páginas, que eu havia passado a limpo e que possuo até hoje. (Darwin, 1958, p. 120)

Como Darwin só apresentou de fato sua descoberta em 1858, primeiro em uma apresentação conjunta com Alfred Russel Wallace e, posteriormente, no ano seguinte, com a publicação de *A origem das espécies por meio da seleção natural*, a razão desta longa demora é um dos grandes mistérios nos anais da ciência. Por que Darwin esperou duas décadas inteiras antes de tornar públicas suas ideias, somente o fazendo quando um rival mais jovem, Wallace, ameaçou antecipar-se a ele?[1]

Obviamente, há muito supõe-se que um importante fator na demora de Darwin em tornar suas ideias públicas tinha a ver com a blasfêmia que sua teoria da seleção natural representava contra as visões estabelecidas. Mas a evidência material da magnitude da blasfêmia em que ele estava envolvido e o tumulto intelectual interno que isso representou só vieram à luz aos poucos. Logo após a morte de sua esposa Emma, em 1896, uma coleção de cadernos foi encontrada em um armário debaixo das escadas da casa de Darwin, em Kent. Isso incluía os dois manuscritos mencionados na *Autobiografia*, em que Darwin desenvolvera as primeiras versões de sua teoria – uma datada de 1842 e outra (muito mais longa) de 1844. Contudo também foi descoberta uma série de cadernos que Darwin escrevera entre 1836 e 1844 – mas somente publicada nas últimas décadas –, em que ele compilara notas de várias obras e gradualmente desenvolvera suas ideias, levando à versão de 1844 da sua teoria. Dentre eles, estavam não somente uma série de cadernos sobre a "transmutação

---

[1] Stephen Jay Gould trata dessa questão em um ensaio admirável intitulado "O atraso de Darwin", em Gould (1977, p. 21-27).

das espécies", mas também, mais surpreendentemente, cadernos sobre "investigações metafísicas" (conhecidas como os *Cadernos M e N*).

É nestes *Cadernos* M e N que Darwin se revela como um materialista devotado – uma ideia que era extremamente herege em seu tempo, especialmente se estendida ao desenvolvimento humano e ao desenvolvimento do espírito. Como o biólogo Stephen Jay Gould escreveu:

> Os cadernos comprovam que Darwin estava interessado em filosofia e ciente de suas implicações. Ele sabia que a principal característica que distinguia sua teoria de todas as outras doutrinas evolucionárias era seu materialismo filosófico intransigente. Outros evolucionistas falavam em forças vitais, história dirigida, esforço orgânico e a essencial irredutibilidade do espírito – uma panóplia de conceitos que o cristianismo tradicional podia conceder em aceitar, pois eles permitiam que um deus cristão trabalhasse por evolução em vez da criação. Darwin falava apenas de variação aleatória e seleção natural. (Gould, 1977, p. 24-25)

Na época de Darwin, a perspectiva dominante sobre o mundo natural, ainda que sua influência estivesse em declínio entre cientistas e filósofos, era de concepção teleológica, baseada em uma noção de providência divina. O conceito tradicional era o da "Escala da Natureza", ou "Cadeia do Ser", que presumia não só a existência de uma fina escala ou gradação da natureza que conduzia aos seres humanos, mas também a imutabilidade das espécies – todas as quais foram originalmente criadas separadamente por deus. Essa escala era essencialmente estática. Uma premissa comum era a de que os seres humanos, apesar de não estar muito abaixo dos anjos inferiores, estariam de fato no meio da escala, e que os anjos superiores estavam tão acima dos seres humanos quanto os seres humanos estavam acima dos organismos inferiores. Como *sir* William Petty, o fundador da Economia Política, escrevera em 1677 em um ensaio filosófico sobre "A escala das criaturas": "A principal utilidade de considerar estas escalas de Criaturas é fazer com que o homem veja que, abaixo de Deus, podem existir milhões de criaturas superiores ao homem. Enquanto ele geralmente se considera o principal e mais próximo a Deus" (Petty citado em Lovejoy, 1964, p. 190).

No século XVIII e início do XIX foram realizadas tentativas de se "temporalizar" a "Escala da Natureza", conforme ideias evolucionárias ganhavam mais proeminência. Não obstante, a maior parte dos cientistas e das figuras literárias presumia – seguindo Carolus Linnaeus, o grande taxonomista de espécies do século XVIII – que, ainda que algum "melhoramento" das espécies fosse possível (por exemplo, por meio da seleção artificial dentro da agricultura), isso seria, em geral, bastante limitado.[2]

Somente em finais do século XVIII o anatomista francês Georges Cuvier e outros realizaram as descobertas que apontavam definitivamente para a extinção das espécies – nascia a ciência da paleontologia –, minando seriamente a crença na escala da natureza que perdurou por séculos. E foi somente no início do século XIX, sobretudo com a publicação dos *Princípios de Geologia* (1830-1833), de Charles Lyell, que a ideia de que a Terra tinha apenas alguns milhares de anos foi definitivamente superada e a noção de período geológico foi firmemente estabelecida – tornando a ideia de um processo de evolução lenta concebível.

Ainda assim, a visão religiosa interferiu na maior parte das tentativas de conceber a realidade da evolução natural. Na geologia, grande parte do pensamento daquele período assumiu a forma de catastrofismo, uma conciliação entre o relato bíblico da criação e o crescente conhecimento científico das formações geológicas, por meio do qual se presumia que a história da Terra era caracterizada por sucessivas agitações catastróficas, formando épocas geológicas distintas, nas quais a vida era destruída e ocorriam criações sucessivas. O progressionismo na biologia, intimamente relacionado ao catastrofismo na geologia, temporalizou a escala da natureza, argumentando que a vida emergira de formas simples para mais complexas por meio de eras sucessivas de criação, culminando no "homem". Em vez de "descendência com modificação", como na teoria evolucionária, essa visão não incluía a noção de descendência filogenética, mas, ao contrário, se baseava na criação divina em todos os estágios – criações sucessivas ligadas apenas pelo espírito de deus (Eiseley, 1958, p. 66-69, 88-89, 94, 353).

Com o desenvolvimento da ciência, a visão tradicional da Escala da Natureza e a visão religiosa cristã, baseada nas escrituras bíblicas, recuaram um pouco e emergiu a tradição da teologia natural, usada

---

[2] Sobre toda a história da ideia de "Escala da Natureza", incluindo a propensão no século XVIII e início do século XIX de "temporalizá-la", ver Eiseley (1958).

"tanto para atacar como para defender o cristianismo" (Brooke, 1991, p. 193-194). Assim, as principais figuras da revolução científica inglesa, como Robert Boyle, Isaac Newton e John Ray, incorporaram a teologia natural em suas visões. De acordo com essa perspectiva, a realidade de Deus e uma compreensão teleológica do mundo seriam derivadas não das escrituras, mas da determinação das leis divinas da providência que governavam a natureza, frequentemente envolvendo atos diretos de criação por parte de Deus (particularmente no domínio biológico). Foi o fato de ter crescido ao lado da ciência e ao mesmo tempo se opor ao materialismo que deu à teologia natural sua resiliência.

Foi nesse contexto complexo, no qual as ciências da vida ainda eram governadas pelos conceitos teleológicos derivados da religião, que Darwin procurou desenvolver sua teoria. Ele foi auxiliado nessa luta pelo crescimento prévio de ideias materialistas na astronomia, física, química e psicologia, e no Iluminismo em geral. Na Grã-Bretanha, desde Thomas Hobbes (1588-1679), o materialismo era visto como compatível com a religião (particularmente os relatos deístas de religião). Ainda assim, o crescimento do materialismo tanto na ciência como na sociedade em geral era visto como uma ameaça pela Igreja predominante.

A heresia do materialismo, no século XVIII, era frequentemente asso-ciada ao materialismo ou naturalismo panteísta revolucionário que havia caracterizado movimentos populares radicais durante a Revolução Inglesa (os *Levellers, Diggers, Muggletonians* etc.) e que mais tarde se evidenciou no Iluminismo radical na França (na obra do barão d'Holbach e outros). Apesar da filosofia mecânica da "síntese newtoniana", predominante entre a oligarquia *whig* anglicana na Inglaterra do século XVIII, ter rompido em certa medida com visões religiosas prévias (a visão escolás-tica ou aristotélica do universo), ela também resistiu às visões panteísta e materialista mais radicais da Revolução Inglesa. Na visão de mundo newtoniana, a natureza era vista como governada por leis mecânicas externas determinadas pela providência divina. Em contraste, aqueles que não viam necessidade de explicações fora da própria natureza eram abertamente materialistas. Além disso, os pensadores mais moderados do Iluminismo tendiam a preservar a distinção entre mente (como espírito) e corpo. Portanto, qualquer tentativa de reduzir a mente a explicações puramente mecânicas e materiais eram geralmente consideradas como evidências de visões ateias e materialistas hereges.[3]

Um materialismo um tanto circunscrito, mas não obstante ameaçador, teve um papel importante na psicologia fisiológica de David Hartley (1705-1757), que adotou o que em geral era uma abordagem materialista do conhecimento (ainda que insistisse na "imaterialidade da alma"), em seu livro *Observações sobre o homem* (1749). O grande químico e físico Joseph Priestley (1733-1804), influenciado por Hartley, adotou uma posição materialista mais decidida, apresentada em obras como *Uma discussão livre sobre a doutrina do materialismo* (1778). A perspectiva de Priestley estava, em geral, de acordo com a embrionária sugestão de John Locke em seu *Ensaio acerca do entendimento humano* (1690) de que o pensamento poderia ser simplesmente uma propriedade que deus escolheu "adicionar à matéria" – em vez de ser uma manifestação pura e imaterial da alma (Locke, 1959, v. 2, p. 193). Para Priestley, a psicologia era essencialmente uma fisiologia do sistema nervoso. Embora a visão de Priestley sobre os seres humanos fosse, em geral, mecanicista e determinista, ele defendeu essa visão como um tributo à criatividade de deus e criticou profundamente os materialistas franceses, como Holbach, que atacavam a religião. Nesse aspecto, ele representava a tradição da teologia natural, que dominou grande parte da ciência e teologia inglesa do século XVII até o início do século XIX, de acordo com a qual a providência divina seria encontrada nas leis da natureza, como revelaram os argumentos utilitaristas. Portanto, era possível mover-se consideravelmente na direção do reconhecimento de um universo material operando de acordo com suas próprias leis, ainda enxergando nisso a "prova" da existência de deus (Gillispie, 1996, p. 33-35).

Erasmus Darwin (1731-1802), avô de Charles Darwin, também adotou visões materialistas e foi igualmente inspirado por Hartley. Um teórico evolucionista precoce, ele desenvolveu a noção de que toda a vida descendia de um filamento de vida criado por deus (Wolf, 1952, p. 784-787; Yolton, 1983, xi, 14, p. 107-125).

---

[3]   Ver Jacob (1981 e 1997).

Na França, o materialismo assumiu uma forma ainda mais radical com a obra de Julien Offray de la Mettrie (1709-1751), Paul Henri Thiery, barão d'Holbach (1723-1789) e Denis Diderot (1713-1784). La Mettrie, que desenvolveu um materialismo mecanicista no qual tudo podia remontar à matéria e ao movimento, acreditava que a mente era somente uma função do cérebro e não diferia, nesse aspecto, das outras funções do corpo. Os seres humanos eram essencialmente máquinas, assim como os outros animais e até mesmo as plantas.

Holbach é conhecido principalmente por sua obra *O sistema da natureza*, de 1770. Aplicando a ideia de que a natureza era simplesmente matéria e movimento, e que o movimento era condicionado por forças tais como resistência, atração e repulsão, Holbach insistiu que a alma era, na verdade, nada mais que o cérebro. Contudo, sua filosofia materialista assumiu uma forma mais significativa politicamente por meio de seu ataque a todas as tentativas de ver a natureza em termos religiosos. Enxergar deus na natureza era, para Holbach, uma duplicação desnecessária, uma vez que a natureza podia ser explicada em seus próprios termos. Ele argumentava que a doutrina da imortalidade da alma distraía a humanidade de suas condições presentes e da necessidade de remodelar o mundo de acordo com sua própria liberdade e necessidade; escreveu Holbach:

> A moral e a política seriam igualmente capazes de extrair do *materialismo* vantagens que o dogma da espiritualidade jamais poderá proporcionar, das quais até mesmo a ideia está excluída. O homem permanecerá sempre um mistério para aqueles que persistirem obstinadamente em enxergá-lo com olhos predispostos à metafísica. (Thiery, 1984, v. I, p. 138)

Para Holbach, a teologia havia separado a natureza em duas: em um *poder da natureza* anterior à natureza, que denominava deus; e em uma natureza inerte que era desprovida de poder.

Diderot, o editor da *Enciclopédia*, adotou um materialismo similar àquele de Holbach, que o influenciou, mas se inspirou também na história do materialismo na filosofia, remontando aos filósofos gregos da Antiguidade Demócrito e Epicuro. Para Diderot, as realidades últimas eram átomos dotados tanto de movimento quanto de sensibilidade. A alma se manifesta apenas em certas combinações de átomos. A natureza é completa em si mesma – sem exigir quaisquer princípios teleológicos de uma natureza religiosa. Objetos individuais ganham existência na forma de combinações particulares de átomos e então desaparecem, em ciclos incessantes (Wolf, 1952, p. 787-791).

O materialismo no século XVIII e no início do século XIX pode, assim, ser visto como assumindo duas formas relacionadas. Uma era uma ênfase no materialismo em termos mais mecânicos (e mais facilmente integrado com noções de um espírito divino acima e além da natureza e, portanto, de um deísmo moderado), e a outra era uma abordagem que focava mais em interações orgânicas (e experiências dos sentidos), por vezes levando a um vitalismo universal e, com frequência, de caráter panteísta. Esta última passou a ser concebida como naturalismo, vitalismo ou panteísmo, e era frequentemente separada do materialismo, que veio a ser interpretado como um mero mecanicismo. Mas a designação ampla de materialista para essas teorias devia muito ao seu repúdio comum (em maior ou menor grau) a princípios divinos na natureza. Um exemplo clássico da versão mais panteísta de materialismo era encontrado no grande biólogo francês Georges Louis Leclerc, o conde de Buffon (1707-1788), que via toda a natureza como sendo composta de "moléculas orgânicas". A natureza como um todo se tornou não uma máquina gigante, mas um vasto organismo, que poderia ser explicado em seus próprios termos, sem recorrer a um deus transcendental (Wolf, 1952, p. 791-793).

O que todos esses pensadores compartilhavam – apesar de suas diferenças – era uma tendência radical a olhar a realidade e até mesmo a mente humana como dependentes da natureza compreendida em termos físicos; e de evitar recorrer a ideias de orientação divina ou princípios teleológicos para compreender o mundo que os rodeava – apesar de, por vezes, isso ter resultado simplesmente em um deslocamento da divindade para a natureza, ou para leis externas estabelecidas pela providência divina. Em geral, tanto a filosofia mecânica associada a Newton quanto um materialismo mais integral levantaram a questão de onde perceber a influência divina. A natureza complexa da relação entre religião e ciência, de certo modo, apresentava paralelos com a filosofia epicurista da Antiguidade, uma vez que Epicuro, apesar de sua filosofia materialista de um universo governado pelo arranjo de átomos, decidiu, afinal, por conceder um lugar para os deuses – ainda que nos espaços entre os mundos.

Paradoxalmente, a cultura intelectual da Grã-Bretanha nos séculos XVII, XVIII e início do XIX era dominada não somente pelo crescimento da ciência, do materialismo e do utilitarismo, mas também por um deslocamento dentro da teologia rumo à teologia natural, na qual a providência divina foi descoberta nas leis naturais e nos princípios utilitaristas que presumidamente governavam o universo material. Portanto, houve uma tentativa de construir uma teologia científica ou utilitarista que revelasse os princípios teleológicos (e, portanto, a prova da existência de deus) na natureza e na "conveniência"; seu maior expoente foi o arquidiácono William Paley (1743-1805), cuja *Teologia natural* (1802) e outras obras formariam uma parte importante dos estudos do próprio Darwin em Cambridge. Para Paley, "as marcas do *desígnio* são muito fortes para serem superadas. O desígnio deve ter tido um criador. Este criador deve ter sido uma pessoa. Esta pessoa é deus" (Paley, 1803, p. 473). Não obstante, tudo isso significava que a visão teológica estava na defensiva, uma vez que, agora, procurava provar a existência de deus principalmente por meio de suas obras (como revelada pela natureza e pela ciência), em vez de uma revelação divina. A divindade suprema estava cada vez mais em segundo plano – o supremo criador do mundo, mas que construiu uma natureza tão elaborada, na visão de Paley, que, em certo sentido, se auto-organizava. Conforme a ciência e o materialismo avançavam, houve tentativas, em cada estágio, de sintetizar isso com uma compreensão teológica do mundo. Mas o domínio atribuível diretamente à providência divina, em contraste com o domínio da ciência e da natureza, continuou recuando, criando uma crise perpétua para a teologia cristã e para o sistema de privilégios ao qual ela estava associada.

Consequentemente, apesar da elasticidade que as doutrinas teológicas demonstravam ao longo desse período, não resta dúvidas de que o crescimento de um materialismo integral era percebido como uma ameaça pela ordem estabelecida – um materialismo que encontrou resistência a cada passo de seu caminho. Giordano Bruno (1548-1600), o materialista italiano que ajudou a desenvolver os ensinamentos de Copérnico sobre o universo, foi queimado na fogueira pela Igreja católica – não tanto por seguir Copérnico, mas por sua adesão à filosofia epicurista, com suas implicações antiteológicas. Embora Bruno tenha sido acusado de inúmeras heresias, sua heresia mais séria foi adotar o argumento de Epicuro (via Lucrécio) sobre a natureza ilimitada do universo. "A principal contribuição de Bruno" para a ciência, de acordo com o historiador da ciência Thomas Kuhn, foi o reconhecimento e a elaboração sobre a "afinidade" que há entre o atomismo de Copérnico e de Epicuro. "Uma vez que a afinidade foi reconhecida, o atomismo demonstrou ser a mais abrangente e efetiva das diversas correntes intelectuais que, durante o século XVII, transformaram o cosmos finito de Copérnico em um universo infinito e multipopulado". Assim, enquanto se levanta com frequência a questão se Bruno, condenado por diversas "heresias teológicas", merece ser considerado um "mártir da ciência", o fato de que uma dessas heresias foi a sua adesão à noção epicurista de um universo infinito parece deixar pouco espaço para essa dúvida. E Darwin conhecia bem o destino de Bruno (Gruber, 1981, p. 37; Brooke, 1991, p. 74-75; Kuhn, 1985, p. 199, 235-237).[4]

As relações estreitas entre Estado e Igreja na maioria dos países da Europa, até mesmo durante o século XIX, significavam que as acusações de materialismo e ateísmo constituíam ataques muito sérios – direcionados contra indivíduos dedicados à investigação científica. Em 1819, William Lawrence, um conferencista na Faculdade Real de Cirurgiões, publicou suas *Lições sobre fisiologia, zoologia e a história natural do homem*, nas quais apresentava ideias materialistas. O livro resultou em tamanha tempestade de ofensas públicas que Lawrence retirou o livro de circulação. E quando três anos mais tarde uma editora publicou uma edição pirata dessa obra, Lawrence processou a editora. A Corte julgou que o livro de Lawrence era tão sedicioso e imoral que o autor não tinha direitos de propriedade sobre ele; o que significava – de acordo com uma estranha lei inglesa datada do século XVII – que a editora estava legalmente autorizada a publicar uma versão pirata sem remunerar o autor.

---

[4] Kuhn enfatiza a descoberta de Bruno da "afinidade" entre o atomismo copernicano e o do epicurista como a sua grande contribuição para a ciência, mas parece desconhecer em que medida a heresia do epicurismo (visto pela Igreja católica da época como a maior heresia contra a religião) foi um elemento central para a condenação de Bruno pela Igreja. Consequentemente, o próprio Kuhn questiona se Bruno foi realmente um "mártir da ciência" e não do misticismo. Aqui, a consideração de Brook é importante.

Lawrence, um sofisticado pensador da biologia para seu tempo, argumentava que os organismos vivos se conformavam com leis naturais superiores àquelas que podiam ser atribuídas à natureza inanimada. Porém, ele negou qualquer "princípio vital" para além daquele da organização da matéria e dos órgãos do corpo e, portanto, negou a existência de qualquer propriedade mental independente do cérebro. Para o *establishment* britânico isso era simplesmente demais. A *Quarterly Review*, ligada ao partido tory, condenou a "doutrina do materialismo, uma confissão aberta que foi feita na metrópole do Império Britânico, durante as aulas publicamente autorizadas e proferidas pelo Sr. Lawrence", demandando que as passagens ofensivas fossem retiradas do livro. Lawrence foi então forçado a recolher o livro e a pedir exoneração do posto de conferencista (Gruber, 1981, p. 204-205).

Charles Darwin, lutando internamente com suas próprias visões materialistas enquanto escrevia seus cadernos sobre transmutação, também estava bastante ciente do que havia acontecido com Lawrence. Ele tinha uma cópia do livro de Lawrence, no qual fez marcações e ao qual fez referência em seus cadernos sobre transmutação e, posteriormente, em *A origem do homem*. Além disso, apenas alguns anos após a perseguição a Lawrence, o jovem Charles Darwin testemunhou pessoalmente um caso similar de censura de ideias materialistas. Em 1827, Darwin participou de uma reunião da Sociedade Pliniana – um clube formado por estudantes de graduação da Universidade de Edimburgo para a leitura formal de artigos sobre história natural –, em que um colega, William Browne, apresentou um artigo que propunha que a vida era um mero produto da maneira como o corpo estava organizado, e que "a mente, no que diz respeito aos sentidos e à consciência individuais, é material" (Browne, 1995, p. 72-78). Isso gerou uma controvérsia tão grande que as observações de Browne foram removidas das minutas da Sociedade e Browne, após isso, limitou suas pesquisas a temas não filosóficos.

A ideia de que o cérebro era o órgão do qual se derivavam todas as faculdades mentais recebeu um forte respaldo no final do século XVIII, na obra de Franz Joseph Gall (1758-1828). Ainda que Gall seja hoje associado com a "ciência" da frenologia, há muito em descrédito, não foi isso que fez com que suas conferências em Viena fossem proscritas, em 1802, como perigosas à religião, mas sim sua insistência pioneira em uma interpretação materialista da relação corpo-mente. Em 1807 Gall emigrou para Paris, onde seus livros foram colocados no *Índice de Livros Proibidos*; quando da sua morte, lhe foi negado um enterro religioso (Gruber, 1981, p. 204).

Em seus cadernos sobre metafísica, Darwin adotou uma posição que era inequivocamente de natureza materialista. Como os editores dos *Cadernos* observaram: "Ele adotou o materialismo com entusiasmo e argumentou, usando linguagem associativa, que o pensamento se originava na sensação". "O que é intelecto", ele se perguntava em certa passagem de seus *Cadernos*, "se não a organização com a adição de uma consciência misteriosa?" (Herbert e Barrett, 1987, p. 519). Ou, como ele escreveu em seu *Caderno* C: "O pensamento (ou desejo, mais propriamente) sendo hereditário – é difícil de imaginá-lo como algo diferente de uma estrutura hereditária do cérebro. Ah, seu materialista!" (Darwin, 1987, p. 291, 638).

Essas visões materialistas em desenvolvimento estão no coração da teoria emergente de Darwin sobre a transmutação das espécies. "Platão", ele escreveu, "diz em *Phaedo* que nossas 'ideias necessárias' surgem da preexistência da alma, e não são derivadas da experiência – leia-se macacos em lugar de preexistência" (Darwin, 1987, p. 551). Ele concordava com a afirmação de Francis Bacon em *O progresso do conhecimento*, que quaisquer argumentos com respeito à natureza baseado em causas finais eram "estéreis e, como uma virgem consagrada a deus, não produz nada". Observando que Malthus argumentou a partir de causas finais em seu recurso à providência divina, Darwin escreveu em seus *Cadernos* que seu próprio materialismo o impediu de seguir Malthus neste aspecto. "É uma anomalia em mim falar em causas finais: considere isto! – considere essas virgens estéreis" (Bacon, 1905, p. 473; Darwin, 1987, p. 637).[5]

Darwin era aguda e dolorosamente consciente da natureza herege de suas visões e se questionava se o materialismo necessariamente levava ao ateísmo – ele alegava que não (Darwin, 1987, p. 614). O materialismo do tempo de Darwin era comumente associado, na mentalidade pública, não

---

[5] Darwin estava em parte reagindo ao *Tratado de Bridgewater*, do teólogo natural William Whewell, que comentou sobre a afirmação de Bacon. Ver Whewell (1834, p. 355-356).

somente ao ateísmo, mas também à ideologia da França revolucionária. Havia leis sobre blasfêmia e atos de sedição dirigidos aos livres-pensadores radicais. Entre 1837 e 1842 os jornais estavam repletos das notórias atividades de cartistas, *owenistas* e outros que adotavam o materialismo por causa da reforma social. Havia, também, materialistas radicais, particularmente nos círculos médicos, concentrados em Londres, que estavam adotando ideias evolucionistas, mas cujas visões eram anátemas a Darwin devido ao seu extremo caráter anti-Igreja e antiestado (Moore, 1985, p. 452; Desmond, 1989, p. 412-414). Desejando que suas próprias ideias não fossem proscritas em círculos respeitáveis, Darwin buscava estratégias para contornar a confissão explícita de seu materialismo. "Para evitar declarar o quanto eu creio no materialismo", ele escreveu, "me limito a dizer que as emoções, os instintos, os graus de talento que são hereditários o são porque o cérebro da criança se assemelha ao da linhagem parental" (Darwin, 1987, p. 532-533).

Darwin sabia que a blasfêmia em que estava envolvido era ainda mais herege, pois destronava não apenas a teleologia religiosa, mas também as visões antropocêntricas – no sentido de que, na visão da Escala da Natureza, deus supostamente teria criado o mundo para "o homem", e acreditava-se que a mente era nitidamente separada da matéria. As visões de Darwin, por um lado, tendiam a reduzir a estatura da espécie humana ao atribuir sua origem à descendência de outras espécies "inferiores". Macacos e símios – até então vistos como somente ligeiramente abaixo na escala da natureza, mas imensuravelmente apartados do "homem" pela criação em separado – podiam agora ser vistos como compartilhando uma ancestralidade comum, mesmo que extremamente distante. Por outro lado, as visões de Darwin tenderam a elevar a estatura de outras espécies com relação aos seres humanos, uma vez que, em sua opinião, os animais também expressavam inteligência de formas limitadas.

Sem nenhuma ilusão sobre a reação das sensibilidades vitorianas a tais heresias materialistas, Darwin ponderou repetidas vezes sobre este problema em seus *Cadernos*, reiterando ao menos meia dúzia de vezes, de forma um tanto enigmática, porém nitidamente contrária à concepção tradicional da Escala da Natureza: "Se todos os homens estivessem mortos, então os macacos seriam os homens – Os homens seriam anjos" (Darwin, 1987, p. 213). Esta afirmação deve ser vista em duas partes (e é de fato construída em torno de uma crítica dupla à ideia tradicional de Escala da Natureza). Se os seres humanos fossem extintos, Darwin sugeria em seus *Cadernos*, outras espécies – como os "macacos" – evoluiriam para preencher o nicho ecológico deixado pelo desaparecimento de um hominídeo inteligente – apesar de Darwin deixar claro que a espécie resultante não seria "homem" como o conhecemos. Mas também era verdade que os seres humanos estavam evoluindo e poderiam evoluir para outra espécie. Brincando com a concepção tradicional da Escala da Natureza na qual os seres humanos eram vistos como no meio do caminho na escala da criação, Darwin escreveu: "Os homens seriam anjos" – sugerindo, assim, que os seres humanos poderiam evoluir para algo mais elevado (é claro que não literalmente "anjos" na visão geralmente não religiosa de Darwin). Dessa forma, ele debateu-se com as implicações de suas próprias ideias e com a provável reação da sociedade vitoriana: que os seres humanos eram um produto da evolução ao acaso; que outros hominídeos poderiam evoluir para preencher o espaço humano na natureza, caso este ficasse vago; e que os seres humanos, bem como todas as espécies, não eram espécies fixas, mas continuavam sujeitos ao processo evolutivo.

Em seus escritos publicados posteriormente sobre a transmutação das espécies, Darwin evitaria muitas das críticas ao compartimentar a questão e deixar os assuntos mais perigosos para depois. Assim, a questão da evolução dos seres humanos foi quase totalmente excluída de *A origem das espécies* quando publicado, em 1859, e não foi tratado até mais tarde – quando parte da controvérsia perdia fôlego – em *A origem do homem* (1871); enquanto a questão da continuidade nas mentes e emoções dos seres humanos e animais foi tratada – de forma materialista – em *A expressão das emoções no homem e nos animais* (1872). Esta última obra era, de algumas maneiras, a mais radical de Darwin, uma vez que ele literalmente aniquilou a interpretação tradicional antropocêntrica da "criação bruta", que se pensava ser inteiramente separadas dos seres humanos pela falta de inteligência – assim como pelo suposto fato de que a Terra e todas as suas criaturas teriam sido criadas por deus para "o homem". Na visão de Darwin, ao contrário, toda a vida animada estava unida por um conjunto comum de relações materiais e de leis evolutivas. Nas palavras do notável acadêmico darwinista John Durant,

> Darwin elaborou suas ideias sobre a natureza e sobre a natureza humana dentro de uma visão mais ampla de um mundo continuamente ativo na geração de novas formas de vida e mente. Isso era materialismo, e Darwin o sabia; mas era um naturalismo que humanizava a natureza tanto quanto naturalizava o homem. (Durant, 1985, p. 301)

Materialismo e o novíssimo Marx

No período entre 1839 e 1844, enquanto Darwin estava na Inglaterra se debatendo com suas ideias sobre evolução e materialismo, um jovem estudante alemão, nove anos mais novo do que Darwin – cuja reputação como pensador do século XIX por fim rivalizaria com a do próprio Darwin –, se debatia de uma maneira um tanto diferente com sua própria perspectiva materialista emergente, tentando se livrar da perspectiva essencialmente teológica da filosofia idealista alemã. Como estudante em Berlim, Karl Marx sofria influência, parcial e relutantemente, do sistema filosófico idealista de Georg Wilhelm Friedrich Hegel (1770-1831), que então dominava a filosofia alemã e pretendia explicar o desenvolvimento do espírito (ou ideia) na história. Mas a primeira obra completa de Marx, sua tese de doutorado sobre *A diferença entre a filosofia da natureza em Demócrito e Epicuro* (escrita entre 1840 e 1841), apesar de iniciar com uma visão essencialmente hegeliana de esquerda, já começava a transcender essa visão ao levantar a questão do conflito entre a filosofia especulativa (ou idealismo) e o materialismo.[6]

A maior parte dos debates sobre a tese de doutorado argumenta que Marx e os jovens hegelianos, em geral, foram atraídos pelas filosofias helenísticas da Antiguidade (estoicismo, epicurismo e ceticismo) simplesmente porque essas filosofias surgiram na esteira da filosofia total de

---

[6] A tese de doutorado de Marx chegou para nós em uma forma incompleta. A lacuna mais crítica é a perda dos dois últimos capítulos (capítulos 4 e 5) da Parte Um, que sabemos pelo sumário que eram intitulados "Diferença geral em princípio entre a filosofia da natureza de Demócrito e de Epicuro" e "Resultado" (temos, contudo, as notas do capítulo 4). Adicionalmente, nos falta, com exceção de um fragmento, todo o Apêndice de sua tese, intitulado "Crítica da polêmica de Plutarco contra a teologia de Epicuro" (ainda que aqui também tenhamos as notas do Apêndice).

60 A CONCEPÇÃO MATERIALISTA DA NATUREZA

Aristóteles, o que parecia prefigurar a posição dos jovens hegelianos na direção da filosofia total de Hegel. Assim, somos levados a acreditar que Marx se sentiu atraído não tanto pelo conteúdo da filosofia de Epicuro, mas pelo fato de que ela refletia uma espécie de "espírito" paralelo dos tempos. Estreitamente associada a isso está a premissa de que, ao escrever sua tese de doutorado, Marx permaneceu completamente encerrado na visão de mundo hegeliana. Portanto, enquanto a tese de Marx é vista como uma tentativa de delinear (em termos hegelianos) uma dialética epicurista da autoconsciência, toda a relação do epicurismo com o Iluminismo e com os materialismos britânico e francês, em particular, é ignorada, como se não tivesse nenhuma influência no assunto – ou estivesse completamente além de sua consciência.[7]

Tal omissão é ainda mais espantosa uma vez que Marx enfatizou fortemente em sua própria tese de doutorado que Epicuro era a figura iluminista da Antiguidade – um ponto também defendido por Hegel, mas de uma forma menos positiva. Ademais, Marx continuaria a insistir em seus escritos subsequentes que Epicuro era central para todos aqueles pensadores que desenvolveram visões materialistas nos séculos XVII e XVIII. Assim, a interpretação convencional da tese de doutorado de Marx se torna cada vez menos verossímil quando se olha para a atmosfera intelectual mais ampla na qual ela foi escrita – se estendendo para além de um mero hegelianismo.[8] Aqui é importante lembrar que a relação de

---

[7] Para a interpretação tradicional, ver Adams (1940, p. 27-41) e McLellan (1970, p. 52-68). A interpretação de McLellan, que vê Marx como nunca indo além do ponto de vista de Hegel em sua tese, baseia-se na afirmação anterior de McLellan da "conversão de Marx ao hegelianismo" – uma interpretação que, ao reduzir Marx a um mero "convertido", claramente subestima (como a própria tese de doutorado realça) a luta intelectual em que ele estava engajado (McLellan, 1970, p. 46-52). Aqui, a interpretação de McLellan é, de certa forma, similar à de Franz Mehring, que argumentou em sua clássica biografia que a tese de doutorado de Marx permaneceu "completamente na base idealista da filosofia hegeliana". A única evidência de Mehring para isso era que Marx rejeitou o materialismo mecanicista de Demócrito, preferindo o modelo materialista de Epicuro, com sua ênfase maior na livre atividade. Contudo, longe de provar que ele era um idealista hegeliano, a admiração de Marx por Epicuro, que continua em seus escritos subsequentes, somente indica uma relação muito mais complexa com o materialismo, mesmo neste estágio inicial, do que geralmente se supõe. Ver Mehring (1962, p. 30).

[8] A ideia de que Marx já estava inclinado ao materialismo quando ele escreveu sua dissertação de doutorado é indicada pelo seguinte epigrama, escrito em 1837: "Kant e Fichte se alçam

Marx com o sistema hegeliano era ambivalente desde o princípio; de fato, sua inclinação inicial parece ter sido a de vê-lo como uma ameaça às visões iluministas que o haviam inspirado até então. Ele fazia referência a cair nos "braços do inimigo"; a fazer "um ídolo de uma visão que eu odiava"; e a suas repetidas tentativas de escapar dessa "áspera e grotesca melodia" (Marx e Engels, 1975, v. 1, p. 18-19).

Em oposição à interpretação padrão, argumenta-se adiante que a tese de doutorado de Marx não é meramente uma anomalia restante de seu período hegeliano, mas constituía um esforço de reconciliação com as implicações da dialética materialista do filósofo da Antiguidade grega, Epicuro, tanto do ponto de vista do sistema filosófico hegeliano quanto em certa medida indo além deste último. Mais do que isso, era uma tentativa indireta de enfrentar o problema que a tradição materialista do Iluminismo inglês e francês – que tinham forte inspiração em Epicuro – suscitou para a filosofia hegeliana. Dada sua importância para o materialismo britânico e francês, a "filosofia atomística", como observou James White, "tinha fortes conotações políticas que eram bem conhecidas por Marx quando ele embarcou em sua dissertação [...] em 1840" (White, 1996, p. 42).[9] Marx estudou Bacon em 1837 (no mesmo ano em que ele se familiarizou com a filosofia de Hegel) e estava bastante ciente da influência de Epicuro sobre Bacon, bem como sobre os pensadores iluministas em geral. O interesse de Marx na relação do epicurismo com o Iluminismo e com o materialismo francês e britânico, em particular, é evidente não somente na própria tese de doutorado, mas também nos sete *Cadernos sobre a filosofia de Epicuro*, que ele compilou em 1839, quando trabalhava em sua tese, bem como em trabalhos subsequentes escritos com Friedrich Engels – A *sagrada família* (1845) e A *ideologia alemã* (1846).

Como destacaram Maximilien Rubel e Margaret Manale, a decisão de Marx de fazer sua tese de doutorado sobre Epicuro foi:

---

ao azul do firmamento/Em busca de uma terra distante/Eu apenas busco a compreensão profunda e verdadeira/Daquilo – que na rua eu encontro" (Marx e Engels, 1975, v. 1, p. 577).

[9] Como notou Norman Livergood, "Marx estava interessado no materialismo já na escrita de sua dissertação de doutorado. [...] É o conceito de livre atividade que Marx considera como a contribuição mais significativa de Epicuro para o materialismo" (Livergood, 1967, p. 1).

uma guinada sumamente não hegeliana [...]. A atenção de Marx volta-se a Epicuro por sua naturalidade, sua manifestação de liberdade intelectual e dos sentidos, uma liberdade com relação a deuses e doutrinas que concedem ao acaso um papel igualmente grande, senão maior, na vida humana quanto a necessidade. A vontade individual é afirmada; uma compreensão da contingência se torna central para a sabedoria da vida. Aqui, o homem liberta a si próprio da superstição e do medo e se torna capaz de forjar sua própria felicidade. (Rubel e Manale, 1975, p. 16-17)[10]

Epicuro

Epicuro era um cidadão ateniense, nascido na ilha de Samos em 341 a. C., seis anos após a morte de Platão, em 347 a. C., e seis anos antes de Aristóteles abrir sua escola no Liceu. Em 306 a. C., ele abriu o "Jardim", sede de sua escola de filosofia que, quando de sua morte, em 271 a. C., havia ganhado influência por todo o mundo grego. Epicuro atravessou o trágico período que se seguiu à hegemonia macedônica, durante a qual os sucessores de Alexandre batalhavam por seu império; um tempo em que a atividade política parecia particularmente ineficaz. Assim, ele pregou um tipo de materialismo contemplativo para seus seguidores – ainda que nele implicações mais práticas e radicais pudessem ser percebidas. A filosofia de Epicuro teve um amplo impacto no pensamento da Antiguidade até os tempos romanos, mas sua obra quase se perdeu por completo durante a Idade Média, quando ele e seus seguidores foram declarados alguns dos principais hereges adversários do cristianismo. Assim, sua obra ficou conhecida nos tempos modernos principalmente por meio de fontes secundárias, sendo a mais importante delas a grande obra do poeta romano Lucrécio, intitulada *De rerum natura* (literalmente *Sobre a natureza das coisas*), no qual Lucrécio (99-55 a.C.) reproduziu fielmente, como demonstraram estudos modernos, as principais ideias e até mesmo a fraseologia do mestre.[11] (Lucrécio também atravessou um período de crises políticas severas, a queda da República Romana).

---

[10] Marx apresentou o materialismo de Epicuro como o inimigo da teologia cristã já em suas pesquisas juvenis no ginásio. Ver Marx (1971, p. 43).

[11] O corpo principal da obra existente de Epicuro pode ser encontrado em Bailey (1926). Whitney J. Oates (1940) forneceu uma edição conveniente que inclui a tradução de Bailey do que restou da obra de Epicuro. A obra de Lucrécio *Sobre a natureza das coisas* foi traduzida para o inglês numerosas vezes tanto em verso quanto em prosa. Devido às dificuldades de

Epicuro se inspirou na obra dos atomistas gregos Leucipo (aproximadamente 430 a.C.) e Demócrito (aproximadamente 420 a.C.), que viam toda a realidade como constituída de um número infinito de átomos imutáveis, muito pequenos para serem vistos, mas de diferentes formas e tamanhos, que existiam em um vácuo. Esses átomos tinham a propriedade do movimento e se combinavam e se separavam de várias maneiras para formar os objetos dos sentidos. Em Demócrito, os átomos tinham duas propriedades primárias: tamanho e forma. Muitas interpretações de Demócrito (uma vez que as fontes da Antiguidade são conflitantes) também sugerem que ele atribuiu a propriedade de peso para o átomo,

---

traduzir um longo poema didático, o leitor nativo de língua inglesa encontrará traduções de valor tanto da versão em verso quanto em prosa. Para verso, ver a tradução de Melville (1999). Para prosa, ver a tradução de Latham (1994). Adiante, a tradução em prosa de Latham (e Godwin) normalmente será referida com citações ocasionais da tradução em verso de Melville, citada conforme a tradução em verso de Oxford. (O sistema de referência clássico, indicando os livros e as linhas do texto de Lucrécio, também será usado). É preciso notar que, desde os tempos de Marx, algumas fontes adicionais da obra de Epicuro foram descobertas. Em 1884, o ano seguinte à morte de Marx, uma inscrição filosófica dos ensinamentos de Epicuro contendo fragmentos extensos de seu trabalho foi encontrada por arqueólogos franceses e austríacos, nas ruínas de uma grande muralha de pedra no interior da Turquia moderna. A inscrição foi esculpida em torno de 200 d.C. por incentivo de um dos seguidores de Epicuro, Diógenes de Enuanda, na forma de 120 ou mais colunas de texto, estendendo-se por mais de 40 metros pelo muro, ver Diógenes de Enuanda (1971). Além disso, a biblioteca da escola do principal proponente das ideias de Epicuro na Itália, Filodemos de Gadara, na Palestina, que viveu em Herculano, foi soterrada pela erupção do Vesúvio em 79 d.C. A escavação paciente de centenas de rolos de papiro carbonizados, encontrados quando a biblioteca foi redescoberta na escavação de Herculano, no século XVIII, gradualmente trouxe à tona trechos de informação durante os dois últimos séculos. Muito da obra de Epicuro *Sobre a natureza* foi encontrada em meio às ruínas e estão sendo cuidadosamente reconstruídas a partir dos rolos de papiro carbonizados. Para uma avaliação completa e uma sinopse de *Sobre a natureza*, de Epicuro, ver Sedley (1998, p. 94-133). Sedley demonstra, por meio de um exame minucioso do poema de Lucrécio em relação ao texto de Epicuro, aquilo que há muito tempo era presumido por estudiosos, que Lucrécio era um "fundamentalista" epicurista, duplicando os argumentos e até mesmo a linguagem do mestre, ainda que se afastando em alguns momentos da estrutura geral (o ordenamento dialético dos argumentos) no grande tratado de Epicuro. Ver também Farrington (1967, p. xi-xiii) e Gigante (1990). Uma terceira fonte, indisponível para Marx, eram os fragmentos da Coleção do Vaticano, uma série de afirmações doutrinais, principalmente epigramas, apresentando a teoria ética de Epicuro. Essa coleção, também conhecida como "As máximas de Epicuro", foi descoberta em 1888 (cinco anos após a morte de Marx) em um manuscrito do Vaticano datado do século XIV que também continha o *Manual* de Epicteto e as *Meditações* de Marco Aurélio. Ver Epicuro (1964, p. 89).

de modo que o movimento ocorria em direção descendente e em linhas retas (apesar de essas propriedades dos átomos estarem mais intimamente associadas à obra de Epicuro). Epicuro se afasta de maneira mais clara com relação a Demócrito em seu acréscimo da proposição de que os átomos não se moviam de acordo com padrões que eram completamente determinantes; ao contrário, alguns átomos "desviavam", criando o elemento do acaso e da indeterminação (e, portanto, deixando espaço para o livre arbítrio).[12] "É com a teoria dos átomos", escreveu Hegel, "que a ciência se sente pela primeira vez livre da sensação de não ter fundamento para o mundo" (Hegel, 1995, v. 1, I, p. 306).

A filosofia de Epicuro era um sistema lógico extremamente coeso e, uma vez que algumas premissas iniciais estavam garantidas, a maior parte do restante parecia seguir, principalmente, por dedução. Dentre as deduções mais importantes estavam as noções de espaço ilimitado (incluindo números infinitos de mundos) e tempo infinito. Epicuro também fez referência à extinção de espécies e ao desenvolvimento humano a partir de origens selvagens. Sua filosofia materialista parecia antecipar, em um grau notável, as descobertas da ciência e, de fato, foi extremamente influente entre muitos dos principais cientistas da revolução científica do século XVII e do Iluminismo. As proposições iniciais da filosofia natural de Epicuro eram que "não há coisa alguma que tenha jamais surgido do nada por qualquer ação divina" e "a natureza [...] nada aniquila inteiramente". Juntas, essas duas proposições constituíam o que hoje é conhecido como "princípio da conservação".[13] O materialismo de

---

[12] Ver Bailey (1928, p. 128-133, 287-317) e Long (1986, p. 14-74). O desvio nunca foi realmente encontrado no que resta dos escritos de Epicuro. Em vez disso, o conhecimento sobre isso é completamente baseado em Lucrécio e em diversas fontes secundárias. A maioria dos editores da "Carta a Heródoto", de Epicuro, inseriu o desvio em determinada altura do texto (de acordo com suas leituras de Lucrécio) para tornar o texto mais compreensível. A descoberta de *Sobre a natureza*, de Epicuro, na biblioteca de Filodemus, em Herculano, aumentou a esperança de que a própria discussão de Epicuro sobre o desvio será descoberta, mas até o momento a restauração do livro não produziu esse resultado. Ver Epicuro (1964, p. 12) e Gigante (1990, p. 43).

[13] Lucrécio (1999, p. 13-15); Long e Sedley (1987, p. 25-27). O princípio da conservação não era original de Epicuro. Farrington aponta que Demócrito foi "o primeiro a colocar isso em seu lugar correto como o primeiro princípio de todo o pensamento científico sobre o mundo físico" (Farrington, 1969, p. 46).

Epicuro significava a expulsão do poder divino – todos os princípios teleológicos – da natureza. Os deuses, apesar de continuarem existindo, eram confinados aos espaços entre os mundos. Além disso, Epicuro opunha-se a toda teleologia e a todo determinismo absoluto no tratamento da natureza: "Mais vale aceitar o mito dos deuses", ele escreveu, "do que ser escravo do destino dos naturalistas: o mito pelo menos nos oferece a esperança de perdão dos deuses por meio das homenagens que lhes prestamos, ao passo que o destino é uma necessidade inexorável".[14]

Nenhum determinismo ou essencialismo – isto é, desenvolvimentos baseados na mera propriedade das coisas – poderia explicar os "acontecimentos" que se "produziam", de acordo com Epicuro, porque tais acontecimentos pertenciam ao domínio do acidente (contingência):

> por onde se vê que os acontecimentos, sem exceção, não podem, como os corpos, existir ou subsistir por si próprios, nem existir, seja como for, à maneira do vazio: é melhor considerá-los acidentes da economia do espaço, em que tudo acontece. (Lucrécio, 1999, p. 17)

A rejeição de Epicuro a qualquer forma de reducionismo, que é comumente atribuída aos pontos de vista materialistas, era evidente no desenvolvimento de uma epistemologia sofisticada em sua obra O Canon (que formou a introdução ao seu sistema geral), que se baseava não somente em sensações mas, também, em seu famoso conceito de "antecipação" (por vezes referido como "preconcepção") – um conceito que ele criou (Long e Sedley, 1987, p. 88-89).[15] De acordo com Cícero, a noção de "antecipação" (*prolepsis*) de Epicuro era a de uma coisa "preconcebida pela mente, sem a qual a compreensão, a investigação e a discussão são impossíveis". Portanto, "o Epicuro materialista", observou Farrington, "deve ser creditado com uma clara compreensão da atividade do sujeito em todos os estágios da aquisição do conhecimento".[16] Isso sugeria que os seres humanos eram fisicamente dotados de características

---

[14] Epicuro, "Carta a Meneceu", em Oates (1940, p. 33) e Bailey (1928, p. 318).

[15] Marx tomou notas cuidadosas sobre o conceito de Epicuro de *prolepsis* (antecipação, preconcepção) no princípio de seus *Cadernos sobre a filosofia epicurista*, bem como em suas notas posteriores sobre Sexto Epicuro e Clemente de Alexandria. Ver Marx e Engels (1975, v. 1, p. 405-406, 428, 487).

[16] Cícero em Long e Sedley (1987, p. 141). Ver também Epicuro (1994, p. 51).

que incluíam a habilidade de raciocinar. Enquanto a sensação em si não tem conteúdo mental, ela dá origem ao processo mental de distinguir as sensações em termos de categorias gerais construídas com base em sensações repetidas, mas que, uma vez adquiridas, existem na mente de forma um tanto independente e se tornam a base para organizar os dados em categorias prontas. É nesse sentido que Epicuro se refere a elas como "antecipações". Como nota Farrington, "as 'antecipações' não precedem toda a experiência; mas elas sim precedem toda a observação sistemática e discussão científica, e toda atividade prática racional. Novamente elas denotam a atividade do sujeito na aquisição do conhecimento".[17] Dado tudo isso, não deveria causar surpresa que, na seção de sua *Crítica à razão pura* dedicada às "Antecipações da percepção", Kant tenha escrito: "Todo conhecimento por meio do qual eu posso determinar e conhecer *a priori* aquilo que pertence ao conhecimento empírico pode ser denominado uma antecipação, e é sem dúvida este o sentido em que Epicuro empregava a sua expressão *prolepsis*" (Kant, 1998, p. 74-75).

A ética epicurista é derivada da perspectiva materialista de Epicuro, de sua ênfase na mortalidade e na liberdade. Como observou Marx, os epicuristas "t[ê]m como princípio o átomo, a *mors immortalis* [morte imortal], nas palavras de Lucrécio" (Marx e Engels, 1975, v. 5, p. 139; Lucrécio, 1999, p. 88). O ponto de partida essencial para uma ética materialista era superar o medo da morte promovido pela religião e pela superstição estabelecidas. Epicuro escreveu, em suas *Máximas principais*: "A morte não é nada para nós. Com efeito, aquilo que está decomposto é insensível, e a insensibilidade é o nada para nós". A liberdade do indivíduo começou somente quando foi possível assegurar por meio da "ciência natural" a mortalidade do mundo e dos indivíduos que estão nele (Oates, 1940, p. 35).

Epicuro desenvolveu um materialismo essencialmente contemplativo que podia ser nitidamente distinguido do amor à contemplação mais idealista de Platão. O que importava para Epicuro, como escreveu George Panichas, "era a contemplação do que podia materializar em existência

---

[17] Farrington (1967, p. 108-109). Ver também Diógenes de Laerte (1925, v. 2, p. 563); Bailey (1928, p. 245-248) e Long (1986, p. 23-24). Para a interpretação de Gassendi sobre o conceito de "antecipações" de Epicuro, ver Joy (1987, p. 169). Para uma interpretação mais recente, ver Striker (1996, p. 150-165).

humana, e não em um eterno além". A ética epicurista, que defendia a satisfação das necessidades do indivíduo neste mundo, era baseada na busca conveniente do prazer e em evitar a dor. Mas Epicuro não via isso em termos míopes, grosseiramente hedonistas, mas sim em termos de toda a existência, que reconhecia que alguns prazeres egoístas imediatos somente criavam dores maiores. Ele, portanto, defendia uma vida simples, abandonando a busca da riqueza. Ele escreveu: "A riqueza que é conforme à natureza tem limites e é fácil de adquirir, mas aquela imaginada pelas vãs opiniões é sem limites" (Panichas, 1967, p. 83; Inwood e Gerson, 1988, p. 65; Oates, 1940, p. 35-39).

Para Epicuro, o requisito mais importante de uma vida boa era a amizade, que se tornou para ele o princípio por meio do qual a vida e a sociedade deveriam ser ordenadas. "De tudo aquilo que a sabedoria proporciona para a felicidade de toda nossa vida, de longe o mais importante é a posse da amizade". Este não era apenas um princípio ético relacionado sobretudo com as relações entre indivíduos, mas trazia implicações políticas mais amplas. "Amizade, em seu uso greco-romano", destacam A. A. Long e David Sedley, "tem uma ressonância política ausente dos conceitos modernos [...] *philia* em grego (*amicitia* em latim) era frequentemente concebida como o fundamento da coesão social". No jardim de Epicuro, as mulheres eram bem-vindas e membras respeitadas da comunidade e das discussões filosóficas. Dentre as contribuições mais importantes de Epicuro, estava o seu conceito de justiça (que influenciou fortemente Marx). Ele escreveu: "Nunca houve justiça em si, mas nas relações recíprocas, quaisquer que sejam seu âmbito e as condições dos tempos, uma espécie de pacto a fim de não prejudicar nem ser prejudicado". Se a lei "não for vantajosa para a comunidade", se deixa de estar de acordo com seu conceito geral, e se deixa de estar conforme às circunstâncias materiais, "essa lei de nenhum modo possuirá a natureza do justo". Em Epicuro, portanto, encontra-se uma concepção materialista da lei, em oposição a uma concepção idealista, que negava que a lei tinha um aspecto transcendente independente das necessidades das relações sociais humanas. Como Marx apontaria mais tarde, foi Epicuro quem primeiro originou a noção de contrato social (Oates, 1940; Panichas, 1967, p. 116-117; Long e Sedley, 1987, p. 137; Marx e Engels, 1975, v. 5, p. 141).

A filosofia epicurista da natureza tinha como seu ponto de partida o "princípio da conservação", e, portanto, tendia para uma visão de mundo ecológica. Isso é particularmente evidente no trabalho de Lucrécio, que, nas palavras do notável historiador do pensamento ecológico da Antiguidade J. Donald Hughes, "fazia algumas perguntas que hoje são consideradas ecológicas". Lucrécio aludiu à poluição do ar decorrente da mineração, à diminuição das colheitas pela degradação do solo e ao desaparecimento das florestas; assim como argumentou que os seres humanos não eram radicalmente distintos dos animais (Hughes, 1994, p. 60, 123-124, 130-131, 144, 196).[18]

"Dispensando totalmente a teleologia em sua cosmologia", escrevem Long e Sedley, "Epicuro optou por uma descrição evolucionista ou experimental da origem e do desenvolvimento das instituições humanas" (Long e Sedley, 1987, p. 134). Assim, o materialismo de Epicuro levou a uma concepção de progresso humano. Ele escreveu em sua "Carta a Heródoto":

> Devemos supor que a natureza humana [...] foi ensinada e forçada a fazer muitas coisas de todos os tipos meramente pelas circunstâncias; e que posteriormente o raciocínio elaborou aquilo que foi sugerido pela natureza e fez invenções adicionais, de forma rápida em alguns assuntos, lenta em outros, fazendo grandes progressos em algumas épocas e períodos, menores de novo em outros. (Epicuro, citado em Oates, 1949, p. 13).

A própria natureza humana é transformada com a evolução da sociedade humana; a amizade e a sociabilidade são um produto dos pactos sociais que emergem no processo de satisfação dos meios materiais de subsistência.

Foi também em Epicuro, como observado por meio de Lucrécio, que seriam encontradas as afirmações mais explícitas de visões evolucionárias envolvendo questões de adaptação e sobrevivência das espécies

---

[18] Clarence J. Glacken dá grande ênfase a Epicuro e Lucrécio em seu debate sobre a relação natureza-cultura (e sobre toda a questão da história ambiental) no pensamento da Antiguidade em seu *Rastros na costa rodiana: natureza e cultura no pensamento ocidental desde a Antiguidade até ao final do século XVIII* (1967, p. 62-67, 134-140). Já no final do século XVI o ensaísta, cético, humanista e teólogo natural francês renascentista Michel de Montaigne se referiu repetidamente aos argumentos de Lucrécio sobre as semelhanças essenciais entre os seres humanos e os animais em seu *Apologia a Raymond Sebond* (1993).

nos escritos da Antiguidade (Lucrécio, 1999, p. 154-155).[19] A ideia foi originalmente levantada por Empédocles (aproximadamente 445 a.C.) e Anaxágoras (aproximadamente 500-428 a.C.) e havia sido atacada por Aristóteles em sua *Física*. Resumindo Empédocles, Aristóteles escreveu:

> Por conseguinte, o que impediria que também as partes na natureza se comportassem desse modo – por exemplo, que, por necessidade, os dentes dianteiros se perfaçam agudos, adaptados para dividir, e os molares se perfaçam largos e úteis para aplainar o alimento, uma vez que não teriam vindo a ser em vista disso, mas antes assim teria coincidido? Semelhantemente, também para as demais partes, em todas nas quais se julga encontrar o em vista de algo. Assim, no domínio em que absolutamente tudo tivesse sucedido por concomitância como se tivesse vindo a ser em vista de algo, as coisas ter-se-iam conservado na medida em que se teriam constituído de maneira apropriada por espontaneidade, mas teriam perecido e pereceriam todas as coisas que não teriam vindo a ser desse modo, como Empédocles menciona os bovinos de face humana. (Aristóteles, 1941, p. 249)

Aristóteles respondeu a isso reafirmando a importância das causas finais: "É evidente", escreveu ele, "que a natureza é causa e é causa deste modo: *em vista de algo*" (Aristóteles, 1941, p. 251). Epicuro, embora ridicularizando a "os bovinos de face humana" de Empédocles como uma coleção bizarra de combinações aleatórias contrárias à natureza, não obstante defendeu visões materialistas-evolucionistas contra Aristóteles. Aquelas espécies que sobreviveram, e foram capazes de perpetuar "a cadeia da descendência", explicou Lucrécio, foram aquelas que desenvolveram atributos especiais que as protegiam de seu ambiente na luta por existência, "mas todos aqueles a quem a natureza não concedeu nada disto [...] ofereciam aos outros uma presa vantajosa [...] até o dia em que a natureza levou toda a raça ao extermínio". Portanto, acredita-se que foi por meio de Empédocles, Epicuro e Lucrécio que um elemento importante da análise evolucionista, que mais tarde apareceria na teoria darwinista, tenha se originado (Lucrécio, 1999, p. 149-151; Richards, 1992, p. 99; Sedley, 1998, p. 19-20; Osborn, 1927, p. 36-68).

Foi central para a visão de Epicuro, como representada por Lucrécio, a ideia de que a vida nascia da terra, em vez de descer dos céus (ou o resultado da criação pelos deuses). Lucrécio escreveu: "os animais não

---

[19] Sobre Empédocles, ver Farrington (1969, p. 40-43).

podem ter caído do céu nem o que é terrestre pode provir das lagoas salgadas. Resta, portanto, aceitar que merecidamente recebeu a terra o nome de mãe, visto que tudo que veio a nascer da terra". Isso, como observou W. K. C. Guthrie, uma autoridade no pensamento protoevolucionista da Antiguidade, "fosse, talvez, na ausência do conhecimento biológico moderno e de uma teoria evolucionista bem fundamentada, a única alternativa razoável": qual seja, que a própria Terra merecia "o nome de mãe" (Lucrécio, 1999, p. 149; Guthrie, 1957, p. 28).

Thomas Hall argumentou, em *Ideias da vida e da matéria: estudos sobre a história da fisiologia geral de 600 a.C. a 1900 d.C.*, que Epicuro foi a principal fonte da Antiguidade da visão (antecipada por Empédocles e por Demócrito) de que a vida era uma "consequência emergente" da organização da matéria. "Na Antiguidade", escreve Hall, "Epicuro usou a vida, explicitamente, como um exemplo de emergência, insistindo que ela estava ausente dos átomos do corpo considerados isoladamente". Portanto, para Epicuro, "a vida é, no sentido estrito, emergente". A existência material, em Epicuro, só era evidente, assim, por meio da transformação, ou seja, da evolução (Hall, 1969, v. I, p. 19-20, 128).[20]

A mesma perspectiva evolucionária era evidente também no tratamento dado por Epicuro à sociedade humana. Nos anos de 1860 e 1870, na esteira da "revolução no tempo etnológico", associada à obra *A origem das espécies* de Darwin, e com as primeiras descobertas científicas amplamente aceitas de fósseis humanos, se tornou comum para importantes pensadores darwinistas, como John Lubbock e Henry Morgan, remeter à discussão de Lucrécio sobre o desenvolvimento etnológico, que levara em conta a evolução de uma Idade da Pedra e Madeira para aquela do Bronze, e então do Ferro – também incorporando as discussões do desenvolvimento da fala, da assistência mútua, da revolução no uso do fogo e assim por diante (Lucrécio, 1999, p. 152).

Em última instância, a visão de Epicuro era a de que uma compreensão da natureza e de suas leis, isto é, o progresso da ciência, dispersaria o terror imposto pela religião. Como escreveu Lucrécio:

---

[20] Ver também Lucrécio (1999, p. 59).

Ora, é preciso que afugentem este temor e estas trevas do espírito, não os raios do Sol nem os dardos lúcidos do dia, mas o espetáculo da natureza e as suas leis. (Lucrécio, 1999, p. 166)

Portanto, não é surpresa, como notou o biólogo evolucionista Michael Rose, que "Lucrécio seja considerado por alguns estudiosos como o maior precursor clássico da ciência moderna" (Rose, 1998, p. 217).

Epicuro e a revolução da ciência e da razão

A filosofia de Epicuro desempenharia um papel extraordinário no desenvolvimento do materialismo dos Iluminismos inglês e francês, que assumiram a forma de uma luta contra a filosofia da natureza essencialmente aristotélica promovida sob o cristianismo.[21] De acordo com a versão do aristotelismo cristianizado ou escolástico ainda ensinado nas universidades inglesas no século XVII, a matéria consistia de quatro elementos: ar, terra, fogo e água. Taxonomias escolásticas elaboradas eram combinadas com uma visão de natureza essencialmente estática e tautológica. Não obstante, tais visões não conseguiam se sustentar facilmente, dado o contexto material em transformação da sociedade inglesa no século XVII, em que as instituições medievais estavam desaparecendo rapidamente e uma ordem capitalista dinâmica emergia na agricultura e na indústria. Como resultado, os principais cientistas se voltaram ao atomismo grego, e particularmente às ideias de Epicuro. "A mais leve familiaridade com a fisiologia pós-renascentista (de Descartes ao presente)", escreveu Thomas Hall, "fará com que Epicuro pareça mais próximo ao emergentismo e materialismo mecanicista da era moderna do que qualquer outro cientista da Antiguidade" (Hall, 1969, v. I, p. 136). O mesmo era verdade para a ciência em geral. Thomas Hariot, Francis Bacon, Thomas Hobbes, Robert Boyle e Isaac Newton foram todos profundamente afetados pelo atomismo grego e, a partir de Bacon, pela filosofia de Epicuro em particular (Kargon, 1966). A matéria passou a ser entendida como consistindo de átomos e, portanto, seguindo Epicuro, em termos de

---

[21] Como Jonathan Kemp escreveu: "A obra de Epicuro domina a história do materialismo jovem". Notas dos editores em Kemp (1963, p. 343).

partículas de matéria que poderiam ser explicadas simplesmente em termos de tamanho, forma e movimento – uma visão facilmente traduzida em termos essencialmente mecânicos.

Thomas Hariot (1560-1621), uma das figuras mais brilhantes da Revolução Científica inglesa, foi introduzido ao atomismo epicurista por Bruno. Em uma carta para Johannes Kepler, explicando o funcionamento da física óptica, Hariot escreveu: "Eu agora o conduzi às portas da casa da natureza, onde residem os seus mistérios. Se você não pode entrar porque as portas são muito estreitas, então abstraia e se contraia em um átomo e você entrará facilmente. E quando, mais tarde, você sair novamente, diga-me que maravilhas você viu" (Hariot citado em Kargon, 1966, p. 24). Harriot foi denunciado em 1591 como um ateu epicurista e, mais tarde, em 1605, foi detido e preso (em seguida à conspiração de Guy Fawkes para explodir o parlamento), sob infundadas suspeitas de heresia, situação na qual sua relação com materialistas ateus da Antiguidade, tais como Lucrécio e Epicuro, foi citada (Kargon, 1966, p. 27-29; Lohne, 1972, p. 124-129).

Francis Bacon (1561-1626) também foi fortemente influenciado por Demócrito e por Epicuro (incluindo Lucrécio) e tentou justificar o atomismo grego – do qual ele se valeu profusamente para o desenvolvimento de suas ideias – em termos religiosos, argumentando que a filosofia da natureza de Epicuro era infinitamente superior, nesse aspecto, à de Aristóteles,

> Pois é mil vezes mais crível que quatro elementos mutáveis e uma quinta essência imutável, devida e eternamente situados, não necessitam de Deus nenhum, do que um exército de pequenas porções infinitas ou sementes não situadas houvesse produzido essa ordem e beleza sem um chefe divino. (Bacon, 1905, p. 754)[22]

Mais importante, no livro *Progresso do conhecimento* (1623) ele argumentou que, com a filosofia natural, os materialistas da Antiguidade como Demócrito e Epicuro (incluindo Lucrécio):

> removeram Deus e a Mente da estrutura das coisas, e atribuíram a forma disso aos ensaios e testes infinitos da natureza [...] e atribuíram as causas

---

[22] Ver também Mayo (1934, p. 19-23).

das coisas particulares à necessidade da matéria, sem nenhuma mistura de causas finais, [esta operação] me parece (até onde posso julgar a partir dos fragmentos e relíquias de suas filosofias) haver sido, no que toca às causas físicas, muito mais sólida e ter penetrado mais fundo na natureza do que a de Aristóteles e Platão; pela simples razão de que os primeiros jamais perderam tempo com as causas finais, enquanto os últimos sempre as estava inculcando. (Bacon, 1905, p. 471-472)

Em seu ensaio sobre Prometeu, no livro *A sabedoria dos antigos*, Bacon descreveu Prometeu como representante de dois tipos de providência na mitologia grega: a dos deuses e a dos seres humanos. Em seu ensaio, Bacon substituiu Prometeu pela figura de Demócrito que, ao lado de Epicuro, representava a verdadeira qualidade heroica do prometeísmo em seu aspecto materialista. Para Bacon, Epicuro era uma figura inferior a Demócrito porque ele subordinou "sua filosofia natural à sua filosofia moral", se recusando a aceitar qualquer coisa contrária à liberdade (Bacon, 1905, p. 848-853, 444-446). Ainda assim, Bacon veria o ataque de Epicuro à superstição como a essência do Iluminismo. Aqui ele citou a afirmação de Epicuro em sua "Carta a Meneceu": "Ímpio não é quem rejeita os deuses em que a maioria crê, mas sim quem atribui aos deuses os falsos juízos dessa maioria" (Diógenes de Laerte, 1925, v. 2, p. 649-651).[23]

Bacon também acompanharia as noções epicuristas de evolução, indicando a realidade da "transmutação das espécies". Como ele escreveu em seu *Sylva Sylvarum; ou uma história natural em dez séculos*, "a transmutação das espécies é, na filosofia vulgar, pronunciada impossível; [...] mas diante de alguns manifestos exemplos dela, a opinião de impossibilidade deve ser rejeitada e os meios disso devem ser descobertos" (Bacon, 1857, v. 2, p. 507).

O manuscrito de Lucrécio, que foi copiado mas esquecido na Era Medieval, foi redescoberto em 1417. Foi impresso em 1473 e daí até o início do século XVII ganhou cerca de 30 edições. No entanto, foi somente entre o início e meados do século XVII que o epicurismo faria grandes incursões no pensamento europeu. Entre 1647 e 1649, Pierre Gassendi

---

[23] O argumento da interpretação de Bacon sobre Prometeu deve muito à brilhante análise em Barbour (1998, p. 79-91). Sobre o materialismo de Bacon, ver Anderson (1948).

(1592-1655), um clérigo, teólogo, filósofo e matemático francês e um dos principais proponentes da filosofia mecânica, ao lado de seus contemporâneos Hobbes e Descartes, produziu uma grande síntese epicurista-cristã. O propósito explicitamente declarado de Gassendi era o de derrubar a velha concepção aristotélica de natureza.[24] Para Gassendi, como notaria Marx, era espantoso que Epicuro, por meio da razão, houvesse "antecipado, unicamente com o uso da razão, a experiência de que todos os corpos, embora possuindo peso e carga distintos, são igualmente rápidos quando caem de cima para baixo" (Marx e Engels, 1975, v. 1, p. 57).

Responsável pelo resgate de Epicuro, Gassendi, nas palavras de Marx, se tornou o principal oponente da metafísica de René Descartes, materializada no *Discurso sobre o método* (1637) e nas *Meditações* (1641). Em *Dúvidas*, escrito em 1644, Gassendi atacou a metafísica cartesiana, que tinha como ponto de partida ideias inatas: "Penso, logo existo". Em sua crítica, Gassendi geralmente adotou uma perspectiva materialista contra a posição idealista incorporada no conceito de mente de Descartes (a metafísica de Descartes diferia amplamente de sua física, que era de natureza mecanicista). Enfatizando a prioridade do mundo material e dos sentidos, Gassendi insistiu que pensar sem conhecer qualquer coisa previamente e com os sentidos bloqueados resultaria apenas em um eterno "eu, eu, eu", uma vez que "você não seria capaz de atribuir nada a si mesmo em seu pensamento pois você jamais conheceria qualquer atributo e não saberia a força do verbo 'sou', já que você não saberia o que é ser ou a diferença entre o ser e o não-ser" (Gassendi, 1972, p. 207; Descartes, 1968).

Na Inglaterra, Walter Charleton (1619-1707), médico de Charles I e Charles II, apresentado à obra de Gassendi por seu amigo Thomas Hobbes, transmitiu os resultados da pesquisa de Gassendi aos círculos científicos britânicos, desenvolvendo sua própria versão de um epicurismo "purificado", compatível com o cristianismo (Panichas, 1967, p. 140-141).[25] A obra de Charleton *Fisiologia Epicuro-Gassendo-Charltoniana* (1654) foi o primeiro esforço sistemático na Inglaterra de fundir Epicuro com a

---

[24] Ver Merchant (1980, p. 201-202); Jones (1992, p. 166-185); Cobban (1960, p. 75).

[25] Tanto Hobbes quanto Locke foram influenciados pelo resgate do atomismo epicurista por Gassendi. Ver Pullman (1998, p. 144-145, 166).

filosofia mecânica. A obra de Charleton foi logo seguida pela tradução de John Evelyn do Livro I de Lucrécio, *Sobre a natureza das coisas*, para o inglês, em 1656. Em sua *História da filosofia* (1660), Thomas Stanley dedicou a maior parte de toda a obra a Epicuro, a quem dedicou mais páginas do que Platão e Aristóteles juntos (Jones, 1992, p. 204-205).

John Evelyn (1620-1706) não era apenas um admirador de Epicuro, mas também uma das figuras por trás da formação da Royal Society, e o maior proponente da conservação na Inglaterra do século XVII. Em seu *Sylva ou um discurso sobre árvores florestais e a propagação da madeira nos domínios de sua majestade* (1664), a primeira publicação oficial da Royal Society (uma obra que teve quatro edições durante a vida de Evelyn), ele se queixava da "destruição prodigiosa" causada nas florestas inglesas pela demanda da construção naval, produção de vidro, alto-fornos e afins. Ele observou que

> Essa desvalorização agora se tornou tão *epidêmica* que, a menos que se ofereça um *expediente* favorável, e que se decida rápida e seriamente sobre uma via para o futuro reparo deste importante *defeito*, em pouco tempo estaremos completamente desprovidos de um dos mais gloriosos e consideráveis *baluartes* desta *nação*. (Evelyn, 1664, p. 2-3)

Evelyn recomendou que fossem aplicadas leis elisabetanas proibindo o corte de qualquer árvore "de um pé quadrado"[26] ou mais em um raio de 22 milhas de Londres, e que se plantassem mudas nas grandes propriedades.

Ainda mais importante, Evelyn foi autor da grande obra *Fumifugium: ou a inconveniência da dissipação de ar e fumaça de Londres* (1661), que ele apresentou a Charles II. Aqui, o entusiasmo de Evelyn não somente pelo baconianismo, mas também pelo materialismo epicurista, era evidente. No livro VI de seu grande poema, Lucrécio escreveu: "E quão facilmente a força e o cheiro dos carvões se insinuam no cérebro", passagem citada por Evelyn na folha de rosto de sua obra. Denunciando a poluição geral em Londres, Evelyn faz considerações sobre a questão da poluição do ar, que ele não atribuía aos fogos culinários da população, mas às

---

[26] *Foot square*. Unidade de medida de área usada comumente no Reino Unido e nos Estados Unidos. Equivale a aproximadamente 0,092 metros quadrados. (N.E.)

questões pertencentes somente às *cervejarias, fundições, fornos de cal, caldeiras de sal e sabão,* e alguns outros negócios privados [...]. Enquanto elas arrotam isso por suas mandíbulas fuliginosas, a cidade de *Londres* se assemelha mais ao *monte Etna, à Corte do Vulcão,*[27] *ao Estromboli, ou aos subúrbios do Inferno* [...]. É isso [a fumaça horrível] que dispersa e espalha estes átomos pretos e sujos sobre todas as coisas que alcança. (Evelyn, 1969, p. 15-17; 22)

"As consequências [...] de tudo isso", ele escreveu, seriam vistas no fato de que "metade daqueles que perecem em *Londres* morrem de *tísica* e *doenças pulmonares*; que os *habitantes* nunca estão livres de *tosses*" (Lucrécio, 1999, p. 187, 194). Nisso tudo Evelyn foi claramente influenciado pela epidemiologia materialista, encontrada no Livro VI do poema de Lucrécio, com sua ênfase na existência de certos átomos de substâncias que eram "a causa da doença e da morte" (Merchant, 1980, p. 236-242).

O fato de o epicurismo ser reavivado durante a era de Cromwell e da restauração que a seguiu significava que suas implicações radicais e antirreligiosas sempre estavam prestes a irromper. Assim, o famoso poeta e amigo de Hobbes, Edmund Waller, escreveu um poema para Evelyn no qual expôs a visão de mundo ateia de Lucrécio:

> Lucrécio, com um destino como o de cegonha,
> Nascido e traduzido em um Estado
> Vem proclamar em verso inglês
> Nenhum monarca rege o Universo.
> Mas o acaso e os *átomos* criam *tudo isso*
> Em ordem Democrática
> Sem desígnio, ou Destino, ou Força. (Waller, citado em Kargon, 1966, p. 92)

A tradição dominante no interior da comunidade científica, apesar de adotar um materialismo mecânico e o atomismo epicurista (purificado de seus elementos mais ateus), repudiava o materialismo radical frequentemente identificado com a Revolução Inglesa. O químico Robert Boyle (1627-1697), o principal cientista britânico de sua época antes de Newton, e baconiano, adotou uma filosofia mecanicista moderada e cristianizada que baseava sua concepção final da matéria no atomismo. Seu primeiro contato com a obra de Gassendi sobre Epicuro foi em 1648, o ano anterior à sua publicação, a partir de Samuel Hartlib, um dos principais promotores da tradição baconiana

---

[27] *Court of Vulcan.* Apelido do Monte Vesúvio. (N.E.)

(Waller, citado em Kargon, 1966, p. 95). A filosofia mecanicista moderada de Boyle foi explicitamente desenvolvida em oposição ao materialismo panteísta associado aos elementos mais radicais da Revolução Inglesa. Depois de 1660, Boyle e seus colaboradores se associaram à monarquia restaurada. Em 1662 a Royal Society foi criada, e se tornaria o mecanismo formal para institucionalizar a nova ciência, adotando uma ideologia anglicana centrada na compatibilidade da ciência com a religião.[28] Essa conciliação foi simbolizada pela rejeição de Boyle das implicações antiteológicas do atomismo grego:

> Eu estou longe de supor, com os *epicuristas*, que os átomos se encontrando acidentalmente em um vácuo infinito seriam capazes, eles mesmos, de produzir um mundo e todos os seus fenômenos; tampouco suponho que, quando Deus colocou uma quantidade invariável de movimento em toda a massa de matéria, ele tenha precisado fazer algo mais para criar o universo; as partes materiais sendo capazes, por seu próprio movimento não guiado, de se lançarem em um sistema regular. A filosofia que eu defendo alcança apenas as coisas puramente corpóreas; e distinguir entre a primeira origem das coisas e o subsequente curso da natureza, ensina que Deus, de fato, deu movimento à matéria, mas que, no início, ele guiou os vários movimentos das suas partes, de forma a organizá-los no mundo que ele designou que eles compusessem; e estabeleceu tais regras de movimento e tal ordem entre as coisas corpóreas que nós chamamos de leis da natureza. Assim, uma vez formado o universo por Deus, e estabelecidas as leis do movimento, e tudo sustentado pelo seu concurso perpétuo, a providência geral; a mesma filosofia ensina que os fenômenos do mundo são produzidos fisicamente pelas propriedades mecânicas das partes da matéria; e que elas operam umas sobre as outras de acordo com leis mecânicas. (Boyle, citado em Greene, 1959, p. 11-12)

Assim, Boyle conseguiu combinar uma visão mecânica das leis da natureza, baseada em uma concepção atomista da matéria, com uma posição teológica que atribuía tanto a origem da matéria quanto as leis do movimento da natureza ao desígnio de um Deus onisciente.

De fato, Boyle escreveu tanto sobre teologia quanto sobre ciência, e pode ser considerado um dos principais proponentes da teologia natural. Sua *Dissertação sobre as causas finais das coisas naturais* (1688) representou uma articulação inicial do argumento do desígnio para a existência de Deus, desenvolvida também pelo contemporâneo de Boyle, John Ray, que prenunciou as ideias apresentadas por William Paley um século mais

---

[28] Jacob (1981, p. 70, 81). Ver também Macintosh (1991, p. 197-217).

tarde. Para Boyle, "Epicuro e a maior parte de seus seguidores [...] banem a consideração sobre os fins das coisas [causas finais] porque sendo o mundo, de acordo com eles, feito pelo acaso, nenhum fim de nada pode ser presumido como intencional" (Boyle, 1744, v. 4, p. 515). Nesse sentido, acaso não significava o acaso puro, tal como os resultados do lançamento de dados, mas ao contrário, um argumento baseado na natureza contingente do universo, e portanto da história natural e social – uma visão diretamente oposta ao argumento do desígnio. Consequentemente, ao mesmo tempo que Boyle adotou certas hipóteses do atomismo epicurista, essenciais para a construção de suas próprias visões mecanicistas, ele rejeitou o materialismo integral e o ateísmo. Em vez disso, como escreveu Stephen Jay Gould, ele "habilmente casou o mecanicismo e a religião em um sistema coerente que concedeu um *status* superior para ambos os lados" (Gould, 1998, p. 287-298; Fisher, 1945).

Isaac Newton (1642-1727), que revolucionou a ciência com a publicação de seus *Princípios matemáticos da filosofia natural*, em 1687, adotou uma visão quase idêntica àquela de Boyle (Greene, 1959, p. 12). Em sua produção inicial, Newton se baseou profundamente no atomismo epicurista, mas depois suprimiria algumas dessas reflexões iniciais sobre o atomismo, indubitavelmente por causa das implicações antirreligiosas do epicurismo clássico. *Princípios* de Newton só ofereceu uma visão particulada, ou atômica, da matéria depois dessa ideia estar amplamente aceita na ciência, que havia sido inoculada contra as piores heresias dos epicuristas por meio do desenvolvimento prévio da filosofia mecânica na obra de Gassendi, Charleton e Boyle.

A própria filosofia da natureza de Newton e sua relação com a teologia natural se destaca mais claramente em quatro cartas que ele escreveu entre 1692 e 1693 para Richard Bentley, quem, ao planejar os dois últimos de oito sermões sobre teologia natural (as "Aulas de Boyle"), direcionados à ameaça posta pelo ateísmo e materialismo epicurista, pediu ajuda a Newton para fornecer uma justificativa científica. Newton, como revelam estas e outras cartas, não estava isento de abandonar seu compromisso com a filosofia mecânica em alguns pontos quando ele julgasse necessário a fim de combater o materialismo e defender suas crenças religiosas. Assim, em uma carta para Thomas Burnett, ele levantou a hipótese de que a rotação da Terra teria ocorrido originalmente de modo muito devagar, produzindo dias de praticamente qualquer duração, a fim de enquadrar a estória bíblica da criação do mundo em sete dias na evidência geológica da antiguidade da Terra.[29]

Ainda assim, nenhuma das tentativas de restringir a influência do materialismo epicurista, com o seu confronto às visões religiosas tradicionais, foi tão longe a ponto de apagar a influência subjacente do atomismo da Antiguidade em Newton e nos cientistas da jovem Royal Society. Como o historiador da ciência Robert Kargon notou, "muito da *Principia* pode, e era, visto como apresentando a mecânica do movimento atômico" – tal como o contemporâneo de Newton, Edmund Halley, de fato o interpretou na época –, "ainda que a obra" em si, acrescenta Kargon, "se referisse principalmente aos corpos visíveis" "purificada" de acordo com a doutrina cristã para introduzir os leitores à obra de Newton (Kargon, 1966, p. 129; Jacob, 1997, p. 69). A ode de Halley a Newton, publicada como prefácio da *Principia*, utilizava uma linguagem retirada de Lucrécio (Dobbs, em Osler, 1991, p. 221-238). Tal como indicou Alan Cook em sua impressionante nova biografia de Halley, tanto este quanto, em grande medida, Newton, bem como "Galileu e Gassendi [...] remontam suas metafísicas a Epicuro em vez de Aristóteles" (Cook, 1998, p. 198). Da mesma forma, Peter Gay, o autor de diversos e influentes estudos históricos do pensamento iluminista, escreveu:

> Fica claro que a física corpuscular de Gassendi impressionou Boyle e, por meio deste, Newton [...] [E]nquanto o modelo epicurista de um mundo de átomos girando no vácuo era rude e arbitrário, foi um corretivo útil para o quadro do mundo científico que havia dominado a civilização cristã durante muitos séculos. (Gay, 1966, v. I, p. 306)

---

[29] Ver Bentley (1838, p. 1-50, 146-216). Quando Boyle morreu em 1691 ele deixou um testamento fornecendo 50 libras por ano para fundar uma cátedra com o propósito de demonstrar que a ciência constituía a melhor evidência e mais verdadeira defesa da religião cristã. Os montantes seriam alocados para "algum ministro divino e pregador" que seria ordenado a dar oito sermões ao longo de um ano atacando "infiéis notórios, *viz*, ateus, deístas, pagãos, judeus e crentes em Maomé". Richard Bentley foi selecionado como o primeiro conferencista sob os termos deste legado e proferiu uma série de oito sermões sob o título *Uma refutação do ateísmo*, em que Epicuro e Lucrécio foram os principais alvos. Mais tarde, Bentley se tornou doutor em divindade e mestre do Trinity College, em Cambridge. Ver Thayer (1953, p. 63-64, 187-188); Gould (1995, p. 25-26).

Tudo isso foi capturado por um trecho de uma sátira que apareceu logo após a institucionalização da Royal Society por Charles II em 1662, que dizia assim: "estes Colegiados nos asseguram que / Aristóteles é um asno se comparado a Epicuro" (Mayo, 1934, p. 129).

A influência decrescente da filosofia aristotélica no século XVII, assim, não assumiu a forma, como normalmente se supõe, de um conflito direto entre os antigos e os modernos. Ao contrário, "a história dos primórdios do pensamento moderno", como Margaret Osler e Letizia Panizza escreveram, "pode, talvez, ser compreendida, ao menos em parte, como a interação de um conjunto de modelos antigos com outros" (Osler e Panizza, em Osler, 1991, p. 9). Ainda assim, o desafio que o materialismo epicurista trouxe para a religião resultou em uma estranha conciliação na obra de muitos dos principais cientistas, tais como Boyle e Newton, que desenvolveram uma visão mecanicista do mundo material que, não obstante, deixou Deus intacto no segundo plano como força motriz dentro da natureza.

Não foi somente o atomismo de Epicuro e Lucrécio que criou uma tempestade de controvérsias nos séculos XVII e XVIII, mas também as noções de "tempo profundo", associadas aos materialistas da Antiguidade (apesar de em Lucrécio a Terra, em oposição ao universo, ser explicitamente referida como "recém-criada"), que ameaçavam a visão de mundo cristã e que, ainda assim, pareciam receber apoio crescente com o desenvolvimento da ciência. Grandes obras natural-teológicas, como *Origens sagradas* (1662), de Edward Stillingfleet, *Ensaio para uma história natural da Terra* (1695), de John Woodward e *História sagrada e profana* (1728), de Samuel Shuckford, tinham Epicuro, Lucrécio e, depois deles, Hobbes, como seus principais adversários. A luta religiosa contra o que hoje é chamado de "período geológico" teve, portanto, como seus adversários clássicos, os materialistas epicuristas (Rossi, 1984, p. 25-28, 217-27, 251; Lucrécio, 1999, p. 137; V. 326-336).

A natureza herege do epicurismo significava que a influência de Epicuro sobre o grande filósofo italiano Giambattista Vico (1668-1744), incluindo sua obra magna, *Ciência Nova*, permaneceu, em grande parte, oculta. Vico derivou muitas de suas ideias de Lucrécio, particularmente com relação às noções desenvolvimentistas da cultura humana presentes no grande poema de Lucrécio. Não obstante, isso teve de se manter escondido, uma vez que a Inquisição em Nápoles tinha levado à prisão alguns amigos de Vico sob acusações que incluíam a mera menção de Epicuro ou Lucrécio. Ainda prevalecia a visão religiosa que relegou Epicuro e seus seguidores ao sexto círculo do inferno no *Inferno* de Dante, onde eles seriam encontrados em infinitas tumbas semiabertas em chamas. O próprio Vico foi atacado por ter adotado ideias lucrecianas sobre as origens animais dos seres humanos. Como resultado, Vico – como demonstraram conclusivamente os estudos modernos – adotou uma postura de "repúdio dissimulado a Lucrécio", enquanto se baseava e remodelava as ideias lucrecianas (Bedani, 1989, p. 132).

No século XVIII, o epicurismo continuou tendo papel importante no desenvolvimento das ideias materialistas tanto na Inglaterra quanto no continente. O desenvolvimento da ciência somente pareceu oferecer a confirmação do materialismo epicurista (Cobban, 1960, p. 140). Em suas *Investigações sobre o entendimento humano* (1748), o grande filósofo escocês David Hume (1711-1776) dedicou uma seção de sua obra para um discurso imaginário de enfrentamento de Epicuro, que nesse relato ficcional teria sido supostamente levado a julgamento em Atenas por negar a "existência divina" e minar a moralidade. Por meio dos argumentos do materialista da Antiguidade Epicuro, Hume então apresentou algumas de suas próprias justificativas em resposta àqueles que fizeram acusações similares contra ele. Em seus últimos meses, Hume se confortava diante da aproximação de sua morte relendo Lucrécio e Luciano (Hume, 1975, p. 132-142).[30] Na França, Voltaire considerou *Sobre a natureza das coisas*, de Lucrécio, tão importante que ele mantinha seis edições e traduções diferentes em suas estantes (Gay, 1966, v. I, p. 98-107, 356). "Lucrécio", escreveu, "é admirável em seus exórdios, em suas descrições, em sua ética, em tudo que ele diz contra a superstição". O impacto de Lucrécio em Voltaire pode ser mais bem compreendido quando se reconhece que a própria ideia de "Iluminismo", tal como era entendida no século XVIII, como argumentou Gay, era em grande medida inspirada por Lucrécio.

---

[30] Luciano (c. 120 -c. 180) foi um satírico e mestre de narrativas grego, conhecido especialmente por suas sátiras espirituosas sobre religião. Ele era um admirador de Epicuro, ainda que não fosse epicurista.

Pois "quando Lucrécio falou de dissipar a noite, desvanecer as sombras ou clarificar as ideias, se referia à conquista da religião por parte da ciência" (Gay, 1966, v. I, p. 102-103).[31] Voltaire, no entanto, era demasiado deísta e newtoniano para aceitar um materialismo integral, dadas as suas implicações ateias e, portanto, começando nos anos 1740 (quando ele recebeu as primeiras influências de Newton), ele lançou uma série de duros ataques contra materialistas como Buffon e Holbach (Roe, citado em Yolton, 1990, p. 417-439).

A obra de materialistas franceses como La Mettrie, Helvétius, Holbach e Diderot era vista como oriunda, de forma considerável, do materialismo epicurista. O atomismo, a ética, as discussões sobre natureza animada, críticas da religião e tratamentos da mortalidade epicuristas eram evidentes por toda sua obra. Ao final de sua vida, La Mettrie foi autor de uma série de reflexões materialistas acerca de Lucrécio, intituladas *O sistema de Epicuro* (1750). O *Sistema da natureza* (1770), de Holbach, foi escrito em uma veia lucreciana, e foi condenado por decreto parlamentar a ser queimado no mesmo ano em que foi publicado. A sentença explicitava as origens epicuristas de suas teorias (La Mettrie, 1996, p. 91-115; Kemp, 1963, p. 21; Pullman, 1998, p. 153).

Em sua grande contribuição à cosmologia científica, *História geral da natureza e a teoria do céu* (1755), o jovem Immanuel Kant (1724-1804) não somente desenvolveu a visão revolucionária de que a Terra e todo o sistema solar tinham se formado no curso do tempo, mas desenvolveu uma argumentação para o tempo profundo para acompanhar a visão de espaço ilimitado. O que interessava Kant era, essencialmente, um relato evolutivo do universo. Tais visões eram amplamente associadas ao materialismo epicurista, levando Kant a declarar que:

> Eu [...] não negarei que a teoria de Lucrécio, ou de seus antecessores, Epicuro, Leucipo e Demócrito, tem muita semelhança com a minha. Eu presumo, como esses filósofos, que o primeiro estado da natureza consistiu em uma difusão universal da matéria primitiva de todos os corpos no espaço, ou

---

[31] Como veremos, em sua tese de doutorado, Marx apontou para a mesma conclusão, retratando Epicuro como o grande iluminista da Antiguidade e associando isso de forma incisiva com o mito grego de Prometeu, como retratado em *Prometeu acorrentado*, de Ésquilo, no qual Prometeu *trouxe o fogo* (luz) para a humanidade e desafiou abertamente os deuses do Olimpo.

dos átomos da matéria, como esses filósofos a chamaram. Epicuro afirmou uma gravidade ou peso que forçou estas partículas elementares a afundar ou cair; e isso parece não diferir muito da atração de Newton, a qual eu aceito. Ele também atribuiu a elas um certo desvio da linha reta no movimento de queda, ainda que ele tivesse fantasias absurdas sobre as causas e consequências disso. Esse desvio está de acordo, em certo grau, com a alteração da queda em linha reta, a qual nós deduzimos a partir da repulsão de partículas. (Kant, 1968, p. 12-13; Ellington, 1972, v. 7, p. 224-235)

Não obstante, Kant opunha a atribuição epicurista disso tudo ao mero "acaso"; ao contrário, ele apontou para certas "leis necessárias" produzindo um "todo bem-ordenado". Assim como na filosofia mecânica newtoniana, com sua contrapartida na forma de teologia natural, Kant atribuiu a existência de tais leis a uma "inteligência suprema universal" (Kant, 1968, p. 14).[32] Em sua *Crítica da faculdade de julgar* e em particular sua crítica ao julgamento teleológico, o Kant maduro, autor de filosofia crítica, argumentaria contra uma visão da natureza puramente teleológica, na qual a intencionalidade ou as causas finais eram atribuídas à natureza como uma realidade ontológica. Ele, assim, concordava em parte com a tradição materialista decorrente de Epicuro, com sua forte orientação antiteleológica. Porém, Kant argumentaria que tais juízos teleológicos eram necessários como um recurso *heurístico* (isto é, interpretativo), uma vez que a ciência requer a premissa *a priori* de um universo inteligível, intencional e dotado de leis. Assim, enquanto o mundo material não ofereceu prova de Deus, era necessário examinar o mundo material *como se* existisse inteligência por detrás dele. Kant então tentou harmonizar uma metodologia materialista com a noção de julgamento teleológico como um princípio regulatório do conhecimento. Para Kant, a filosofia de Epicuro pertencia a um grupo de teorias em que a intencionalidade ou a inteligibilidade existiam, mas eram destituídas de desígnio (Kant, 1987, p. 257-317, 324-336, 369-381; Copleston, 1960, p. 349-356, 370-379; Lennox, em Keller, 1992, p. 324-333). Apesar de crítico ao epicurismo por sua orientação "hiperfísica", Kant, não obstante, fundamenta sua análise do mundo físico em um ponto de vista mecanicista, rejeitando a teologia natural (a qual ele chama de "físico-teologia").

---

[32] Kant adotaria uma visão um pouco mais crítica sobre o atomismo grego, sem repudiá-lo por completo, em seu *Fundamentos metafísicos da ciência natural* (1758). Ver Kant (1985, Livro II, p. 90-93).

"Que Kant [...] deixa a porta aberta para uma explicação mecanicista", afirma Daniel Dahlstrom, "não é surpreendente, dada a primazia que ele repetidamente dá a essa explicação. Somente com base no mecanismo da natureza, ele defende, somos capazes de ter qualquer ideia sobre a natureza das coisas, e sem aquele mecanismo não pode haver ciência natural" (Kant, 1987, p. 272; Dahlstrom, 1998, p. 172).

A importância de Epicuro, para Kant, era igualmente aparente nas suas primeira e segunda críticas, a *Crítica da razão pura* e a *Crítica da razão prática*. Na *Crítica da razão pura*, Kant enfatizou que Epicuro era a contrapartida dialética de Platão dentro da epistemologia. "Epicuro", ele escreveu, "pode ser considerado o maior filósofo da sensibilidade; Platão, o maior da intelectualidade". Como filósofo da sensibilidade, Epicuro, argumentava Kant, era "mais consequente, na observância de seu sistema sensível (já que, com suas inferências, nunca ia além dos limites da experiência), do que Aristóteles e Locke". Na *Crítica da razão prática*, Kant enfatizou isso novamente, se referindo a Platão e a Epicuro como representantes da divisão fundamental dentro da epistemologia (entre materialismo e idealismo, o sensível e o intelectual) que a *Crítica da razão pura* buscou transcender por meio da análise do conhecimento *a priori* – permitindo assim um desenvolvimento mais completo da teologia e da moral, sob as regras da razão prática (Kant, 1997, p. 702-703; 117).

Em sua *Lógica*, publicada em 1800, quatro anos antes de sua morte, Kant se referia aos epicuristas como "os *melhores filósofos da natureza* entre todos os pensadores da Grécia". Para Kant, "seu aperfeiçoamento nos tempos modernos, a Filosofia deve-o em parte ao maior estudo da natureza [...]. O primeiro e maior estudioso da natureza nos tempos modernos foi Bacon de Verulâmio" (Kant, 1988, p. 34-36).[33] A conexão implícita desenhada aqui entre Epicuro e Bacon foi, sem dúvida, intencional.

Em contraste à grande admiração crítica por Epicuro demonstrada por Kant, Friedrich Schelling (1775-1854), em sua filosofia romântica e panteísta, retratou o materialismo epicurista como uma filosofia de mecanicismo sem vida; uma na qual a filosofia da natureza necessitava

---

[33] Em sua *Antropologia* (1798), Kant argumentou pela superioridade da abordagem epicurista sobre a estoica para a satisfação dos sentidos, ou seja, a busca do prazer. Ver Kant (1978, p. 54, 136).

incutir um espírito místico. A resposta espiritualista de Schelling ao materialismo é mais evidente em seu poema "A profissão de fé epicurista de Heinz Widerporst", em que seu protagonista ficcional, Widerporst, um materialista epicurista não religioso, se converte abruptamente, em meio a uma longa confissão, em um idealista alemão que descobre por trás dos sentidos um "espírito gigante" que, lutando "contra um ambiente cruel", acaba triunfando por meio do surgimento dos seres humanos: o "resultado e coroamento do plano do espírito".[34]

Na filosofia muito mais formidável de Georg Wilhelm Friedrich Hegel (1770-1831), e em um grau ainda maior na filosofia dos jovens hegelianos radicais, com quem Marx estava associado no fim dos anos 1830 e início dos anos 1840 (mais notavelmente Bruno Bauer e Karl Friedrich Köppen), o epicurismo, ao lado do estoicismo e do ceticismo, eram vistos como representantes do desenvolvimento da "autoconsciência" na sociedade grega e romana da Antiguidade (Hegel, 1995, v. 2, p. 232-236). Autoconsciência, em termos hegelianos, significava o princípio da liberdade subjetiva abstrata em busca do autoconhecimento e da autossatisfação, e chegando a reconhecer tudo fora de si como pensamento separado de si. A crítica filosófica significava, portanto, o desvelamento de todas aquelas forças que se opunham ao livre desenvolvimento da autoconsciência humana, reconhecendo-as pelo que eram – a alienação da ideia ou do espírito. A forma mais elevada de tal autoconsciência foi o próprio Iluminismo.

Na *História da filosofia* de Hegel, o epicurismo foi retratado como o representante do desenvolvimento da individualidade abstrata; o estoicismo, da universalidade abstrata; e o ceticismo, a escola que anulava as outras duas. A física de Epicuro, na visão de Hegel, não era "nada mais do que o princípio da física moderna". "Epicuro", observou Hegel, "é o inventor da Ciência Natural empírica, da Psicologia empírica. [...] [A] física de Epicuro era [...] conhecida por ter apresentado visões mais esclarecidas com relação ao que é físico e baniu o medo dos deuses". Aqui seria encontrado, em roupagem antiga, o individualismo abstrato do "assim chamado Iluminismo". Porém, Epicuro, apesar de representar o ponto de vista da ciência moderna para Hegel, também representava a pobreza filosófica da ciência.

---

[34] Ver Royce (1920, p. 186-189), onde o poema de Schelling é citado na íntegra.

Por isso ele escreveu (de modo não totalmente consistente com tudo o que ele havia dito antes): "Podemos não ter qualquer respeito pelo pensamento filosófico de Epicuro, ou, melhor, ele não tem nenhum pensamento a ser respeitado por nós" (Hegel, 1995, p. 235-236, 295-298).[35] Essa mesma visão do epicurismo foi levada adiante mais tarde pelos jovens hegelianos, que defendiam que o epicurismo, em particular, prefigurara o Iluminismo europeu dos séculos XVII, XVIII e XIX, que eles também viam como constituindo um período de crescente autoconsciência, individualidade abstrata e rejeição do poder divino com relação à natureza.[36]

Para Hegel e para os jovens hegelianos, Frederico, o Grande (1712-1786), rei da Prússia de 1740 a 1786 e patrono de Voltaire e La Mettrie, era conhecido como "materialismo usando uma coroa", ou seja, um adepto moderno do epicurismo, nas palavras de Heinrich Heine. Em 1840, o amigo de Marx, Köppen (dez anos mais velho que Marx) publicou um livro intitulado *Frederico, o Grande, e seus adversários*. Em contraste aos românticos alemães, como Friedrich Schlegel que atacara o "materialismo grosseiro de Epicuro", e que deplorara o fato de que, nos tempos modernos, "os ensinamentos de Epicuro, aumentados e suplementados pelas descobertas modernas das ciências naturais" tivessem se tornado "a filosofia dominante da última metade do século XVIII, especialmente na França", Köppen – que mais tarde indicou que todo o seu pensamento nesse período derivava de Marx – via a conexão entre o atomismo grego e o Iluminismo como uma virtude: "Todas as figuras do Iluminismo estão de fato relacionadas aos epicuristas em muitos aspectos, do mesmo modo que, desde a perspectiva oposta, os epicuristas se mostraram ser principalmente as figuras do Iluminismo na Antiguidade". É significativo que Köppen tenha dedicado seu livro a seu amigo Karl Marx (Heine, 1993, p. 256; Schlegel e Köppen, citados em White, 1996, p. 122-123; Adams, 1940, p. 26).[37]

---

[35] Michael Inwood argumenta, com alguma justificativa, que Marx escreveu sua tese de doutorado "para reparar a injustiça de Hegel à Epicuro". Ver Inwood (1992, p. 262).

[36] Nesse aspecto, é digno notar que Gay escreveu que, como filósofo, Voltaire era "um eclético que sintetizou as ideias dos estoicos, epicuristas e céticos, e os atualizou" (Gay, 1963, p. 11).

[37] Sobre o impacto significativo que o epicurismo teve no Iluminismo alemão, em que a resposta tendeu a ser, entretanto, panteísta e deísta, em vez de materialista, ver Saine (1997).

Marx e Epicuro

No prefácio de sua tese de doutorado, apresentada em 1841 (e aceita logo depois), Marx se referiu de modo favorável ao livro de Köppen, *Frederico, o Grande, e seus adversários*. Mas, em sua tese, Marx escolheu voltar à filosofia de Epicuro em si – para esclarecer o modo como a filosofia epicurista prefigurara a emergência do materialismo, do humanismo e do individualismo abstrato do Iluminismo europeu dos séculos XVII e XVIII. Para Marx, Epicuro era "o maior dos iluministas gregos e é digno do louvor de Lucrécio" (Marx, Engels, 1975, v. 1, p. 73). (Lucrécio, em seu panegírico a Epicuro, em *Sobre a natureza das coisas*, referiu-se a ele como o portador da razão ou iluminação, compreendida como uma luz mental interior, capaz de dissipar as sombras da superstição mais do que os próprios raios de sol) (Lucrécio, 1999, p. 167-168). Não só os epicuristas, estoicos e céticos ofereciam a pista para todo o desenvolvimento da filosofia grega, mas também o epicurismo, em particular, seu argumento deixava implícito, era a chave para o presente europeu.[38] Marx, que havia estudado *Progresso do conhecimento* (1623) de Bacon mesmo antes de se voltar ao estudo sistemático de Hegel, estava plenamente consciente das críticas de Bacon a Epicuro por "acomodar e sujeitar sua filosofia natural à sua filosofia moral", mas Marx transformaria essa inclinação de Epicuro em um ponto forte (quando comparada à filosofia de Demócrito) (Bacon, 1857, v. 2, p. 443-444). Além disso, Marx foi sem dúvida influenciado pelo ataque de Bacon ao raciocínio por causas finais à maneira da teologia natural e pelo argumento de Bacon de que a filosofia natural dos materialistas da Antiguidade Demócrito, Epicuro e Lucrécio era superior à de Platão e Aristóteles, precisamente pela sua recusa em argumentar a partir de causas finais e por sua remoção de "Deus e o espírito da estrutura das coisas" (Bacon, 1857, p. 47-72). Assim como Bacon em *A sabedoria dos antigos*, Marx, em sua tese, relacionou a imagem de Prometeu com os atomistas gregos, apesar de que, no caso de Marx, seria Epicuro, e não Demócrito, a contrapartida da Antiguidade a Prometeu.

---

[38] "Não é sua essência tão plena de caráter, intensa e eterna, que o próprio mundo moderno foi obrigado a lhes conceder cidadania intelectual plena?" (Marx, Engels, 1975, v. 1, p. 35).

Na época em que Marx estava estudando Bacon, ele também passava "bastante tempo" na obra do teólogo natural (posteriormente deísta) alemão Hermann Samuel Reimarus (1694-1768), sobretudo as posteriores *Considerações sobre os instintos artísticos dos animais* (1760). Reimarus, mais conhecido por seus *Fragmentos* (1774-1777) póstumos, também escreveu uma crítica influente sobre o materialismo epicurista, do ponto de vista da teologia natural, intitulada *Defesa das principais verdades da religião natural* (1754), que teve seis edições alemãs e também foi traduzida ao holandês, inglês e francês até 1791. Um subtítulo adicionado à versão em inglês da obra dizia: *Onde se consideram as objeções de Lucrécio, Buffon, Maupertuis, Rousseau, La Mettrie e outros antigos e modernos seguidores de Epicuro, e suas doutrinas são refutadas.* Tanto em *Considerações sobre os instintos artísticos dos animais* quanto em *As principais verdades da religião natural defendidas*, Reimarus procurou demonstrar o argumento do desígnio para a existência de Deus e foi, portanto, a contrapartida germânica de Paley no final do século XVIII. Seria também a esses assuntos, associados ao materialismo e seu conflito com a teologia natural, que Marx se voltaria – ainda que de maneira um tanto indireta – ao escolher o tema de sua tese de doutorado (Marx, Engels, 1975, v. 1, p. 19; Reimarus, 1766; Talbert, em Reimarus, 1970, p. 6; Lange, 1950, p. 140; Copleston, 1960, p. 123-124; Saine, 1997, p. 193-205).

O argumento da própria tese de doutorado girava em torno das diferenças na física do átomo, encontradas em Demócrito e Epicuro – diferenças que apontavam, para além da física, para a epistemologia. Como exclamaria, em 1928, o grande estudioso epicurista Cyril Bailey, que traduziu Epicuro para o inglês:

> Voltando hoje à sua obra [de Marx], é quase inacreditável ver até onde ele chegou, considerando os materiais então disponíveis [...]. Quase como um pioneiro, ele rejeita a tradição antiga representada de modo leviano nas histórias de seu tempo, de que Epicuro adotou indiscriminadamente o atomismo de Demócrito, modificando-o aqui e ali para pior.

Marx, de acordo com Bailey, foi "provavelmente o primeiro a perceber" a real distinção entre os sistemas de Demócrito e de Epicuro, focando no significado a ser incorporado à mudança de direção de Epicuro. "Ele vê corretamente [...] que a real diferença entre os dois pensadores reside em sua 'teoria do conhecimento' subjacente" (Bailey, 1928, p. 205-206).

Demócrito tinha simplesmente aceitado o paradoxo de que enquanto a verdade seria encontrada na aparência, a verdade do átomo estava além dos sentidos humanos e, portanto, em última instância, remota e incognoscível. O atomismo do próprio Epicuro, ao contrário, o permitiu aprofundar na natureza da sensação e da existência humanas.[39] Como notou Benjamin Farrington em seu livro *A doutrina de Epicuro*:

> Curiosamente foi Karl Marx em sua tese de doutorado [...] o primeiro que dimensionou o problema e forneceu a solução. Marx inverteu os papéis, fazendo Epicuro aparecer como o mais profundo dos dois [em comparação com Demócrito], na medida em que ele trabalhara para encontrar espaço em seu sistema tanto para os seres animados quanto inanimados, tanto para a natureza quanto para a sociedade, tanto para os fenômenos do mundo externo quanto para as demandas da consciência moral. (Farrington, 1967, p. 7-9, p. 113-119)

Escrevendo em outro lugar, Farrington observou: "Enquanto Platão guerreou contra os materialistas científicos, Epicuro [como demonstraria Marx] baseou sua filosofia sobre eles, rejeitando somente a teoria do determinismo mecânico" (Farrington, 1969, p. 123).

De fato, Marx foi o primeiro a descobrir o que os estudos modernos confirmaram, que, como observou Farrington em *Ciência e política no mundo Antigo* (1939), o epicurismo "não era um sistema puramente mecânico; era a originalidade específica de Epicuro no domínio da física ter defendido a liberdade da vontade no homem como um produto da evolução" (Farrington, 1965, p. 146). Em sua "Carta a Heródoto", Epicuro deixou claro que a natureza humana era originalmente restringida pelas circunstâncias naturais e que, "posteriormente, o raciocínio elaborou aquilo que foi sugerido pela natureza e fez invenções adicionais [...] fazendo grandes progressos em algumas épocas e períodos, menores de novo em outros" (Oates, 1996, p. 13). A partir dessas transformações em circunstâncias práticas, argumentava Epicuro, a linguagem em si teria evoluído. A análise, então, apontava para a evolução cultural humana como representante de um tipo de liberdade para a organização racional da vida histórica, valendo-se de restrições primeiramente estabelecidas pelo mundo material. "Assim",

---

[39] Bailey enfatiza a referência de Marx em seus *Cadernos* à "Dialética imanente do sistema de Epicuro".

escreve Farrington, "o Propósito faz sua aparição no curso da história. Não é uma característica metafísica do homem, mas historicamente adquirida" (Farrington, 1965, p. 159). Este ponto foi reforçado por A. H. Armstrong em um ensaio no *Classical quarterly*, em 1938, no qual afirma:

> Vemos que o que Epicuro fez, e ele parece ter sido original nisso, foi separar a concepção tradicional de Acaso-Necessidade de modo que, enquanto se mantém estritamente dentro dos limites de seu sistema e sem envolver nenhum princípio de explicação que seja imaterial ou dotado de razão [isto é, teleológico], ele se mune de uma estrutura ou pano de fundo de regularidade e ordem, enquanto deixa espaço para um princípio errático e caprichoso no mundo [...]. É tentador reconhecer nessa distinção uma tentativa consciente de fornecer um substituto adequado para a cosmologia platônica em uma base materialista. (Armstrong, 1938, p. 191-192)

No prefácio de sua tese de doutorado, o próprio Marx começou observando que "Hegel, no todo, definiu corretamente os aspectos gerais" das filosofias epicurista, estoica e cética, que ele viu em termos do desenvolvimento da autoconsciência, mas tinha ficado aquém de uma explicação completa daqueles sistemas (Marx; Engels, 1975, v. 1, p. 29-30). Em contraste à interpretação dominante de Epicuro na filosofia romântica alemã, que o via como um pobre imitador de Demócrito que somente introduziu "caprichos arbitrários" no sistema do primeiro, Marx argumentou que o sistema filosófico de Epicuro rompeu com aquele de Demócrito, mais cético, ao postular o mundo empírico como a "aparência objetiva" do mundo do átomo (em vez de uma mera "semelhança subjetiva" como em Demócrito) (Marx; Engels, 1975, v. 1, p. 40). Era implícita na filosofia de Epicuro a noção de que o conhecimento tanto do mundo do átomo (imperceptível aos sentidos) quanto da realidade sensorial surgiu da necessidade interna da razão humana, materializada na individualidade abstrata e na liberdade (autodeterminação). Em Epicuro, alegava Marx, o determinismo unilateral de Demócrito é transcendido. Para Demócrito, a necessidade é tudo, mas Epicuro também reconhece o acaso, a contingência e a possibilidade de liberdade (Marx; Engels, 1975, v. 1, p. 43).[40]

---

[40] Ludwig Feuerbach, cuja *História da filosofia moderna de Bacon à Spinoza* (1833) Marx estudou durante a escrita de sua tese de doutorado, enfatizou o papel do acaso no atomismo

JOHN BELLAMY FOSTER

O argumento geral de Marx começa com a mudança de direção, ou a declinação, do átomo com relação à linha reta que separava a filosofia de Demócrito da filosofia de Epicuro. Era "um preconceito antigo e arraigado", observou Marx, "identificar as modificações de Epicuro" com relação a Demócrito nessa área "como apenas caprichos arbitrários". Ao contrário, a mudança de direção de Epicuro – uma mudança que era um leve desvio – criou o domínio do acaso (no sentido de contingência) e, consequentemente, a possibilidade livre de determinismo. Isso tornou o mundo em si possível, como escreveu Lucrécio, uma vez que de outra forma não haveria colisão de átomos e "o mundo jamais teria sido criado". Marx argumentou que aqueles que, como Cícero, contestaram que não havia *causa* dada para tal mudança de direção e, consequentemente, exigiam um determinismo absoluto do atomismo, não eram, assim, mais lógicos, já que o átomo em si não tinha *causa*. Ademais, argumentar, como alguns fizeram, que era preciso apenas adicionar algum grau de espiritualidade ao argumento – se referindo à "alma do átomo" – não levou a nada além de não ser a adição de uma palavra e a introdução de princípios não materiais (Marx; Engels, 1975, v. 1, p. 36, 49-53).[41]

O que fascinou Marx foi o fato de que a filosofia epicurista "se desvia" de todos os modos restritivos de ser, do mesmo modo que os deuses, na filosofia epicurista, se desviam do mundo – um mundo de liberdade e autodeterminação sobre o qual eles não têm controle. Em Epicuro, "a lei do átomo" é "repulsão", a colisão de elementos; ele não precisa mais de fixação em nenhuma forma. De fato, Epicuro, afirmava Marx (seguindo Kant nesse aspecto), era "o primeiro a captar a essência da repulsão". Portanto, "Lucrécio está [...] correto", observa Marx, "quando defende

---

de Epicuro e de Gassendi. "Fazer o átomo o princípio das coisas é fazer o acaso o princípio do mundo" (citado em Wartofsky, 1977, p. 72).

[41] Sobre a questão da mudança de direção que na filosofia de Epicuro abriu espaço para o acaso/contingência, sem o qual a natureza do universo, como evidente para os nossos sentidos, seria de fato ininteligível, George Strodach notou em seu volume editado *A filosofia de Epicuro* (1936, p. 88), que: "Acontece que a teoria da mudança de direção tem um análogo moderno perfeito no Princípio da Incerteza da física moderna de Heisenberg. De acordo com este princípio, há uma incerteza básica (às vezes interpretada como não causalidade) no coração da matéria. O comportamento das partículas subatômicas não é uniforme nem completamente previsível, mesmo sob condições de experimentação idênticas".

que a declinação [a mudança de direção] rompe os *fati foedera* [laços do destino]" (Marx; Engels, 1975, v. 1, p. 49-53).

De acordo com Marx, era fundamental para toda a filosofia de Epicuro que o sensível fosse considerado um processo temporal. "O sensível humano é [...] tempo encarnado, a reflexão existente do mundo dos sentidos em si mesmo." A mera percepção por meio dos sentidos somente é possível porque expressa uma relação ativa com a natureza – e, de fato, da natureza com ela mesma. "No ouvir, a natureza ouve a si mesma, no cheirar, ela cheira a si mesma, no ver, ela vê a si mesma". Mas isso é necessariamente experienciado como um "desvanecimento" das coisas ao mesmo tempo que elas se tornam disponíveis aos sentidos – já que, de acordo com Epicuro, os sentidos são ativados por estímulos externos que são, eles mesmos, transitórios. Consequentemente, "a forma pura do mundo da aparência é o tempo". Baseado nisso que Marx argumentaria que "Epicuro foi o primeiro a conceber a aparência como aparência, ou seja, como alienação da essência, ativando a si mesma em sua realidade como tal alienação" (Marx; Engels, 1975, v. 1, p. 63-65).[42]

O materialismo da Antiguidade é frequentemente retratado como uma visão que reduz o pensamento a "sensações passivas", que são, em si, "apenas um produto das forças que atuam a partir de fora da visão de Demócrito de que nada existe a não ser os 'átomos e o vácuo'" – como escreveu o jovem Sidney Hook. Ao idealismo, em contraste, frequentemente se credita o fato de haver fornecido o lado "ativo" para a "dialética da percepção". Contudo, Marx claramente viu esse lado ativo como já presente no materialismo de Epicuro, com sua concepção da sensação como relacionada à transformação e ao "desvanecimento". Já existe uma compreensão da existência da autoconsciência alienada e do conhecimento como envolvendo tanto a sensação como a abstração intelectual (uma relação complexa à qual Marx se referiria em suas notas sobre Epicuro como "a dialética da certeza sensível") (Hook, 1933, p. 93-96; Marx; Engels, 1975, v. 1, p. 458). Ademais, em Epicuro encontra-se até a visão de que nossa consciência do mundo (por exemplo, nossa linguagem) se

---

[42] Hoje podemos capturar o significado de tudo isso ao dizer que, para Epicuro, o nosso conhecimento por meio dos nossos sentidos do mundo material é, simultaneamente, o reconhecimento da "flecha do tempo" – de um desvanecimento material.

desenvolve com relação à evolução das condições materiais que regem a subsistência.

Consequentemente, "em Epicuro", argumentou Marx, "a *atomística*, com todas as suas contradições, foi elaborada e levada a termo como *a ciência natural da autoconsciência*". Ao perceber a realidade do mundo da aparência como "a alienação da essência", Epicuro reconheceu o estranhamento dos seres humanos com relação ao mundo humano. Os seres humanos deixam de ser meros produtos da natureza ou de forças sobrenaturais – Marx observou, baseando-se em Epicuro – quando se relacionam não com alguma "existência diferente", mas com outros seres humanos individuais (Hook, 1933, p. 52, 73). Em vez de refletir uma "lógica ordinária", como descrita por Hegel, Epicuro, para Marx, já forneceu uma dialética da autoconsciência – ainda que, em grande medida, em uma forma contemplativa (Hegel, 1995, v. 2, p. 365).

A filosofia de Epicuro derivou muito de seu caráter distintivo, enfatizou Marx, do fato de se opor tanto ao determinismo da física de Demócrito quanto aos princípios teleológicos da religião. Portanto, Epicuro escreveu que

> seria melhor aceitar o mito dos deuses do que ser escravo do destino dos físicos. Pois o primeiro oferece esperança de misericórdia se nós honrarmos os deuses, enquanto o segundo é uma necessidade inexorável. Mas é o *acaso* que deve ser aceito, e *não Deus*, como crê a multidão. (Diógenes de Laércio, v. 2, p. 659).[43]

"Servir à filosofia", de acordo com Epicuro, é buscar "a verdadeira liberdade" (Seneca, 1927, v. 1, p. 71-73, epístola XII). Na visão de Marx, a ênfase de Epicuro na liberdade que não conhece restrições finais era central para a sua filosofia. Isso era evidente em sua afirmação, citada por Sêneca em suas *Epístolas*, de que:

> 'é errado viver sob restrição; mas nenhum homem é forçado a viver sob restrição'. É claro que não. Em todos os lados há muitos caminhos curtos e simples para a liberdade; e nos permita agradecer a Deus que nenhum

---

[43] Citado como em Marx; Engels, 1975, v. 1, p. 42-43. Para uma crítica mais detalhada da física de Demócrito por seu determinismo fornecido em *Sobre a natureza*, ver Long; Sedley (1987, p. 102-104). Essa seção da própria obra *Sobre a natureza* mostra como a concepção de Marx sobre Epicuro é precisa, apesar da escassez de fontes disponíveis para ele naquele tempo.

homem possa ser mantido em vida. Nós podemos rejeitar as próprias restrições que nos prendem. 'Epicuro', você responde, 'proferiu essas palavras'. (Marx; Engels, 1975, v. 1, p. 41, 43, 82)

Como Marx explicou quase duas décadas mais tarde para Ferdinand Lassalle, Epicuro esteve "sempre virando o argumento [de Demócrito] do avesso" – um fato que escapou não somente a Cícero e Plutarco, mas até mesmo a Hegel.

Nos últimos anos, a recuperação de partes da grande obra de Epicuro, *Sobre a natureza*, dos restos carbonizados do papiro encontrado na biblioteca de Filodemo, em Herculano, forneceu uma confirmação direta poderosa da interpretação de Marx, grande parte da qual foi baseada em conjectura e raciocínio dialético. Assim, no Livro XXV de *Sobre a natureza*, Epicuro oferece uma crítica do determinismo mecanicista de Empédocles e Demócrito. "Os primeiros homens a fazerem uma consideração adequada das causas – homens que, em geral, superaram não somente a seus predecessores, mas também, muitas e muitas vezes, seus sucessores, ainda que em muitas questões tenham minimizado grandes problemas", ele escreveu, "fizeram vista grossa sobre si mesmos para culpar a necessidade e o acidente por tudo" (*acontecimentos* que eram *feitos* pelos seres humanos eram, Epicuro insistia, o resultado da liberdade humana, não *mera necessidade* nem *mero acidente*) (Epicuro, em Sedley, p. 142, 88). É claro que Epicuro nunca procurou negar completamente a necessidade (o que significaria, como ele disse, que tudo podia vir de qualquer coisa), mas simplesmente enfatizou a *possibilidade* da liberdade, rompendo os limites de tal necessidade. Assim, defendendo o materialismo, ele ainda assim se opunha a qualquer tipo de determinismo estrito, já que se o determinista levasse essa visão a sério, a própria vida se tornaria sem significado. "Desde o princípio", escreveu Epicuro em *Sobre a natureza*,

> sempre temos sementes nos direcionando alguns para estas, outros para aquelas, outros para estas *e* aquelas ações e pensamentos e caracteres, em maior ou menor número. Consequentemente, aquilo que nós desenvolvemos – características desse ou daquele tipo – depende, em princípio, absolutamente de nós mesmos. (Epicuro em Long; Sedley, 1987, v. 1, p. 102)

De fato, Epicuro, ainda que materialista, errou, se é que de fato o fez, segundo Marx, principalmente com relação à possibilidade abstrata, que exagerava o acaso e a livre volição em oposição à possibilidade real, que também reconhece a necessidade e é, portanto, limitada. Ao insistir que nenhum juízo deveria contradizer os sentidos, ele preferia manter uma concepção clara do *possível*, enquanto se mantinha aberto e não determinante (mesmo sob o risco de tornar esta possibilidade abstrata). O modo de pensar resolutamente não determinista de Epicuro estava indicado em sua perspectiva de que, nas palavras de Marx, "é precipitado julgar de forma apodíctica sobre aquilo que só pode ser deduzido a partir de conjecturas" (Marx; Engels, 1975, v. 1, p. 45). Epicuro, assim, se mostrava às vezes desdenhoso das alegações unilaterais da ciência positiva e desprezava o simples empirismo (Marx; Engels, 1975, v. 1, p. 44-45).[44]

Como apêndice à tese de doutorado de Marx, figurava uma "Crítica da polêmica de Plutarco contra a teologia de Epicuro", da qual resta apenas um fragmento. Mas nós ainda temos os extensos *Cadernos sobre a filosofia de Epicuro* de Marx, dos quais grandes partes são dedicadas à crítica de Plutarco e à defesa de Epicuro dos ataques do primeiro – que estão intimamente relacionadas com o fragmento do apêndice ainda existente. É aqui que Marx, em parte sob a influência de Epicuro e Lucrécio, desenvolveu sua primeira grande crítica da religião, clamando pela remoção de todos os princípios sobrenaturais e teleológicos da natureza. Plutarco havia atacado Epicuro por remover todo o prazer do mundo ao remover Deus do mundo. Ele também criticou Epicuro por buscar, por meio da ciência natural, remover o medo da mortalidade que está por detrás da crença na imortalidade da alma. Para o próprio Plutarco, tal medo era um elemento importante da fé em Deus (Plutarco, 1967, p. 137-149).[45] Marx, nas notas ao apêndice de sua tese (que são mais extensas que essa seção fragmentária do próprio texto), contra-argumentou com uma citação do *Sistema da natureza*, de Holbach, na qual este, em uma veia lucreciana, argumenta que a ideia de poderes divinos regendo o mundo "sempre esteve

---

[44] A influência de Epicuro no desenvolvimento da ciência é suficiente para demonstrar que sua filosofia não é, de modo algum, contraditória ao realismo, mesmo ao enfatizar a possibilidade abstrata.

[45] A crítica de Plutarco a Epicuro está contida, principalmente, em dois trabalhos em sua *Moralia*: "Que Epicuro de fato torna impossível uma vida prazerosa" e "Resposta a Colotes", ambos os quais Marx respondeu extensivamente em seus *Cadernos* e no fragmento remanescente do Apêndice de sua tese de doutorado.

associada à ideia de terror [...]. Nada, portanto, poderia ser mais perigoso do que persuadir um homem de que existe um ser superior à natureza, um ser diante de quem a razão deve guardar silêncio e a quem o homem deve sacrificar tudo para receber a felicidade" (Holbach, citado em Marx; Engels, 1975, v. 1, p. 102). Sob o "medo e, especificamente, um medo interior que não pode ser extinto", escreveu Marx, seguindo Epicuro, "o homem é determinado como um animal", despojado de toda autodeterminação (p. 174). Esse é, para Marx, o maior pecado da religião. Não é acidental que a filosofia epicurista, que revelou tudo isso, fosse tão odiada pelos fundadores do cristianismo. "Lucrécio", observaram Marx e Engels na *Ideologia Alemã*, "elogiou Epicuro como o herói que primeiro derrubou os deuses e desprezou a religião; por essa razão, dentre todos os pais da igreja, de Plutarco a Lutero", prosseguiram em sua observação, "Epicuro sempre teve a reputação de ser o filósofo ateu por excelência, e sempre foi chamado de porco; por essa razão também. Clemente de Alexandria diz que quando Paulo pegou em armas contra a filosofia, ele tinha em mente apenas a filosofia de Epicuro" (Marx; Engels, 1975, v. 6, p. 142).

Para Marx, a essência do materialismo epicurista reside em sua concepção da mortalidade tanto dos seres humanos quanto do universo. Lucrécio escrevera que: "Alguém que deixou de ser não pode sofrer, nem difere de modo algum de alguém que jamais nasceu, uma vez que esta vida mortal foi usurpada pela morte, a imortal". Para Marx, esta era a chave para o materialismo epicurista em si: *"pode-se dizer que na filosofia de Epicuro é a morte que é a imortal. O átomo, o vácuo, o acidente, a arbitrariedade e a composição são, eles mesmos, a morte"* (Marx; Engels, 1975, v. 1, p. 478, 473). A ênfase epicurista nas "condições" materiais era um reconhecimento da morte imortal – do papel do acidente e das condições antecedentes – que era o contexto no qual a autoconsciência e a liberdade humanas devem necessariamente se desenvolver (Lucrécio, 1999, p. 88).

Em sua crítica a Plutarco, Marx também indica sua oposição a ninguém menos do que o filósofo idealista alemão Friedrich Schelling, cujas críticas anteriores a um "deus objetivo" Marx contrapôs à posição reacionária corrente de Schelling ao defender princípios religiosos que se tornaram a base da posterior filosofia da natureza de Schelling, igualmente reacionária. Significativamente, foi a nomeação de Schelling para reitor da Universidade de Berlim que simbolizou o fechamento das portas das universidades alemãs aos jovens hegelianos, e que claramente selara o destino acadêmico do jovem Marx (Mehring, 1962, p. 26-27). Não é de se admirar, então, que a tese de doutorado de Marx (ainda que em seu apêndice) tenha tomado o partido de Epicuro e Holbach, representando o "antigo Iluminismo" e o moderno Iluminismo contra Plutarco e Schelling. Plutarco, argumentou Marx, representava "o entendimento teologizador da filosofia" (Marx; Engels, 1975, v. 1, p. 30). Epicuro, em contrapartida, tinha banido Deus do mundo. De fato, para Epicuro, nas palavras de Marx, "não há bem para o homem fora de si mesmo" (p. 446).[46]

No prefácio que Marx escreveu para o que se pretendia ser a versão publicada de sua tese de doutorado, ele elogia Epicuro por expulsar os deuses do mundo natural e por rejeitar toda a superstição.

> A Filosofia, enquanto pulsar uma gota de sangue em seu coração subjugado ao mundo e absolutamente livre, jamais cansará de responder a seus adversários com o clamor de Epicuro: 'Não é o homem que nega os deuses adorados pelas multidões que é verdadeiramente ímpio, mas aquele que atribui aos deuses as crenças que as multidões têm sobre eles'. (Marx; Engels, 1975, v. 1, p. 30).

Aqui Marx deliberadamente ecoou Bacon, que (como vimos) também enalteceu exatamente a mesma passagem de Epicuro

A partir do "clamor de Epicuro" contra aqueles que reduziam a natureza à teleologia, Marx se volta ao desafio de Prometeu aos deuses em *Prometeu acorrentado*, de Ésquilo, em que, acorrentado às rochas por Zeus, Prometeu responde a Hermes, o mensageiro dos deuses:

> Tenha certeza, eu não trocaria meu estado
> De infortúnio pela tua servidão.
> Melhor ser o servo desta rocha
> Do que ser o criado fiel de Zeus, teu pai (Ésquilo, citado em Marx; Engels, 1975, p. 31)[47]

---

[46] Essa interpretação de Marx da visão de Epicuro é notavelmente similar ao que Marx, mais tarde, chamaria de sua "máxima favorita": *"Nihil humani a me alienum puto"* [Nada que é humano me é estranho] (Marx em Shanin, 1983, p. 140).

[47] Marx acreditava que a crítica materialista da religião na Antiguidade tinha sido desenvolvida de modo mais pleno por Lucrécio e Luciano, mas desprezou a visão de que tais ideias (isto é, a destruição da mitologia da Antiguidade) tivessem derrubado a civilização Antiga. "O mundo Antigo não teria deixado de existir", ele perguntava, "se a pesquisa

Para Marx, Epicuro representava o trazer da luz ou o Iluminismo, que era uma rejeição à visão religiosa de natureza – um materialismo que também era uma forma de naturalismo e humanismo. A filosofia de Epicuro enfatizava o mundo empírico e das sensações e, ainda assim, reconhecia o papel da razão na interpretação daquele mundo, e assim não havia necessidade em sua interpretação do mundo para os deuses, que simplesmente habitavam os espaços entre os mundos.

Não obstante, Marx adotou a estrutura de Hegel a ponto de argumentar que "Epicuro [...] levou a atomística à sua conclusão final, que é sua dissolução e oposição consciente ao universal" (Marx; Engels, 1975, v. 1, p. 73). O materialismo de Epicuro, na medida em que se baseava no simples atomismo e, portanto, no mecanicismo era, em si, uma distorção unilateral, que se colocava em oposição ao universal e marcava sua própria dissolução. A maior falha da filosofia natural de Epicuro era que ele "não conhece outra natureza que não a mecânica". É verdade que Epicuro – escreve Marx referindo-se ao grande poema de Lucrécio – celebra a sensação, mas aqui reside o estranho caráter da filosofia natural de Epicuro, pois ela "surge da esfera do sensível" e ainda assim postula "como princípio uma abstração tal [...] como o átomo" (Luciano, 1962, p. 70, 471).[48] Essa tensão nunca foi completamente resolvida, ainda que Epicuro, como o próprio Marx enfatizou em sua tese de doutorado, tenha superado o materialismo mecanicista de forma considerável. Como nota Farrington:

> Não era a intenção de Epicuro, se ele pudesse resgatar o mundo grego da influência da Academia [Platão e Aristóteles], restaurar o sistema físico de Demócrito sem transformações. O sistema atômico, tal como constituído por Leucipo e Demócrito, padeceu, em sua visão, de um defeito fundamental; estabeleceu uma doutrina do determinismo universal, incluindo o homem na

---

científica tivesse se calado frente aos erros da religião, se as autoridades romanas tivessem sido recomendadas [...] a extirpar os escritos de Lucrécio e Luciano?" (Marx; Engels, 1975, v. 1, p. 190). É claro que Marx estava atento à narrativa biográfica veemente de Luciano, "Alexandre, o Falso Profeta", na qual os epicuristas eram retratados como os oponentes mais corajosos da superstição e do charlatanismo religioso, este último simbolizado, acima de tudo, por Alexandre de Abonutico (quem respondeu a essa oposição queimando as *Doutrinas principais* de Epicuro e tentando apedrejar um dos seguidores de Epicuro até a morte). Ver Luciano (1962, p. 267-300).

48 Em sua *Lógica*, Hegel afirmou que o princípio do átomo era, em si, uma negação do finito, um "princípio do idealismo", ou seja, do intelecto. Ver Hegel (1969, p. 155).

JOHN BELLAMY FOSTER

> mesma cadeia de causalidade mecânica que a matéria inanimada. A doutrina do determinismo mecânico era, na visão de Epicuro, um íncubo pior para a raça humana do que uma crença nos mitos. (Farrington, 1965, p. 148)

As ressalvas ocasionais de Marx com relação ao mecanicismo que Epicuro em certa medida herdou de Demócrito não anularam, no entanto, a real contribuição de Epicuro, que apontou para a transcendência de tal mecanicismo; tampouco a de Lucrécio, que Marx descreveu como "inovador, vivaz e poético mestre do mundo" (Marx; Engels, 1975, v. 1, p. 468). Não foi a física de Epicuro (nem a de Demócrito), mas sim o materialismo-humanismo do Iluminismo prefigurado pela revolução filosófica de Epicuro na Antiguidade que teve a influência mais duradoura.

A tese de doutorado de Marx foi uma obra de transição. Era, de forma considerável, hegeliana em espírito (apesar de sê-lo muito menos em substância), em um tempo no qual Marx e outros jovens hegelianos como Bruno Bauer pensavam que o hegelianismo era uma filosofia revolucionária. Eles acreditavam que o verdadeiro espírito de Hegel seria encontrado em suas implicações antirreligiosas (se não ateias), e no fato de ter unido o Iluminismo radical com a razão a ser incorporada no Estado ideal. Devido à natureza transcendente da doutrina hegeliana, que concebeu toda a filosofia anterior como um desenvolvimento parcial de sua própria filosofia total, foi possível para Marx se identificar de modo considerável com a autoconsciência revolucionária de Epicuro e dos materialistas britânicos e franceses, mesmo que ainda considerando-a unilateral, ainda não unificada com o princípio da razão em sua forma ideal. Contudo, em realidade, a antinomia entre o materialismo e a filosofia especulativa não se resolvia tão facilmente e Marx já havia caminhado de forma decisiva em uma direção materialista, tão decisiva que, embora suas ideias fossem especulativas (ou idealistas) em sua forma externa, elas eram cada vez mais materialistas em essência. Neste ponto, a crítica de Marx à religião assumiu a forma (talvez em resposta à reação romântica representada pelo Schelling tardio) de um repúdio à filosofia da natureza do idealismo alemão.[49] Ao mesmo tempo, ele abraçou com

---

[49] Marx escreveu um esboço dos conteúdos da *Filosofia da natureza* de Hegel na época em que estava trabalhando em sua tese de doutorado.

entusiasmo as visões amplamente materialistas/naturalistas (no sentido de oposição ao Aristotelismo) de pensadores como Epicuro, Lucrécio, Bacon, Hume e Holbach.[50]

Marx reconheceu claramente que sua interpretação de Epicuro era bastante dependente das considerações de outras pessoas. Muito de seu conhecimento detalhado sobre Epicuro (particularmente com relação ao conceito de liberdade do filósofo) foi pinçado de meros fragmentos nas obras de outros escritores, como Sêneca e Sexto Empírico. (Hoje em dia, no entanto, com uma quantidade consideravelmente maior da obra de Epicuro disponível para nós, a interpretação de Marx se mostrou substancialmente correta). Assim, Marx reconheceria posteriormente em uma carta a Ferdinand Lassalle, datada de 31 de maio de 1858, que, ao escrever sua tese de doutorado, ele estava plenamente ciente de que o sistema de pensamento completo associado à individualidade abstrata que ele havia atribuído a Epicuro estava não mais que "implícito" nos fragmentos deixados por aquele grande pensador, mas que, não obstante, ele estava convencido de que era correto. Marx, assim, não pôde "provar" sua interpretação de uma maneira que considerasse satisfatória; tampouco pôde expressar facilmente para outras pessoas o que ele havia extraído de Epicuro, uma vez que era baseado em um conhecimento profundo de inúmeros textos gregos e latinos e divergia consideravelmente das interpretações filosóficas existentes. Portanto, ele parece ter internalizado o materialismo de Epicuro (como muito mais – por exemplo, a dialética de Hegel) em seu próprio pensamento, embora se referindo a isso *explicitamente* apenas de maneira ocasional.

De certo modo, as ideias de Marx sobre as origens do materialismo foram facilmente incorporadas em sua análise posterior, já que a origem da ciência moderna nas filosofias materialistas de Epicuro e Bacon era uma proposição amplamente aceita em seu tempo. De fato, uma tentativa intimamente relacionada de transcender o idealismo de Hegel e reconci-

---

[50] Hume também é celebrado no prefácio da tese de doutorado de Marx por causa de sua posição antiteológica; também o é Kant no apêndice da tese (ainda que de forma mais ambígua), por sua refutação, na *Crítica da razão pura*, da prova ontológica da existência de Deus. Bacon é mencionado em conexão com a crítica da religião por Marx já em 1842. Ver Marx; Engels (1975, v. 1, p. 30, 104, 201).

JOHN BELLAMY FOSTER

101

liar a filosofia com o naturalismo/materialismo pode ser encontrada nas *Cartas sobre o estudo da natureza*, do populista russo Alexander Herzen, escritas entre 1845 e 1846. Herzen também se voltou aos grandes materialistas – Epicuro, Lucrécio, Bacon, Hume, Holbach e, eventualmente, Feuerbach – em sua tentativa de reconciliar ciência e filosofia, materialismo e idealismo, adotando uma abordagem que, ainda que carecendo de profundidade (e de ideia dialética) se comparada a Marx, compensava isso em parte com a lucidez e abrangência de sua análise. "O epicurismo", observou Herzen, "deu o golpe de misericórdia ao paganismo" (ou seja, à religião da Antiguidade). Epicuro, portanto, prefigurou Bacon e a ciência moderna. O epicurismo tampouco era desprovido de dialética. "Lucrécio começa *à la* Hegel, do ser e do não ser como primeiros princípios ativos, que interagiam e coexistiam". Ele retratou não somente "uma certa atitude afetuosa fraternal por todas as coisas vivas", mas também "conjecturou a existência de fósseis". Aqui, argumentou Herzen, residem as forças do materialismo – particularmente em sua forma mais dialética e antiga. Em contraste, para o idealista moderno, "a natureza é um absurdo e [...] o transitório não merece sua atenção" (Herzen, 1956, p. 103, 205, 221-223).

As próprias contribuições de Marx nessa área não cessaram em sua tese de doutorado. Ao contrário, a relevância histórica mais ampla da filosofia de Epicuro foi posteriormente discutida por Marx e Engels em *A sagrada família,* no qual eles explicaram que na filosofia dualística de Descartes o materialismo na física foi acompanhado por uma metafísica da mente. Essa visão do século XVII, emergindo da metafísica cartesiana, teve como seu oponente natural o materialismo de Epicuro, tal como resgatado por Gassendi. "O materialismo francês e inglês", notaram Marx e Engels, "sempre esteve intimamente ligado a Demócrito e a Epicuro". Gassendi, o restaurador do epicurismo, ao lado de Hobbes representavam, portanto, os grandes inimigos da metafísica cartesiana (Marx; Engels, 1975, v. 4, p. 124-126).[51] O epicurismo teve um papel central nesse

---

[51] O filósofo do Iluminismo alemão Gottfried Wilhelm Leibniz (1646-1716) representou, para Marx, uma extensão ainda maior da tradição metafísica do século XVII de Descartes e Spinoza. A metafísica de Leibniz derivou muito de sua coerência de sua irredutível rejeição ao materialismo de Epicuro, Gassendi, Hobbes e Locke, sua defesa da "causa final (Deus)" e seu ponto de vista geral idealista. Ver Leibniz (1989, p. 245, 281-282, 292, 318, 329).

embate, observaram Marx e Engels na *Ideologia alemã*, simplesmente porque "Epicuro era o verdadeiro iluminista radical da Antiguidade", cuja influência havia se estendido até o Iluminismo em si. Os epicuristas argumentavam que "o mundo deve ser *desiludido* e, especialmente, liberto do medo dos deuses, porque o mundo é meu *amigo*". De fato, a própria "ideia de que o Estado se baseia no acordo mútuo entre pessoas, em um *contrato social*", eles destacaram, "é encontrada pela primeira vez em Epicuro" (Marx; Engels, 1975, v. 5, p. 141-142).[52] Lucrécio retratou a criação de um contrato social entre indivíduos livres como o processo que seguiu ao assassinato dos reis:

> Portanto, os reis foram mortos, e na poeira
> A antiga majestade de tronos e cetros orgulhosos
> Está derrubada. A grande coroa da cabeça soberana
> Manchada de sangue sob os pés da multidão.
> Toda a honra perdida, lamentou seu Estado. (Lucrécio, 1999, p. 169)

As implicações incendiárias do materialismo de Epicuro, apesar do pedido do próprio Epicuro para que seus seguidores se retirassem da vida pública helênica, foram, portanto, bastante óbvias no clima europeu dos séculos XVII e XVIII, como o haviam sido para os comentaristas da Antiguidade. Plutarco reclamara que os epicuristas queriam "abolir as leis e os governos" (Plutarco, 1967, p. 313). De fato, era precisamente porque o materialismo epicurista era mais do que o simples atomismo – mais até do que a rejeição dos deuses como forças no mundo material –, mas também representava, de um ponto de vista mais positivo, o desenvolvimento autoconsciente do humanismo e do naturalismo genuínos na vida da Antiguidade que o seu impacto no Iluminismo foi tão grande.

O materialismo do Iluminismo não estava confinado somente à França, como Marx e Engels enfatizaram n'*A sagrada família*, mas era, de fato, "o filho *nato* da *Grã-Bretanha*" nos anos precedentes e imediatamente após a Revolução Inglesa. O "verdadeiro progenitor do *materialismo inglês* e de toda a ciência *experimental moderna*", eles escreveram, "é Bacon". Ainda assim, em Bacon, seu "primeiro fundador", o materialismo "pulula

---

[52] Sobre a influência de Epicuro (via Lucrécio) na noção de contrato social de Hobbes, ver Mayo (1934, p. 121). Marx mencionou o pacto político em uma passagem que ele adicionou quando estava revisando sua tese de doutorado (Marx; Engels, 1975, v. 1, p. 53).

de inconsistências importadas da teologia". É Hobbes quem "sistematiza o materialismo baconiano". Mas foi Locke, em seu *Ensaio sobre a compreensão humana*, que forneceu a "prova para o princípio fundamental de Bacon, a origem de todo o conhecimento humano e das ideias do mundo da sensação". E cientistas como Hartley e Priestley atacaram as "barreiras teológicas ainda presentes no sensacionismo lockeano". A significância de Locke, para Marx e Engels em 1845, era que ele "havia fundado a filosofia do [...] bom senso; isto é, ele afirmava indiretamente que não pode existir filosofia que esteja em desacordo com os sentidos humanos saudáveis e com a razão baseada neles" (Marx; Engels, 1975, v. 4, p. 128-129).[53]

Coube a pensadores como Helvetius e Holbach, na França, no entanto, levar o materialismo ao domínio social. E isso culminou, por fim, por meio da luta histórica, no surgimento do materialismo mais radical do comunismo e do socialismo.

> Se o homem adquire todo o seu conhecimento, percepções etc. do mundo dos sentidos e das experiências obtidas nele, então o que deve ser feito é organizar o mundo empírico de tal forma que o homem experimente e se acostume com o que nele é verdadeiramente humano [...]. Se corretamente compreendido que o interesse é o princípio de toda a moralidade, o interesse privado do homem deve coincidir com o interesse da humanidade. (Marx; Engels, 1975, v. 4, p. 129-133)

Quando Marx finalizou sua tese de doutorado, ele havia chegado a uma posição que era materialista em orientação, mas distinta daquela dos materialistas franceses do século XVIII por seu caráter não mecanicista e não determinista (já que se baseava em uma interpretação diferente de Epicuro). Não obstante, seu ponto de vista ainda estava "matizado", como ele recordaria posteriormente, pela filosofia do idealismo alemão (Marx, 1975, p. 424). Seu encontro com Epicuro e com os materialistas britânicos e franceses o havia colocado face a face com o que Engels chamaria, posteriormente, de "a concepção materialista da natureza".

---

[53] Ver também Hessen em Bukharin (1971, p. 181). Hessen argumenta que o materialismo em Hobbes se tornou mais aceitável, uma vez que era dirigido à comunidade letrada e científica, enquanto a religião continuava a dominar as massas. "A alma viva foi eliminada do materialismo e este se tornou hostil para a humanidade. Esse materialismo abstrato, calculista e formalmente matemático não poderia estimular a ação revolucionária."

Contudo, Marx desconfiava de qualquer tendência a um materialismo vulgar ou mecânico que ignorasse o papel prático da racionalidade (Engels, 1941, p. 67). Inspirado por Epicuro e por Bacon, ele abraçou uma visão antiteleológica como o cerne do materialismo. Assim como Darwin fez nos anos 1840, Marx focou toda sua atenção crítica na observação das "virgens estéreis" de Bacon. "Bacon de Verulâmio", ele escreveu em 1842, "disse que a física teológica era uma virgem dedicada a Deus e estéril, ele emancipou a física da teologia e ela se tornou fértil" (Marx; Engels, 1975, v. 1, p. 201).

Podemos entender melhor o desenvolvimento filosófico de Marx ao reconhecer que foi, de certa forma, análogo ao de Kant (e parece de fato ter sido influenciado por ele), que, como vimos, apresentou "Epicuro como o maior filósofo da sensibilidade e Platão, o da intelectualidade" – uma antinomia que foi o ponto de partida da própria filosofia crítica e transcendental de Kant. (Kant também, como já observamos, retratou Bacon como o principal estudioso moderno da natureza). Para Marx, Epicuro continuava sendo o principal filósofo da sensibilidade, que descobrira a alienação dos seres humanos com relação ao mundo e a necessidade da ciência (Iluminismo), baseada em uma concepção materialista da natureza, para se opor a isso. Na concepção de Marx, entretanto, Hegel substituiu Platão como o maior filósofo da intelectualidade, que, como veremos na crítica de Marx a Hegel, descobriu a alienação do trabalho na história – ainda que abstratamente, na forma de trabalho *intelectual*. Foi por meio de uma transcendência crítica dessas visões que o materialismo prático do próprio Marx – que, não obstante, manteve uma ontologia realista (ou seja, uma concepção materialista da natureza) como seu fundamento – emergiu como uma transcendência dialética no sentido hegeliano. Feuerbach, como será explicado no próximo capítulo, faria uma crítica similar a Hegel (inspirado por Bacon e Gassendi em vez de diretamente em Epicuro) e a fez sob a forma de um ponto de vista explicitamente humanista e materialista. Mas como Epicuro, o materialismo de Feuerbach era principalmente da vertente contemplativa. Para Marx, o objetivo era torná-lo *prático*.

Mais de meio século após Marx escrever sua tese de doutorado, em 1893, Alexei Mikhailovich Voden (1870-1939), um erudito russo que participava das atividades do Partido Social-Democrata nos anos 1890, visitou Londres e teve uma série de conversas com Engels. Na última dessas conversas, Voden recordava:

> Engels me perguntou se eu estava interessado na história da filosofia grega e então ofereceu expor a mim a primeira obra filosófica de Marx. Ele me relatou a tese de doutorado de Marx, com muitos detalhes, mas sem a ajuda do manuscrito, citando de cor não somente Lucrécio e Cícero, mas um grande número de textos gregos (como Diógenes Laércio, Sexto Empírico e Clemente). (Voden, s.d., p. 332)

Engels explicou então que estava de fato equivocada a crítica que Cícero e outros dirigiram a Epicuro de que a teoria deste negava qualquer tentativa de explicar a causalidade, e que a obra de Epicuro representava um "chamado" dialeticamente autoconsciente "a investigar as conexões causais a partir de várias perspectivas, desde que não estivessem em contradição com a tese básica" (Voden, s.d., p. 333). Como Voden seguiu recordando:

> Quando eu perguntei se Marx já havia sido hegeliano, no sentido estrito da palavra, Engels respondeu que a própria tese sobre as diferenças entre Demócrito e Epicuro nos permite afirmar que no início de sua carreira literária, Marx, que dominava completamente o método dialético de Hegel e ainda não havia sido obrigado pelo curso de seus estudos a substituí-lo pelo método materialista dialético, mostrava uma perfeita independência de Hegel na aplicação da própria dialética hegeliana, e isso, na própria esfera em que Hegel era mais forte – a história do pensamento. Hegel oferece não uma reconstrução da dialética imanente do sistema de Epicuro, mas uma série de opiniões depreciativas sobre este sistema. Marx, ao contrário, ofereceu uma reconstrução da dialética imanente do epicurismo, não idealizando-o, mas revelando a pobreza do seu conteúdo em comparação com Aristóteles [...]. Ele mencionou que Marx tinha a intenção de prosseguir com o estudo da história da filosofia grega e que inclusive comentara com Engels sobre o assunto posteriormente. Ao fazê-lo, ele não demonstrou nenhuma preferência unilateral pelos sistemas materialistas, mas se detera particularmente na dialética de Platão e Aristóteles. (Voden, s.d., p. 333)

As reminiscências de Voden de suas conversas com Engels não se tornaram públicas até 1927 (quando elas foram publicadas pela primeira vez em russo) e parecem ter sido negligenciadas por todos aqueles que comentaram sobre a tese de doutorado de Marx. À época, Engels havia solicitado que Voden inquirisse e lhe reportasse sobre a existência de alguma interpretação de Epicuro que se assemelhasse à de Marx na literatura corrente sobre o assunto, mas não há registros de que Voden tenha atendido ao pedido. (Em 1893, em Paris, Voden queimou às pressas as cartas que Engels lhe enviou quando foi avisado de uma busca iminente de documentos que revelassem conexões revolucionárias, apenas minutos antes da chegada de fato da polícia) (Voden, s.d., p. 326). O fato de que a interpretação de Marx seria, afinal, reconhecida por estudiosos epicuristas do século XX, incluindo Cyril Bailey, como a primeira compreensão verdadeira do sistema de Epicuro, sem dúvida teria despertado um grande interesse em Engels. Tudo isso sugere que o próprio Engels tinha uma visão muito diferente do que se tornou a interpretação padrão do desenvolvimento de Marx. Não só Marx demonstrou uma independência de Hegel em sua primeira obra literária; ele o fez com base em um encontro com o materialismo da Antiguidade, que teria uma influência duradoura em seu pensamento. Por fim, os comentários de Engels sugerem que a tese de Marx não era nem hegeliana nem completamente materialista, mas uma obra de transição, na qual Marx já estava considerando a questão da dialética materialista, mas ainda não havia substituído o método dialético de Hegel por um "método materialista dialético".

Em 1842, não muito tempo depois de Marx concluir sua tese de doutorado, Darwin, na Inglaterra, encerrou sua luta com seus cadernos metafísicos (os *Cadernos* M e N) e se arriscou a esboçar, a lápis, a primeira e breve versão de sua teoria da transmutação das espécies. Foi neste mesmo ano que Marx, tendo concluído sua tese sobre Epicuro, começou seu encontro sistemático com a filosofia de Ludwig Feuerbach, com a Economia Política inglesa e com o socialismo francês. As realidades político-econômicas da Alemanha, França e Inglaterra, que foram progressivamente impostas a sua atenção, o levariam nos anos seguintes muito mais resolutamente na direção materialista, e gerariam a síntese mais profunda do materialismo histórico.

2. A VERDADEIRA QUESTÃO TERRENA

A tese de doutorado de Marx foi aceita em abril de 1841, mas suas esperanças de seguir uma carreira acadêmica foram logo frustradas quando as autoridades da Prússia começaram a reprimir os jovens hegelianos radicais. Em março de 1842, o colega próximo de Marx, Bruno Bauer, foi privado de seu posto de professor por difundir doutrinas não ortodoxas. Forçado a desistir de uma carreira acadêmica, Marx se voltou ao jornalismo e, em outubro de 1842, assumiu o posto de editor de um importante jornal da Renânia, a *Gazeta Renana*, que representava a classe média ascendente de Colônia, mas que à época era editorialmente controlada pelos jovens hegelianos. Seu artigo "Debates sobre a lei referente ao furto de madeira", escrito após se tornar editor, marcou um ponto de inflexão intelectual em sua vida. Isso, ele insistia, era "a verdadeira questão terrena em toda a sua plenitude" (Marx; Engels, 1975, v. 1, p. 225). Pela primeira vez, Marx assumiu a causa dos pobres, e o fez com todo o fervor que caracterizaria seu trabalho subsequente. Mais tarde, ele lembraria disso como o momento em que ele pela primeira vez percebeu sua "constrangedora" falta de conhecimento sobre Economia Política e a necessidade de direcionar seus estudos a questões econômicas (Marx, 1974, p. 424).

Ao enfrentar a questão do furto de madeira, Marx não estava lidando com um problema menor. Cinco sextos de todos os processos judiciais na Prússia durante este período envolviam madeira, e na Renânia a proporção era ainda maior (McLellan, 1973, p. 56; Mehring, 1962, p. 41). O que estava em questão era a dissolução dos direitos finais dos camponeses com relação ao que antes eram terras comunais – direitos que existiram desde tempos imemoriais mas que estavam sendo eliminados pelo crescimento da industrialização e pelo sistema de propriedade privada. Tradicionalmente, a população tivera o direito de coletar madeira morta (madeira de árvores mortas ou que havia caído na floresta), o que lhe permitia aquecer suas casas e cozinhar seu alimento. Os donos das terras, entretanto, passaram a negar cada vez mais às pessoas comuns o direito à madeira morta e tudo o mais na floresta. O furto de madeira, bem como a caça ilegal e a invasão eram tratados com máxima severidade.

Marx tratou deste tema por meio de um exame detalhado dos debates que aconteciam na Dieta Renana (a assembleia provincial da Renânia) sobre os furtos de madeira. Estes abordavam sobretudo se os grandes proprietários de terra mereciam as mesmas salvaguardas para suas florestas que as já disponíveis aos pequenos proprietários. Estes últimos podiam proteger suas florestas contra invasões, caça ilegal, corte de madeira viva e a coleta de madeira morta, em virtude do fato de suas propriedades serem pequenas e de eles mesmos viverem nelas. Os grandes proprietários, em contrapartida, dependiam de guardas-florestais para proteger suas terras, mas isso só seria possível se essas ações dos pobres, incluindo a coleta de madeira morta, se tornassem infrações penais. Os direitos dos pobres não eram considerados em nenhum momento nesse debate parlamentar – tarefa que Marx assumiu em seu artigo.[1]

Marx observou que a coleta de madeira morta estava agora incluída na categoria de roubo e processada tão severamente como o corte e furto de madeira viva. Dessa forma, o dono da floresta conseguiu transformar em "valor" (uma fonte de riqueza privada) aquilo que não era vendido anteriormente e não tinha valor de mercado. Mesmo a coleta de oxicocos da floresta agora era tratada como roubo, apesar do fato de essa ser uma atividade tradicional dos filhos dos pobres. Todas as relações costumeiras dos pobres com a terra (incluindo o que era definido como "invasão")

---

[1] Ver Hook (1933, p. 259-261).

foram proibidas e vistas como transgressões contra o monopólio dos donos das florestas sobre a terra. Os "ladrões de madeira", cuja única culpa era a de buscar os direitos consuetudinários dos pobres para manter suas famílias, foram entregues ao dono da floresta sob essas bárbaras regulamentações florestais e obrigados a realizar trabalho forçado para o dono, propiciando, desse modo, lucros para o proprietário da floresta. Marx atacou implacavelmente o papel contraditório dos guardas dessas florestas privadas, os quais – ainda que guardiões ostensivos das florestas, ou seja, silvicultores – foram reduzidos a meros "avaliadores" – e cujas avaliações, realizadas sob juramento, poderiam igualmente ser deixadas a cargo dos próprios donos das florestas, já que eram destes os interesses atendidos. O Estado, ao apoiar tal lei irracional, argumentava Marx, estava transformando o cidadão comum em busca de direitos consuetudinários (que eram, na verdade, as "antecipações" da lei racional) em criminoso, um "inimigo da madeira". Aos pobres era negada, assim, qualquer relação com a natureza – mesmo para sua sobrevivência – que não fosse mediada pelas instituições da propriedade privada. Desse momento em diante, por toda sua vida, Marx faria oposição à parcelização de partes do planeta aos donos de propriedade privada (Marx; Engels, 1975, v. 1, p. 224-263).

Marx chegaria por fim à conclusão de que todos os seus argumentos sobre lei racional e direitos consuetudinários, no entanto, não haviam conseguido desvelar as razões para este processo inexorável de expropriação em nome dos donos das florestas. Ao contrário, as respostas se encontravam na Economia Política, cujo estudo ele iniciaria com um fervor incomparável quando, em março de 1843, em razão da crescente repressão do governo e da falta de apoio dos acionistas, ele decidiu que não havia alternativa a não ser sua demissão do cargo de editor da *Gazeta Renana* após cinco tempestuosos meses na função.

Feuerbach

Antes de Marx assumir a sério os estudos de Economia Política, entretanto, era necessária uma ruptura filosófica mais decisiva com o sistema hegeliano, que tratava o desenvolvimento da história como um reflexo do desenvolvimento do espírito. Essa ruptura, para Marx, se deu principalmente por meio de sua resposta à crítica do sistema hegeliano introduzida por Ludwig Feuerbach (1804-1872). Uma figura central entre os jovens hegelianos, Feuerbach se voltara a uma consideração do materialismo como meio de se combater a religião positiva já em 1833, em sua *História da filosofia moderna de Bacon a Spinoza*. Nesta obra, Feuerbach mostrou uma afinidade crítica com a filosofia de Bacon, quem ele descreveria como "o verdadeiro pai da ciência", e a quem ele atribuiu um materialismo qualitativo (em oposição ao quantitativo ou mecanicista). Bacon, escreveu Feuerbach, "foi o primeiro a reconhecer a originalidade da natureza: a reconhecer que a natureza não pode ser concebida como derivada de pressuposições ou antecipações matemáticas, ou lógicas, ou teológicas, mas pode e deve ser concebida e explicada somente a partir de si mesma". Nesse aspecto, a filosofia da natureza (e ciência) de Bacon, argumentou Feuerbach, era muito superior à de Descartes. "Bacon considera a natureza como ela é, a define positivamente, enquanto Descartes a define apenas negativamente, como a contrapartida do espírito; o objeto de Bacon é a natureza verdadeira; o de Descartes, somente uma natureza abstrata, matemática e artificial" (Feuerbach, citado em Wartofsky, 1977, p. 436).[2]

Feuerbach ganhou fama crescente com a publicação, em 1841, de *A essência do cristianismo*, na qual ele argumenta que a ideia de Deus era simplesmente uma inversão da sensibilidade humana genuína e real; que a humanidade havia criado Deus a sua imagem. Apesar de o principal impacto de Feuerbach sobre Marx ser geralmente atribuído a esta obra (uma interpretação promovida pelo próprio Engels), não há evidências reais de que este foi o caso. Para Marx, a argumentação de Feuerbach n'*A essência do cristianismo* era tudo menos surpreendente, uma vez que ela já havia sido antecipada por outros entre os jovens hegelianos, mais notavelmente por David Strauss em *A vida de Jesus* (1835). Já em sua tese de doutorado, Marx criticara Hegel por virar "todas [...] as demonstrações teológicas [da existência de Deus] do avesso, isto é, ele as rejeitou visando justificá-las" (Marx; Engels, 1975, v. 1, p. 103). Muito mais importante

---

[2] A visão de Marx sobre Bacon e Descartes, como apresentada em *A sagrada família*, era notavelmente similar à de Feuerbach; assim como era sua compreensão da relação de Bacon e Hobbes.

para Marx – de fato, foi uma grande revelação – foram as *Teses preliminares sobre a reforma da filosofia* (1842), de Feuerbach.[3]

As *Teses preliminares* romperam com Hegel no ponto mais fraco de seu sistema – a filosofia da natureza. Na filosofia de Hegel, a natureza não era algo que continha em si os meios de sua própria autodeterminação, sua própria ação significativa; em vez disso, era apenas o estranhamento que o pensamento era obrigado a experimentar em forma abstrata-geral antes de poder retornar plenamente a si mesmo como espírito. A natureza, que não tinha princípio ativo em si mesma, era, portanto, reduzida em seu sistema a uma mera entidade mecânica ou a um domínio taxonômico.

Feuerbach rompeu definitivamente com essa concepção ao insistir que o mundo material era a sua própria realidade, uma realidade que incluía os seres humanos e sua percepção sensível do mundo. Para Feuerbach, Hegel tinha separado a essência da existência e, portanto:

> a essência na *Lógica* de Hegel é a essência da natureza e do homem, mas *sem essência, sem* natureza e *sem* homem [...]. A *vida e a verdade* são [...] somente encontradas onde a essência se une à existência, o pensamento à percepção sensível, a atividade à passividade e a *ponderação escolástica da metafísica alemã ao princípio antiescolástico e sanguíneo do sensacionismo e do materialismo francês.* (Feuerbach, 1972, p. 164-165)

Até esse momento, para os jovens hegelianos, a filosofia especulativa de Hegel era antiteológica em suas implicações; de fato, a crítica da religião constituía seu verdadeiro propósito. Essa interpretação foi mantida apesar do luteranismo que Hegel havia explicitamente adotado ao desenvolver o seu sistema e do fato de que, em seu próprio tempo, sua obra fora vista como um baluarte para a fé. Nas *Teses preliminares* (e mais tarde em seus *Princípios da filosofia do futuro*), Feuerbach, no entanto, adotou a posição de que a filosofia especulativa, em vez de constituir uma crítica da teologia, era de fato "o último esteio racional" desta: "Assim como houve um tempo em que os teólogos católicos, com a finalidade de combater o protestantismo, se tornaram aristotélicos *de facto*, agora os teólogos protestantes devem *de jure* [por direito] se tornar hegelianos para combater o 'ateísmo'". A abstração do espírito humano e a concepção de humanidade

---

[3]   Ver Mehring (1962, p. 52-53); Schmidt (1971, p. 22).

a partir da natureza que Descartes iniciara constituíam, para Feuerbach, a origem da filosofia especulativa moderna. Ela havia criado um mundo dualístico em que a essência (espírito) estava separada da existência, e no qual a subsunção de toda a existência sob o desenvolvimento do espírito era o resultado filosófico final (Feuerbach, 1972, p. 168, 185).

O sistema hegeliano, para Feuerbach, equivalia a uma negação do mundo da existência sensível; um mundo que simplesmente reproduzia, em nome da filosofia secular, em vez da teologia religiosa, o estranhamento dos seres humanos com relação à natureza, que era o principal obstáculo para o desenvolvimento da liberdade. A filosofia especulativa, assim como a teologia antes dela, havia se desenvolvido, portanto, em forma invertida, "do ideal para o real [...]. [S]omente a percepção das coisas e dos seres em sua realidade objetiva pode libertar o homem e destituí-lo de todos os preconceitos. A transição do 'ideal' para o real só tem lugar na filosofia prática". A autoconsciência da qual a filosofia hegeliana se vangloriava era, para Feuerbach, meramente uma autoconsciência alienada (por todas as suas pretensões de Iluminismo abstrato), pois abstraída da humanidade, ou seja, da existência sensível real. Era "uma abstração sem realidade". Na realidade, "o homem *é* autoconsciência" e a natureza é o fundamento do homem (Feuerbach, 1972, p. 161, 171).

Para Feuerbach, "não existe outra essência que o homem possa pensar, sonhar, imaginar, sentir, acreditar, desejar, amar e adorar como o *absoluto* que não seja a essência da natureza humana em si". Aqui, ele também abarcou

> a natureza externa; pois, assim como o homem pertence à essência da Natureza em oposição ao materialismo comum; também a Natureza pertence à essência do homem – em oposição ao idealismo subjetivo; que também é o segredo de nossa filosofia 'absoluta', ao menos com relação à Natureza. Somente ao unir o homem com a Natureza é que podemos dominar o egoísmo sobrenaturalístico do cristianismo. (Feuerbach, 1881, p. 270)

Do ponto de vista de Marx, a crítica de Feuerbach foi decisiva, uma vez que transformou a filosofia especulativa de Hegel em uma justificativa racional para o que ainda equivalia a uma visão de mundo essencialmente teológica, na qual a autoconsciência e a existência material humanas, e as possibilidades de liberdade contidas ali, foram sacrificadas no altar do espírito abstrato. O modo da filosofia especulativa deve, assim, ser abandonado em favor de formas mais materialistas de análise. Como declarou Marx em 1842,

> Eu vos aconselho, teólogos e filósofos especulativos: libertem-se dos conceitos e predisposições da filosofia especulativa existente se quiserem abordar as coisas de modo diferente, tal como são, isto é, se quiserem chegar até a *verdade*. Não há outro caminho para a *verdade* e a *liberdade*, exceto aquele que leva *através* do rio de fogo [o *Feuer-bach*]. Feuerbach é o *purgatório* dos tempos presentes. (Marx, 1967, p. 95)

Esta preocupação com o naturalismo feuerbachiano reforçou, por sua vez, a crescente preocupação de Marx com a Economia Política. Ele percebeu, após seu artigo sobre o furto de madeira, que a disciplina detinha a chave para a apropriação humano-material da natureza.

Ademais, não foi simplesmente a rejeição da filosofia especulativa de Hegel por parte de Feuerbach que foi importante para Marx, mas também o caráter sensível do materialismo de Feuerbach e sua ênfase no naturalismo. Ao rejeitar Hegel, Feuerbach proporcionava também como alternativa os contornos gerais de uma visão materialista que unia a crítica filosófica e a ciência natural. Para Feuerbach

> Toda ciência deve ser baseada na *natureza*. Uma doutrina permanece como uma *hipótese* enquanto não encontrar sua *base natural*. Isso é particularmente verdade para a *doutrina da liberdade*. Somente a filosofia nova conseguirá *naturalizar a liberdade*, que foi até agora uma *anti-hipótese*, uma *hipótese* sobrenatural.

Essa base natural, para Feuerbach, seria encontrada na própria matéria, diz ele:

> A matéria é um objeto essencial para a razão. Se não houvesse matéria, a razão não teria nenhum *estímulo* e nenhum *material* para o pensamento e, portanto, nenhum conteúdo. Não se pode abrir mão da matéria sem abrir mão da razão; não se pode reconhecer a matéria sem reconhecer a razão. Os materialistas são racionalistas. (Feuerbach, 1972, p. 172,198)

Para Feuerbach, o mundo real, o finito, não se dissolvia no espírito universal, mas, ao contrário, o finito (na verdadeira forma epicurista) se tornou o infinito.

Marx respondeu com entusiasmo a essa construção de um materialismo humanista, fundado em uma epistemologia sensacionista. Uma característica distintiva do materialismo epicurista havia sido sua ênfase na verdade das sensações. Este aspecto de Epicuro foi bastante enfatizado na obra do humanista do Renascimento francês Michel de Montaigne, *Apologia de Raymond Sebond* (1580), e ganhou nova vida pelo sensacionismo de Locke (Montaigne, 1993, p. 170-175). Consequentemente, o materialismo de Feuerbach, que enfatizava o sensacionismo nesses termos, parecia ser qualquer coisa menos mecânico. Ao contrário, se relacionava com o que o próprio Marx, em *A sagrada família*, mais tarde chamaria de o ramo do materialismo decorrente da experiência dos sentidos, que iniciou na filosofia moderna com Locke e podia ser identificada na filosofia da Antiguidade em Epicuro. Apesar do materialismo de Feuerbach ser essencialmente um materialismo antropológico, essa ênfase na sensibilidade humana não negava o restante da natureza. "A nova filosofia", ele escreveu nos *Princípios da filosofia do futuro*, "faz do *homem, em conjunto com a natureza*, a base do homem, o objeto *exclusivo, universal* e *supremo* da filosofia; faz da *antropologia, em conjunto com a fisiologia*, a *ciência universal*" (Feuerbach, 1972, p. 243-245).

Marx escreveu ao jovem hegeliano Arnold Ruge, em 1843, que

> os aforismos de Feuerbach [*Teses preliminares sobre a reforma da filosofia*] me pareciam incorretos somente em um aspecto, que ele se refere muito à natureza e muito pouco à política [...]. Mas as coisas provavelmente seguirão como no século XVI, quando os entusiastas da natureza foram acompanhados por um número correspondente de entusiastas do Estado. (Marx; Engels, 1975, v. 1, p. 400)

A primeira grande obra de Marx, depois de renunciar ao cargo de editor da *Gazeta Renana*, foi uma extensiva e textual *Crítica à filosofia do direito de Hegel*, no qual ele tentou aplicar o método transformativo de Feuerbach ao domínio político.

A alienação da natureza e da humanidade

A crítica de Marx da filosofia do Estado de Hegel permaneceria, não obstante, inconclusa. No outono de 1843, Marx, recentemente casado com Jenny von Westphalen, se mudou para Paris com o objetivo de começar uma nova publicação, os *Anais Franco-Alemães*, a ser publicada em Paris, livre da censura prussiana, e então enviada de volta à Alemanha.

A nova publicação teria vida curta. Apenas uma edição dupla apareceria em 1844. O periódico foi imediatamente banido na Prússia e as cópias confiscadas ao entrar no país. Marx e os outros editores principais tiveram ordens de prisão decretadas. Ao mesmo tempo, o periódico recebeu pouca atenção na França.

Foi no clima político mais radical de Paris, entretanto, que Marx, então engajado em um sério estudo sobre a Economia Política inglesa e sobre a política socialista francesa, escreveria seus *Manuscritos econômico-filosóficos de 1844* – o primeiro resultado verdadeiramente completo de seus amplos estudos críticos. Essa obra é mais conhecida pelo desenvolvimento do conceito de alienação do trabalho. Mas esse estranhamento do trabalhador 1) do objeto de seu trabalho, 2) do processo de trabalho, 3) do ser humano como espécie (ou seja, a atividade transformativa e criativa que definia os seres humanos como uma espécie determinada), e 4) um do outro – que juntos constituíam o conceito de alienação do trabalho de Marx – era inseparável da alienação dos seres humanos com relação à natureza, tanto de sua própria natureza interna quanto da natureza externa. Para Marx,

> A universalidade do homem na prática se manifesta naquela universalidade que faz de toda a natureza como seu corpo *inorgânico*, 1) como modo direto de vida e 2) como a matéria, o objeto e a ferramenta de sua atividade. A natureza é o corpo *inorgânico* do homem, ou seja, a natureza na medida em que não é o corpo humano. O homem *vive* da natureza, isto é, a natureza é seu *corpo*, e ele deve manter um diálogo contínuo com ela para não morrer. Dizer que a vida mental e física do homem está ligada à natureza significa simplesmente que a natureza está ligada com ela mesma, pois o homem é uma parte da natureza. (Marx, 1975, p. 328)

Dos *Manuscritos econômico-filosóficos* em diante, pelo resto de sua vida, Marx sempre tratou a natureza, na medida em que ela entrava diretamente na história humana por meio da produção, como uma extensão do corpo humano (isto é, "o corpo inorgânico" da humanidade). A relação humana com a natureza, de acordo com essa concepção, era mediada não somente pela produção, mas também, mais diretamente, por meio das ferramentas – elas próprias um produto da transformação humana da natureza por meio da produção – que permitiram à humanidade transformar a natureza de modos universais. Para Marx, a relação era claramente uma relação orgânica, mas que transcendia fisicamente, enquanto ao mesmo tempo na prática estendia os verdadeiros órgãos corporais dos seres humanos – daí a referência à natureza como "o corpo inorgânico do homem".

Os seres humanos, de acordo com essa concepção, produzem sua própria relação histórica com a natureza, em grande medida, pela produção dos seus meios de subsistência. A natureza, portanto, adquire um significado prático para a humanidade como resultado da atividade vital, a produção dos meios de vida. "O homem", escreveu Marx, "reproduz a totalidade da natureza". Mas a atividade prática por meio da qual os seres humanos realizam isso não é simplesmente produção no sentido econômico estrito; "logo, o homem também produz segundo as leis da beleza" (Marx, 1975, p. 329).

Segue-se que a alienação é o mesmo que o estranhamento da humanidade de sua própria atividade de trabalho e de seu papel ativo na transformação da natureza. Tal alienação, de acordo com Marx, "estranha o homem de seu próprio corpo, da natureza como ela existe fora dele, de sua essência espiritual, sua essência *humana*". Além disso, este é sempre um estranhamento social: "todo autoestranhamento do homem com respeito a si mesmo e à natureza se manifesta na relação que ele estabelece entre outros homens e ele próprio e a natureza" (Marx, 1975, p. 331).

Para Marx, Hegel foi o primeiro a promover a noção de alienação do trabalho humano. Mas ele o fez em um contexto idealista, no qual tal alienação era concebida simplesmente como a alienação do trabalho intelectual. Consequentemente, Hegel não conseguiu perceber a autoalienação da atividade prática humana como a base do estranhamento das pessoas não apenas de si mesmas, mas também de sua existência real, sensível: a sua relação com a natureza (Marx, 1975, p. 386).

A noção de alienação da natureza de Marx, que para ele emanava da vida prática humana, não era mais abstrata em seu cerne do que sua noção de alienação do trabalho. Ambas estavam fundamentadas em seu entendimento sobre o impulso político-econômico da sociedade capitalista. A alienação do trabalho era um reflexo do fato de que o trabalho (força) havia se tornado reduzida praticamente ao *status* de mercadoria, governada pelas leis de oferta e demanda. Contudo, essa proletarização do trabalho era dependente da transformação da relação humana com a terra, como os economistas políticos clássicos Smith, Malthus, Ricardo e James Mill haviam insistido. "É somente por meio do trabalho, por meio da agricultura, que a terra existe para o homem", escreveu Marx (Marx, 1975, p. 343). Mas a relação com a terra estava sendo rapidamente transformada por meio daquilo que Adam Smith chamava de "acumulação primitiva", que incluía o cercamento das terras comunais, o surgimento de grandes propriedades e a remoção do campesinato.

Para Marx, a dominação da terra em si assumiu um significado complexo e dialético, derivado de seu conceito de alienação. Significava tanto a dominação da terra *pelos* que a monopolizaram e, consequentemente, os poderes elementais da natureza, quanto a dominação da terra e da matéria morta (representando o poder do proprietário de terras e do capitalista) *sobre* a vasta maioria dos seres humanos. Portanto, a alienação da terra e, consequentemente, sua dominação *sobre* a maior parte da humanidade (ao ser alienada em favor de muito poucos), era um elemento essencial da propriedade privada e já existira na propriedade fundiária feudal – que foi a "raiz da propriedade privada" – antes da ascensão do capitalismo. "No sistema feudal de propriedade de terras", ele observou, "nós já encontrávamos a dominação da terra como um poder exógeno sobre o homem". Já a terra "aparece como o corpo inorgânico de seu senhor", que é seu mestre e que a utiliza para dominar o campesinato. Mas é a sociedade burguesa que traz essa dominação da terra (e, por meio da dominação da terra, a dominação da humanidade) à perfeição, e enquanto aparentemente se opondo ao sistema de propriedade fundiária, vem a depender dele em uma fase chave de seu desenvolvimento. Assim, "as propriedades fundiárias de grande escala, como na Inglaterra, levam a maioria esmagadora da população aos braços da indústria e reduz seus próprios trabalhadores à miséria total" (Marx, 1975, p. 318-321).

O papel da propriedade fundiária de grande escala no monopólio da terra – e, desse modo, na alienação da terra – era análogo, de acordo com Marx, à dominação do capital sobre o dinheiro, compreendido como "matéria morta". A expressão "o dinheiro não conhece um senhor" era simplesmente uma "expressão da dominação completa da matéria morta sobre os homens". Era a expressão mais completa do fato de "a terra, tal como o homem", ter sido rebaixada ao "nível de um objeto venal" (Marx, 1975, p. 319).

"A visão de natureza que cresceu sob o regime da propriedade privada e do dinheiro", escreveu Marx em 1843 em *Sobre a questão judaica*, "é um verdadeiro desprezo e degradação prática da natureza [...]. Nesse sentido, Thomas Müntzer declara que é intolerável que 'todas as criaturas tenham se tornado propriedade, os peixes na água, os pássaros no céu, as plantas na terra – todas as coisas vivas também devem se tornar livres'" (Marx, 1975, p. 239). Aqui, Marx se inspirou no líder revolucionário da grande guerra camponesa na Alemanha do início do século XVI, que viu a transformação das espécies em tantas formas de propriedade como um ataque tanto à humanidade quanto à natureza. Como Müntzer exclamou mais tarde: "Abram seus olhos! De que outra trama maligna poderiam surgir toda a usura, furto e roubo, se não da premissa de nossos senhores e príncipes de que todas as criaturas são propriedade deles?" (Müntzer, 1988, p. 335).[4]

Para Marx, essa alienação da natureza, descrita por Müntzer, era expressa por meio do fetichismo do dinheiro, que se torna a "essência alienada": "Dinheiro é o *valor* universal e autoconstituído de todas as coisas. Portanto, o dinheiro privou o mundo inteiro – tanto o mundo do homem quanto da natureza – de seu valor específico" (Marx, 1975, p. 239).

Não era somente com relação à agricultura e às grandes propriedades, entretanto, que o sistema de propriedade privada era antagônico à natureza. A degradação ecológica também podia ser vista no que Marx se referiu em seus *Manuscritos econômico-filosóficos* como "a poluição universal encontrada nas grandes cidades" (Engels, 1926, p. 302). Nessas grandes cidades, ele explicou,

> Até mesmo a necessidade de ar fresco deixa de ser uma necessidade para o trabalhador. O homem volta mais uma vez a viver em uma caverna, mas a caverna agora está poluída pelo hálito mefítico e pestilento da civilização. Mais ainda, o trabalhador não tem nada além de um direito precário de viver nela, já que para ele é um poder exógeno, que lhe pode ser retirado todo dia e do qual ele, se não conseguir pagar, pode ser despejado a qualquer momento. Na verdade, ele tem de *pagar* por esse morgue. Uma habitação na *luz*, que Prometeu descreve em Esquilo como um dos grandes presentes por meio dos quais ele transformou selvagens em homens, deixa de existir

---

[4] Ver também Engels (1926, p. 68).

para o trabalhador. Luz, ar etc. – a limpeza *animal* mais elementar – deixa de ser uma necessidade para o homem. A *sujeira* – essa poluição e putrefação do homem, o *esgoto* (esta palavra deve ser compreendida em seu sentido literal) da civilização – se torna um *elemento da vida* para ele. A *negligência* universal *não natural*, a natureza putrefata, se torna um *elemento da vida* para ele. (Engels, 1926, p. 359-360)

A alienação dos trabalhadores nas grandes cidades alcançou, portanto, o ponto em que a luz, o ar, a limpeza não eram mais parte de sua existência, mas ao contrário, a escuridão, o ar poluído e o esgoto a céu aberto, não tratado, constituíam o ambiente material deles. Não somente o trabalho criativo, mas os elementos essenciais da própria vida eram usurpados como resultado dessa alienação da humanidade com relação à natureza.

Se o materialismo naturalista de Feuerbach ajudou a tornar a natureza e sua alienação interessantes para Marx, esse ponto de vista, em contraste, só destacou as fraquezas do sistema de Hegel, em que a natureza, vista como separada do espírito, degenera no "mais crasso materialismo". "O propósito da natureza", escreveu Hegel em sua *Filosofia da natureza*, "é o de se extinguir e de romper sua casca de ser imediato e sensível, de se consumir como uma fênix a fim de emergir desta externalidade rejuvenescida como espírito" (Hegel, 1970, v. I, p. 212). Portanto, no sistema de Hegel, de acordo com Marx, a natureza (e mais especificamente, a matéria) "é despida de sua realidade em favor da vontade humana" ou espírito, que sozinho lhe dá significado (Engels, 1926, p. 174).[5] Ao mesmo tempo, os seres humanos eram vistos por Hegel como seres espirituais não objetivos.

A alienação para Hegel, então, se torna um estranhamento da matéria sem espírito com relação aos seres espirituais não materiais – todos os quais refletem a alienação do espírito com relação a si mesmo. No final, Hegel transcende esse dualismo alienado ao negar o mundo objetivo (realismo), isto é, matéria ou existência apartada da consciência do espírito a respeito de sua própria automediação. A *Filosofia da natureza*

---

[5] Hegel adicionou: "O objetivo dessas aulas [sobre filosofia da natureza] é conceber uma imagem da natureza, a fim de subjugar este Proteus: de encontrar nessa externalidade somente um espelho de nós mesmos, de ver na natureza um reflexo livre do espírito: de entender Deus" (Hegel, 1970, v. I, p. 213).

de Hegel é pouco mais do que uma Grande Cadeia do Ser, uma visão de natureza estratificada em conformidade com princípios da lógica – e que, sem o espírito autoconsciente, carece de qualquer vida real ou desenvolvimento próprio. O problema da ontologia, do ser, é, portanto, inteiramente subordinado à epistemologia, ou seja, ao conhecimento e à autoconsciência humanos.

Isso fica mais evidente no tratamento que Hegel dá à evolução dentro de sua *Filosofia da natureza*. Para Hegel, a natureza é "um sistema de estágios", mas esses estágios são demarcados pelo desenvolvimento da ideia. "A *metamorfose* pertence apenas à Noção como tal, já que unicamente a *sua* alteração é desenvolvimento". Hegel foi, portanto, levado por sua dialética idealista a negar a evolução material da natureza, sua emergência independente da cognição humana. "Uma consideração racional", escreveu, "deve rejeitar tais ideias nebulosas, basicamente, sensíveis, tais como, em particular, a assim chamada *originação*, por exemplo, das plantas e animais a partir da água e, então, a *originação* de organismos animais mais desenvolvidos a partir dos menos desenvolvidos, e assim por diante" (Hegel, 1970, v. I, p. 212).[6]

Essa tentativa idealista de subsumir o mundo real à ideia absoluta criou evidentes absurdos – de uma variedade teleológica clássica. Como explicou Auguste Cornu em *Origens do pensamento marxiano*, enquanto

> pode ser relativamente fácil estabelecer uma concatenação racional e uma ordem dialética entre conceitos; já é mais difícil fazê-lo na história, onde o contingente e o acidental têm papel maior; e quando chegamos ao domínio da natureza, essa assimilação do real ao racional só pode ser feita por procedimentos extremamente arbitrários.

Assim, a fragilidade da *Filosofia da natureza* de Hegel emanava diretamente de sua tentativa de reduzir os fenômenos naturais à dialética dos conceitos. Hegel procurou explicar o fato de que a natureza não realiza a ideia absoluta, argumentando que a natureza era a externalização ou alienação da ideia em uma forma exterior a si mesma, que ela era, em certo sentido, a negação da ideia. Alienada da razão, a natureza está sujeita ao acaso cego e à necessidade cega, refletindo uma transformação que é

---

6   A tradução [ao inglês] segue Houlgate (1998, p. 260).

mecânica (minerais), inconsciente (plantas) e instintiva (animais), e que, diferentemente da atividade humana, não procede da vontade consciente e intencionada. Ainda assim, a natureza como parte de um real que era racional, de acordo com Hegel, conformava-se à forma essencial da razão e manifestava uma ordem racional, um tipo de intencionalidade interior, exigindo somente o espírito para torná-la completa.

Mas foi aqui que a crítica de Feuerbach foi mais devastadora, uma vez que serviu para destacar esta bizarra filosofia da natureza, deixando o imperador nu. Foi precisamente em sua inabilidade para desenvolver um naturalismo genuíno e o modo improvisado com que ele tentou subsumir a natureza externa (concebida mecanicamente) à ideia absoluta, que a filosofia especulativa de Hegel – sua dialética – fracassou de forma mais espetacular (Cornu, 1957, p. 37-44).

Na visão de Marx, seguindo Feuerbach, é essencial postular a existência de um mundo objetivo e dos seres humanos como seres objetivos, ou seja, um realismo e naturalismo genuínos.

> Dizer que o homem é um ser *corpóreo*, vivo, real, sensível e objetivo, com poderes naturais, significa que ele tem *objetos reais e sensíveis* como os objetos de seu ser e de sua expressão vital, ou que ele só pode *expressar* sua vida em objetos reais e sensíveis [...]. A *fome* é uma *necessidade* natural; portanto, ela requer uma *natureza* e um *objeto* externo a si mesma para que possa se satisfazer e se apaziguar [...]. Um ser que não tem sua natureza fora de si mesmo não é um ser natural e não tem participação no sistema da natureza. (Marx, 1975, p. 390)

Para Marx, que naquele momento estava tentando desenvolver um naturalismo, um humanismo e um materialismo consistentes,

> O homem é diretamente um *ser natural* [...] equipado com *poderes naturais* [...]. Em contrapartida, como um ser natural, corpóreo, sensível e objetivo, ele é um ser *sofredor*, condicionado e limitado, como os animais e as plantas. Isso quer dizer que os *objetos* de seus impulsos existem fora dele como *objetos* independentes dele.

Não obstante, os seres humanos se distinguem das outras espécies vivas na medida em que esses objetos de seu impulso, ou seja, das necessidades humanas, são transformados no processo de sua realização em um modo distintivamente humano na história humana, que é a "verdadeira história natural" da humanidade. De fato, "apenas o naturalismo", afirma Marx, "é capaz de compreender o processo da história mundial" (Marx, 1975, p. 389-391). No contexto da sua crítica a Hegel, valendo-se do argumento materialista-humanista de Epicuro, no qual Epicuro afirma que "a morte não é nada para nós", Marx argumentou que "A *natureza*, [...] se considerada de modo abstrato, por si mesma, e fixa em sua separação do homem, não é *nada* para o homem". Nossas ideias sobre natureza consistem meramente de "*abstrações das formas naturais*" (Marx, 1975, p. 398-399).

O materialismo naturalista de Marx era evidente em sua argumentação de que "*a percepção* dos sentidos (vide Feuerbach) deve ser a base de toda a ciência. Somente quando a ciência parte da percepção dos sentidos na forma dual de consciência *sensível* e necessidade *sensível* – ou seja, somente quando a ciência parte da natureza – é ciência *real*". Não somente isso, mas a história era, para Marx, uma "parte real da história *natural* [...]. A ciência natural irá, com o tempo, subsumir a ciência do homem assim como a ciência do homem irá subsumir a ciência natural: haverá *uma* ciência". O realismo crítico de Marx seria encontrado em seu reconhecimento da objetividade da humanidade e do mundo (isso é, sua base ontológica), e seu reconhecimento da história natural e da história humana como interconectadas. "A ideia de *uma* base para a vida e outra para a *ciência* é, desde o início, uma mentira". A ciência natural, ele argumentou, serviu para transformar a relação humana com a natureza de uma forma prática ao alterar a própria indústria e, portanto, "preparou as condições para a emancipação humana, por mais que seus efeitos imediatos completariam o processo de desumanização" (Marx, 1975, p. 355).

Marx afirmava que Feuerbach deveria ser louvado por romper com o sistema hegeliano de três formas: primeiro, por mostrar que a filosofia especulativa hegeliana, em vez de superar o espiritualismo, ou seja, a teologia, em nome da filosofia, no fim simplesmente a restaurou; segundo, por fundar "o *verdadeiro materialismo* e a *ciência real* ao fazer da relação social de 'homem para homem' o princípio básico de sua teoria"; e, finalmente, por se opor à negação da negação de Hegel, que representava a ligação de "um positivismo acrítico com um idealismo igualmente acrítico" por meio daquilo que o próprio Hegel chamou de "revelação" – "a criação da natureza como o ser da mente" (Marx, 1975, p. 381-382, 385, 400).

Tendo se libertado completamente nesse sentido, via Feuerbach, do idealismo de Hegel – que apesar de seu próprio fascínio inicial pelo materialismo e de sua consistente oposição às concepções teológicas, havia exercido, não obstante, influência sobre ele –, Marx passou a rejeitar todas as soluções puramente filosóficas ao estranhamento. Ademais, na perspectiva de Marx, não era mais possível fingir transcender a divisão entre o objetivo e o não objetivo – uma questão que só apareceu quando a relação com o mundo foi colocada teoricamente em vez de sensitivamente, e em termos de prática. Os seres humanos eram, eles mesmos, seres objetivamente delimitados, sofredores, na medida em que encontravam seus objetos fora de si mesmos e eram finitos. A natureza não podia, portanto, ser vista antropocentricamente (ou espiritualmente) "como ser do espírito". Mas os seres humanos não eram simplesmente circunscritos pela natureza: como destacara Epicuro, eles eram capazes de transformar sua relação com ela por meio de suas invenções. A solução para a alienação dos seres humanos com relação à natureza, insistia Marx, seria descoberta somente no domínio da prática, na história humana. A autoalienação dos seres humanos tanto com relação aos seres humanos como espécie quanto com relação à natureza, que constituía grande parte da história humana, também encontrava sua resolução necessária, nessa mesma história humana, por meio da luta para transcender essa autoalienação humana.

Associação *versus* Economia Política

É nos *Manuscritos econômico-filosóficos* que Marx introduz pela primeira vez sua noção de "associação" ou de "produtores associados", uma ideia que ele deriva de sua crítica à propriedade fundiária e que teria um papel definitivo em sua concepção de comunismo pelo resto de sua vida. A abolição do monopólio da propriedade privada na terra, argumentava Marx, se realizaria por meio da "associação", a qual, "quando aplicada à terra",

> do ponto de vista econômico, mantém os benefícios das grandes propriedades fundiárias e efetiva pela primeira vez a tendência inerente na divisão da terra, a saber, a igualdade. Ao mesmo tempo, a associação restaura as ligações íntimas do homem com a terra de um modo racional, não mais mediada pela servidão, senhorio e uma mística imbecil da propriedade. Isso se deve ao fato de que a terra deixa de ser um objeto de escambo e, por meio

> do trabalho livre e do livre prazer, mais uma vez se torna uma propriedade autêntica e pessoal para o homem. (Marx, 1975, p. 320)

Os benefícios da agricultura em larga escala, argumentava Marx, sempre haviam sido associados, na apologética dos interesses fundiários, com a grande propriedade fundiária em si – "como se essas vantagens, por um lado, não fossem adquirir seu mais alto grau de desenvolvimento e, por outro, não se tornariam socialmente úteis pela primeira vez, tão logo a propriedade fosse abolida" (Marx, 1975, p. 320).

O comunismo, para Marx, nada mais era do que a abolição positiva da propriedade privada, por meio da associação. Tal comunismo positivo,

> como naturalismo plenamente desenvolvido, equivale ao humanismo e, como humanismo plenamente desenvolvido, equivale ao naturalismo; é a resolução *genuína* do conflito entre homem e natureza, e entre homem e homem, a verdadeira resolução do conflito entre existência e ser, entre liberdade e necessidade, entre indivíduo e espécie.

Essa essência humana da natureza e essência natural da humanidade existe somente para seres associados (plenamente sociais). A sociedade sob o comunismo, não mais alienada pela instituição da propriedade privada e pela acumulação de riqueza como a força motriz da indústria, "é, portanto, a unidade aperfeiçoada em essência do homem com a natureza, a autêntica ressurreição da natureza, o naturalismo realizado do homem e o humanismo realizado da natureza". É contrastada por Marx a um mundo da "prostituição universal do trabalhador" e da "poluição universal" das grandes cidades – um mundo onde a "matéria morta", na forma de dinheiro, veio a dominar as necessidades humanas e o autodesenvolvimento. O conhecimento revolucionário de um mundo para além do capitalismo, um mundo do "naturalismo realizado do homem e do humanismo realizado da natureza" – constituindo a essência do processo histórico – não se dá diretamente, de acordo com Marx, mas encontra "sua base tanto empírica quanto teórica no movimento [alienado] da *propriedade privada* ou, para ser mais exato, da economia". A visão naturalista e humanista de Marx é, portanto, ao mesmo tempo uma visão de transcendência histórica – a superação de um mundo alienado (Marx, 1975, p. 348-349).

Mais tarde em sua vida, Feuerbach, talvez sem Marx sabê-lo, seria um grande admirador d'*O capital*, ao qual Feuerbach se referiu em 1868 como "a grande crítica da Economia Política" de Marx. Ele estava particularmente impressionado com o que *O capital* de Marx tinha a dizer sobre a alienação da natureza. Para citar o próprio Feuerbach:

> Aonde as pessoas estão aglomeradas, como, na Inglaterra, nas fábricas e nas habitações dos trabalhadores, que poderiam muito bem ser chamadas de chiqueiros, onde não há sequer oxigênio suficiente circulando no ar – pode-se se referir aqui aos fatos incontestáveis da obra mais interessante, e ao mesmo tempo, horripilante e rica de Karl Marx: *O capital* – então [...] não há espaço para a moralidade [...] e a virtude é, no melhor dos casos, um monopólio dos donos das fábricas, dos capitalistas. (Feuerbach, citado em Wartofsky, 1977, p. 451-452)

Como Feuerbach nunca viu os *Manuscritos econômico-filosóficos* de Marx, ele não estava ciente, ao escrever isso, do quanto Marx já havia desenvolvido sua crítica da "poluição universal" das grandes cidades nos anos 1840, como uma consequência de seu encontro inicial com o materialismo naturalista de Feuerbach.

Ainda que Marx viesse a repudiar os aspectos contemplativos e a--históricos da filosofia de Feuerbach em seus trabalhos posteriores, o materialismo naturalístico de Feuerbach continuou a ressoar no interior do materialismo histórico maduro de Marx. Além disso, em Feuerbach, assim como em Epicuro, Marx encontrara uma crítica da religião que se tornaria uma parte integral da sua própria visão de mundo materialista em desenvolvimento.

3. PÁROCOS NATURALISTAS

Próximo ao fim de sua vida, em sua *Autobiografia*, Charles Darwin fez um reconhecimento surpreendente – a saber, de que a obra de William Paley, teólogo ultranaturalista dos séculos XVIII e XIX, havia sido uma das influências intelectuais mais importantes na condução de seu pensamento inicial. Em Cambridge, como requisito para seus exames de graduação, Darwin teve que ler *Evidências do cristianismo* (ao lado de *Princípios da filosofia moral e política*), de Paley, que ele praticamente decorou. A estrutura lógica das *Evidências* e o trabalho posterior de Paley, *Teologia natural*, Darwin relembra, "me proporcionou tanto prazer quanto Euclides [...] Naquele tempo eu não me preocupei com as premissas de Paley; e as tomando como verdade, eu estava encantado e convencido pela sua longa linha de argumentação" (Darwin, 1958, p. 59).

O que torna a afirmação de Darwin tão importante aqui é que foi a teologia natural de Paley, na época em que Darwin estava desenvolvendo sua própria teoria, o argumento mais influente do desígnio para a existência de Deus. O próprio desenvolvimento intelectual de Darwin, seu materialismo e a formação de sua perspectiva evolutiva podem, portanto, ser vistos, de forma considerável, como uma luta contra Paley. De fato, é assim que isso foi apresentado pelo próprio Darwin, que escreveu, em sua perspectiva madura, que "o velho argumento do desígnio na natureza, tal como apresentado por Paley, que antes parecia a mim tão conclusivo, fracassa, agora que a lei da seleção natural foi descoberta" (Darwin, 1958, p. 87). Mas se é verdade, como Darwin aqui reconhece, que a visão de Paley outrora lhe pareceu "conclusiva", então a sua própria obra pode ser prontamente vista como uma luta mais ou menos consciente contra uma visão de mundo idealista e teológica. De fato, os estudiosos de Darwin frequentemente caracterizaram sua revolução intelectual como uma tentativa de transcender Paley – ou, ao menos, refutá-lo (Gillispie, 1996. p. 219; La Vergata, 1985, p. 949; Gould, 1998, p. 296).

Tudo isso assume um significado mais concreto na biografia do próprio Darwin. Aqui é importante reconhecer que Darwin, pressionado por seu pai, inicialmente se via – uma vez que a carreira na medicina estava descartada – destinado ao clero (Darwin, 1958, p. 56-58). Isso não necessariamente entrava em conflito com seus estudos naturalistas, pois, naquela época era aceitável que o clero se engajasse em tais estudos como parte da tradição da teologia natural (comumente exercida por "párocos naturalistas"). Foi precisamente nessa área que a *Teologia natural: Ou evidências da existência e atributos da deidade, coletadas a partir de aparições na natureza* (1802), de Paley, foi proeminente.

É necessário enfatizar que o alcance da teologia natural nessa época se estendia para muito além dos temas da natureza e da teologia, abrangendo também o universo moral mais amplo do Estado e da economia. Assim, Thomas Malthus, um clérigo protestante e um dos primeiros economistas políticos clássicos – mais conhecido por seu *Ensaio sobre a população*, que teria um papel importante ao inspirar a teoria da seleção natural de Darwin –, fazia parte dessa mesma tradição de naturalismo clerical, adotando uma perspectiva em assuntos teológicos essencialmente baseados em Paley (enquanto Paley, por sua vez, adotou a teoria de população de Malthus em sua própria *Teologia natural*). Para Malthus, a Divindade Suprema "ordenou", por meio "dos benevolentes desígnios da Providência" que a população sempre tenderá a exercer pressão sobre os meios de subsistência (Malthus, 1970, p. 205).[1] Em 1834, o reverendo Thomas Chalmers, seguidor de Malthus, tentaria unir a teologia natural de Paley com a Economia

---

[1] (Todas as próximas citações ao *Ensaio da população* nessa edição farão referência a ela como *Primeiro ensaio*).

Política de Malthus no primeiro dos *Tratados de Bridgewater* – uma série de oito tratados financiados por um legado de Francis Henry Egerton, o oitavo conde de Bridgewater, que morreu em 1829, e que constituiu a maior tentativa sistemática do século XIX de criar uma teologia natural que dominasse todas as áreas do empreendimento intelectual.

Portanto, a grande inovação intelectual de Darwin pode ser vista contra o pano de fundo da teologia natural que a precedeu. Mas não somente a obra de Darwin. Karl Marx também emergiria como um forte crítico do naturalismo clerical de Thomas Malthus e Thomas Chalmers, e de toda a tentativa de inserir princípios teleológicos na natureza – e celebraria Darwin principalmente por seu triunfo sobre a visão teleológica da natureza.

Teologia natural

Se o Iluminismo e, mais especificamente, a Revolução Científica dos séculos XVII e XVIII tivessem desmantelado a velha visão de mundo escolástica, com sua perspectiva teleológica, baseada nas Escrituras e na antiga filosofia de Aristóteles, não se pode dizer que o Iluminismo foi inequivocamente antirreligioso ou materialista. Houve, ao mesmo tempo, tentativas poderosas de reestabelecer a religião dentro de uma perspectiva geral do Iluminismo – que, ao reconectar os mundos da natureza, ciência, religião, do Estado e da economia dentro de uma única teologia, também teve o efeito de reforçar o sistema estabelecido da propriedade e do poder. Pensadores como Boyle e Newton procuram fundir seu atomismo com uma visão de mundo teológica. No caso de Boyle, isso levou ao desenvolvimento de uma teologia natural manifesta em sua *Dissertação sobre as causas finais das coisas naturais* (1688). De fato, foi a tradição da teologia natural – proeminente nesse período na obra de John Ray e Boyle – que iria mais longe em reconectar a natureza, a ciência, a religião, o Estado e a economia, bem como ressuscitaria uma visão teleológica compatível com – se não um universo feudal – ao menos o sistema de propriedade fundiária e indústria que constituíram o capitalismo agrário inicial.

A teologia natural foi desenvolvida primeiramente por teólogos do final do século XVI e no século XVII para estabelecer a existência de Deus por meio do estudo da natureza (ainda que o argumento do desígnio em si remonte aos estoicos em sua resposta à crítica epicurista da religião – tal como descrito por Cícero na obra A natureza dos deuses). A definição de Bacon sobre o assunto em Progresso do conhecimento foi a seguinte: "A filosofia divina, ou teologia natural [...], é aquele conhecimento ou rudimento de conhecimento acerca de Deus que pode ser obtido pela contemplação de suas criaturas; conhecimento que deve ser verdadeiramente denominado divino com relação ao objeto, e natural com relação à luz", ou seja, a fonte de iluminação. No entanto, Bacon deixou pouco espaço em sua filosofia para a teologia natural. Em vez disso, ele advertiu contra todos os argumentos baseados em causas finais, ou teleologia, e elogiou os materialistas da Antiguidade que "removeram Deus e a Mente da estrutura das coisas" (Bacon, 1905, p. 91, 456, 471-472).

Não obstante, centenas de tratados de teologia natural foram escritos nos séculos XVII, XVIII e XIX, baseados nos mesmos argumentos teleológicos contra os quais Bacon havia alertado. Um dos principais naturalistas da Inglaterra no século XVII, e um dos primeiros párocos naturalistas, foi o reverendo John Ray (1627-1705), o autor de A sabedoria de deus manifestada nas obras da criação (1691), e um dos fundadores, ao lado de Boyle, da Royal Society de Londres, à qual Newton logo ingressaria. Ordenado em 1660, Ray nunca pôde assumir sua vocação de escolha, pois se recusou a assinar o juramento antipuritano exigido do clero sob Charles II. Em vez disso, ele seguiu seus estudos naturalísticos, ainda que sempre com o objetivo de demonstrar "a sabedoria de Deus como revelada pela criação". Em sua tentativa de descrever o que ele chamou de "sistema natural", Ray foi um precursor de Lineu, Paley e, até mesmo, de Darwin (Eiseley, 1958, p. 14-15; Greene, 1959, p. 1-3).

Porém, a Sabedoria de deus de Ray não apenas desenvolveu o naturalismo; foi também o tratado de teologia natural mais influente antes de Paley. O tratado de Ray começa com uma crítica às visões ateias e materialistas, focando particularmente no que ele chamou de "Hipótese Ateia de Epicuro e Demócrito". Ele argumentava veementemente contra a teoria de Epicuro da declinação do átomo (como apresentada por Lucrécio), e insistia, ao contrário, em que o curso turbulento dos átomos era incapaz de compor a estrutura ordenada do mundo natural, tal como nós o conhecemos. (Ray, que junto a seus colegas cientistas Robert Boyle e Isaac Newton foi convertido a uma espécie de atomismo, não rejeitava por completo a existência dos átomos, mas sim de qualquer materialismo integral que pudesse ser concebido como surgindo disso). "Deve ser então um assombro", escreveu Ray, "que haja qualquer Homem tão estúpido e desprovido de Razão para se convencer de que este Mundo tão belo e adornado fosse ou pudesse ser produzido pelo concurso fortuito dos Átomos" (Ray, 1699, p. 35-39, 41-49). Ray tampouco estava inclinado a aceitar as visões de Descartes que, influenciado pelos materialistas da Antiguidade, desenvolveu a noção de matéria e movimento separados dos fins – deixando para Deus somente o ato da criação original e o estabelecimento de algumas leis regentes (Greene, 1959, p. 8-10).

Para Ray, o desígnio da natureza era um sinal da providência de Deus. Na "multitude das espécies" (ele estimou que o número total de espécies no mundo fosse "possivelmente mais de 20.000"), bem como na variedade orgânica do que ele chamaria "Natureza plástica ou o Princípio Vital", é possível descobrir a complexidade do desígnio de Deus. Se Deus introduziu princípios subordinados, tais como uma natureza plástica ou uma alma vegetativa para guiar o desenvolvimento do mundo natural, esse vitalismo (espírito animado) era em si um sinal do papel ativo desempenhado pela espiritualidade divina. "Se as Obras da *Natureza* são melhores, mais exatas e perfeitas do que as Obras de *Arte*, e a *Arte* não causa nada sem Razão; também não se pode considerar que as Obras da *Natureza* sejam causadas sem Razão". Para Ray, essa era a razão do Arquiteto divino. Ao desenvolver esse argumento, Ray recorreu à teleologia, argumento das causas finais, explicações sobre o caráter elaborado da natureza em todos os aspectos: o ar estava lá para que os animais pudessem respirar; os vegetais e as plantas eram dotados de uma "Alma Vegetativa"; a postura ereta dos seres humanos foi expressamente designada para sustentar a cabeça. Para Ray, o fato de que a natureza foi designada poderia ser percebido a partir da analogia de um relógio. Da mesma forma como o relógio dava provas do seu criador, também a natureza dava provas do seu próprio criador supremo. Toda a imagem da natureza que Ray forneceu era a de um ser imutável baseado no projeto de Deus (Ray, 1699, p. 53, 81, 116, 257, 425).

Como John Greene escreveu em *A morte de Adão*, "[o] conceito de Natureza descrito nas páginas de Ray dominaria as questões da história natural pelos quase 200 anos seguintes. Com um caráter profundamente não revolucionário, constituiria o principal obstáculo para o surgimento de visões evolucionistas" (Greene, 1959, p. 5). A *Teologia natural* do arquidiácono Paley, que apareceu pouco mais de um século depois d'*A sabedoria de deus*, de Ray, tinha argumentos muito próximos deste, mas foi escrito de modo a refletir a atmosfera um tanto diferente do fim do século XVIII e início do século XIX. Assim, a obra de Paley soava como uma prova geométrica e derivou muito de sua relevância da fusão do utilitarismo do século XVIII com a teologia natural.

Não obstante, os argumentos eram similares aos de Ray. A mesma ênfase é encontrada no argumento do desígnio, por meio do qual Deus se manifestava nas obras de sua criação. Onde Ray se referiu a um relógio, Paley fez a analogia de um relógio de bolso e da noção de um Deus relojoeiro como fundamento de sua teologia natural. Para Paley, era óbvio para qualquer pessoa que não era possível que uma coisa tão habilmente elaborada como um relógio de bolso pudesse existir sem um criador, mas a natureza era muito mais maravilhosa e intrincada em seu mecanismo – então isso não seria verdade também para a natureza? Ele levou sua analogia do relógio de bolso tão longe no capítulo de abertura de sua *Teologia natural* que desenvolveu a imagem fantasiosa de um relógio de bolso que gera outros relógios de bolso – uma noção que supostamente leva a nada mais do que a "admiração pelo planejamento" e a "extraordinária habilidade do planejador" (Paley, 1803, p. 9).

Paley não se limitou à metáfora do relógio de bolso, mas discutiu em muitos detalhes alguns dos "artifícios" particulares da natureza e da providência, em que ele argumentou que o desígnio era evidente. Assim, ele deu grande ênfase às maravilhas do olho humano e à perfeição geométrica de uma colmeia de abelhas. Darwin, que ficou muito impressionado com essa parte do argumento de Paley, achou necessário discutir essas mesmas manifestações natural-históricas para refutar a visão teleológica da teologia natural.

Talvez o melhor exemplo da extensão extraordinária à qual Paley levou seu argumento em favor do desígnio seja encontrado em uma afirmação que ele fez sobre o comportamento instintivo de uma ave materna chocando seus ovos. "Eu nunca vi uma ave nesta situação", escreveu, "mas reconheço uma mão invisível, detendo a prisioneira satisfeita longe de seus campos e bosques". Aqui, Paley invoca a "mão invisível" de Adam Smith – mas esta era a mão de Deus (Paley, 1803, p. 344).[2]

Apesar de seu conhecimento detalhado das condições biológicas, a visão natural-teológica de Paley era estática e mecânica, divorciada de todas as noções de tempo, de *história* natural. A analogia do relógio de bolso de Paley se referia somente ao relógio como uma máquina que constituía a peça central em um argumento teleológico sobre a benevolência de Deus; era bastante irrelevante que os ponteiros se movessem – refletindo as transformações em curso e frequentemente irreversíveis na natureza em si. Não há nenhuma concepção sobre a flecha do tempo em sua análise. Foi precisamente por esta razão que *A origem das espécies*, de Darwin, eventualmente significaria a derrota da visão de universo do Deus relojoeiro de Paley.[3]

Teologia natural e Economia Política

A mistura do século XVIII do utilitarismo e da teologia natural de Paley, como desenvolvida em seus *Princípios da filosofia moral e política* (1785), defendia as relações de propriedade existentes até mesmo quando

---

[2] Ao comparar o uso que Paley fez da metáfora da "mão invisível" com a de Smith, Stephen Jay Gould argumentou que "os dois usos são diametralmente opostos. A mão invisível de Paley é a intenção explícita de Deus (ainda que Ele trabalhe, nesse caso, indiretamente por meio do instinto da ave e não por um impulso palpável). A mão invisível de Smith é a *impressão* de um poder maior que não existe de fato" (Gould, 1993, p. 150-151). Não obstante, é possível argumentar em contradição com Gould, que esses dois usos, um para o mercado e outro para Deus, estavam, em certo sentido, reforçando mutuamente aspectos da visão dominante e burguesa de sociedade. A perspectiva de Smith, embora não fosse aparentemente teleológica, tendia a reificar o mercado e dotá-lo de uma perfeição quase providencial. Não é por acidente que Malthus, um pároco protestante, viesse a simbolizar tanto a perspectiva religiosa severa da sociedade inglesa do século XIX quanto sua Economia Política, não menos severa. Em sua obra, as duas mãos invisíveis – a dupla teleologia de Smith e Paley – estavam igualmente presentes.

[3] Ver LeMahieu (1976, p. 177-181).

elas pareciam não naturais, arbitrárias e injustas. Tais direitos de propriedade, ele afirmava, mesmo que conferidos não pelo direito natural, mas pela autoridade civil, deveriam ser tratados como invioláveis, sem possibilidade de confisco, uma vez que eles deveriam ser vistos como provenientes "da designação dos céus". "O mundo", argumenta Paley, "está repleto de artifícios; e todos os artifícios que conhecemos são dirigidos a propósitos benéficos" – comprovando tanto o "desígnio" quanto a "benevolência divina". Escrevendo quatro anos antes da Revolução Francesa, em um tempo em que as relações de propriedade pareciam relativamente estáveis e a conveniência parecia sempre estar do lado dos proprietários, Paley insistia confiantemente que "Tudo o que for conveniente é certo" (Paley, 1867, p. 36-38, 44).

Nos *Princípios da filosofia moral e política* de Paley, há sinais de uma visão patriarcal da sociedade – de responsabilidade com os pobres – que mais tarde desapareceria de sua teologia natural. A felicidade geral da sociedade, ele argumentava nesse período, crescia com um crescimento da população. Ainda que a população fosse, em última instância, limitada pela oferta de alimentos e pela fertilidade da terra, havia naquele momento terra fértil em abundância para acomodar o aumento populacional. "O declínio populacional", escreveu, "é o pior mal que um Estado pode sofrer; e a melhoria disso, o objetivo a ser buscado em todos os países, em preferência a qualquer outro propósito político". Adicionalmente, nesses anos que precediam a Revolução Francesa, Paley ainda acreditava que algum grau de caridade pública era natural. Todas as coisas eram antes possuídas comunalmente dentre os "cristãos primitivos", ele argumentava, mas havia razões para a divisão da propriedade dentre a humanidade – necessário para o desenvolvimento de uma grande e diversa comunidade – que era "ratificada" por Deus. No entanto, o "Proprietário Supremo" somente consentira com tal separação da propriedade com base em que cada pessoa tivesse provisões suficientes para viver. Era aqui, Paley insistia, que seriam encontradas as bases natural-teológicas da caridade pública: a necessidade dos indigentes estarem livres do sofrimento absoluto – da indigência e angústia – em conformidade com a vontade de Deus (Paley, 1867, p. 99-103, 278).

Contudo, as visões de Paley a esse respeito mudariam drasticamente quando ele escreveu a sua *Teologia natural*. No final do século XVIII e início do XIX a questão da população se tornou a especialidade peculiar do naturalismo clerical, que desse modo penetrou no discurso da Economia Política clássica. Em 1798, uma obra anônima foi publicada na Inglaterra com o título *Um ensaio sobre o princípio de como a população afeta a futura melhoria da sociedade; com observações sobre as especulações do sr. Godwin, M. Condorcet e outros escritores*. Tratava-se de um pequeno volume mal impresso, em octavo, de 396 páginas, contendo aproximadamente 50 mil palavras. Essa obra anônima, como indica seu título, tinha como principal objetivo contestar as ideias de pensadores influentes como William Godwin, na Inglaterra, e o Marquês de Condorcet, na França, os quais haviam argumentado, no espírito geral do Iluminismo, e em resposta à Revolução Francesa, que o progresso humano sem fim era possível. Em contraste, o autor do ensaio anônimo desenvolvia a sombria opinião de que o princípio mais fundamental que guiava a sociedade humana, governando as perspectivas para o seu aperfeiçoamento futuro, era o "princípio da população," segundo o qual a população humana, se não houvesse nenhum tipo de restrição, tenderia a crescer em progressão geométrica (1, 2, 4, 8, 16 e assim por diante), enquanto a oferta de alimentos tenderia a crescer somente em progressão aritmética (1, 2, 3, 4, 5 e assim por diante). Já que o crescimento populacional nunca poderia exceder por muito tempo o crescimento da produção de alimentos, determinadas limitações naturais sobre o crescimento da população seriam necessários para manter um equilíbrio entre população e os meios de subsistência. Mas todas essas limitações naturais, enfatizava-se, eram reduzidas à miséria ou ao vício e, portanto, constituíam uma barreira intransponível para o aperfeiçoamento indefinido da sociedade e para todos os esquemas felizes promulgados pelos otimistas do Iluminismo.

Impressionado com esse tratado, Paley concluiria sua *Teologia natural* advertindo que "[a] humanidade, em todos os países", sempre "*se reproduzirá* até certo ponto de sofrimento", que era parte do desígnio imposto pela Divindade. Consequentemente, "a população naturalmente persegue o aperfeiçoamento". "Entretanto, tais limites, se é que se pode falar deles, se aplicam", insistia, "somente às provisões para as necessidades animais", enquanto as necessidades morais são passíveis de satisfação ilimitada (Paley, 1803, p. 539-542).

O autor anônimo do *Ensaio sobre a população*, que teve tal impacto em Paley, não era ninguém menos do que Thomas Robert Malthus (1766-1834). Quando escreveu a primeira versão de seu *Ensaio*, Malthus era um cura inglês de 32 anos. Ele viria a se tornar, mais tarde, um dos principais economistas políticos clássicos. Malthus vinha de uma família abastada e foi educado na Universidade de Cambridge. Seu pai, David Malthus, era amigo tanto de David Hume quanto amigo e seguidor de Jean-Jacques Rousseau. Foi como resultado de uma discussão informal com seu pai sobre a obra do iluminista utópico inglês William Godwin que Malthus começou a desenvolver a ideia para seu ensaio sobre população.

Após alguns anos como cura na região rural, Malthus foi nomeado, em 1805, docente da universidade da Companhia das Índias Ocidentais, em Haileybury, onde ocupou a primeira cátedra inglesa em Economia Política – posto que manteve até sua morte, em 1834. Ele ficou conhecido, em vida, não somente pelo seu *Ensaio sobre o princípio da população*, que teve seis edições, mas também por seus *Princípios da Economia Política*, publicado em 1820.

Ainda que o *Ensaio sobre a população* de Malthus fosse uma obra de Economia Política, foi igualmente um produto de seu naturalismo clerical. Adotando o ponto de vista da teologia natural, Malthus insistiu que "nós devemos raciocinar a partir da natureza para chegar à natureza de Deus, e não ousar raciocinar a partir de Deus para a natureza". O Ser Supremo, por meio dos "desígnios benevolentes da Providência [...] ordenou que a população deveria crescer mais rápido do que o alimento" – uma lei geral que, segundo ele, produzia um "mal parcial", mas "um bem que se sobressai", na medida em que obrigava um esforço maior na forma de trabalho humano para se obter os meios de alcançar a subsistência. Mesmo a desigualdade e o sofrimento humanos poderiam ser justificados com base em que "um curso uniforme de prosperidade mais degradaria do que exaltaria o caráter" (Malthus, 1970, p. 201-212). Assim, a privação despertava "virtudes cristãs". De fato, Malthus acreditava que havia todos os motivos para se adaptar ao "elevado propósito da criação", em vez de interferir nele,como demonstrado pelo princípio da população. O chefe de família empobrecido que escolhera se casar sem ter os meios de sustentar uma família, ele insistia,

> deveria ser ensinado que as leis da natureza, que são as leis de Deus, condenaram-no, bem como a sua família, a passar fome por desobedecer a suas repetidas advertências; que ele não tinha direito a reivindicar da sociedade sequer a mais ínfima porção de alimento, além daquela que seu trabalho poderia comprar de forma justa. (Malthus, 1989, v. 2, p.140-241)

Malthus frequentemente respaldava tais duras advertências com referências a Deus. Não obstante, ele procurou a todos os momentos – em conformidade com a teologia natural – demonstrar primeiro que tais princípios, tal como ele havia indicado, eram leis da natureza, que somente deveriam ser interpretadas depois de demonstrada a conveniência natural que havia por trás delas, como reflexo das "ordens expressas de Deus" – a intenção benigna do Criador em promover a felicidade geral. Malthus sempre baseou sua filosofia ética na visão de utilitarismo de Paley, que argumentava que a virtude estaria em obter dos materiais da natureza oferecidos pelo Criador a maior felicidade do maior número de pessoas (Malthus, 1989, Vol. 2, p. 101-105; Stephen, 1900, v. 2, p. 156).

Desde o início, o *Ensaio* de Malthus teve, assim, uma intenção muito polêmica derivada da teologia natural. A natureza de seu argumento – seu propósito polêmico preciso –, no entanto, mudou nas edições posteriores de sua obra. O *Ensaio sobre população* passou por seis edições ao longo da vida de Malthus (1798, 1803, 1806, 1807, 1817 e 1826). A edição de 1803 era quase quatro vezes maior do que a primeira edição, ao mesmo tempo que excluía grandes partes desta. Também tinha um novo título, e representou uma mudança no argumento. Portanto era, na realidade, um livro novo. Nas edições subsequentes, depois de 1803, as transformações no texto foram relativamente menores. Consequentemente, a edição de 1798 de seu tratado é comumente conhecida como o *Primeiro ensaio* sobre população, e a edição de 1803 (ao lado das edições de 1806, 1807, 1817 e 1826) é conhecida como o *Segundo ensaio*. Para compreender o argumento geral de Malthus, é necessário ver como seu posicionamento mudou do *Primeiro* para o *Segundo ensaio*.

O *Primeiro ensaio*

O título completo do *Primeiro ensaio*, como vimos, era *Um ensaio sobre o princípio de como a população afeta a futura melhoria da sociedade; com observações sobre as especulações do Sr. Godwin, M. Condorcet e outros escritores*. Como indica o título, era uma tentativa de intervir em um debate sobre a questão do aperfeiçoamento futuro da sociedade. A controvérsia específica em questão remonta à publicação, em 1761, de uma obra intitulada *Vários prospectos da humanidade, natureza e providência*, de Robert Wallace, um pastor de Edimburgo. Em seus primeiros escritos, Wallace havia demonstrado que a população humana, se não houvesse nenhum tipo de restrição, tenderia a crescer exponencialmente, dobrando a cada poucas décadas. Nos *Vários prospectos*, ele argumentaria que embora fosse possível a criação de um "governo perfeito", organizado em bases igualitárias, ele seria, no melhor dos casos, temporário, já que sob tais circunstâncias "a humanidade aumentaria tão prodigiosamente que a Terra ficaria, por fim, lotada e se tornaria incapaz de sustentar seus numerosos habitantes". Eventualmente, chegaria um tempo "em que nosso globo, pela cultura mais diligente, não poderia produzir o suficiente para nutrir seus numerosos habitantes". Wallace concluiu que seria preferível que os vícios humanos, ao reduzir as pressões populacionais, evitassem o surgimento de um governo incompatível com as "circunstâncias da Humanidade sobre a Terra" (Wallace, 1761, p. 107, 114-117, 125).

O principal oponente do argumento de Wallace foi o radical inglês William Godwin (1756-1836), que enunciou um argumento utópico iluminista para uma sociedade mais igualitária em sua *Investigação sobre a justiça política e sua influência na moral e na felicidade*. Publicado pela primeira vez em 1793, foi seguido por uma segunda edição em 1796 e uma terceira edição em 1798. Em resposta a Wallace, que afirmara que a população excessiva por fim seria o resultado de qualquer governo perfeito, Godwin defendeu que a população humana sempre tendia ao equilíbrio com os seus meios de subsistência, de modo que a população, "no curso normal das coisas, talvez nunca aumentará muito, para além da aptidão de subsistência". Para Godwin, a população tendia a ser regulada na sociedade humana de acordo com as condições de riqueza e salários. "É impossível, onde o preço do trabalho é muito reduzido e um aumento de população ameaça uma redução ainda maior, que os homens não sejam consideravelmente influenciados pelo medo, no que se refere a um casamento precoce e uma família numerosa". Ele prosseguia observando que havia

> vários métodos por meio dos quais se poderia restringir a população; por meio do enjeitamento de crianças, como faziam os antigos e como se faz na China; por meio do ato de obter o aborto, como se diz que subsiste na ilha de Ceilão [...] ou, por último, por meio de uma abstinência sistemática como deve se supor, em algum grau, prevalecer nos monastérios de um ou outro sexo.

Mas mesmo sem tais práticas e instituições extremas, "o estímulo ou desestímulo que surge do estado geral de uma comunidade", insistia Godwin, "provavelmente será revelado como sendo todo-poderoso em sua operação" (Godwin, 1946, v. 2, p. 515-518).

Se, no entanto, não fosse o caso, como Godwin acreditava firmemente, de que o crescimento populacional tende a ser regulado pelos meios de subsistência, e sempre se mantém em equilíbrio com eles, os problemas levantados por Wallace somente existiriam a "uma grande distância", já que "três quartos do globo habitável estão agora não cultivados". Ademais,

> os aperfeiçoamentos a serem feitos no cultivo, e os acréscimos que a Terra é capaz de receber no quesito da produtividade, não podem, ainda, ser reduzidos a quaisquer limites de cálculo [...]. O próprio globo que nós habitamos, e o sistema solar, podem, até onde sabemos, estar sujeitos à decadência.

Para Godwin, era mais racional, sob estas circunstâncias, fazer o que fosse possível para melhorar as condições da sociedade humana e promover a igualdade e a justiça, com a esperança de que os remédios (alguns dos quais sequer poderiam ser concebidos naquela época) estivessem disponíveis a tempo para sua aplicação prática – para enfrentar tais eventualidades distantes, como a lotação da Terra com habitantes humanos ou quaisquer outros prospectos apocalípticos imagináveis, como a decadência do globo (Godwin, 1946, v. 2, p. 518).

Uma posição parecida foi adotada pelo marquês de Condorcet (1743-1794), em sua grande obra publicada pela primeira vez em 1794, intitulada *Esboço para uma descrição histórica do progresso da mente humana*. Condorcet perguntava, em sua contemplação sobre o futuro da humanidade,

> Não [...] chegará um momento em que o número de pessoas no mundo finalmente excederá os meios de subsistência, que terá como consequência uma diminuição contínua da felicidade e da população, um verdadeiro retrocesso ou, no melhor dos casos, uma oscilação entre o bem e o mal? Nas sociedades que chegaram nesse estágio, não será essa oscilação uma fonte perene de desastre mais ou menos periódico? Não mostrará que se chegou a um ponto além do qual qualquer melhoria adicional é impossível? (Condorcet, 1955, p. 188)

A resposta de Condorcet para essa questão foi: "É impossível se pronunciar sobre a possibilidade de um evento que ocorrerá somente quando a espécie humana necessariamente terá adquirido um grau de conhecimento que nós nem suspeitamos". Era de se esperar que "o progresso da razão terá mantido o mesmo ritmo que o da ciência" e, portanto, se "o limite" aos meios de subsistência da Terra haveria "de chegar um dia, não se segue disso nada minimamente alarmante no que tange à felicidade da raça humana ou sua perfectibilidade indefinida". Conforme os seres humanos passam a saber que eles "têm um dever em relação àqueles que ainda não nasceram", eles regularão a população humana adequadamente, "em vez de sobrecarregar o mundo de modo tolo com seres inúteis e miseráveis" (Condorcet, 1955, p. 188-189).

O ensaio de Malthus de 1798 foi dedicado a contestar esses argumentos elaborados por Godwin e Condorcet, e a demonstrar que o princípio da população era um obstáculo à própria realização de uma sociedade mais igualitária. Ao fazê-lo, ele adotou uma postura muito mais extrema que aquela anterior que Wallace tornou conhecida. Embora este somente tivesse afirmado que o crescimento populacional deve eventualmente ser restringido pelos limites da Terra como um todo, Malthus insistiu que as restrições à população eram *sempre* necessárias, tomando a forma de "uma restrição forte e em constante operação", uma vez que o princípio da população não tratava dos limites últimos da Terra, mas sim dos limites mais imediatos da subsistência (alimento) (Malthus, 1970, p. 71). Como Godwin, Malthus argumentou que havia uma tendência ao equilíbrio entre população e os meios de subsistência. Não obstante, ele argumentava que a população tendia naturalmente, quando não havia nenhum tipo de restrição, a aumentar em uma progressão geométrica, enquanto a oferta de alimentos aumentava, na melhor das hipóteses, em uma progressão aritmética.

Sob tais circunstâncias, a atenção deveria ser dada às restrições de fato que garantiam que a população se mantivesse em equilíbrio (afora pequenas flutuações) com os meios de subsistência limitados. Tais restrições, argumentava Malthus, estavam todas associadas ao vício e à miséria, assumindo formas como a promiscuidade antes do casamento, que limitava a fecundidade (uma premissa comum no tempo de Malthus), doenças, pragas – e, em última instância, caso todas as demais restrições falhassem, o temido flagelo da fome. Para ele, qualquer melhoria futura da sociedade, como imaginada por pensadores como Godwin e Condorcet, era impossível, uma vez que tais vício e miséria eram necessários em todo momento para manter a população alinhada à subsistência. "O argumento principal deste *Ensaio*", escreveu Malthus – em uma passagem que depois seria ressaltada por Marx em seus trechos sobre a obra do autor – "somente prova a necessidade de uma classe de proprietários e uma classe de trabalhadores" (Malthus, 1970, p. 177; Marx; Engels, 1991, p. 229).

O próprio Malthus não usou o termo "superpopulação" ao desenvolver seu argumento – ainda que seus críticos o tenham utilizado desde o princípio.[4] As restrições naturais sobre a população eram tão efetivas, na perspectiva de Malthus no final do século XVIII, que a superpopulação, no sentido da lotação final do globo com habitantes humanos, não era a coisa a ser temida. O problema de uma "população sobrecarregada" existia não a "uma grande distância" (como dissera Godwin), mas, em vez disso, estava *sempre* em vigor, mesmo em um tempo em que a maior parte da Terra não estava cultivada (Malthus, 1970, p. 120, 134). Em resposta a Condorcet, Malthus escreveu:

> M. Condorcet pensa que isso [a chegada de um período em que a população mundial alcançou os limites da subsistência] não pode ser possivelmente aplicável, se não em uma era extremamente distante. Se a proporção entre o aumento natural da população e do alimento de meu conhecimento estiver em algum grau próximo à verdade, aparecerá, ao contrário, que o período em que o número de homens ultrapassa seus meios de subsistência [nas edições posteriores, esta passagem foi alterada para 'meios fáceis de

---

[4] Malthus era muito consistente em evitar referências à superpopulação da Terra no sentido moderno, até mesmo corrigindo aquelas poucas passagens em sua obra em que ele, inadvertidamente, deixou a impressão de que a população humana tinha ultrapassado os meios de subsistência, mudando para "meios fáceis de subsistência". Ver Cannan (1917, p. 108).

subsistência'] já chegou há muito tempo, e que esta oscilação necessária, esta causa subsistente constante da miséria periódica, existe desde que nós temos alguma história da humanidade, existe no presente e continuará a existir para sempre, ao menos que aconteça alguma mudança decisiva na constituição física da nossa natureza. (Malthus, 1970, p. 124)

Na edição de 1803 de sua obra sobre a população, ele adicionou:

Outras pessoas além do Sr. Godwin imaginaram que eu olhei para certos períodos no futuro quando a população excederia os meios de subsistência em um grau muito mais elevado do que no presente, e que os males que surgem do princípio da população eram mais imaginários do que reais; mas esta é uma interpretação completamente errônea do argumento. (Malthus, 1989, v. 1, p. 329)

Em vez de basear seu argumento na noção de que o crescimento populacional e a produção sobrecarregariam a capacidade de carga da Terra, Malthus na verdade insistia que "Não há quaisquer limites colocados para as produções da Terra; elas podem aumentar para sempre e podem ser maiores do que qualquer quantidade que se possa atribuir" (Malthus, 1970, p. 76). Em sua análise, a questão não era o problema da capacidade de carga como tal (como interpretações posteriores de sua doutrina afirmaram de forma errada), mas simplesmente a progressão natural de crescimento da população com relação à progressão natural do crescimento da subsistência. E já que a primeira era, em última instância, forçada a se conformar à última, apesar de seu caráter de "sobrecarregamento", isso somente poderia indicar a necessidade legítima das várias restrições naturais sobre a população humana associadas com a miséria e o vício.

O crescimento populacional relativamente baixo ou estagnado foi considerado por Malthus como um sinal de pressão populacional sobre os meios de subsistência; enquanto um crescimento populacional elevado era um sinal de que um país estaria subpovoado. "Ao examinar os principais Estados da Europa moderna", ele escreveu, "veremos que apesar de suas populações terem crescido muito consideravelmente desde que eram nações de pastores, seu progresso atual é lento e, em vez de dobrar seus números a cada 25 anos, eles necessitam 300 ou 400 anos, ou mais, para esse objetivo" (Malthus, 1970, p. 89). Nos termos de Malthus, nada mais demonstrava tão claramente a realidade de uma população que havia alcançado os limites de subsistência.

Malthus concordava com a visão dominante, expressa por Godwin, Condorcet e outros, de que a população sempre permaneceu basicamente em equilíbrio com os meios de subsistência. No entanto, o que esses pensadores anteriores não conseguiram reconhecer, ele argumentava, foi 1) a *desproporção* que existiu constantemente entre uma "população sobrecarregada" que crescia naturalmente, se não houvesse nenhum tipo de restrição, em uma progressão geométrica, dobrando de modo tão frequente quanto a cada 25 anos, e o crescimento mais limitado nos meios de subsistência, que somente crescia em uma progressão aritmética, na melhor das hipóteses; e, 2) o *mecanismo* pelo qual um equilíbrio entre crescimento populacional e o crescimento dos meios de subsistência deve ser alcançado sob essas circunstâncias – a existência do vício e da miséria como restrições necessárias da progressão do crescimento populacional.

Mas foi precisamente com relação à coerência lógica desses dois pontos em que repousava a contribuição distinta de Malthus que ele enfrentou problemas. Nunca houve qualquer questionamento sobre a possibilidade de a população humana crescer em progressão geométrica. Este ponto havia sido empiricamente demonstrado antes de Malthus escrever seu ensaio. A contribuição original de Malthus no que toca às progressões com que se poderia esperar que a população e o alimento crescessem estava, portanto, inteiramente restrita à sua argumentação de que a oferta de alimentos poderia aumentar somente em uma progressão aritmética. Mas a base para essa argumentação era extremamente frágil desde o início. Malthus simplesmente argumentou que a população na América do Norte havia dobrado em 25 anos e que não se poderia esperar que a oferta de alimentos crescesse em nada próximo dessa progressão. Mas deduzir disso, como ele pareceu fazer, a noção de que o alimento não podia crescer em um ritmo maior do que uma progressão aritmética era uma falácia. Como destacou Edwin Cannan, mesmo se o crescimento na oferta de alimentos fosse tal que somente dobraria a cada 50 mil anos, ainda se poderia falar num crescimento em progressão geométrica. Ao dizer que os meios de subsistência só poderiam crescer em progressão aritmética, Malthus estava, de fato, dizendo que os acréscimos periódicos à produção agrícola média anual nunca poderiam ser aumentados (Cannan, 1917, p. 112).

Na realidade, o argumento de Malthus envolvia um truque de pres-tidigitação. Após introduzir seu axioma sobre os meios de subsistência ao assumir, por uma questão argumentativa, que o alimento somente poderia crescer em uma quantidade fixa – uma proposição que parecia mais razoável já que ele estabeleceu o nível máximo dessa quantidade fixa como sendo igual à quantidade total de alimento produzido na-quele momento –, ele então tratou isso como uma conclusão imutável sem nenhuma evidência adicional. Isso, então, tornou-se a base de uma contradição intransponível entre uma taxa de crescimento populacional exponencial (no caso de não haver nenhum tipo de restrição) e uma oferta de alimento que jamais se poderia esperar que crescesse a uma taxa exponencial. Desnecessário dizer que os próprios dados empíricos de Malthus não sustentavam esse axioma. Assim, ao analisar o rápido crescimento populacional na América do Norte, que aumentara geome-tricamente, ele foi forçado a apontar para números que indicavam que a oferta de alimento havia crescido geometricamente também. Diante dessa contradição óbvia, ele poderia simplesmente argumentar (utilizan-do a metáfora de um reservatório) que os habitantes estavam gastando um recurso fixo e que, por fim, essas reservas se esgotariam e o cresci-mento populacional teria de se conformar ao aumento real da oferta de alimentos. Mas admitir isso seria assumir uma posição que estava mais próxima àquela de Wallace e de Godwin (que haviam argumentado que os limites não estariam plenamente vigentes até que toda a Terra estivesse sendo cultivada), ao contrário da posição que o próprio Malthus havia se proposto estabelecer (Malthus, 1970, p. 106).

Em suma, Malthus não possuía nenhuma evidência para sustentar o que Marx chamaria de sua única ideia original em sua teoria sobre a população: a razão aritmética. Ele simplesmente a defendeu baseado na convicção que ela se ajustava ao que, ele alegava, qualquer observador informado sobre o estado da agricultura se veria obrigado a admitir (uma opinião que foi imediatamente criticada pelo economista político, agrônomo e agricultor escocês James Anderson, uma das principais autoridades sobre agricultura daquela época). De fato, se havia alguma base para a razão aritmética de Malthus, ela seria encontrada em sua compreensão pré-darwiniana do mundo natural (representada em sua época pela obra de pensadores como Carolus Linnaeus e William Paley), que assumia que havia apenas um espaço limitado para o "aperfeiçoamento" de espécies de plantas e animais (Malthus, 1970, p. 129; 1989, v. 1, p. 312-313; Eiseley, 1958, p. 332).

Mais tarde, é verdade, se tornou comum ver a assim chamada "lei dos rendimentos decrescentes da terra" da economia clássica como a base para a razão aritmética de Malthus. Mas aquela teoria – fora da obra de James Anderson, um dos adversários mais imponentes de Malthus – não existia, nem mesmo de forma incipiente, antes do final das guerras napoleônicas e não aparece, salvo em vagas sugestões com relação às visões de Anderson, em nenhuma das seis edições do *Ensaio* de Malthus. Portanto, essa lei não pode ser vista como o fundamento do argumento de Malthus. Como observaria o grande economista conservador e historiador do pensamento econômico, Joseph Schumpeter, "A 'lei' dos rendimentos decrescentes da terra [...] estava completamente ausente do *Ensaio* de Malthus" (Schumpeter, 1954, p. 581).

Foi somente na obra final de Malthus sobre população publicada próximo ao fim de sua vida, em 1830 – conhecida como *Uma visão resumida sobre o princípio da população* – que essa contradição é, em parte, removida e a análise passa a se basear nos presumidos rendimentos decrescentes da terra. Mas aqui Malthus se excede, argumentando que, uma vez que todas as terras de melhor qualidade fossem cultivadas,

> a taxa de crescimento do alimento certamente teria maior semelhança com uma razão geométrica decrescente do que com crescente. O incremento anual de alimento teria, em qualquer caso, uma tendência constante a diminuir, e a quantidade de aumento de cada década sucessiva seria provavelmente inferior do que a da década anterior. (Malthus, 1989, p. 239)

Aqui é importante compreender que o *Ensaio sobre a população* de Malthus apareceu mais ou menos quatro décadas antes do surgimento da ciência moderna do solo, com a obra de Justus von Liebig e outros. Consequentemente, ao lado de seu grande contemporâneo David Ricardo, Malthus considerava que a fertilidade do solo estava sujeita apenas a um aperfeiçoamento muito restrito. A degradação do solo tampouco era uma questão, como argumentaria Marx mais tarde, seguindo Liebig. Para Malthus, as propriedades do solo não estavam sujeitas à transformação histórica, mas eram simplesmente "dádivas da natureza para o homem" e, como disse Ricardo, "indestrutíveis". Tampouco haveria limites naturais na área de matérias-primas. Em vez disso, Malthus argumentou que as matérias-primas, ao contrário dos alimentos, "são abundantes", e "a demanda [...] não deixará de criá-las em tanta quantidade quanto forem desejadas" (Malthus, 1970, p. 185; Ricardo, 1951, p. 67; Malthus, 1970, p. 100).

O fato de Malthus não ter oferecido nenhuma base para sua razão aritmética, bem como o reconhecimento que ele se viu obrigado a fazer no curso de sua argumentação de que havia ocasiões nas quais o alimento havia crescido geometricamente para se equiparar a um crescimento geométrico na população (como ocorreu na América do Norte) – desse modo, falsificando sua própria tese – não foram ignorados pelos seus críticos contemporâneos, que foram impiedosos nas denúncias contra sua doutrina. No *Segundo Ensaio* (edição de 1806), Malthus, portanto, recorreu à pura linguagem pretensiosa em vez de argumento. Como ele coloca,

> Dizem que eu escrevi um volume em *quarto* para provar que a população aumenta em razão geométrica e o alimento, em razão aritmética; mas isto não é completamente verdade. A primeira dessas proposições eu considerei como comprovada no momento em que o crescimento na América foi relatado, e a segunda proposição, tão logo foi enunciada. (Malthus, 1989, v. 2, p. 212)

Como respondeu um de seus críticos contemporâneos, "estas frases, se elas significam alguma coisa, devem significar que a razão geométrica foi admitida a partir de provas muito fracas, e a razão aritmética foi afirmada sem evidência nenhuma" (Ravenstone, 1951, p. 224).

A alegação de Malthus de que todas as restrições à tendência natural ao crescimento populacional se reduziriam ao vício e à miséria era igualmente questionável tanto nas bases lógicas quanto empíricas. Malthus havia usado – talvez com a intenção de minimizar uma ruptura lógica em seu argumento – dois esquemas diferentes para descrever as restrições à população. Em seu esquema mais neutro, ele escreveu sobre limitações "preventivas" e "positivas" sobre a população. As limitações preventivas geralmente atuavam ao restringir os nascimentos, e as positivas, ao aumentar as mortes. Sob as limitações preventivas, Malthus insinuou a possibilidade de restrição moral, que, entretanto, ele considerou ser aplicável somente às classes mais altas; enquanto sob as limitações positivas, ele se referiu aos efeitos da pobreza e o que ele chamou de uma existência "da mão para a boca", que ele pensava se aplicar quase que exclusivamente às classes mais pobres. Ele prosseguiu argumentando, entretanto, que essas restrições eram, por sua vez, reduzíveis ao seu segundo esquema, isto é, restrições que surgiam do vício e da miséria (o primeiro sendo sobretudo associado à limitação preventiva e a segunda, sobretudo à limitação positiva) (Malthus, 1970, p. 89, 98).

É preciso notar que Malthus não especifica o que ele considera como "vício", ou como isso constituiria uma limitação preventiva, mas ele diz que as restrições sobre o casamento "são muito conspícuas nos consequentes vícios que são produzidos em quase todas as partes do mundo, vícios que continuamente envolvem ambos os sexos em uma infelicidade inextricável". Ademais, ele menciona os "costumes viciosos com relação às mulheres" como constitutivos de tal vício (ao lado do crescimento das grandes cidades, luxúria e as "fábricas insalubres"). Mais tarde ele critica Condorcet por aludir "ou a um concubinato promíscuo, que impediria a reprodução, ou a alguma outra coisa tão antinatural" no que toca à adaptação da moral em torno das relações sexuais e a prevenção da natalidade (Malthus, 1970, p. 81, 92, 103, 124). No seu *Segundo ensaio*, Malthus faz referência a um "licencioso espírito de rapina" no que toca às "tribos nômades" submetidas à Rússia como constitutivo de uma limitação preventiva do crescimento populacional. Ele também aponta para "conexões irregulares com mulheres" ou "relações sexuais ilícitas entre os sexos" como formas de vício associadas com as restrições preventivas sobre a população; ao mesmo tempo ele alude às "relações sexuais promíscuas a tal ponto de evitar o nascimento de crianças" (Malthus, 1989, v. 1, p. 17-19, 81; v. 2, p. 97). De tudo isso, poderia-se supor que Malthus se prendia à crença característica do século XVIII – explicitamente manifestada por Godwin – de que "as próprias relações sexuais promíscuas entre os sexos" constituíam uma restrição preventiva sobre a população (Godwin, 1946, v. 2, p. 517). John Avery destacou, com relação a Condorcet, que "provavelmente esta crença era baseada na observação, uma vez que o que hoje são consideradas doenças venéreas de menor importância, frequentemente, causavam esterilidade no tempo de Condorcet" (Avery, 1997, p. 11).

O vício também poderia gerar miséria, levando ao aumento da mortalidade. Mas o vício que levava à miséria deveria ser distinguido da miséria propriamente dita, no sentido de que era a consequência de atitudes viciosas. "Os vícios da humanidade", Malthus argumenta,

> são ministros ativos e capazes do despovoamento. Eles são os precursores no grande exército da destruição; e, frequentemente, concluem, eles mesmos, a terrível obra. Mas, caso falhem nessa guerra de extermínio, períodos de enfermidade, epidemias, peste e praga avançam de forma terrífica e varrem seus milhares e dezenas de milhares. Se o sucesso ainda for incompleto, a gigantesca e inevitável fome está à espreita e, com um golpe poderoso, nivela a população ao alimento do mundo. (Malthus, 1970, p. 118-119)

Mais importante do que os simples vícios dentre as "causas do despovoamento", para Malthus, portanto, era a "lei excruciante da necessidade, da miséria e do medo da miséria", que recaía desproporcionalmente sobre os pobres. E se a guerra, os períodos de enfermidade, as epidemias e a praga – todos estimulados pela escassez de alimentos e superlotação – falhassem em realizar o trabalho, "a fome parece ser o último, o mais terrível, recurso da natureza" (Malthus, 1970, p. 118, 133).

No seu debate sobre aquelas restrições positivas que eram geralmente reduzidas à miséria, Malthus afirmava que isso era, de fato, um resultado natural da pobreza e que interferir nisso de algum modo, como no caso da Lei dos Pobres da Inglaterra, era atrair desastres maiores, como a fome e o rebaixamento da condição das classes mais altas. "Nem todos podem compartilhar da mesma maneira as recompensas da natureza", ele escreveu. Assim, "parecia que das inevitáveis leis de nossa natureza, alguns seres humanos devem sofrer de necessidade. Estas são as pessoas infelizes que, na grande loteria da vida, não marcaram nenhum ponto" (Malthus, 1970, p. 134, 143).

A miséria, já que era uma restrição vital sobre uma população sobrecarregada, era tanto necessária quanto inevitável. Tudo o que restava foi criticar aqueles indivíduos, sem dúvida bem intencionados mas equivocados, que não reconhecem isso. As Leis dos Pobres da Inglaterra, "embora possam ter aliviado um pouco a intensidade da desgraça individual [...], espalhou o mal geral por uma superfície muito maior", tendendo a "deprimir a condição geral dos pobres". Ao distribuir subsídios aos pobres menos merecedores, argumentava Malthus, a sociedade, assim, reduziu os subsídios dos pobres mais merecedores. Portanto, se as Leis dos Pobres fossem mantidas, deveriam consistir, onde possível, em casas de trabalho [*workhouses*], mitigando, assim, seus efeitos nocivos (Malthus, 1970, p. 94, 97, 102).

Todos aqueles que propuseram tanto a melhoria das condições dos pobres quanto uma sociedade futura caracterizada por um aperfeiçoamento mais geral estavam, na visão de Malthus, simplesmente negando a necessidade inexorável do vício e da miséria. O máximo que se poderia esperar, se o casamento precoce fosse estimulado, seria um tipo de estagnação, como na China, onde aconteceu um crescimento populacional "forçado" ao se dividir a terra de modo relativamente igualitário, em porções extremamente pequenas, de modo que poucos absolutamente morriam de fome em anos normais – apesar dessa tendência ser interrompida por fomes extremas periódicas – e onde o crescimento populacional era prevenido por tais métodos não naturais como "o enjeitamento" de bebês (Malthus, 1970, p. 115).

Não obstante, uma vez que a questão de classe entrou nesse caminho, e se tornou aparente que Malthus estava distinguindo entre situações de alto e baixo equilíbrio, com as primeiras incluindo um nível de luxo para os privilegiados, o argumento perdeu sua qualidade como uma "comprovação geométrica". O elemento de classe estava implícito no argumento de Malthus desde o princípio, em que as situações dos ricos e dos pobres eram vistas como amplamente divergentes. Portanto, Malthus praticamente admitiu, em seu argumento sobre as causas preventivas, que os seres humanos – no caso das classes altas – eram capazes de alguma restrição moral – uma restrição moral que era frequentemente praticada na Inglaterra por meio dos casamentos tardios. É claro que isso estava amplamente de acordo com os padrões de casamento das classes mais altas na Inglaterra.[5] Efetivamente, para Malthus, tais casamentos tardios entre

---

[5] Ver Macfarlane (1986).

os privilegiados eram principalmente o produto dos efeitos de relações de propriedade desiguais e incertas, que tornavam praticamente impossível para muitos cavalheiros das classes mais altas se casar e constituir família até que eles tivessem obtido uma vida segura (o próprio Malthus nesse período ainda era um cura rural com apenas uma pequena renda). Tais motivos para a restrição moral estariam menos disponíveis para uma sociedade que não fosse construída sobre a desigualdade da propriedade. Ainda assim, era impossível ignorar o fato de que a restrição moral era frequentemente aparente aqui. Assim, Malthus se viu finalmente obrigado a admitir, em resposta às críticas, que algum tipo de "restrição moral" (especialmente entre as classes altas) era de fato possível – uma restrição moral que ele definiria, não obstante, em termos extremamente restritivos, como "abstinência temporária ou permanente do matrimônio baseada em considerações prudentes [geralmente relacionadas com a propriedade], com castidade estrita enquanto fossem solteiros". Para Malthus, o funcionamento de uma restrição moral tão rigidamente definida não tinha "muita força" (Malthus, 1963, p. 139). Ainda assim, uma vez que isso foi admitido, mesmo que de forma incipiente, o argumento de Malthus sobre a impossibilidade de aperfeiçoamento futuro caiu por terra (Cannan, 1917, p. 104, 113).

O *Segundo ensaio*

Por esta razão, o *Segundo ensaio* de Malthus, no qual ele admitiu a possibilidade de restrição moral, é uma obra muito diferente do *Primeiro ensaio*. Refletindo isso, o próprio título foi alterado para *Um ensaio sobre o princípio da população; ou uma visão de seus efeitos passados e presentes na felicidade humana; com uma investigação sobre nossas perspectivas a respeito da remoção ou mitigação futura dos males que ocasiona*. Não há mais qualquer referência no título à questão do "aperfeiçoamento futuro da sociedade", a Godwin ou a Condorcet. O principal enfoque do *Segundo ensaio* é um ataque às Leis dos Pobres da Inglaterra, um tema que teve apenas um papel subordinado no *Primeiro ensaio*.

De acordo com a grande estudiosa da obra de Malthus, Patricia James (editora da edição comentada do *Ensaio* de Malthus), "foi o ensaio de 1803 [a primeira edição do *Segundo ensaio*] que causou maior impacto no pensamento contemporâneo" (James, em Malthus, 1989, v. I, ix-xv). Isso se deu por conta da severidade do ataque aos pobres contido naquela obra. Apesar de Malthus dizer no prefácio ao *Segundo ensaio* que ele havia se "esforçado para suavizar algumas das conclusões mais duras do primeiro ensaio", isso estava relacionado principalmente à introdução da possibilidade de restrição moral (aplicável às classes mais altas). Com relação aos pobres, os quais, ele acreditava, eram incapazes de tal restrição moral, seu ensaio foi ainda mais duro do que o anterior. E é aqui, particularmente na edição de 1803, que as passagens mais conhecidas são encontradas. Assim, ele escreveu que:

> com relação aos filhos ilegítimos, depois de devidamente notificados, eles não devem ter direito, em nenhum caso, a qualquer auxílio paroquial [...]. A criança não tem, em termos comparativos, qualquer valor para a sociedade, já que outras ocuparão imediatamente seu lugar. (Malthus, 1989, v. 2, p. 141)

Com o mesmo tom de insensibilidade, Malthus escreveu o seguinte:

> Um homem que nasce em um mundo já possuído, se ele não pode obter subsistência dos pais, sobre quem ele tem uma justa demanda, e se a sociedade não quer seu trabalho, ele não tem *direito* de reclamar a mais ínfima porção de alimento, e, de fato, não tem nada o que fazer aonde está. No poderoso banquete da natureza, não há vaga para ele. A natureza lhe pede que se vá e logo executará suas próprias ordens, se ele não se valer da compaixão de alguns dos convidados dela. Se estes convidados se levantarem e cederem espaço para ele, outros intrusos imediatamente aparecerão exigindo o mesmo favor. A ordem e a harmonia do banquete são perturbadas, a abundância que antes reinava se torna escassez. [...] Os convidados se dão conta de seu erro tarde demais, ao aplicar aquelas ordens estritas a todos os intrusos, ditadas pela grande anfitriã do banquete, que, desejando que todos os seus convidados tenham abundância, e sabendo que ela não pode prover a um número ilimitado, humanamente se negou a admitir recém-chegados quando sua mesa já estava cheia. (Malthus, 1989, v. 2, p. 127-128)

Esta passagem infame, bem como a citada antes dela, foi removida de edições posteriores do *Ensaio*. Mas a ideia básica que ela reflete – a afirmação de que os pobres não teriam direito à menor porção de assistência, e que qualquer tentativa de convidá-los para o "poderoso banquete" contra a vontade de sua "anfitriã" (que representava a natureza da teologia natural) certamente fracassaria – permanecia o impulso ideológico central do *Segundo Ensaio* ao longo de suas numerosas edições. "Não podemos", pela natureza das coisas, escreveu Malthus, "dar assistência aos pobres, de forma alguma, sem lhes permitir criar até a idade adulta um número maior de seus filhos" (Malthus, 1989, v. 2, p. 192).

Em nenhum lugar os estreitos valores clericais de Malthus estavam mais evidentes do que em sua visão sobre as indiscrições femininas. Assim, ele buscou justificar o duplo padrão imposto às mulheres que eram "retiradas da sociedade por algum delito ['uma violação da castidade' fora do casamento, especialmente se resultando em um filho ilegítimo] que os homens cometem quase com impunidade" com base em que era "o método mais óbvio e efetivo de se prevenir a frequente recorrência de um sério inconveniente para a comunidade" (Malthus, 1970, p. 142).

Ao atacar as Leis dos Pobres da Inglaterra, Malthus argumentou que enquanto as limitações no crescimento dos alimentos impediam o crescimento da população, a sociedade poderia existir ou sob condições de baixo equilíbrio, relativamente igualitárias, como na China, onde a população havia sido "forçada" a tal ponto que praticamente todos foram levados à beira da inanição, ou poderia existir sob condições de alto equilíbrio, como na Inglaterra, onde a aristocracia, a pequena nobreza e a classe média podiam desfrutar do "poderoso banquete" da natureza – embora somente se os pobres fossem excluídos – e onde as restrições, com exceção da fome universal (e de práticas como o "enjeitamento de bebês"), mantinham a população reduzida. Seu maior medo – que ele ajudou a instilar na oligarquia da Grã-Bretanha – era de que, como resultado de um crescimento populacional excessivo, combinado com noções igualitárias, "as classes médias da sociedade [...] se misturariam com os pobres" (Malthus, 1970, p. 18).

A solução para o problema dos pobres rurais era simplesmente removê-los de suas terras e transformá-los em proletários. Assim, Malthus respondeu à questão da fome e da destituição na Irlanda, argumentando em uma carta a Ricardo em agosto de 1817 que o primeiro objetivo não deveria ser a assistência aos pobres, mas sim a desapropriação do campesinato: "a terra na Irlanda é infinitamente mais populosa do que na Inglaterra; e para garantir a plena eficácia aos recursos naturais do país, uma grande parte da população deveria ser varrida do solo para as grandes cidades fabris e comerciais".[6]

Malthus morreu em 1834, ano da promulgação da Nova Lei dos Pobres, que era vista como o triunfo do malthusianismo. Essa legislação visava assegurar que os trabalhadores e os pobres considerassem a exploração no local de trabalho e até mesmo a perspectiva de padecer de fome como de muitas formas preferível a buscar assistência por meio das Leis dos Pobres. Como observou Marx a respeito do *Ensaio* de Malthus, em 1844, a ideia subjacente disso era que "a caridade [...] em si fomentava males sociais". A própria pobreza que "antes era atribuída a uma *deficiência de caridade*, agora era atribuída à *superabundância de caridade*" (Marx, 1974, p. 408-409).

Assim, não é de se admirar que os radicais da classe trabalhadora inglesa geralmente enxergassem o malthusianismo como seu maior inimigo. Lutando em nome deles, William Cobbett dirigiu a impetuosa acusação de "Pároco!" contra Malthus em 1819 – uma acusação tanto de dominação de classe quanto de subserviência moralista e tacanha às doutrinas da teologia natural e da Igreja protestante estabelecida. Nas palavras do próprio Cobbett,

> Ao longo da minha vida, eu detestei muitos homens; mas nunca detestei ninguém como detesto você. Não há palavras que possam te descrever apropriadamente; e, portanto, sendo a única palavra que melhor se encaixa no caráter de um homem desses, eu te chamo *Pároco*, que, dentre outros significados, inclui aquele que negocia os assentos parlamentares dos distritos. (Cobbett, citado em Smith, 1951, p. 120)

Uma das implicações mais duras do argumento de Malthus, desde sua concepção, era que já que existiam limites aos meios de subsistência para manter os trabalhadores em qualquer período, qualquer tentativa de aumentar os salários em geral somente resultaria em um aumento de preços para esse estoque limitado de provisões – não proveria aos trabalhadores uma porção maior das necessidades da vida (Malthus, 1970, p. 183-184). Esta doutrina errônea – que em suas versões mais sofisticadas ficou conhecida como "doutrina do fundo de salários" – foi

---

[6] Malthus para Ricardo, 17 de agosto de 1817, em Ricardo (1952, v. 7, p. 175).

então utilizada para defender que a melhoria nas condições gerais dos trabalhadores, por meios como a organização sindical, era impossível.[7]

De fato, uma razão para o ódio de Cobbett e dos radicais da classe trabalhadora direcionado contra Malthus tinha a ver com o fato de que a influência de Malthus estava tão difundida que não estava somente confinada aos reformistas da classe média, como John Stuart Mill, mas estendia-se pelas fileiras dos pensadores e ativistas da classe trabalhadora, como Francis Place. Para Place, que adotou a teoria malthusiana do fundo de salários, o controle da natalidade se tornou uma espécie de substituto para a organização de classe – embora isso tenha sido concebido por Place como não sendo do interesse do capital, mas sim, em sua interpretação equivocada, do interesse da classe trabalhadora. A ideologia malthusiana, assim, serviu desde o princípio para desorganizar a oposição da classe trabalhadora ao capital.[8]

Foi por causa deste serviço ideológico para os interesses dominantes que, como disse Joseph Schumpeter, "os ensinamentos do *Ensaio* de Malthus se tornaram firmemente arraigados no sistema da ortodoxia econômica da época, apesar do fato de que deveriam ser, e de certa forma foram, reconhecidos como fundamentalmente insustentáveis ou inúteis em 1803, e que mais razões para assim considerá-los apareceram rapidamente". Schumpeter adicionou que, com o reconhecimento da restrição moral como um fator, Malthus não melhorou sua teoria, mas realizou uma "retirada ordenada com a artilharia derrotada" (Schumpeter, 1954, p. 580-581).

---

[7] Sobre a teoria do fundo de salários, ver Dobb (1973, p. 131-134).

[8] O fato de que reformistas como Place defendiam a organização sindical ao mesmo tempo que aderiam à teoria do fundo de salários malthusiana constituía uma contradição menor do que pode parecer à primeira vista. Place enxergava o propósito dos sindicatos como limitado à equiparação de salários e, enquanto os salários não poderiam ser aumentados em geral (por causa da relação entre população e subsistência), seções particulares da classe trabalhadora poderiam se beneficiar enormemente. Para que os trabalhadores em geral melhorem suas condições, de acordo com Place, seria necessário, primeiro, promover o controle da natalidade, que reduziria a pressão da população sobre a subsistência. Não é necessário dizer que tais noções malthusianas eram tratadas com desprezo absoluto por parte dos radicais da classe trabalhadora. Ver Thompson (1963, p. 769-779; Schwartz, 1968, p. 28, 74, 245-256).

Thomas Chalmers e os Tratados de Bridgewater

O mais importante dos primeiros discípulos de Malthus foi o teólogo natural e clérigo escocês Thomas Chalmers (1780-1847).[9] Mais do que um simples economista político malthusiano, Chalmers foi professor de teologia na Universidade de Edimburgo, ministro da igreja e um influente pregador e reformista eclesiástico na Igreja da Escócia. Ele acabaria por emergir como líder de um partido evangélico no cisma que levou ao surgimento da Igreja Escocesa Livre, em 1843. A obra mais notável de Chalmers foi *Sobre o poder, a sabedoria e a bondade de deus como se manifesta na adaptação da natureza externa para a constituição moral e intelectual do homem* (1834). Esta obra seria o primeiro volume dos *Tratados de Bridgewater*, uma série de oito tratados encomendados pelo Conde de Bridgewater, que, em conjunto, constituem a maior e mais bem coordenada tentativa de defender a teologia natural contra as heresias materialistas e evolucionistas nas décadas imediatamente anteriores ao surgimento da *Origem das Espécies*, de Darwin. "A concepção de teologia natural" de Paley, como observou o intelectual e historiador Robert Young,

> se mostrou insustentável em um período de crescente detalhamento científico, e finalmente colapsaria nos *Tratados de Bridgewater, a reductio ad absurdum* [a redução ao absurdo] de exibir os detalhes de todas as ciências *seriatim* [em sequência] como uma série cumulativa de comprovações da sabedoria, bondade e benevolência de Deus. (Young, 1973, p. 373).

Chalmers iniciou seu tratado de Bridgewater atacando o materialismo e o ateísmo. "A tendência dos escritores ateus", ele observou,

> é a de raciocinar exclusivamente sobre as leis da matéria e de negligenciar suas disposições. Se todas as belezas e benefícios do sistema astronômico pudessem ser referidos à lei única da gravidade, isso reduziria enormemente o argumento de uma causa do desígnio. Mas se nós dissermos da matéria que ela está dotada de tais poderes que a tornam subserviente para muitos resultados úteis, retiramos a mais poderosa e indiscutível parte do argu-

---

[9] É bem sabido que Malthus era imensamente orgulhoso da influência que seu *Ensaio* exercia em figuras importantes contemporâneas, tais como William Paley, William Pitt e David Ricardo, mas foi Thomas Chalmers que, como seu discípulo mais importante, abrangeria todas as implicações da teoria sobre a população de Malthus, incluindo a ligação entre teologia natural e Economia Política que ela implicava.

> mento em favor de um Deus. É muito mais pertinente e convincente dizer da matéria que ela está distribuída em tais partes de modo a garantir uma direção correta e uma aplicação benéfica de seus poderes. Não é tanto no estabelecimento de certas leis da matéria que nós discernimos os objetivos ou os propósitos da inteligência, como em certas disposições da matéria, que a coloca no caminho de ser utilmente operada mediante as leis. (Chalmers, 1834, v. 1, p. 17-21)

Na visão de Chalmers, foi a inteligência divina, evidente na natureza, que produziu "a evolução deste caos" da matéria, dotando-a "com as propriedades corretas". Ao construir esse argumento, ele utilizava todos os exemplos de Paley, se referindo ao Deus relojoeiro, à superioridade do olho em comparação com um planetário e assim por diante (Chalmers, 1834, v. 1, p. 15, 24, 64-65).

A "assinatura de uma Divindade" era visível para Chalmers não somente na natureza externa como tal, mas também na vida moral e intelectual – e, particularmente, no domínio da economia:

> Se um legislador de sabedoria suprema e armado de poder despótico fosse livre para estabelecer o melhor esquema para aumentar a riqueza e os confortos da sociedade humana – ele não poderia ter inventado nada tão efetivo como a existente constituição da propriedade, que existe de forma tão generalizada em todo o mundo.

Para Chalmers, o mundo do comércio e o mercado eram "uma das máquinas animadas da sociedade humana" e a marca do "intelecto que a inventou e a fez nascer". A mão invisível de Adam Smith, por meio da qual o interesse próprio promovia o bem geral por meio do mercado, insistia Chalmers, era a marca de um "agente superior." Da mesma forma, Deus instilou na humanidade um forte "sentimento de posse" contra o qual as intervenções humanas não naturais, como as Leis dos Pobres, lutavam em vão (Chalmers, 1834, v. 1, p. 22, 252, v. 2, p. 7, 34-35).

Talvez nenhum outro economista político enfatizou tão fortemente o que ele chamou de caráter "autorregulador" do mercado ou a necessidade de mantê-lo livre de todas as regulações externas. De acordo com Chalmers, "o capital sempre se adequa, da melhor forma possível, às circunstâncias do país – de modo a prescindir de qualquer regulação econômica da sabedoria do homem; e isso precisamente por causa de uma regulação mental e moral prévia da sabedoria de Deus". De fato, "se algo pode demonstrar a mão de uma Divindade justa na natureza e no funcionamento do [...] mecanismo muito peculiar do comércio; é no saudável impulso dado a todo o seu movimento" (Chalmers, 1834, v. 1, p. 45-47). Nessas bases justas, portanto, o ataque às Leis dos Pobres e a doutrina malthusiana sobre a população poderiam ser defendidas:

> Por mais detestável que a doutrina moderna da população, como exposta pelo Sr. Malthus, possa ter sido, e ainda o é, aos sentimentalistas débeis e limitados, é a verdade que entre todas as outras lança a maior claridade sobre os prospectos terrenos da humanidade – e isso apesar dos terríveis e ainda sustentados protestos suscitados contra ela. Este é um puro caso de adaptação entre a natureza externa do mundo em que vivemos e a natureza moral do homem, o seu principal ocupante. (Chalmers, 1834, v. 2, p. 49)

Em sua obra posterior, *Sobre a Economia Política em conexão com o estado moral e os prospectos morais da sociedade* (1853), Chalmers escreveu copiosamente, em termos malthusianos, sobre a "extinção do pauperismo" por meio da eliminação de todas as Leis dos Pobres e de todos os sistemas de caridade de Estado como o principal objetivo da Economia Política cristã. Tais sistemas de assistência aos pobres, dizia, prejudicou de tal forma a renda da terra e, portanto, o cultivo da terra, que representavam violações claras da Natureza, convidando a "um julgamento celestial, até que finalmente" a Terra se recusasse a produzir riqueza e nutrição para aqueles que "a haviam abandonado" (Chalmers, 1853, v. 2, p. 338).[10]

Chalmers não somente defendeu a Economia Política malthusiana; ele também atacou a geologia uniformitarista de Charles Lyell (amigo próximo e mentor de Darwin) por atribuir a transformação geológica a "meras leis da natureza", excluindo o papel de Deus e minimizando o catastrofismo e a criação sucessiva.[11] Em Chalmers, a teologia natural e a Economia Política estão perfeitamente fundidas – ainda que grosseiramente – em uma defesa da ordem social e religiosa existente.

Foi esse casamento da Economia Política com a teologia natural cristã – materializada em Paley, Malthus e Chalmers – que fez dos párocos naturalistas uma ameaça tão poderosa não somente para a classe

---

[10] Chalmers, no espírito malthusiano, buscou substituir a assistência pública por um sistema de autoajuda e assistência da Igreja baseado na paróquia, que ele ajudou a estabelecer em Glasgow.

[11] Chalmers (1834, v. 1, p. 28-29); ver também Gillispie (1996, p. 210-216).

trabalhadora, mas também para todas as perspectivas de unificação dos seres humanos com a natureza. A oposição radical a tais visões teria, portanto, um papel crucial, desde o princípio, no desenvolvimento da concepção materialista da história por Marx e Engels.

4. A CONCEPÇÃO MATERIALISTA DA HISTÓRIA

M arx escreveu n'*O capital:*

> Com exceção do monge veneziano Ortes, um escritor original e habilidoso, a maioria dos teóricos sobre a população [...] são clérigos protestantes [...] O pároco Wallace, o pároco Townsend, o pároco Malthus e seu discípulo, o arquipároco Thomas Chalmers, sem falar dos escribas clericais nessa mesma linha [...]. Com a entrada do 'princípio da população' [na Economia Política], a hora dos párocos protestantes chegou. (Marx, 1976, v. 1, p. 766-767, 800)[1]

Assim como William Cobbett, quem dirigiu a acusação de "*Pároco*" contra Malthus em 1819, Marx também foi um duro crítico da intrusão da teologia natural, da ideia da providência e da moralidade estreita e clerical na Economia Política que Malthus, mais que ninguém, representava. A crítica a Malthus, e a toda concepção da relação da população com a terra que seu trabalho simbolizava, foi um dos temas centrais da Economia Política de Marx de 1844 até a sua morte, em 1883. De fato, o surgimento do materialismo histórico como uma abordagem distintiva

---

[1] Giammaria Ortes (1713-1790) era um economista político, filósofo, poeta e médico. Até seus 30 anos era monge veneziano, mas deixou o monastério para estudar. Ele era um crítico das relações de propriedade burguesa e da economia do dinheiro, e enfatizou a má distribuição de riqueza (Draper, 1986, p. 158).

sobre a sociedade pode ser visto parcialmente sob esta lente. A crítica à Malthus com relação à terra e a crítica à Pierre Joseph Proudhon com relação à indústria – ao lado da ruptura com o materialismo contemplativo de Feuerbach – se tornaram momentos definidores no desenvolvimento tanto da concepção materialista da história de Marx quanto de sua concepção materialista da natureza.

A crítica de Malthus e as origens do materialismo histórico

Foi nos "Esboços para uma crítica da Economia Política", de Friedrich Engels, que a crítica marxista do malthusianismo foi inaugurada. Marx e Engels se conheceram pela primeira vez em Colônia no final de 1842, quando Marx era o editor da *Gazeta Renana*. Engels, filho de um industrial alemão do setor têxtil, estava a caminho da Inglaterra para trabalhar na administração da grande empresa de fiação de algodão de Ermen e Engels, em Manchester, da qual seu pai era sócio. Esse primeiro encontro dos dois fundadores do materialismo histórico foi frio – como consequência dos conflitos no interior do movimento dos Jovens Hegelianos – e foi somente com a publicação dos "Esboços para uma crítica da Economia Política" de Engels, nos *Anais Franco-Alemães*, de 1844, editado por Marx, e do reencontro entre Marx e Engels naquele mesmo ano, em Paris, que eles iniciaram a colaboração que duraria por toda a vida.

Para Engels, em seus "Esboços", a essência da teoria da população de Malthus está em sua concepção religiosa da natureza. "A teoria malthusiana", ele escreveu, nada mais era que "a expressão econômica do dogma religioso relativo à contradição do espírito e da natureza e da corrupção resultante de ambos". Mas mais do que um dogma religioso, era uma tentativa de fundir a teologia protestante (e o naturalismo clerical) com a necessidade econômica da sociedade burguesa. "A consequência imediata da propriedade privada", para Engels, "foi a divisão da produção em dois lados opostos – o lado natural e o lado humano, o solo que sem a fertilização pelos homens é morto e estéril, e a atividade humana, cuja primeira condição é aquele mesmo solo" (Engels, em Marx, 1964, p. 221, 212). A sociedade burguesa removera cada vez mais a população da terra, preparando, com isso, o caminho para a exploração mais intensiva tanto do lado natural quanto do lado humano da produção:

JOHN BELLAMY FOSTER

> Transformar a terra em um objeto de barganha – a terra que é única e tudo para nós, a primeira condição de nossa existência – foi o último passo para nos tornarmos objeto de barganha. Isso foi e é até os dias de hoje uma imoralidade superada somente pela imoralidade da autoalienação. E a apropriação original – a monopolização da terra por poucos, a exclusão do restante daquilo que é a condição para suas vidas – não fica atrás em imoralidade da subsequente barganha da terra. (Engels, em Marx, 1964, p. 210)

Para defender esse sistema de exploração dos seres humanos e da natureza, ao mesmo tempo que negando qualquer possibilidade de aperfeiçoamento, surgiu a teoria da população de Malthus – "a teoria mais brutal e bárbara que já existiu, um sistema de desespero" expressamente planejado para obrigar seres humanos a aceitar as duras leis da Economia Política. Ao revisar detalhadamente a teoria de Malthus, Engels foi agudamente crítico da natureza inexorável de suas premissas, que via o mesmo princípio da população como igualmente aplicável em todas as épocas e lugares, sem considerar as condições históricas. Para Malthus, como observado por Engels, o princípio da população era visto como aplicável tanto aos assentamentos coloniais na Austrália e nas Américas como à Europa densamente povoada. De fato, a lógica do argumento de Malthus era de que "a terra já estava superpopulada quando existia somente um homem". Ademais,

> as implicações dessa linha de pensamento são que, já que somente os pobres constituem o excedente, nada deveria ser feito para eles a não ser tornar sua fome a mais fácil possível, convencê-los que isso não pode ser evitado e que não há outra salvação para toda sua classe a não ser restringir a propagação a um mínimo absoluto. (Engels, em Marx, 1964, p. 199, 218)

Em contraste, Engels argumentava que era necessário rejeitar "a afirmação maluca de que a terra não tem o poder de alimentar os homens" – uma afirmação que ele descreveu como "o apogeu da economia cristã" – em uma época em que somente um terço da terra era cultivada, e quando a produtividade do cultivo somente naquele terço poderia ser aumentada em seis vezes. Ademais, "mesmo se Malthus estivesse completamente certo", insistia Engels, isso somente indicava a necessidade urgente de uma transição para o socialismo, que "deveria acontecer o quanto antes", pois somente isso "torna possível a restrição moral do instinto propagativo que o próprio Malthus apresenta como o remédio mais fácil e efetivo para a superpopulação". Nesse sentido, a teoria malthusiana "foi uma transição absolutamente necessária", que aponta para "a mais profunda degradação do homem", sua dependência da propriedade privada e de um sistema de concorrência que sistematicamente descarta seres humanos.

A doutrina de Malthus também ressaltou o fato de que, apesar de sua ênfase por vezes na "natureza" e até mesmo no materialismo, a economia burguesa era "essencialmente cristã". Aqui é importante notar uma vez mais a natureza incompleta da revolta materialista do século XVIII contra a religião, que simplesmente "postulou a Natureza, em vez do Deus cristão, como o Absoluto frente ao Homem". Foi essa rejeição do materialismo revolucionário na forma de um utilitarismo da conveniência natural, atrás do qual a velha ideia religiosa da providência estava à espreita, que fez com que o malthusianismo fosse tão perigoso, e que tornou "todas as proposições" da economia, de acordo com Engels, cristãs em seu caráter (Engels, em Marx, 1964, p. 197-198, 218-222).

A natureza a-histórica da doutrina malthusiana foi revelada em sua rejeição da noção de aperfeiçoamento, exceto, é claro, no sentido estreito da necessidade de cercamentos. Em outras palavras, o malthusianismo rejeitou qualquer noção de progresso rápido e contínuo do cultivo humano da terra ou na criação de animais, bem como todas as possibilidades para o avanço social. Para Engels, esse pessimismo do século XVIII sobre o aperfeiçoamento foi em grande medida derrubado pelo progresso científico que ocorreu desde então, particularmente com relação ao desenvolvimento da ciência do solo, no qual ele destacou as descobertas revolucionárias de figuras como Humphry Davy e Liebig. Embora Malthus tenha insistido que a população tendia a aumentar em progressão geométrica quando irrestrita, enquanto a oferta de alimentos crescia somente de forma aritmética, Engels assinalou que toda a doutrina desmoronava quando chegava à proposição aritmética chave, para qual havia pouco fundamento. Seguindo uma argumentação feita três anos antes pelo socialista utópico inglês Robert Owen (também um forte crítico do malthusianismo), Engels insistia que a ciência tendia a aumentar geometricamente com a população, revolucionando a produção agrícola e a produção em geral e, portanto, aumentando a habilidade de produzir alimentos. Em uma época em que todo o vale do Mississipi estava em grande parte sem cultivo e que toda a Europa poderia ser transplantada para lá, essas possibilidades ulteriores da ciência significavam que não havia motivo para o desespero. Portanto, a noção de que a condição dos pobres era um produto da lei natural (enraizada na providência divina) era simplesmente falsa. Como dissera Owen, o erro de Malthus foi atribuir problemas de subsistência "a uma deficiência nas reservas da Natureza, e não às leis do homem, em oposição às leis da Natureza!" (Engels, em Marx, 1964, p. 222; Owen, 1993, v. 2, p. 361, 367-369).

Marx também dirigia ataques críticos à teoria malthusiana já em 1844. Sua preocupação primária era de como o ataque às Leis dos Pobres da Inglaterra (refletida na Nova Lei dos Pobres de 1834), estava enraizada na ideia de uma "*lei eterna da natureza* em acordo com a teoria de Malthus". Nessa teoria, "o aumento progressivo do pauperismo" não era "a consequência inevitável da *indústria* moderna", mas sim "da *Lei dos Pobres inglesa*"; a responsável não era a falta de caridade, mas sua superabundância. No novo sistema de bem-estar representado pela Nova Lei dos Pobres de 1834, o Estado inglês não buscava mais erradicar o pauperismo, agora compreendido como a base de seu poder, mas sim distribuía "seus presentes administrativos somente *àquele* pauperismo que é induzido pelo desespero a se permitir ser capturado e encarcerado". Nessa estrutura, o naturalismo clerical de Malthus, que havia sido levado para o domínio da Economia Política, constituiu a fundação essencial e irredutível (Marx, 1975, p. 408-409).

"A declaração mais aberta de guerra da burguesia contra o proletariado", escreveu Engels em *A situação da classe trabalhadora na Inglaterra em 1844* (1845), "é a Lei da População de Malthus e, estruturada de acordo com esta, a Nova Lei dos Pobres". Como explicou Engels,

> A Velha Lei dos Pobres, baseada no Ato de 1601 (o quadragésimo terceiro de Elizabeth), partia ingenuamente da noção de que era obrigação do distrito promover a manutenção dos pobres. Qualquer pessoa que não tivesse trabalho recebia assistência, e o homem pobre considerava que o distrito tinha o compromisso de protegê-lo de morrer de fome. Ele demandava sua assistência semanal como seu direito, não como um favor, o que acabou se tornando insuportável para a burguesia.

A lei malthusiana da população foi concebida para remover qualquer noção de que a assistência aos pobres era um "direito" e deixar claro que os elementos empobrecidos da sociedade eram "supérfluos" e, portanto, não deveriam ser protegidos contra a fome. O malthusianismo, como a "teoria de estimação" da burguesia, se tornou, assim, uma racionalização para a construção de *workhouses*[2] ou "Bastilhas da Lei dos Pobres", que, ainda que não abandonando as leis dos pobres, assegurava que elas estariam em conformidade o máximo possível com os duros requisitos da doutrina malthusiana (Engels, 1984, p. 308-317).

Foi em resposta à teoria de Malthus que Engels desenvolveu o conceito de exército industrial de reserva ou população excedente relativa, que seria central para a Economia Política marxiana. "Malthus [...] estava [...] certo, à sua maneira", argumentou Engels, "ao afirmar que sempre existe uma população excedente; de que sempre há gente demais no mundo; ele erra somente quando diz que há mais pessoas do que pode ser sustentado a partir dos meios de subsistência disponíveis". Não era a superpopulação com relação à oferta de alimentos, mas a superpopulação com relação aos empregos que explicava os baixos salários e a pobreza. Um "exército de reserva de trabalhadores desempregados" existiu em todos os tempos na indústria, um exército de reserva que era maior ou menor dependendo da medida em que o estado do mercado estimulava os empregos. É dessa forma que emerge uma "população excedente". Mas os trabalhadores, longe de se considerarem de fato supérfluos, "colocaram em suas cabeças que eles, com suas mãos ocupadas, são necessários, e que os capitalistas ricos, que nada fazem", constituem "a população excedente" (Engels, 1984, p. 113-117, 309).

Portanto, foi em oposição ao malthusianismo que a noção de proletariado emerge claramente pela primeira vez no marxismo. Na época, os trabalhadores fabris na Inglaterra viviam na miséria e eram assolados por fome e doenças. Na descrição em primeira mão da vida do proletariado inglês na obra *A situação da classe trabalhadora na Inglaterra*, Engels con-

---

[2] Local surgido na Inglaterra, com a intensificação da exploração do trabalho na revolução industrial, onde pessoas pobres trabalhavam e moravam, dadas as extensas jornadas de trabalho e as baixas remunerações que inviabilizavam gastos básicos dos trabalhadores com melhores condições de vida. (N. E.)

duziu o leitor por áreas inteiras de Manchester, rua por rua, descrevendo o que poderia ser visto e argumentando que os ambientes de vida da classe trabalhadora de Manchester e da burguesia de Manchester eram dois mundos diferentes. Os lares da "alta burguesia" de Manchester se localizavam

> em vilas remotas, com jardins em Chorlton e em Ardwick, ou nas frescas colinas de Cheetham Hill, Broughton e Pendleton, com o ar fresco livre e abundante do interior, em casas finas e confortáveis, onde a cada meia hora ou quarto de hora passavam ônibus que iam para a cidade. E a melhor parte do arranjo – observou Engels – é que os membros da aristocracia do dinheiro podem pegar o caminho mais curto através de todos os distritos operários até seus locais de trabalho sem nunca verem que estão no meio da suja miséria que espreita à direita e à esquerda. (Engels, 1984, p. 79-84)

Ao pesquisar as condições da classe trabalhadora nas cidades industriais, o jovem Engels estava particularmente preocupado com toxinas ambientais. Com base nos relatórios de médicos e inspetores das fábricas, bem como em suas próprias observações, Engels forneceu uma análise detalhada das condições de saúde pública. Usando dados demográficos compilados por agentes de saúde pública, ele foi pioneiro em argumentar que as taxas de mortalidade eram inversamente relacionadas à classe social, o que poderia ser visto de forma mais dramática ao se examinar zonas específicas de cada cidade. As casas mal ventiladas dos trabalhadores, ele argumentava, não permitiam a ventilação adequada das substâncias tóxicas, e os gases de carbono da combustão e a respiração humana ficavam presos dentro das casas. Já que não havia sistema para o descarte de dejetos humanos e animais, eles se acumulavam e se decompunham nos apartamentos, nos pátios e nas ruas, produzindo poluição severa do ar e da água. A alta mortalidade por doenças infecciosas, tais como tuberculose (uma doença transmitida pelo ar) e tifo (transmitida por piolhos) era o resultado, Engels argumentava, da superlotação, saneamento precário e ventilação insuficiente.

Engels também descreveu as deformidades ósseas causadas pelo raquitismo como um problema relacionado à nutrição, embora a deficiência nutricional específica associada a isso, a falta de vitamina D, ainda não fosse conhecida. Ele forneceu relatos sobre doenças ocupacionais, incluindo descrições detalhadas de transtornos ortopédicos, transtornos oculares, envenenamento por chumbo e antracose (Engels, 1984, p. 126-238; Waitzkin, 1983, p. 66-71).[3]

Não obstante, havia muitos defensores do sistema fabril. Quando médicos chamados a testemunhar perante uma comissão de inquérito fabril afirmaram que a exposição à luz solar era essencial para o desenvolvimento físico das crianças, Andrew Ure, um dos principais expoentes dos princípios fabris, respondeu indignado que a iluminação a gás das fábricas substituía adequadamente o sol (Mumford, 1961, p. 472).

A própria visão de Marx sobre o proletariado foi desenvolvida em oposição à desumanidade de representantes da Economia Política liberal clássica, como Malthus e Ure. Com o estranhamento das necessidades humanas gerais que caracteriza o capitalismo, de acordo com Marx,

> Luz, ar etc – a limpeza *animal* mais elementar – deixa de ser uma necessidade para o homem [...]. Ao irlandês resta somente uma necessidade – a necessidade de *comer*, de comer *batatas*, e mais precisamente, comer *batatas podres*, o pior tipo de batatas. Mas a Inglaterra e a França já possuem *um pouco* de Irlanda em cada uma de suas cidades industriais.

A "poluição universal" que, de acordo com Marx, caracterizava as grandes cidades industriais, era o ambiente onde vivia a classe trabalhadora. O proletariado, portanto, se tornou uma classe universal exposta à "poluição universal" e ao sofrimento universal, uma classe ameaçada pela perda total de humanidade e que somente poderia se emancipar por meio da emancipação total da humanidade (Marx, 1975, p. 302, 359-360).

O novo materialismo

A crescente atenção de Marx à luta de classes, às condições do proletariado e à análise da Economia Política burguesa (representada em sua forma mais desumana pelo malthusianismo) significava que o naturalismo feuerbachiano, com sua concepção de natureza abstrata e estática, não era mais suficiente e parecia ser cada vez mais um beco sem saída que precisava ser transcendido. Em sua "batalha contra a religião positiva", Engels lembraria muitos anos depois, "o núcleo princi-

---

[3] Essa discussão do tratamento de Engels às condições ambientais em Manchester foi extraída de Foster (1994, p. 57-59).

pal dos Jovens Hegelianos mais determinados" era "empurrado de volta ao materialismo anglo-francês". Mas isso gerou uma contradição entre os hegelianos radicais, uma vez que o sistema hegeliano se opunha ao materialismo, vendo a natureza como nada além do que a existência alienada da ideia absoluta, "uma degradação da ideia, por assim dizer". Feuerbach "pulverizou" esta contradição, colocando "o materialismo no trono novamente. A natureza existe independentemente de toda a filosofia. É a fundação sob a qual nós, seres humanos, nós mesmos produtos da natureza, crescemos. Nada existe além da natureza e do homem, e os seres mais elevados que nossas fantasias religiosas criaram são somente a reflexão fantástica de nossa própria essência". Portanto, "o feitiço foi quebrado. O 'sistema' [hegeliano] foi explodido e deixado de lado" (Engels, 1941, p. 17-18).

Mas o materialismo abstrato de Feuerbach, apesar de sua importância como uma refutação do sistema hegeliano era, ainda assim, estático, a-histórico em sua concepção, e parecia levar a lugar nenhum. Seu humanismo carecia de um conceito de prática transformativa (práxis). Para Marx, que nesse momento estava dedicado à compreensão das bases históricas da luta de classes, particularmente da luta entre burguesia e proletariado, parecia vazio, uma mera inversão do sistema hegeliano, carente de qualquer conteúdo próprio e, portanto, para sempre na sombra do grande sistema que ele havia refutado. Além disso, como demonstrou o jovem hegeliano Max Stirner (1806-1856) em sua obra *O único e sua propriedade* (1844), o humanismo abstrato de Feuerbach, uma vez que carecia de qualquer base genuína, poderia ser dialeticamente superado, transformado em simples egoísmo e niilismo, a doutrina de que "nada é mais importante para mim do que eu mesmo" e que, portanto, "todas as coisas são nada para mim" (Stirner, 1995, p. 5, 7, 324).

Feuerbach, como Marx e Engels insistiram n'*A ideologia alemã*, tanto aceitou quanto ao mesmo tempo não compreendeu a realidade existente. O ser, para Feuerbach, era o mesmo que a essência, e uma contradição entre os dois não era, portanto, permitida. Ao dissolver a alienação religiosa na existência material, Feuerbach, então, perdeu de vista a alienação terrena real. Ele, portanto, não conseguiu desenvolver um materialismo prático. A natureza e a essência feuerbachianas eram abstrações, mesmo que em nome do materialismo. "A 'essência' do peixe", escreveriam Marx e Engels n'*A ideologia alemã*,

> corresponde exatamente ao seu 'ser', a água. [...] A 'essência' do peixe de água doce é a água de um rio. Mas esta água deixa de ser a 'essência' do peixe e não é mais um meio adequado de existência tão logo o rio passa a servir a indústria, tão logo ele é poluído por corantes e outros resíduos e navegados por navios a vapor, ou tão logo sua água é desviada em canais onde a simples drenagem pode despojar o peixe de seu meio de existência.

Tudo isso apontava para o fato de que o ser do peixe estava, em certo sentido, alienado como um resultado da práxis humana. Todas essas contradições entre ser e essência demandavam, assim, soluções puramente práticas (Marx; Engels, 1975, v. 5, p. 58-59).

A ruptura de Marx com o materialismo feuerbachiano era, portanto, inevitável. Ademais, foi no contexto dessa ruptura que o materialismo mais prático de Marx, sua concepção materialista da história, é articulada pela primeira vez. A ruptura ocorreu na primavera de 1845, quando Marx, tendo sido expulso da França a pedido do governo da Prússia, estava vivendo em Bruxelas. Foi lá que Marx escreveu as *Teses sobre Feuerbach*, que foram encontradas 40 anos mais tarde por Engels em um antigo caderno. De acordo com Marx,

> o defeito fundamental de todo materialismo anterior – inclusive o de Feuerbach – está em que só concebe as coisas, a realidade, o sensível sob a forma de *objeto*, ou de *contemplação*, mas não como *atividade sensível humana, prática*, não de modo subjetivo. Consequentemente, aconteceu de que o lado *ativo*, em contradição com o materialismo, fosse desenvolvido pelo idealismo – mas apenas de modo abstrato, já que, é claro, o idealismo não conhece atividade real e sensível como tal.

O materialismo foi apartado de todo sentido de história e de agência humana prática, que, ironicamente, foi mais bem capturado, ainda que em forma abstrata, pela filosofia idealista. O objetivo do novo materialismo, argumentava Marx, deve ser, portanto, "o de apreender a significância da atividade 'revolucionária', prático-crítica". O objetivo era tirar o controle do idealismo sobre o lado ativo da vida, a liberdade humana, ao mesmo tempo retendo uma base materialista (Marx; Engels, 1975, v. 5, p. 6-8).

É importante notar que Marx, ao criticar "todo materialismo anterior" por seu caráter contemplativo, estava também criticando o materialismo de Epicuro. Marx argumentava que, para os epicuristas, "o ócio divino é apresentado como o ideal de vida, em vez da 'vida ativa'" (Marx; Engels, 1975, v. 5, p. 139). No entanto, o materialismo de Epicuro era, ainda assim, mais prático, ou seja, mais autoconscientemente político em sua rejeição tanto do ideal platônico da *polis* e do Estado helênico quanto do materialismo de Feuerbach, como Marx estava claramente ciente. De fato, como argumentou Marx em sua tese de doutorado, Epicuro buscou trazer um lado *ativo*, enfatizando a contingência e, portanto, a liberdade humana, ao materialismo – que antes de Epicuro era simplesmente uma forma de determinismo mecanicista.

Feuerbach, afirmava Marx, esqueceu que a autoalienação religiosa, a formação de um mundo religioso, duplicado e imaginário sobreposto a um mundo real abaixo dele, também significa que as formas seculares são caracterizadas pela autoclivagem e devem ser criticadas e transcendidas. "Portanto, por exemplo, uma vez que se descobre que a família terrena é o segredo da sagrada família, a primeira deve então ser criticada na teoria e transformada na prática" (Marx; Engels, 1975, v. 5, p. 7). A crítica da base religiosa do pensamento foi somente o primeiro passo em direção à crítica das contradições terrenas reais. Aplicando esse princípio à concepção materialista da natureza de Marx, podemos dizer que, para ele, a eliminação das concepções teleológicas da natureza, ou seja, a autoalienação dos seres humanos com relação à natureza, tal como expressa na teologia cristã, era simplesmente o primeiro passo na crítica da alienação real e material dos seres humanos com relação à natureza dentro da produção.

Rejeitando todo o essencialismo (com exceção da natureza prática e transformativa da própria humanidade, como *Homo faber*), Marx argumentou que "a essência humana não é nenhuma abstração inerente a cada indivíduo. É, em realidade, o *conjunto* das relações sociais".[4] Em outras palavras, os seres humanos não consistem de alguma *natureza humana* fixa que reside em cada indivíduo, mas, ao contrário, como ele argumentaria mais tarde, toda a história não era nada mais do que o

---

[4] A tradução nessa sentença segue Marx, em Engels (1941, p. 82-84).

desenvolvimento (ou seja, autodesenvolvimento) da natureza humana por meio das relações sociais.

Exibindo os efeitos da crítica de Stirner à Feuerbach, que havia mostrado que a concepção abstrata de humanismo de Feuerbach era indefesa frente a uma crítica que reduziu aquele humanismo a mero egoísmo, Marx escreveu que "o ponto mais alto alcançado pelo materialismo contemplativo, isto é, o materialismo que não compreende o sensível como atividade prática, é a contemplação de indivíduos isolados na 'sociedade civil'. O ponto de vista do velho materialismo é a 'sociedade *civil*'; o ponto de vista do novo é a sociedade *humana*, ou a humanidade associada". Um materialismo prático, portanto, reconhecia que

> a coincidência da transformação das circunstâncias e da atividade humana só pode ser concebida e racionalmente compreendida como prática revolucionária [...]. Os filósofos não fizeram mais que *interpretar* o mundo de formas variadas; trata-se, porém, de *transformá-lo*. (Marx; Engels, 1975, v. 5, p. 7-8).

Uma consequência do novo materialismo prático de Marx, entretanto, era que o foco do pensamento materialista foi deslocado da natureza para a história, sem negar a prioridade ontológica da primeira. É verdade que Marx tendia a ver sua concepção materialista da história como enraizada em uma concepção materialista da natureza, que juntas constituíam o domínio da história natural (em seu sentido baconiano, que incluía a produção humana). Não obstante, a ênfase de sua crítica social foi majoritariamente sobre o desenvolvimento histórico da humanidade e sua relação alienada com a natureza, e não na evolução mais ampla da própria natureza.

Se a concepção materialista da natureza e a concepção materialista da história continuaram integradas no materialismo prático de Marx, foi principalmente, como ele sugeriria mais tarde em A *miséria da filosofia*, por meio do conceito de "*mors immortalis*" (morte imortal), que ele tomou de Lucrécio e que expressava a ideia de que, nas palavras de Marx, o único fato eterno e imutável era "a abstração do movimento", ou seja, "a mortalidade absolutamente pura". A história natural e social representava processos de desenvolvimento transitórios; não havia essências eternas, formas divinas ou princípios teleológicos para além desse mundo mortal (Marx, 1963, p. 110, 114; Lucrécio, 1994, p. 88).

Em nenhum momento o domínio da natureza externa foi simplesmente ignorado na análise de Marx. Porém, ao desenvolver o materialismo histórico, ele tendia a lidar com a natureza unicamente na medida em que ela era trazida dentro da história humana, já que ficava cada vez mais difícil de encontrar uma natureza intocada pela história humana. Nesse aspecto, a força de sua análise estava em sua ênfase sobre a qualidade da interação entre humanidade e natureza, ou o que ele eventualmente chamaria de "metabolismo" da humanidade com a natureza: por meio da produção.

O "novo materialismo" das *Teses Sobre Feuerbach* foi desenvolvido muito mais sistematicamente no grande trabalho de Marx e Engels, *A Ideologia Alemã* (1846), em que eles romperam com o materialismo, naturalismo e humanismo puramente contemplativos de Feuerbach, substituindo-os por um materialismo, naturalismo e humanismo práticos, ou seja, a concepção materialista da história. Ainda que a ruptura com Feuerbach fosse a característica central deste trabalho (que não seria publicado durante a vida de Marx e Engels), ele também incluía críticas extensas à filosofia do egoísmo de Stirner – que Stirner ofereceu como a resposta dialética ao humanismo de Feuerbach – e aos assim chamados "verdadeiros socialistas", que haviam tentado construir um socialismo baseado no humanismo e no naturalismo abstratos de Feuerbach. O método dos Jovens Hegelianos consistia em mostrar que a religião, Deus e a teleologia estavam contidos, sucessivamente, em cada categoria do mundo e, consequentemente, eram refutadas como meramente religiosas. Stirner levou isso mais longe, tornando o "homem" ou a própria humanidade um conceito religioso e descartando-o. O mundo humano, ou seja, o humanismo, deveria ser, portanto, descartado *en bloc* (Marx; Engels, 1975, v. 5, p. 29). Para Marx e Engels, todas essas visões abstratas e especulativas de um "criticismo crítico" precisavam ser contrapostas por meio do desenvolvimento de uma concepção materialista da história

> As premissas com que começamos não são arbitrárias, não são dogmas, são premissas reais, e delas só na imaginação se pode abstrair. São os indivíduos reais, as suas ações e as suas condições materiais de vida, tanto as que encontraram como as que produziram pela sua própria ação. Estas premissas são, portanto, constatáveis de um modo puramente empírico.

A primeira premissa de toda a história humana é, é claro, a existência de indivíduos humanos vivos. Portanto, o primeiro fato a ser estabelecido é a organização física destes indivíduos e sua consequente relação com o restante da natureza. É claro que aqui não poderemos entrar na efetiva natureza física do homem nem nas condições naturais em que o homem se encontra – geológicas, oro-hidrográficas, climáticas e assim por diante. Toda a historiografia tem de partir dessas bases naturais e de sua modificação ao longo da história por meio da ação dos homens.

Os homens podem ser distinguidos dos animais pela consciência, pela religião ou por qualquer outra coisa que se queira. Eles mesmos começam a distinguir-se dos animais assim que começam a *produzir* seus meios de subsistência, um passo que é condicionado por sua organização física. Ao produzirem os seus meios de subsistência, os homens estão indiretamente produzindo a sua vida material.

O modo com que os homens produzem seus meios de subsistência depende, antes de mais nada, da natureza dos meios de subsistência que eles de fato encontram na existência e têm de reproduzir.

Esse modo de produção não deve ser considerado simplesmente como sendo a reprodução da existência física dos indivíduos. Ao contrário, trata-se de uma forma determinada de atividade desses indivíduos, uma forma determinada de expressar suas vidas, um *modo de vida* determinado de sua parte. Conforme os indivíduos expressam a sua vida, assim o são. O que são, portanto, coincide com sua produção, tanto com *o que* eles produzem quanto com *como* eles produzem. Portanto, o que os indivíduos são depende das condições materiais de sua produção.

Essa produção somente aparece com o *aumento da população*. Por sua vez, isso pressupõe a *relação* dos indivíduos entre si. A forma da relação é, novamente, determinada pela produção (Marx; Engels, 1975, v. 5, p. 31-32).

Assim, Marx e Engels partiram de uma ontologia materialista ou realista, na qual a natureza, o mundo material, era uma precondição da existência humana, e a produção dos meios de subsistência era uma precondição da vida humana em todas as suas múltiplas determinações e, consequentemente, da sociedade humana. A análise que segue é construída a partir deste ponto, traçando o desenvolvimento de diferentes modos de produção, associado com as diferentes fases no desenvolvimento da divisão do trabalho e das classes por meio do longo curso da história humana, e especialmente com as grandes eras representadas pelas sociedades da Antiguidade, feudal e capitalista.

Feuerbach – Marx e Engels argumentam – "postula o 'Homem' em vez do 'homem histórico real'". De modo similar, ele postula a natureza em vez da história natural. Ele reconhece a desarmonia existente entre humanidade e natureza e, consequentemente, a alienação da natureza. Mas sua resposta é sempre procurar a "verdadeira essência" das coisas, da natureza, da humanidade. Ele não vê a natureza em transformação com a história. "Ele não vê que o mundo sensível ao redor dele não é uma coisa dada diretamente desde toda eternidade [...], [mas] um produto histórico, o resultado da atividade de toda uma sucessão de gerações".

Para Marx e Engels, o que Bruno Bauer chamou de "a antítese na natureza e na história" refletia uma tendência de ver a natureza e a história como "duas 'coisas' separadas", como se a natureza histórica e a história natural não fossem dois lados de uma única realidade material. Em contraste a isso, se poderia dizer que "a célebre 'unidade do homem com a natureza' sempre existiu na indústria [...]. Mesmo [...] a ciência natural 'pura' possui uma finalidade, bem como o seu material, somente por meio do comércio e da indústria, por meio da atividade sensível dos homens". Por um lado, a natureza não pode ser reduzida à história humana. Por outro, a natureza, tal como a percebemos, não pode ser facilmente dissociada da história humana e da atividade sensível dos seres humanos à medida que se desenvolve com uma dada divisão do trabalho, envolvendo relações específicas com a natureza. "Em tudo isso", eles sublinham, "a prioridade da natureza externa se mantém intocada e nada disso tem aplicação aos homens originais produzidos pela *generatio aequivoca* [geração espontânea – ou seja, não por Deus]". Ainda assim, segue sendo verdade que

> a matéria, a natureza, a natureza que precedeu a história humana não é, de nenhuma maneira, a natureza em que vive Feuerbach, é a natureza que hoje já não existe em lugar nenhum (exceto, talvez, em algumas ilhas de

174 A CONCEPÇÃO MATERIALISTA DA HISTÓRIA

corais australianas de origem recente) e que, portanto, tampouco existe para Feuerbach.

Em última instância, a deficiência do materialismo de Feuerbach é a sua dissociação da atividade, da prática e da história. "Na medida em que é materialista, Feuerbach não se ocupa da história e, na medida em que considera a história, ele não é materialista. Com ele, o materialismo e a história divergem completamente" (Marx; Engels, 1975, v. 5, p. 39-41).[5]

Em contraste, Marx e Engels postulam como:

> A primeira premissa de toda a existência humana e, portanto, de toda a história que os homens devem estar em uma posição de viver de forma a serem capazes de 'fazer história'. Mas a vida envolve, antes de tudo, comer e beber, morar, vestir e várias outras coisas ['condições geológicas, hidrográficas etc.']. O primeiro ato histórico é, portanto, a produção dos meios para satisfazer tais necessidades, a produção da própria vida material. E, de fato, este é um ato histórico, uma condição fundamental de toda a história, que hoje, assim como há milhares de anos, deve ser realizado diariamente e a toda hora simplesmente para sustentar a vida humana.

Segue-se que "a produção da vida, tanto da própria vida no trabalho como da vida nova na procriação [...] aparece como uma relação dupla: de um lado, como uma relação natural e, de outro, como uma relação social" (Marx; Engels, 1975, v. 5, p. 41-43).

Ao discutirem a evolução histórica da divisão do trabalho, Marx e Engels não somente apresentaram sua célebre discussão sobre a propriedade tribal, a propriedade estatal ou comunal da Antiguidade, a propriedade feudal ou estamental, e a propriedade privada burguesa, mas também deram considerável ênfase, desde o princípio, na emergência histórica do antagonismo entre cidade e campo. Como eles explicaram, "a divisão do trabalho dentro de uma nação leva, a princípio, à separação do trabalho industrial e comercial do trabalho agrícola, e, portanto, à separação da *cidade e do campo* e ao conflito de seus interesses". Se a sociedade da Antiguidade era baseada principalmente na cidade – aqui eles têm em mente a *polis* grega –, a sociedade feudal era baseada no campo. É

---

[5] Vale notar que a teoria pioneira de Darwin sobre recifes de coral foi publicada apenas alguns anos antes de Marx e Engels afirmarem isso, reconhecendo os recifes de coral como um domínio da natureza de origem comparativamente recente no tempo geológico que permaneceu, em grande medida, intocado pela humanidade.

somente sob o capitalismo, porém, que o antagonismo entre cidade e campo se torna plenamente desenvolvido, "a mais importante divisão do trabalho material e mental". De fato, "a contradição entre cidade e campo", escrevem Marx e Engels,

> somente pode existir dentro da estrutura da propriedade privada. É a expressão mais crassa da submissão do indivíduo sob a divisão do trabalho, sob uma atividade determinada que ele é forçado a realizar – uma submissão que transforma um homem em um animal urbano limitado, outro em um animal rural limitado, e cria diariamente um novo conflito entre seus interesses.

Foi esta divisão, insistiam Marx e Engels, que resultou na separação da população rural de "todas as relações do mundo e, consequentemente, de toda a cultura". Portanto, "a abolição da contradição entre cidade e campo é uma das primeiras condições da vida comunal" (Marx; Engels, 1975, v. 5, p. 32-34, 64-65, 401).

Geologia histórica e geografia histórica

Para entender a natureza do sistema concorrencial da propriedade burguesa foi preciso, primeiro, compreender que tal concorrência representava um estágio avançado da divisão entre cidade e campo e que os concorrentes operavam por meio de um mercado global e, consequentemente, eram capazes de tirar vantagens de condições geográficas, geológicas e hidrológicas favoráveis (Marx; Engels, 1975, v. 5, p. 374). Ao apresentar sua concepção materialista da história n'A ideologia alemã, Marx e Engels argumentaram, então, que as condições fundamentais da geologia e da geografia eram parte das condições de produção, sem as quais a indústria e, de fato, a natureza viva (como o crescimento das plantas), não poderiam existir (Marx; Engels, 1975, v. 5, p. 476). Marx tinha considerável conhecimento sobre o desenvolvimento da ciência geológica. Em seu colégio, em Trier, ele teve aulas com o então famoso geólogo alemão Johann Steininger (1794-1874), um seguidor do grande geólogo alemão – frequentemente considerado como o "pai da geologia histórica" – Abraham Gottlob Werner (1749-1817). Mais tarde, na Universidade de Berlim, Marx participou de conferências sobre antropologia ministradas por Heinrich Steffens (1773-1845), um filósofo naturalista (na tradição de Friedrich Schelling) e também um importante geólogo e mineralogista que havia participado de conferências ministradas por Werner (Uranovsky, 1935, p. 139; Ospovat, 1972, v. 14, p. 257-259).[6] Em sua própria *Filosofia da natureza*, Hegel também se apoiou largamente na teoria werneriana de geologia histórica (um campo que o próprio Werner chamou de "geognose", termo formado pelas palavras gregas para terra e conhecimento) (Werner, 1971, p. 102; Laudan, 1987, p. 88).

Foi Werner, como escreveu a historiadora da geologia contemporânea Rachel Laudan, "quem fez da formação o conceito central de geologia histórica". Antes de Werner, as rochas eram classificadas pelos geólogos principalmente nos termos dos critérios do método de trabalho, extensão e localização dos mineiros ou a ênfase dos mineralogistas sobre os minerais constituintes. Werner, entretanto, insistiu que, em suas palavras, as "diferenças essenciais" entre as rochas de vários tipos seriam encontradas em seu "modo e tempo de formação". Como explica Laudan, "ao fazer da restrição temporal uma característica determinante das formações, ao fazer do tempo sua essência, Werner definiu as formações como entidades históricas e únicas, e não como espécies naturais" (Laudan, 1987, p. 94-95).

Os postulados básicos da teoria mais especulativa da sucessão geológica de longo prazo de Werner eram que a Terra, no princípio, foi envolvida por um oceano universal e que as rochas importantes que constituíam a crosta terrestre surgiram como precipitados ou sedimentos daquele oceano. Mais importante do que isso, talvez, foi o fato de que, desde o princípio, Werner enfatizava a imensidão do tempo geológico, se referindo ao tempo que separava o presente de quando a Terra estava coberta de água como sendo de "talvez 1 milhão de anos" (um número que, enquanto ridiculamente pequeno em relação ao que os geólogos argumentariam uma ou duas gerações depois, era ainda assim um afastamento significativo dos relatos cristãos anteriores). Em suas conferências sobre geognose, ele falava da história da Terra "em contraste com a qual a história escrita é somente um ponto no tempo" (Werner, citado em Ospovat, 1972, v. 14, p. 259-260). O argumento de Werner sobre o tempo profundo também recebia apoio de outros campos. Em

---

6   Sobre Steininger, ver Zittel (1901, p. 258-259).

seu grande trabalho, *História geral da natureza e teoria do céu* (1755), que abordava a criação do sistema solar, Kant escreveu que "talvez tenham se passado uma série de milhões de anos e séculos antes de a esfera da natureza formada na qual nos encontramos tenha atingido a perfeição que agora possui" (Kant, 1968, p. 132-133). Kant prosseguiu falando de tempo e espaço infinitos, reconhecendo que isso estava em conformidade com as premissas de Epicuro. Ciente do "profundo abismo do tempo" ao qual suas próprias pesquisas apontavam, Werner, escrevendo na mesma época que Kant, não sentiu necessidade de relacionar sua geologia com a estória bíblica da criação. De fato, sua abordagem era decididamente materialista, residindo no princípio da sucessão geológica (Rossi, 1984. p. 111-112).

O trabalho de Werner teve enorme influência no desenvolvimento da geologia em toda a Europa. Na geração seguinte à dele, a geologia histórica se consolidou, enraizada no conceito de "formações", que substituiu as classes minerais como a chave para a reconstrução do passado. Como o geólogo inglês W. H. Fitton (1780-1861) explicou, ao desenvolver o conceito de formações, Werner foi "o primeiro a chamar a atenção dos geólogos de modo explícito para a *ordem de sucessão* que as várias famílias naturais de rochas são encontradas em geral até o presente" (Laudan, 1987, p. 139-140). Foi esse aspecto do pensamento de Werner que teria um imenso impacto no trabalho do grande paleontólogo francês Georges Cuvier (1769-1832), interessado pela tradição alemã da geognose ao desenvolver sua própria anatomia comparativa e teoria sobre a Terra, que ele buscou a partir do exame de registros fósseis. Já em 1804, Cuvier também se referia bastante casualmente até mesmo aos fósseis comparativamente recentes, encontrados nos arredores de Paris, como tendo "milhares de séculos" – apontando, portanto, para um conceito de tempo geológico que se estendia a distâncias imensas e praticamente inimagináveis (Rudwick, 1997, p. 70, 80, 265-266).[7]

---

[7]   Marx era familiarizado com o grande trabalho de Cuvier, *As revoluções do mundo*, e provavelmente leu esta obra na época de seus primeiros estudos geológicos (ver Marx; Engels, 1975, v. 42. p. 322). O trabalho de Cuvier também foi destacado por Hegel em sua *Filosofia da natureza*, com o qual Marx era bastante familiarizado. Marx continuou seus estudos de

Não obstante, a reputação de Werner na história da geologia foi muito prejudicada pelas disputas teológicas que se desenvolveram em torno da geologia nesse período. Uma vez que a teoria especulativa mais ampla de Werner sugeriu que os minerais se originaram como precipitados ou sedimentos de um oceano universal, sua abordagem foi apropriada por muitos daqueles que buscavam defender o relato bíblico do dilúvio de Noé. Os proponentes dessa ideia no interior do debate geológico ficaram conhecidos como "netunistas" e tinham como oposição os "vulcanistas", cujo arcabouço científico seria encontrado no trabalho do geólogo inglês James Hutton (1726-1797). Esta abordagem era oposta ao catastrofismo e conduzia em direção à geologia "uniformitária", mais tarde associada a Charles Lyell. O fato de que o próprio Werner não adotava a perspectiva teológica promovida pelos netunistas e de que a principal contribuição de sua abordagem teórica estava em estabelecer cuidadosamente as bases para uma geologia histórica que, em si mesma – por meio de sua ênfase na imensidão do tempo geológico –, minava o relato bíblico, estava frequentemente ausente de muitas histórias posteriores da geologia (particularmente na tradição inglesa).[8]

Em sua *Filosofia da natureza*, Hegel explicitamente rejeitou a hipótese netunista, ao mesmo tempo que argumenta, contudo, que "o grande mérito de *Werner*" foi que sua teoria tinha chamado atenção para a "sequência de formações" na história da Terra. De fato, na visão de Hegel, a principal contribuição da geognose (ou seja, da tradição werneriana) era que, ao tratar "da constituição da Terra", ela estabeleceu pela primeira vez que esta "tinha uma *história*, e que sua condição é resultado de transformações sucessivas. Nelas estão as impressões digitais de

---

literatura geológica ao longo de sua vida, mais tarde fazendo abundantes anotações sobre *Princípios de geologia*, de Charles Lyell.

[8] A tendência de interpretar Werner principalmente em termos da tradição "netunista" subsequente é central para o argumento de Charles Coulston Gillispie (1966). Além disso, é lugar comum na história da geologia dentro da tradição inglesa a ideia de que o conceito de tempo geológico tenha sido desenvolvido principalmente por James Hutton e Charles Lyell. Ainda que seja verdade que Hutton e Lyell, com suas perspectivas geralmente uniformitárias, tenham dado ênfase sem precedentes no princípio do tempo geológico profundo, seria errado presumir que a noção de tempo geológico não estava emergindo – em bases um tanto diferentes – também no continente, por meio da tradição werneriana, como representada pelo trabalho de Werner e muitos outros – incluindo Cuvier.

uma série de prodigiosas revoluções que formam parte de um passado remoto". Para Hegel, seguindo Werner, esse foi um processo que se produziu durante a imensidão do tempo geológico: milhões de anos. Hegel destacava o fenômeno da *"generatio aequivoca"*, a geração espontânea da vida a partir da matéria inorgânica, como algo que aconteceu em algum momento do tempo geológico: "a geração espontânea é o modo geral da vitalização manifestada pelo mar e pela terra", uma "revolução a partir do caos" (Hegel, 1970, v. 3, p. 15-24, 33-36).[9] (Aqui parece que Hegel adotou uma concepção mais evolutiva da natureza do que a concepção típica de seu pensamento).[10]

Marx, que foi introduzido a essas ideias por Steininger, Hegel e, provavelmente, Steffens (cujas aulas de antropologia sem dúvida tocavam na questão da história da Terra), não somente conhecia muito bem a teoria werneriana, mas também se posicionou nesse debate, como uma ciência da geologia histórica e não segundo a ideia netunista. Compreendeu a revolução na concepção de tempo e a evolução que ela representava. Em seus *Manuscritos econômico-filosóficos*, Marx escreve: "A criação da *Terra* recebeu um golpe poderoso procedente da *geognose*, ou seja, da ciência

---

[9] O conceito de *generatio aequivoca* era comum a Aristóteles, Lucrécio, Bacon e Hegel. Tinha tanto um significado mais específico em que se assumia que vermes poderiam ser gerados espontaneamente a partir do estrume, por exemplo, quanto um significado mais geral que sugeria que a vida emergiu originalmente da matéria inanimada sem a necessidade da intervenção de Deus. Lucrécio usou o conceito em ambos os sentidos, mas enfatizou o segundo. Em Hegel e Marx, somente o sentido mais geral é evidente, e foi fortemente influenciado pelas visões da geognose werneriana. Consequentemente, o tratamento geral de Hegel sobre a geognose e a *generatio aequivoca* se encaixa bem com uma perspectiva materialista integral. Ainda assim, em sua análise se introduz como outra hipótese (e, pensa ele, talvez superior) uma abordagem oposta à noção da evolução humana a partir dos animais e da criação separada, mais em consonância com as considerações da Gênese. Não há dúvida que Hegel queria defender uma visão antropocêntrica (e, em última instância, religiosa) nessas áreas, e somente deu lugar para as descobertas da ciência relutantemente (Hegel, 1970, v. 3, p. 23).

[10] Hegel não somente se referiu à *generatio aequivoca* mas também insistiu que a vida e a matéria inorgânica eram radicalmente distintas. "Mesmo se a terra fosse uma vez desprovida de seres vivos e limitada ao processo químico etc., tão logo o lampejo de ser vivo atingisse a matéria, uma formação determinada e completa está presente; e emerge plenamente armada, como Minerva da fronte de Júpiter. A consideração da criação dada pela Gênese ainda é a melhor, na medida em que ela diz de forma muito simples que as plantas, os animais e o homem foram criados em dias separados." (Hegel, 1970, v. 3, p. 22).

que expõe a formação da terra, o desenvolvimento da terra, como um processo, como autogeração. A *generatio aequivoca* é a única refutação prática da teoria da criação" (Marx; Engels, 1975, v. 2, p. 304-305).[11] Posteriormente, ao escreverem sobre a *"generatio aequivoca"*, n'A *Ideologia Alemã*, Marx e Engels insistiram em uma ontologia materialista em seu enfoque sobre a origem da vida na Terra. Com respeito a isso, Marx se manteve fiel à opinião de Epicuro, tal como exposta por Lucrécio, de que "o nome de mãe foi concedido com razão à Terra, já que dela nasce tudo" (Lucrécio, 1994, p. 195 [V. 780-800]).[12]

Valentino Gerratana explica que a noção de *generatio aequivoca* tinha se tornado, no início do século XIX, um conceito filosófico *geral*, que transcendia todo o contexto filosófico *específico*. "A função da ideia de *generatio aequivoca* é, portanto, equivalente, nos escritos do jovem Marx, à mesma ideia evolucionista da geração de espécies" (Gerratana, 1973, p. 60-82). Não significava nada além da hipótese da origem materialista da vida (que a ciência não havia sido capaz de estabelecer). Posteriormente, no *Anti-Dühring* (1877-1878), Engels, criticando "os mais presunçosos defensores da geração espontânea" na ciência, insistia que "no que tange

---

[11] (Diferente da edição de *Collected Works*, as edições da Vintage e da International Press de Marx, Karl, *Early writings* contêm um erro óbvio aqui: se referindo à "geogenia" em vez de "geognose").

[12] Ao se referir à *"generatio aequivoca"*, Marx (embora ele tenha levantado a questão principalmente em um contexto geológico – ou seja, a autogeração da Terra) poderia estar ciente do trabalho de Pierre Louis Moreau de Maupertuis (1698-1759), quem primeiro levou a análise newtoniana à França. Maupertuis se opôs aos aspectos deterministas e criacionistas do newtonismo e voltou à Epicuro e Lucrécio para se inspirar, enfatizando a contingência. Ele era um forte crítico da teologia natural e do argumento do desígnio. Ao lado de outros materialistas, Maupertuis se referiu à "geração espontânea" ao explicar a origem da vida. Essa ideia tomou formas diferentes, algumas mais sofisticadas que outras. Uma versão mais sofisticada foi desenvolvida por Jean Baptiste Pierre Antoine de Monet, Chevalier de Lamarck (1744-1829), em termos da geração espontânea somente dos organismos mais simples a partir da matéria não viva, que gradualmente se transformaram em organismos mais complexos, de acordo com a escala da natureza. A ideia de geração espontânea era, portanto, associada com a transformação (ou evolução) das espécies. (Maupertuis, em contraste com Lamarck, defendeu uma teoria da evolução em saltos, a forma mais comum de teoria evolucionária antes de Darwin, na qual novas espécies emergiam não gradualmente, mas por saltos repentinos). Para os materialistas/evolucionistas, opostos ao criacionismo, era essencial que a vida tivesse se originado em algum momento a partir da matéria não viva, embora o processo por meio do qual isso tivesse ocorrido não estivesse esclarecido. Ver Mayr (1982, p. 328-329; e 1991, p. 18).

à origem da vida [...] até o presente, a ciência somente é capaz de dizer com certeza que deve haver surgido como consequência da ação química" (Engels, 1939, p. 82). Ao mesmo tempo, contestou ainda mais duramente aqueles que negavam toda a questão materialista que havia por trás da ideia geral da geração espontânea, desde uma base criacionista, como resposta ao enigma da existência.

Hoje, com base em uma compreensão científica muito mais ampla, a questão da origem da vida na Terra pode ser tratada com precisão muito maior. A abordagem dominante é similar àquelas visões iniciais mais especulativas que surgiram da concepção materialista da natureza, no sentido de que a vida é vista como tendo se originado da matéria inanimada, e não como resultado da criação divina. Agora é possível, no entanto, explicar por que a vida, se originada a partir da matéria não viva, não continuou a fazê-lo. Assim, como os notáveis cientistas Richard Levins e Richard Lewontin escreveram:

> A lei de que toda a vida surge da vida foi estabelecida somente há aproximadamente um bilhão de anos. A vida, originalmente, surgiu da matéria inanimada, mas este surgimento tornou sua ocorrência contínua impossível, porque os organismos vivos consomem as moléculas orgânicas complexas necessárias para recriar a vida *de novo*.[13] Ademais, a atmosfera redutora que existia antes do início da vida foi convertida, pelos próprios organismos vivos, em uma atmosfera que é rica em oxigênio reativo. (Levins e Lewontin, 1985, p. 277)

Nas palavras eloquentes de Rachel Carson, "as condições da jovem Terra produziram vida; a vida, então, modificou de pronto as condições da Terra, de modo que este único ato extraordinário de geração espontânea não poderia ser repetido" (Carson, 1998, p. 230).

Aqui, a referência de Carson à "geração espontânea" reflete o fato de que, quando uma explicação materialista das origens da vida foi finalmente apresentada nos anos 1920, no que é conhecido como a hipótese de Oparin-Haldane – desenvolvida independentemente por dois pensadores materialistas e marxistas, Alexander Oparin, na União Soviética, e J. B. S. Haldane, na Grã-Bretanha –, o argumento era construído de modo

---

[13] Expressão latina usada comumente na língua inglesa para significar "desde o início", "a partir do zero". (N.E.)

a explicar como, se a "geração espontânea" é sabidamente impossível, a vida poderia mesmo assim ter se originado espontaneamente a partir da natureza. A resposta está parcialmente na bioquímica, parcialmente na análise já fornecida pelo ecólogo russo V. I. Vernadsky em sua teoria apresentada na obra *Biosfera* (1926) de que a atmosfera, como a conhecemos, foi produzida pela própria vida. Ao produzir a atmosfera, a vida alterou as condições em relação àquelas que possibilitaram a "geração espontânea".[14]

Para além da geologia histórica, Marx também foi fortemente influenciado pelo desenvolvimento da geografia histórica. Enquanto estudante na Universidade de Berlim, ele participou de conferências do grande geógrafo histórico idealista Karl Ritter (1779-1859), cuja abordagem histórica e teleológica ao estudo da geografia foi uma importante influência em Hegel na composição de suas *Lições da filosofia da história*. Hegel adotou, em adição à abordagem geográfica específica de Ritter das relações entre os vários continentes, a correlação inversa de Ritter entre a civilização e o grau de dependência da natureza.[15] Ritter notoriamente argumentou que:

> As distâncias, as influências naturais, mesmo as produções naturais, sempre contribuem para a vitoriosa marcha do homem, e desaparecem ante seu passo; ou, em outras palavras, a raça humana está cada vez mais liberta das forças da natureza; o homem está cada vez mais emancipado da dominação da terra que ele habita. A história de distritos específicos e de continentes inteiros confirma isso.

A abordagem de Ritter à história da terra era, em última instância, teleológica, rastreável à mão divina da providência. Mas tinha um caráter mais imediatamente evolucionista no sentido de refletir um processo de longo prazo do desenvolvimento orgânico, rastreável a causas mecânicas.

Consequentemente, para Ritter, a Terra – o objeto da geografia – deveria ser encarada de forma histórica (bem como de forma teleológica). "A história da Terra mostra, em todos os monumentos do passado, que ela foi sujeita em todas as características, em toda divisão de si mesma,

---

[14] Os ensaios originais de Oparin e Haldane podem ser encontrados no Apêndice I do trabalho monumental de Bernal, 1967.
[15] Ver Hegel (1975, p. 173-179, 218); Quaini (1982, p. 20-26).

a transformações incessantes", demonstrando que "ela é capaz daquele desenvolvimento orgânico que enfatizo tanto" (Ritter, 1881, xxi, p. 59).[16] Havia, portanto, um cerne racional na aparência mística da geografia de Ritter.

O impacto mais importante de Ritter no pensamento ambiental ocorreria por meio de sua influência no grande conservacionista da Nova Inglaterra, George Perkins Marsh, o autor de *O homem e a natureza* (1864) – um trabalho que Lewis Mumford chamou de "a nascente do movimento de conservação". Marsh diria que seu livro era "um pequeno volume mostrando que enquanto Ritter e Guyot [um seguidor suíço de Ritter que emigrou para os Estados Unidos] pensam que a terra fez o homem, de fato foi o homem que fez a terra" (Marsh, 1965, ix, p. 35-36, 42-43; Mumford, 1971, p. 35). O que Marsh queria dizer com isso era que seria necessário incorporar as ideias críticas essenciais de Ritter (se afastando de seu determinismo geológico normal) de que a emancipação dos seres humanos da natureza, que progredia com a civilização, significava que a humanidade agora era uma força potente na transformação do planeta, com consequências frequentemente devastadoras (o subtítulo do livro de Marsh era *A Terra transformada pela ação humana*).

Portanto, as ideias históricas de Ritter foram usadas por Marsh para refutá-lo, a fim de levantar a questão da dominação humana sobre a terra. Um processo similar ocorreu com o discípulo de Ritter, Marx, que n'*A ideologia Alemã*, como vimos anteriormente, apontou para o fato de que a Terra que existia antes do surgimento da humanidade era agora extremamente difícil de encontrar. Ainda mais, a natureza dessa transformação humana da natureza – e suas consequências por vezes devastadoras – emergiram gradualmente como uma importante consideração no pensamento de Marx.

A crítica aos socialistas verdadeiros

Com essa extensa visão histórica tanto da história natural quanto da humana, Marx e Engels estavam impacientes com as concepções a-históricas e mistificantes da natureza e da humanidade encontradas

---

[16] Sobre Ritter, ver Freeman (1961, p. 32-40, 321).

no trabalho dos "socialistas verdadeiros" de meados da década de 1840 – uma corrente intelectual que estava bastante disseminada, mas que desapareceu com as revoluções de 1848. Era um grupo de escritores alemães que misturaram um humanismo e um naturalismo abstratos com vários conceitos retirados da Economia Política, a fim de criar uma noção de "socialismo" predicada na ideia de restabelecer a humanidade e a natureza verdadeiras, ignorando a todo tempo as bases materiais do desenvolvimento humano e da história natural. A própria expressão "socialismo verdadeiro" foi apropriada por Marx e Engels de Karl Grün, um dos principais representantes dessa tendência.

Um principal alvo de Marx e Engels era um artigo chamado "Cornerstones of socialism" ["Pilares do socialismo"], escrito por Rudolph Matthäi. Tratando Matthäi não como um intelectual importante por si mesmo, mas simplesmente como um representante da tradição do "socialismo verdadeiro", Marx e Engels o citaram lamentando: "pode o homem saudar a Terra uma vez mais como a *terra* de sua felicidade? Ele *reconhece* novamente a Terra como seu lar original? Por que então ele ainda deve manter a vida e a felicidade separadas? Por que ele não rompe com a última barreira que cliva a vida terrena em duas metades hostis?". Desejando reconciliar a humanidade com a natureza, este verdadeiro socialista convidou o leitor a caminhar pelo domínio da "natureza livre" a fim de superar a alienação dos seres humanos com relação à natureza por meios espirituais proporcionados pela própria natureza:

> [F]lores alegres [...] carvalhos altos e imponentes [...] sua satisfação, sua felicidade estão em suas vidas, seu crescimento, suas florescências [...] uma multitude infinita de pequenas criaturas nos pastos [...] aves das florestas [...] uma fogosa tropa de jovens cavalos [...]. Eu vejo [diz o 'homem'] que essas criaturas não conhecem nem desejam nenhuma outra felicidade que não seja a que existe para elas na expressão e no gozo de suas vidas. Quando a noite cai, meus olhos contemplam uma incontável multitude de mundos que giram uns ao redor dos outros no espaço infinito, de acordo com leis eternas. Em suas revoluções vejo uma unidade de vida, movimento e felicidade. (Matthäi, 1975, v. 5, p. 471)

O verdadeiro socialista via a discórdia entrando neste mundo pela mão do "homem", ou seja, da humanidade abstrata. Para Marx e Engels, o erro desta forma de "mistificação filosófica" está na noção de que a humanidade deveria ser reunificada com uma "natureza livre". O verdadeiro socialista considera que a resposta está em emitir uma "convocação" à natureza, "pressupondo que esta dicotomia [esta alienação] não existe na natureza" também. E já que "o homem" também é um "corpo natural", tampouco deveria existir para a humanidade. Perante isso, Marx e Engels assinalam a luta pela existência que tem lugar na natureza, que não pode mais ser vista como pura. Escrevendo em uma linguagem que duas décadas mais tarde seria chamada de "darwinista", eles observam que "o 'Homem' também poderia observar muitas outras coisas na natureza, por exemplo, a concorrência mais amarga entre plantas e animais". De fato, eles seguem argumentando que:

> Hobbes tinha razões muito melhores [do que o verdadeiro socialista] para invocar a natureza como uma prova de sua *bellum omnium contra omnes* [A guerra de todos contra todos], e Hegel, em cuja construção depende nosso socialista verdadeiro, por perceber na natureza a clivagem, o período mal-arranjado da Ideia Absoluta e até por chamar o animal de a angústia concreta de Deus. (Matthäi, 1975, v. 5, p. 471-473)

O verdadeiro socialista, como representado por Matthäi, então argumenta que, para que a sociedade seja livre, ela deve ser refeita à imagem da natureza. Matthäi afirmou que, "assim como a planta individual demanda solo, calor e sol, ar e chuva para seu crescimento, para que possa ter folhas, flores e frutos, o homem também *deseja* encontrar na sociedade as *condições* para o pleno desenvolvimento e satisfação de todas as suas necessidades, inclinações e capacidades". Para o que Marx e Engels respondem – do ponto de vista da concepção materialista da natureza – que

> a planta não 'demanda' da natureza todas as condições de existência enumeradas acima; a não ser que as encontre já presentes, ela nunca se torna uma planta; ela continua um grão de semente. Ademais, o estado das 'folhas, flores e frutos' depende em grande medida do 'solo', do 'calor' e assim por diante, das condições climáticas e geológicas de seu crescimento. Longe de 'demandar' qualquer coisa, a planta é vista como completamente dependente das condições reais de existência.

O socialista verdadeiro usa essa visão mistificante da natureza para produzir uma visão mistificante da sociedade; de forma que a sociedade, ou seja, a criação do "socialismo verdadeiro", é também uma mera questão de desejo, e não uma questão das condições de sua existência.

Nessa resposta ao socialismo verdadeiro, Marx e Engels, portanto, apresentaram em termos extremamente claros a relação entre a concepção materialista da natureza e a concepção materialista da história. Ao ignorar a distinção entre seres humanos como seres naturais e seres sociais – e por não compreender que o trabalho, por meio do qual a humanidade transforma a natureza e suas relações sociais, é a essência do processo histórico humano –, o socialista verdadeiro simplesmente reduz os seres humanos "à igualdade com todas as moscas, todo punhado de palha, toda pedra". Para Marx e Engels, respondendo ao naturalismo sentimental e espiritualista dos socialistas verdadeiros, é necessário reconhecer "a luta do homem com a natureza", que é parte da história humana. Os verdadeiros socialistas eliminaram as distinções sociais que separam os seres humanos dos animais, enquanto também falharam em compreender as bases humanas reais da alienação com relação à natureza (Matthäi, 1975, v. 5, p. 475-476, 479, 481).

Essa crítica do socialismo verdadeiro, e de sua abordagem puramente espiritual e sentimentalista da natureza, semelhante à adoração da natureza, nos ajuda a entender a resposta de Marx e Engels à obra de George Friedrich Daumer, A *religião da nova era* (1850), que eles examinaram em 1850. Daumer (1800-1875) não somente criticou o cristianismo; ele também buscou restabelecer a religião e a sociedade em linhas que eram, segundo Marx e Engels, "reacionárias mesmo se comparadas ao cristianismo". O que eles chamaram de "o culto da natureza" de Daumer poderia ser visto nos seguintes versos dele:

> Sagrada Natureza, doce Mãe,
> Em Vossas pegadas coloco meus pés.
> Minhas pequenas mãos à Vossa mão agarram,
> Me sustente como em arreios![17]

---

[17] No original, "Hold me as in leading strings!". Leading strings eram pedaços de tecido costurados às roupas de crianças que estavam aprendendo a andar, para que os adultos pudessem guiar e dar suporte à criança, comum nos séculos XVII e XVIII. (N. E.)

Para Marx e Engels isso era simplesmente demais. Ademais, eles apontaram que o "culto da natureza", nos trabalhos de Daumer, tinha um caráter superficial e a-histórico. De fato, isso podia ser visto – ainda que eles não o dissessem – como oferecendo algo do mesmo inventário da teologia natural. Portanto, as observações sentimentais de Daumer com relação à natureza em seu trabalho, como eles demonstraram ao citar volume e página, estavam confinadas aos

> passeios de domingo de um habitante de uma pequena cidade provincial que se maravilha infantilmente com o cuco colocando seus ovos no ninho de outra ave, com as lágrimas terem sido criadas para manter a superfície de seus olhos molhada, e assim por diante, e que, finalmente, treme em reverência enquanto recita a *Ode à primavera* de Klopstock para suas crianças. Não há dúvida, é claro, a respeito das ciências modernas que, juntamente com a indústria moderna, revolucionaram toda a natureza e colocaram um fim nas atitudes infantis do homem com relação à natureza [...]. Mas em vez disso, recebemos misteriosos indícios e atônitas [...] noções sobre as profecias de Nostradamus e clarividências em escoceses e magnetismo animal. De resto, seria desejável que a economia camponesa vagarosa da Bavária, o terreno onde prosperam padres e pessoas como Daumer, seja finalmente arada pelo cultivo e pelas máquinas modernos. (Marx; Engels, s.d., p. 95)

Para Marx e Engels, o sentimentalismo reacionário sobre a natureza, que buscou restabelecer velhas relações feudais de hierarquia, ao mesmo tempo que recusava as condições materiais em transformação, deveria ser rejeitado. Melhor para os camponeses se sua relação com a terra fosse transformada por relações de produção mais "modernas". Longe de indicar uma falta de empatia com os camponeses ou com "a terra", sua recusa aqui era simplesmente uma rejeição de uma relação reacionária com ambos. Foi nesse mesmo ano que Engels escreveu seu grande trabalho, *As guerras camponesas na Alemanha* (1850), que glorificou o campesinato revolucionário do século XVI e sua luta, sob a liderança de Thomas Müntzer, para romper com a propriedade privada e construir uma nova relação comunal com a terra.

O "prometeísmo" mecanicista de Proudhon

Marx se familiarizou com os escritos dos socialistas franceses ainda em 1842, quando ele se referiu aos trabalhos de Charles Fourier (1772-1837) e Pierre Joseph Proudhon (1809-1865) em um artigo para a *Gazeta Renana*. Fourier forneceu ideias importantes em áreas como a condição das mulheres, a degradação da natureza e a natureza do trabalho associado. Para Fourier, "a extensão dos privilégios às mulheres é o princípio geral de todo progresso social". Sobre a natureza, ele escreveu: "Como os nossos descendentes amaldiçoarão a civilização ao ver tantas montanhas despojadas e nuas, como aquelas no sul da França!" Em seu "regime associativo", Fourier previu um aumento em 20 vezes da pesca em poucos anos, "se um acordo pudesse ser feito para pescar apenas nos períodos adequados, em quantidades a serem reguladas pelos requisitos de reprodução, e se um quarto do tempo gasto arruinando os rios fosse dedicado à caça de lontra". Fourier, assim como o socialista utópico inglês Robert Owen, buscou tratar das questões populacionais por meio da dispersão da população – em oposição à crescente concentração populacional em grandes centros urbanos na sociedade burguesa, acompanhada pelo despovoamento do campo (Fourier, 1901, p. 77, 109, 115-117, 120, e 1996, p. 160-161; Owen, 1993, v. 2, p. 69, 84-85).

Mas foi Proudhon que teria uma influência muito maior – tanto positiva quanto negativa – no pensamento de Marx. Os seguidores tardios de Proudhon tendiam a ser mais influenciados por seu trabalho inicial *O que é a propriedade?* (1840) – um trabalho mais conhecido por sua resposta: "É roubo". Foi aqui que Proudhon mostrou a inclinação anarquista de seu pensamento. Marx também ficou vastamente impressionado com esse trabalho. Em seu mais antigo artigo sobre o comunismo, escrevendo para a *Gazeta Renana* em 1842, Marx mencionou "o trabalho perspicaz de Proudhon", que, junto a outros trabalhos teóricos menores em linhas similares, "não podem ser criticados com base em lampejos de pensamento superficiais, mas somente após longo e profundo estudo" (Marx; Engels, 1975, v. 1, p. 220).

Em *O que é propriedade?*, Proudhon desenvolveu um tema que mais tarde seria central para o trabalho de Marx: a saber, a ideia de que a adição de trabalho à terra ou a matérias-primas no curso da produção não justificava (como na teoria do direito natural de propriedade de Locke) a propriedade privada da terra, bem como a exclusão da maioria da população daquilo que deveria continuar sendo uma relação comunal com a terra. Escrevendo sobre a venda estatal das florestas e outras terras que, por direito, pertenciam à toda a população, Proudhon observou (em termos que mais tarde seriam ecoados pela crítica de Marx n'*O capital*) que,

> Mesmo que a nação fosse proprietária, pode a geração de hoje desapropriar a geração de amanhã? O povo as possui a título de usufruto; o governo as rege, superintende, protege e aprova leis de justiça distributiva. Se a nação também faz concessões de terra, ela concede somente seu uso; ela não tem direito de vendê-las ou de aliená-las de nenhuma maneira. Não sendo proprietária, como poderia alienar a propriedade? [...] Destrua a terra ou (o que é a mesma coisa) venda-a; e você não somente aliena uma, duas ou mais safras, mas você aniquila todos os produtos que poderia derivar delas – você e suas crianças e as crianças de suas crianças. (Proudhon, 1994. p. 82-84)

Marx e Engels continuaram a oferecer seus maiores elogios para *O que é a propriedade?* em *A sagrada família*, dizendo que "Proudhon realiza uma investigação crítica – a primeira investigação resoluta, implacável e, ao mesmo tempo, científica – da base da Economia Política, a *propriedade privada*. Este é o grande progresso científico que ele fez, um progresso que revolucionou a Economia Política e possibilitou, pela primeira vez, uma ciência real da Economia Política" (Marx e Engels, 1975, v. 4, p. 32).

Apenas dois anos mais tarde, entretanto, Marx responderia de forma um tanto diferente a um trabalho posterior de Proudhon. Desde 1843, Marx estudava a Economia Política da Grã-Bretanha em ritmo acelerado. O impacto desses estudos já era aparente nos *Manuscritos econômico-filosóficos*, n'*A sagrada família*, e n'*A ideologia alemã*. Mas foi *A miséria da filosofia* (1847) que seria o primeiro trabalho de Marx mais preocupado com economia do que com filosofia. Ironicamente, isso tomou a forma de uma crítica ao *Sistema das contradições econômicas ou filosofia da miséria* (1846), de Proudhon.

O *Sistema das contradições econômicas* foi um tipo de trabalho inteiramente diferente de *O que é propriedade?* Mais conhecido por seu subtítulo, *A filosofia da miséria*, esta obra constituía uma mistura peculiar de uma tentativa de crítica da Economia Política, de um lado, e uma tentativa de tornar a sociedade burguesa mais social, de outro – tudo isso envolto em alegorias retiradas da Antiguidade e de referências teleológicas à providência. Para Marx, veio a exemplificar o que ele e Engels chamariam, no *Manifesto comunista*, de "socialismo burguês", que eles definiram como uma tentativa de construir a sociedade burguesa sem suas misérias e sem o proletariado – ou, ao menos, sem a oposição do proletariado (Marx; Engels, 1998, p. 52-53).

O *Sistema das contradições econômicas* começa e termina (em seu primeiro volume) com o conceito de providência, por meio do qual a humanidade foi "assimilada ao absoluto, implicando a identidade das leis da natureza e as leis da razão". A "hipótese de Deus" em uma civilização que acaba por negar Deus, escreve Proudhon em tom irônico, era necessária para que a natureza providencial da história pudesse ser entendida. Do mesmo modo que Deus como a causa efetiva da providência não pode ser afirmado pela razão, o humanismo, "que equivale a afirmar, na economia social, o comunismo; na filosofia, o misticismo e o *status quo*", equivale ao desenvolvimento da ideia de providência (desta vez com a humanidade como sua causa efetiva), que não era nada mais do que "uma restauração religiosa" – a qual, da mesma maneira, não pode ser afirmada pela razão. O que nos resta, de acordo com Proudhon, é uma noção de providência, no sentido de ordem, progresso, destino – "uma relação secreta de nossa alma e, por meio dela, de toda a natureza, com o infinito" (Proudhon, 1972, p. 28, 468-469).

Dentro desta estrutura filosófica peculiar, Proudhon buscou desenvolver sua "filosofia da pobreza", que começou com conceitos de valor e seguiu examinando fenômenos como divisão do trabalho, maquinaria, concorrência e monopólio. Para explicar suas visões econômicas, Proudhon decidiu retratar a sociedade e simbolizar a atividade humana por meio da personificação de ambas no nome de "Prometeu". "Prometeu, segundo a fábula", ele escreve, "é o símbolo da atividade humana. Prometeu rouba o fogo dos céus e inventa as primeiras artes; Prometeu prevê o futuro e deseja se igualar a Júpiter; Prometeu é Deus. Então nos permita chamar a sociedade de Prometeu". Para Proudhon, "Prometeu [...] estende sua conquista sobre a Natureza". Ele aprende que "a justiça é simplesmente a proporcionalidade de valores". De fato,

> Prometeu sabe que um dado produto custa algumas horas de trabalho, outro custa dias, semanas, anos; ele sabe, ao mesmo tempo, que todos estes produtos, organizados de acordo com seu custo, formam a progressão da riqueza. Primeiro, então, ele garantirá sua existência fornecendo a si mesmo as coisas de menor custo e, consequentemente, as mais necessárias; então, tão logo sua posição se torne segura, ele buscará artigos de luxo, procedendo

> sempre, se ele for sábio, de acordo com a posição natural que cada artigo ocupa na escala de preços. (Proudhon, 1972, p. 96-97)

Portanto, a sociedade, ou "Prometeu", reconhecia que, de acordo com "a lei da proporção", as mercadorias variam em preço desde os bens mais baratos, que eram as necessidades básicas da vida, aos mais caros, que eram os bens de luxo. Isso se dava porque "a sociedade produz primeiro as coisas *de menor custo e, consequentemente, as mais necessárias*". As indústrias que eram mais simples e envolviam os menores custos surgiram com o início da civilização: "*coleta, pastoreio, caça e pesca*, que muito depois foram seguidas pela agricultura" (todas formas de "indústria extrativista"). As indústrias mais avançadas somente puderam se desenvolver com maiores avanços da produtividade, cujo modelo se encontrava naquelas indústrias mais simples. Para Proudhon, a determinação de valor/riqueza era simplesmente a distribuição proporcional dos custos determinados pelo tempo de trabalho. A produtividade aumenta, portanto, quando "Prometeu [em quem os conceitos de Deus, trabalho e proprietário são dissolvidos] encontra uma maneira de produzir em um dia a mesma quantidade de um certo objeto que antes ele produzia em dez". Tais inovações, sugere Proudhon, iniciam com as indústrias extrativistas, que são responsáveis pelo desenvolvimento do calendário e da fabricação de relógios e relógios de bolso (Proudhon, 1972, p. 98-101).

Proudhon segue argumentando, em uma linguagem bíblica e carregada de mitos, que no primeiro dia da criação "Prometeu" emerge "do ventre da Natureza" e começa a trabalhar; no segundo dia ele descobre a divisão do trabalho; e no terceiro Prometeu "inventa as máquinas, descobre novos usos para as coisas, novas forças na Natureza" (Proudhon, 1972, p. 117-118). O objetivo da sociedade, compreendido em tais termos "prometeicos", é o de criar o maior valor e a maior variedade econômica para a sociedade e realizar isso proporcionalmente para cada indivíduo, de acordo com a distribuição justa de recompensas econômicas de acordo com o tempo de trabalho. Isto é, para Proudhon, trata-se da socialização do trabalho, que pode ser construída nas bases da sociedade existente. "Onde quer que o trabalho não tenha sido socializado [...], há irregularidade e desonestidade na troca" e a sociedade é desarmoniosa. A providência, representada não por Deus, mas por Prometeu (que é tanto Deus quanto não Deus, ou seja, a humanidade alienada, burguesia e proletariado), aponta para uma lei de proporção que leva a uma condição mais harmoniosa (Proudhon, 1972, p. 126-128).

Para Proudhon, a essência do antagonismo entre o proletariado e a sociedade reside simplesmente na divisão do trabalho, que parecia impedir um desenvolvimento harmonioso. O problema, então, se tornou demonstrar "a síntese que, conservando a responsabilidade, a personalidade, em resumo, a especialidade do trabalhador, unirá a extrema divisão e a maior variedade em um complexo e harmônico todo". A resposta era a mecanização, a materialização do prometeísmo mecanicista de Proudhon, a chave para o progresso e a providência. Ele escreve que

> Todas as máquinas podem ser definidas como um resumo de diversas operações, uma simplificação de poderes, uma condensação do trabalho, uma redução dos custos. Em todos esses aspectos, a mecanização é a contrapartida da divisão. Portanto, por meio da mecanização virá uma restauração do operário *parcellaire* [fragmentado], um decréscimo na fadiga do trabalhador, uma queda no preço de seu produto, um movimento na relação de valores, progresso em direção a novas descobertas, avanço no bem-estar geral.

Consequentemente, por meio da mecanização, "Prometeu, assim como Netuno, alcança em três passos largos os confins do mundo" (Proudhon, 1972, p. 168, 174-175).

Essa mesma tendência de descobrir harmonia na socialização das formas econômicas existentes seria encontrada na análise de Proudhon sobre renda, onde ele argumenta, baseado em uma discussão confusa da teoria da renda de Ricardo, que neste estágio do desenvolvimento havia se tornado necessário

> *ligar mais fortemente o homem à natureza:* ora a renda foi o preço deste novo contrato [...]. Por essência e destinação, a renda, pois, é um instrumento de justiça distributiva [...] A renda, ou, melhor dizendo, a propriedade, liquidou o egoísmo agrícola e criou uma solidariedade que nenhuma força, nenhuma repartição de terras teria engendrado. [...] Atualmente, alcançado o efeito moral da propriedade, resta fazer a distribuição da renda. (Proudhon, citado em Marx, 1963, p. 155-156)

Para Marx, essas ideias do Proudhon tardio representavam um desafio teórico direto para o movimento socialista que florescia e requeria uma crítica em grande escala. N'A *miséria da filosofia*, Marx contesta todo o *Sistema das contradições econômicas* de Proudhon e, no contexto, expandiu de maneira muito mais completa em relação a sua própria crítica da Economia Política e da concepção materialista da história até então em desenvolvimento. Marx argumentou que Proudhon, em vez de explicar a gênese histórica das relações sociais – ao reconhecer que os seres humanos são "os atores e autores de seu próprio drama", e que a história é, nesse sentido, "profana" –, recorreu a noções reificadas. Seriam elas as leis imutáveis e os princípios eternos, tais como suas referências às leis da proporção; Prometeu (um "personagem estranho", completamente divorciado do mito original, mas representando a mitologia própria de Proudhon); e, acima de tudo, a providência. "Essa maneira de explicar as coisas" de Proudhon, escreve Marx (se referindo à criação do mundo social por Prometeu em três dias bíblicos), "liga-se simultaneamente aos gregos e aos hebreus, é simultaneamente mística e alegórica". (Proudhon, citado em Marx, 1963, p. 99, 115). Mais tarde, nos *Grundrisse*, Marx faria essa crítica de maneira ainda mais explícita, ao explicar que nada era mais conveniente para um pensador como Proudhon que "oferecer um relato histórico-filosófico da origem de uma relação econômica cujas origens históricas ele ignora, ao inventar o mito de que Adão ou Prometeu tropeçaram na ideia já pronta, que então foi adotada, etc.". Tal lugar--comum era, de fato, a-histórico, já que ignorava todo o *desenvolvimento* histórico e, em consequência, a especificidade histórica (Marx, 1973, p. 84-85). O prometeísmo mecanicista desse tipo foi, assim, uma forma de reificação (a tradução de relações humanas reais em relações entre coisas) e, portanto, uma forma de esquecimento histórico que reforçava o *status quo*.

N'A *Miséria da Filosofia*, Marx atacou toda a ênfase de Proudhon na providência: "Providência, fim providencial – eis as grandes palavras que se utilizam hoje para explicar a marcha da história. Na realidade, essas palavras nada explicam: são, no máximo, formas declamatórias, maneiras, como quaisquer outras, de parafrasear os fatos". Se alguém dissesse que "o objetivo providencial da instituição da propriedade fundiária na Escócia era ter os homens expulsos pelas ovelhas", alguém poderia capturar a forma e a substância de tal "história providencial".

E, no entanto, por detrás da simples palavra "providência", argumentava Marx, há toda uma história da expansão da propriedade fundiária, da produção de lã, das terras aráveis transformadas em pastagens, da abolição das pequenas propriedades, dos cercamentos, da remoção forçada dos camponeses de suas terras – de fato, a substância real, material, e o curso da história. Ao colocar a providência no centro de sua análise, Proudhon, afirmava Marx, adotou essencialmente um tipo de posição teológica, a despeito de seus comentários irreverentes sobre Deus, ou, em outras palavras, inventou uma abordagem teleológica para a natureza e a sociedade (Marx, 1963, p. 119-120).[18]

Marx era particularmente crítico do prometeísmo mecanicista de Proudhon, sua derivação da mecanização diretamente da divisão do trabalho – e do tratamento disso como a realização de um "objetivo providencial". O "novo Prometeu" de Proudhon é uma imagem à semelhança de Deus que esconde a visão puramente metafísica da mecanização oferecida por ele, que a separa das relações sociais de produção e exploração, e a vê seguindo sua própria lógica tecnológica. Rejeitando a noção de Proudhon de que a mecanização é "a síntese", a solução para a divisão do trabalho, Marx faz uma consideração longa e detalhada das origens históricas da mecanização e de sua relação com a divisão do trabalho (incluindo a "divisão internacional do trabalho"), o mercado, a produção, a exploração e a degradação do trabalhador. "O sr. Proudhon compreendeu tão pouca coisa do problema da divisão do trabalho", escreveu Marx em uma carta para P. V. Annenkov (28 de dezembro de 1846), "que nem mesmo menciona a separação entre cidade e campo, que, na Alemanha, se operou entre os séculos IX e XII ". Para Marx, a abordagem fetichista de Proudhon sobre a mecanização, que atribui a ela um caráter "prometeico" reificado e descarta suas origens e condições históricas, somente produz uma teleologia falsa e mecanicista, característica do pior da ideologia industrial burguesa. "Nada é mais absurdo", escreve Marx, "do que ver nelas [nas máquinas] a *antítese* da divisão do

---

18 É claro que Marx estava ciente de que o conceito de providência tinha sido empregado na Antiguidade pelos estoicos em oposição ao materialismo de Epicuro – como retratado na *Natureza dos deuses*, de Cícero.

trabalho, a *síntese* que restabelece a unidade no trabalho fragmentado" (Marx, 1963, p. 98-99, 132-144, 184).

As relações sociais, a tecnologia e as ideias, na visão de Marx, estavam em constante transformação e somente poderiam ser vistas como formas fixas por meio de um processo de reificação, no qual suas raízes históricas fossem esquecidas. As ideias em si mesmas, escreveu,

> são tão pouco eternas quanto as relações que exprimem. Elas são *produtos históricos e transitórios*. Há um movimento contínuo de crescimento nas forças produtivas, de destruição nas relações sociais, de formação nas ideias; de imutável, só existe a abstração do movimento – *mors immortalis* [morte imortal – Lucrécio]. (Marx, 1963, p. 109-110)[19]

Marx também forneceu uma extensa crítica à visão de Proudhon de que a sociedade produz primeiro suas necessidades mais básicas, uma vez que elas são as de menor custo, e somente então se volta aos bens de luxo mais custosos. Em contraste à Proudhon, Marx argumentou que o preço dos bens manufaturados tendeu a diminuir, enquanto o dos bens agrícolas aumentaram – quando comparados à Idade Média. "Atualmente, é mais fácil produzir o supérfluo que o necessário". Para Marx, a produção e o uso de produtos era condicionada pela produção social, que era, em última instância, baseada no antagonismo de classes. Algodão, batatas e bebidas alcoólicas destiladas são os objetos mais comumente utilizados; mas as batatas "geraram a escrófula";[20] o algodão substituiu a lã e o linho, ainda que este último seja de "maior utilidade"; e, finalmente, as bebidas alcoólicas destiladas são produzidas em detrimento da cerveja e do vinho, ainda que seu caráter muito mais tóxico seja reconhecido.

> Por que, então, o algodão, a batata e a aguardente são as pedras angulares da sociedade burguesa? Porque, para produzi-los, é necessário menos trabalho

---

[19] É nessa mesma seção que Marx fez sua conhecida afirmação epigramática, com frequência mal interpretada, de que "o moinho manual resulta em uma sociedade com o senhor feudal; o moinho a vapor, uma sociedade com o capitalista industrial". Em vez de sugerir algum tipo de determinismo tecnológico, Marx estava se esforçando para transcender as concepções a-históricas de Proudhon sobre a tecnologia, a sociedade, as ideias e as categorias, apontando que todas as relações sociais, as tecnologias e as próprias ideias eram históricas por natureza, parte de um processo interminável de transformação, e que todas as tentativas de argumentar com base em princípios eternos estavam, portanto, erradas. O único fato verdadeiramente imutável, como disse Epicuro, era a própria mortalidade.

[20] Termo vulgar da Linfadenite Cervical Micobacteriana, ou tuberculose linfática. (N.E.)

e, consequentemente, eles são mais baratos.[...] numa sociedade fundada na miséria, os produtos mais miseráveis têm a prerrogativa fatal de servir ao uso da grande maioria. (Marx, 1963, p. 61-63)

Marx não foi menos crítico quanto à noção de Proudhon de que a renda é um meio de "vincular o homem à natureza". Ele escreveu:

A renda separou tão perfeitamente o proprietário fundiário do solo, da natureza, que ele nem sequer necessita conhecer as suas terras, como se vê na Inglaterra. Quanto ao arrendatário, ao capitalista industrial e ao operário agrícola, eles não estão mais ligados à terra que exploram do que o empresário e o operário manufatureiro ao algodão ou à lã que fabricam; só experimentam vinculação ao preço da sua exploração, ao produto monetário. (Marx, 1963, p. 159-160)

A renda, para Marx, não pode ser uma medida precisa da fertilidade da terra, a despeito de Proudhon,

Por outro lado, a renda não poderia ser o índice constante da fertilidade de um terreno, porque a aplicação moderna da química, a cada instante, altera a natureza do solo, e os conhecimentos geológicos começam, justamente nos dias atuais, a modificar por inteiro a antiga avaliação da fertilidade relativa [...] a fertilidade não é uma qualidade tão natural como se poderia acreditar: ela se vincula intimamente às relações sociais atuais. (Marx, 1963, p. 162)

Assim, em oposição à Proudhon, "a renda, em vez de *vincular o homem à natureza*, não fez mais do que vincular [sob as condições capitalistas de produção] a exploração da terra à concorrência" (Marx, 1963, p. 163).

O socialismo burguês de Proudhon, ou melhor, a tentativa equivocada de Proudhon de fazer a produção burguesa mais social, sem alterar seu caráter essencial, é revelada mais explicitamente, para Marx, pelo posicionamento de Proudhon de que a justiça tem a ver simplesmente com a distribuição proporcional do tempo de trabalho, ou seja, a universalização do princípio de a cada um de acordo com seu trabalho. Para Marx, em contraste,

a determinação do valor pelo tempo de trabalho – ou seja: a fórmula que o sr. Proudhon nos oferece como a fórmula regeneradora do futuro – não é mais que a expressão científica das relações econômicas da sociedade atual, como, bem antes do sr. Proudhon, Ricardo demonstrou-o clara e nitidamente.

Para Marx, a perspectiva de Proudhon é uma solução inadequada para os problemas colocados pela sociedade capitalista, uma vez que uma estratégia revolucionária demanda uma ruptura com esse sistema de produção e distribuição de acordo com o tempo de trabalho (e, portanto, com a lei do valor da sociedade capitalista) e a determinação das relações de produção e distribuição de acordo com as necessidades humanas genuínas. Como ele explicaria muitos anos depois na *Crítica ao programa de Gotha*, o princípio de "a cada um de acordo com seu trabalho" deve ser substituído pelo princípio "de cada um de acordo com sua possibilidade, a cada um de acordo com sua necessidade". Portanto, o que era necessário era uma ruptura decisiva com "a lei do valor" do capitalismo, não sua generalização (Marx, 1963, p. 69).

Para Marx, portanto, a análise de Proudhon era inferior àquela dos economistas científicos (como Ricardo), uma vez que ele teve de recorrer à "magia" (Marx tinha em mente o recurso ao novo Prometeu de Proudhon) para explicar – ou melhor, para justificar – as relações de produção e distribuição sob o capitalismo. Ao mesmo tempo, o *Sistema das contradições econômicas* de Proudhon ficou aquém da análise do comunismo (que Proudhon atacou), uma vez que não "superou, mesmo que de forma especulativa, o horizonte burguês". Contra o misticismo confuso, até mesmo idealista, de Proudhon, Marx contrapôs o princípio materialista, derivado de Lucrécio, da "*mors immortalis*" (morte imortal) ou mortalidade pura absoluta – ou seja, o materialismo prático e o reconhecimento da natureza histórica, contingente e transitória da realidade – que somente poderia ser abordada, de acordo com Marx, desde o ponto de vista da produção material, ou da luta dos seres humanos pela existência (Marx, 1963, p. 126, 114).

A visão do *Manifesto Comunista*

As críticas tanto ao malthusianismo quanto ao "prometeísmo" mecanicista de Proudhon foram centrais ao argumento do *Manifesto Comunista* (1848), que apresentou a concepção materialista da história na forma de um manifesto revolucionário pela primeira vez. O *Manifesto* foi comissionado em 1847 pela Liga Comunista Alemã. Ele teve sua origem nos "Princípios do comunismo", que Engels rascunhou a pedido da Liga para se contrapor a uma proposta de conjunto de princípios chamado "Confissão de fé", cujo modelo foi a obra de inspiração fourierista *Con-*

fissão de fé comunista (1844), de Moses Hess. (Houve duas "Confissões de Fé" escritas em resposta a Hess na luta sobre qual seria o credo da Liga Comunista. Uma delas, conhecida como "A confissão de fé comunista", datada de junho de 1847, era essencialmente um primeiro esboço, adotado provisoriamente pela Liga e demonstrando a influência de Engels. A segunda, de outubro de 1847, foi o "Princípios do comunismo", de Engels). O sucesso dos "Princípios" de Engels e a esmagadora influência que Marx e Engels exerceram no segundo congresso da Liga Comunista entre novembro e dezembro de 1847, em Londres, resultaram na solicitação, por parte da Liga, de que Marx e Engels elaborassem um esboço final dos princípios adotados. Com base nos "Princípios" de Engels, Marx esboçou a obra-prima anônima *O manifesto do Partido Comunista*, publicada pela primeira vez em Londres, em fevereiro de 1848 (Marx e Engels foram revelados como os autores em 1850).[21]

Dada a natureza das críticas anteriores de Marx ao "prometeísmo" mecanicista de Proudhon, é um tanto irônico que o *Manifesto*, quando lido desde uma perspectiva ecológica, seja frequentemente visto como o *locus* primordial da assim chamada visão "prometeica" de Marx da relação ser humano-natureza. De acordo com essa crítica bastante comum, Marx adotou o que o ambientalista socialista Ted Benton – ele próprio um crítico de Marx nesse aspecto – chamou de "uma visão 'produtivista' 'prometeica' da história" (Benton, 1989, p. 82). Reiner Grundmann, escrevendo em seu *Marxismo e ecologia*, argumenta que "a premissa básica de Marx" era o "modelo prometeico" da dominação da natureza – uma posição que Grundmann tenta defender (Grundmann, 1991, p. 52 e 1991, p. 120). Para o liberal Victor Ferkiss, entretanto, nenhuma defesa do tipo é possível: "a atitude de Marx com relação ao mundo sempre reteve aquele impulso prometeico, glorificando a conquista humana da natureza" (Ferkiss, 1993, p. 108). Essa visão é apoiada pelo sociólogo Anthony Giddens, que reclama da "atitude prometeica" que caracterizava o tratamento de Marx sobre a relação ser humano-natureza em seus trabalhos em geral (excluindo seus primeiros escritos), o que significava que "a preocupação de Marx em transformar as relações sociais humanas de

---

[21] Sobre as origens do *Manifesto Comunista*, ver Beamish (1998, p. 218-239) e Struik (1971).

exploração, expressas nos sistemas de classes, não se estende à exploração da natureza" (Giddens, 1981, p. 59-60). O ecólogo social John Clark vai ainda mais longe:

> O 'homem' [...] prometeico de Marx é um ser que não está em casa na natureza, que não vê a terra como o 'lar' da ecologia. Ele é um espírito indomável que deve submeter a natureza em sua busca pela autorrealização [...]. Para tal ser, as forças da natureza, seja na forma de sua própria natureza interna não dominada, seja os poderes ameaçadores da natureza externa, devem ser subjugadas. (Clark, 1989, p. 258)

Até mesmo o socialista revolucionário Michael Löwy alega que Marx adotou uma "concepção otimista, 'prometeica', do desenvolvimento ilimitado das forças produtivas" que era "totalmente indefensável [...], sobretudo desde o ponto de vista da ameaça ao balanço ecológico do planeta" (Löwy, 1997, p. 33-34).[22]

Esta acusação de "prometeísmo", é importante compreender, implicitamente carrega certas premissas anti-modernistas (pós-modernistas ou pré-modernistas) que se tornaram sacrossantas em muito da Teoria Verde. Ao que aparece, o ambientalismo verdadeiro demanda nada menos do que a rejeição da própria modernidade. A acusação de prometeísmo é, portanto, uma forma indireta de estigmatizar o trabalho de Marx e o marxismo como um todo como uma versão extrema de modernismo, mais facilmente condenável nesse aspecto do que o próprio liberalismo. Assim, o ambientalista pós-moderno Wade Sikorski escreve que "Marx [...] foi um dos mais devotos adoradores das máquinas de nossos tempos. O capitalismo deveria ser perdoado de seus pecados, pois [...] estava no processo de aperfeiçoamento das máquinas" (Sikorski, 1993, p. 138).

Ironicamente, essa crítica a Marx como prometeico – que tem uma história muito longa dentro da crítica a Marx, se estendendo aos primeiros anos da Guerra Fria – parece ter emergido de forma muito indireta a partir da própria crítica de Marx a Proudhon nesse aspecto. Portanto, a

---

[22] Mesmo Bhaskar, apesar de seus estudos normalmente exemplares, cai na armadilha dessa visão, se referindo "ao prometeísmo tecnológico" dos "trabalhos intermediários e tardios" de Marx (Bhaskar, 1983, p. 325). Nesse aspecto, o mais influente de todos é Kolakowski (1978, p. 412-414). Essa crítica à Marx como "prometeico" foi recentemente sujeita a uma série de refutações por vários autores. Ver Foster (1997, p. 149-162); Burkett (1999); e Sheasby (1999, p. 5-44).

crítica de Marx sobre as bases mítico-religiosas da análise de Proudhon sobre a mecanização e a modernidade foram, de alguma forma, transpostas (dentre aqueles que perderam de vista a verdadeira história desta crítica) em uma crítica ao próprio Marx – como se tais visões fossem características dele, e não de Proudhon. Tal crítica, de fato, segue um padrão bem estabelecido. Como notou Jean Paul Sartre, "um argumento 'antimarxista' é somente o rejuvenescimento aparente de uma ideia pré-marxista". Consequentemente, nada é mais comum entre os críticos de Marx – por mais irônico que isso possa parecer – que atribuir a ele as visões de outros pensadores radicais (Proudhon, Blanqui, Lasalle e assim por diante) que ele buscou transcender. No caso do assim chamado "prometeísmo", a crítica de Marx a Proudhon, nesse aspecto, não poderia ser mais clara – com exceção, é claro, daqueles que não leram o próprio Proudhon e, portanto, não têm uma compreensão verdadeira da natureza da crítica de Marx (Sartre, 1963, p. 7).[23]

Para Marx, o Prometeu a ser admirado era a figura mítica revolucionária do *Prometeu acorrentado* de Ésquilo, que desafiou os deuses do Olimpo e trouxe o fogo (luz, iluminismo) para os seres humanos. Como Bacon, ele associou Prometeu ao surgimento da ciência e do materialismo – e, portanto, com a figura iluminista da Antiguidade, Epicuro.[24] A imagem posterior de Prometeu como representante do mecanicismo estava completamente ausente de seus escritos – exceto no contexto de sua crítica ao prometeísmo mecanicista de Proudhon.

A acusação de "prometeísmo" dirigida contra Marx por pensadores como Benton e Giddens é direcionada, acima de tudo, ao *Manifesto comunista*, em que Marx e Engels fizeram referência à "subjugação da natureza pelo homem" e ao "idiotismo da vida rural" – pontos que, tomados de modo isolado e literal, podem parecer refletir uma crítica inadequada, de fato um ponto de vista "prometeico". Ainda assim, o *Manifesto*, apesar de sua intenção popular e polêmica, já continha implicitamente uma compreensão da relação entre a concepção materialista da natureza e a

---

[23] Sobre a natureza da crítica à Marx, que regularmente atribui a Marx visões que ele vigorosamente atacava, ver Foster (1996, p. 7-30).

[24] A relação de *Prometeu acorrentado*, de Ésquilo, com os debates sobre ciência e materialismo na Antiguidade é descrito com um detalhamento admirável em Farrington (1965, p. 67-86).

concepção materialista da história, bem como ingredientes importantes de uma perspectiva ecológica – oposta ao prometeísmo mecanicista do Proudhon tardio – que enfatizava a necessária união da existência humana e natural.[25]

A primeira parte do *Manifesto* incluía o famoso panegírico de Marx e Engels à burguesia, celebrando suas realizações revolucionárias por meio das quais "tudo o que é sólido desmancha no ar", e apontando, para além dessas realizações, para as principais contradições que elas originaram – crises econômicas periódicas e o nascimento de seu próprio herdeiro aparente na forma do proletariado industrial. Foi no contexto do panegírico à burguesia que Marx e Engels se referiram ao fato de que o capitalismo

> submeteu o campo à cidade. Criou cidades enormes, aumentou prodigiosamente a população urbana em comparação com a rural e, dessa forma, arrancou uma grande parte da população do idiotismo da vida do campo. Assim como colocou o campo sob o domínio da cidade, também pôs os povos bárbaros e semibárbaros na dependência dos civilizados, as nações agrárias sob o jugo das burguesas, o Oriente sob o Ocidente. (Marx; Engels, 1998, p. 12)

Simplesmente por causa do uso da frase "idiotismo da vida do campo", isso foi, por vezes, caracterizado como uma posição antiecológica. Portanto, é válido olhar mais cuidadosamente para o lugar que essa afirmação ocupa na análise de Marx e Engels. Primeiro, Marx tinha uma educação clássica e, portanto, sabia que o significado de "*idiota*", na Atenas antiga, vinha de "*Idiotes*", um cidadão que foi excluído da vida pública e que, diferente daqueles que participavam das assembleias públicas, viam a vida pública (a vida da *pólis*) desde um ponto de vista estreito, paroquial e, portanto, "idiótico". Segundo, e mais importante, Marx e Engels estavam falando aqui nada além do já haviam dito n'*A ideologia alemã*, em sua discussão sobre a divisão antagônica do trabalho entre cidade e campo. Ali, eles observaram que a divisão entre cidade e campo era "a divisão mais importante do trabalho material e mental": uma forma de "submissão que transforma um homem em um animal urbano limitado, outro em um animal rural limitado", e que serve para excluir a população

---

[25] Partes do argumento seguinte sobre o *Manifesto* foram desenvolvidos anteriormente em Foster (1998, p. 169-189).

rural de "todas as relações do mundo e, consequentemente, de toda a cultura" (Marx; Engels, 1975, v. 5, p. 32-34, 64-65, 401).

Ao longo de sua vida intelectual, Marx insistiu que enquanto o proletariado era privado de ar, de limpeza, dos próprios meios físicos de vida, o camponês rural sob o capitalismo era privado de toda relação com a cultura mundial e o mundo mais amplo das relações sociais. Uma porção da população explorada tinha acesso ao mundo das relações sociais (como parte da existência urbana), mas carecia de saúde física e bem-estar, enquanto outra frequentemente tinha saúde física e bem--estar (devido ao acesso ao ar puro e assim por diante), mas carecia de ligações com a cultura mundial. De fato, Marx levou a sério a observação de David Urquhart de que a sociedade estava cada vez mais dividida entre "camponeses rudes" e "anões emasculados" como resultado da divisão extrema entre a existência rural e urbana, que privava uma parte da população trabalhadora de sustento intelectual e a outra, de sustento material (Marx, 1976, v. 1, p. 637-638). Tudo isso foi usado por Marx para explicar por que o proletariado era uma força revolucionária maior que o campesinato. Ao serem forçadas para as cidades, as massas urbanas perderam sua ligação essencial com as condições naturais, mas ganharam formas de associação que as impulsionaram em direção a uma realidade social mais revolucionária. Uma das primeiras tarefas de qualquer revolução contra o capitalismo, insistiam Marx e Engels, deve ser, portanto, a abolição da divisão antagônica entre cidade e campo. O ponto não era de que a natureza deveria ser desprezada, mas de que o antagonismo entre cidade e campo era uma das principais manifestações da natureza alienada da civilização burguesa.

Marx e Engels viram a dependência do campo com relação às cidades como um produto, em parte, da enorme "aglomeração populacional" que surgiu nas cidades durante a era burguesa – uma questão que eles discutiram no parágrafo imediatamente seguinte à afirmação sobre o resgate do proletariado do "idiotismo da vida rural". Na Segunda Parte do *Manifesto*, que estava dedicada às demandas historicamente especí-ficas de proletários e comunistas, eles, então, insistiram na necessidade de realizar "uma abolição gradual da distinção entre cidade e campo, por meio de uma distribuição mais igualitária da população no campo"

– uma possibilidade que somente poderia ser alcançada por meio da "combinação do trabalho agrícola e industrial". Marx e Engels, portanto, buscaram reconectar, em um nível mais elevado, aquilo que havia sido dilacerado – o que Marx mais tarde chamaria o metabolismo humano com a natureza. Tais medidas deveriam ser combinadas, adicionalmente, com "a abolição da propriedade da terra e com a aplicação de toda a renda da terra para propósitos públicos" e "tornar cultiváveis todas as terras desperdiçadas e a melhoria geral do solo de acordo com um plano comum" (Marx; Engels, 1998, p. 29-30). Todas essas medidas poderiam ser vistas como uma resposta à abordagem malthusiana sobre a relação da população com a terra. Em contraste à Malthus, que propôs "varrer" os camponeses de suas terras para que o número de trabalhadores urbanos aumentasse, Marx e Engels (inspirados, de certo modo, pelas sugestões anteriores de Fourier e Owen) propuseram a *dispersão* da população, superando o antagonismo entre cidade e campo que eles viam como constitutivo da ordem burguesa.[26] Em vez de insistirem, com Malthus, que as melhorias no cultivo eram muito limitadas (colocando restrições extremas ao ritmo, e mesmo à dimensão, do progresso), Marx e Engels argumentaram que tais melhorias poderiam ser atingidas, particularmente se dirigidas pelo trabalho associado sob um "plano comum". A principal resposta ao malthusianismo, então, era a abolição da alienação dos seres humanos com relação à natureza.

Obviamente, porém, essa não era uma posição que argumentava que a natureza deveria ser deixada intocada pelos seres humanos. Marx e Engels já haviam rejeitado as noções puramente "sentimentais" da natureza baseadas na ilusão de que a natureza ainda se encontrava em uma condição imaculada e poderia ser deixada intocada. Como quase todos os outros indivíduos em seu tempo, eles criticavam a existência de "terras desperdiçadas" onde a oferta de alimentos ainda era uma questão. A posição deles – que se tornou mais clara na medida em que seus escritos evoluíam – era, ao contrário, a de encorajar uma relação sustentável entre seres humanos e natureza por meio da organização da produção

---

[26] Ver Engels (1975, p. 92; e 1939, p. 319).

de maneiras que levassem em consideração a relação metabólica entre seres humanos e a Terra.

O *Manifesto comunista*, como vimos, é frequentemente criticado por sua suposta *defesa* direta do "prometeísmo" mecanicista de Proudhon, que é comumente atribuído aos próprios Marx e Engels, apesar da crítica anterior de Marx a Proudhon nesse aspecto. Tais críticas, geralmente, se direcionam à afirmação de Marx e Engels, em seu panegírico unilateral à burguesia de que,

> Durante sua dominação, que ainda não completou um século, a burguesia desenvolveu forças produtivas mais maciças e colossais que todas as gerações anteriores. Dominação das forças da natureza, maquinaria, aplicação da química na indústria e na agricultura, navegação a vapor, estradas de ferro, telégrafo elétrico, desbravamento de regiões inteiras, adaptação dos leitos dos rios para a navegação, fixação de populações vindas não se sabe bem de onde – que séculos anteriores poderiam imaginar quanta força produtiva se escondia no seio do trabalho social? (Marx; Engels, 1998, p. 10)

Baseado principalmente na referência aqui à "subjugação das forças da natureza" e ao "arroteamento de continentes inteiros", Marx e Engels foram frequentemente caracterizados como insuficientemente críticos, na época em que escreveram o *Manifesto comunista*, das contradições ecológicas da produção burguesa.[27] Certamente, eles foram suficientemente baconianos em suas perspectivas para ver a subjugação das forças da natureza à humanidade, que eles associaram ao desenvolvimento da ciência e da civilização, como sendo, no todo, um bem. No entanto, isso deixa em aberto toda a questão da sustentabilidade que eles não abordaram em seu panegírico à burguesia na primeira parte do *Manifesto*.

Aqui deve ser destacado que a "subjugação das forças da natureza" está aberta a diferentes interpretações e é totalmente compatível com a mais famosa injunção de Bacon: "nós somente podemos comandar a Natureza obedecendo a ela" (Bacon, 1994, p. 43). Quanto ao "arroteamento de continentes inteiros" – Marx e Engels acreditavam que isso era algo a celebrar, já que a fome, o espectro malthusiano, havia sido, por este e por outros meios, afastada pela produção burguesa. Nada disso, no entanto, sugeria um prometeísmo mecanicista no qual as máquinas

---

[27] Ver, por exemplo, Löwy (1998, p. 20).

e a industrialização eram celebradas sem reservas às custas da agricultura – ainda que isso apontasse para o fato de que a preservação da vida selvagem não era a principal preocupação de Marx e Engels.

Qualquer pessoa que tenha lido o *Manifesto Comunista* deve estar ciente de que o panegírico à civilização burguesa que domina a seção inicial desse trabalho é meramente uma introdução a uma consideração das contradições sociais que o capitalismo engendrou e que, eventualmente, o levará à ruína. Ninguém diria que Marx, ao apresentar o capitalista como uma figura heroica, ou ao celebrar os avanços na divisão do trabalho, concorrência, globalização e assim por diante, na primeira parte do *Manifesto*, simplesmente dispensou qualquer perspectiva crítica. Em vez disso, a unilateralidade desses desenvolvimentos é apresentada de modo dialético no argumento subsequente. Assim como Marx e Engels reconheceram que as características da geração de riqueza do capitalismo eram acompanhadas por um aumento da pobreza relativa para a maior parte da população, eles também compreenderam que a "subjugação das forças da natureza" foi acompanhada pela alienação da natureza, manifesta na divisão entre cidade e campo, que eles viam como central para o capitalismo. Consequentemente, o *Manifesto* prosseguiu, ainda que com brevidade desesperada, a tratar este problema – em seu plano de dez pontos, incluído na segunda parte, menos conhecida. Em seus escritos posteriores, de forma significativa, Marx e Engels fariam da consideração sobre tais contradições ecológicas uma parte central de sua crítica à civilização moderna (e, particularmente, à sociedade capitalista).

Marx e Engels finalizaram seu panegírico à burguesia nas páginas iniciais da primeira parte do *Manifesto* com a observação de que o capitalismo, com seus gigantescos meios de produção e de troca, "mais parecem o feiticeiro que não consegue controlar os poderes subterrâneos que ele mesmo invocou ". Ainda que isso se refira, em última instância, ao proletariado, também faz referência a todo o conjunto de contradições gerado pela natureza unilateral da civilização capitalista (Marx; Engels, 1998, p. 11).

No restante da primeira parte do *Manifesto*, Marx e Engels limitaram sua argumentação às contradições que eles acreditavam que teriam um papel na transição revolucionária do capitalismo para o socialismo. Aqui, os fatores ecológicos, como a divisão entre cidade e campo, pareciam não ter nenhum papel. E é somente nas suas propostas sobre como começar a construir uma sociedade de produtores associados, no fim da segunda parte do *Manifesto*, que Marx e Engels enfatizam o que pode ser propriamente chamado de fatores ecológicos.

A razão para essa bifurcação de temas parece óbvia. Marx e Engels não trataram a destruição ambiental, de forma geral (com exceção do papel que ela tinha na vida direta do proletariado – ou seja, a falta de ar, de limpeza, dos pré-requisitos para a saúde e assim por diante) – como um fator principal no movimento revolucionário contra o capitalismo que eles viam como iminente. Onde eles enfatizaram as contradições ecológicas, eles não pareciam acreditar que estivessem desenvolvidas a tal ponto que desempenhariam um papel central na transição ao socialismo. Em vez disso, tais considerações com respeito à criação de uma relação sustentável com a natureza era parte – até mesmo uma característica distintiva – da dialética posterior da construção do comunismo.

De fato, foi precisamente porque Marx e Engels colocaram tanta ênfase na dissolução da contradição entre cidade e campo, como a chave para transcender a alienação da humanidade com relação à natureza, que eles tenderam a ver o problema ecológico em termos que transcendiam tanto os horizontes da sociedade burguesa quanto os objetivos imediatos do movimento proletário. Com cuidado para evitar cair na armadilha dos socialistas utópicos de propor projetos para uma sociedade futura que fosse muito além do movimento existente, eles, não obstante, enfatizaram – como Fourier e alguns dos outros socialistas utópicos – a necessidade de o movimento abordar a alienação da natureza na tentativa de criar uma sociedade sustentável. Nesse sentido, sua análise valeu-se não somente de sua concepção materialista da história, mas também de sua mais profunda concepção materialista da natureza. Isso, portanto, preparou o terreno para a perspectiva ecológica madura de Marx – sua teoria da interação metabólica entre a natureza e a sociedade.

5. O METABOLISMO ENTRE NATUREZA E SOCIEDADE

Antes mesmo que a tinta usada para escrever o *Manifesto Comunista* secasse, uma onda de revoluções estourou em Paris em 1848, se espalhando rapidamente por toda a Europa continental. Ainda que o próprio *Manifesto* não tenha tido um papel imediato nessa nova fase da revolução burguesa, seu senso de oportunidade não poderia ter sido melhor, e os eventos pareciam enfatizar a importância de sua análise revolucionária. Tanto Marx quanto Engels participaram nos levantes que aconteciam então na França e na Alemanha, Marx dando início a um jornal revolucionário em Colônia, a *Nova Gazeta Renana*, mas as revoluções foram rapidamente derrotadas e Marx, não mais bem--vindo na Prússia, França ou Bélgica, refugiou-se com sua família na Inglaterra, estabelecendo residência em Londres. É aí que ele viveria o resto de sua vida e onde escreveria sua maior obra, *O capital: crítica da Economia Política*.

Foi n'*O capital* que a concepção materialista da natureza de Marx se tornou plenamente integrada com sua concepção materialista da história.[1] Em sua Economia Política desenvolvida, como apresentada n'*O*

---

[1] A análise que segue não aborda, exceto tangencialmente, a relação da análise econômica de valor de Marx, n'*O capital*, com sua concepção de natureza, uma vez que isso já foi realizado por Paul Burkett, em sua obra magna, *Marx e natureza: uma perspectiva vermelha e verde* (1999). Ao contrário, a preocupação aqui é com a análise ecológica mais direta

capital, Marx empregou o conceito de "metabolismo" (*Stoffwechsel*) para definir o processo de trabalho como "um processo entre o homem e a natureza, um processo pelo qual o homem, por meio de suas próprias ações, medeia, regula e controla o metabolismo entre ele mesmo e a natureza" (Marx, 1976, p. 283). Contudo, uma "ruptura irreparável" havia emergido nesse metabolismo como resultado das relações capitalistas de produção e da separação antagônica entre cidade e campo. Consequentemente, sob a sociedade de produtores associados, seria necessário "governar o metabolismo humano com a natureza de uma forma racional", completamente além das capacidades da sociedade burguesa (Marx, 1981, p. 949-950, 959).

Esta estrutura conceitual foi importante pois permitiu que Marx amarrasse sua crítica das três principais ênfases da Economia Política burguesa: a análise da extração do excedente de produção do produtor direto; a teoria correlata da renda fundiária capitalista; e a teoria malthusiana da população, que conectava as duas anteriores. Além disso, o conceito de ruptura metabólica de Marx na relação entre cidade e campo, seres humanos e a terra, permitiu que ele penetrasse nas raízes do que os historiadores, por vezes, chamaram de "segunda revolução agrícola", que estava ocorrendo no capitalismo de seu tempo, e na crise da agricultura a qual isso estava associado, possibilitando, assim, que ele desenvolvesse uma crítica da degradação ambiental que antecipou grande parte do pensamento ecológico da atualidade. Analiticamente, a crítica de Marx sobre a agricultura capitalista passou por dois estágios: i) a crítica a Malthus e Ricardo (uma crítica em que a análise de James Anderson teve um papel central); e ii) uma consideração sobre a segunda revolução agrícola e as implicações da química do solo de Justus von Liebig, que compeliu Marx a analisar as condições subjacentes a uma relação sustentável com a Terra.

---

n'*O capital*, associada com os conceitos de ruptura metabólica e sustentabilidade – e a relação destes com a concepção materialista da natureza e da história de Marx. Para uma compreensão maior de como o argumento apresentado aqui se relaciona com a crítica de Marx à Economia Política, recomenda-se a leitura do livro de Burkett.

Superpopulação e as condições de reprodução dos seres humanos

No centro da análise de Marx sempre esteve sua crítica das noções malthusianas sobre a população, que Malthus propôs com o que Marx chamou de "fanatismo clerical". Como argumentaria Marx nos *Grundrisse* (1857-1858) – sua grande tentativa preliminar de esboçar toda sua crítica da Economia Política –, o que estava em questão aqui era o problema histórico e teórico extremamente complexo "das condições de reprodução dos seres humanos", no qual toda a história humana estava concentrada, mas que ocorria sob condições variadas em diferentes formações sociais e diferentes épocas históricas (Marx, 1973, p. 604-608).

Segundo Marx, a teoria de Malthus era significativa por duas razões: primeiro, porque deu "expressão brutal ao ponto de vista brutal do capital"; segundo, porque "*impôs* o fato da superpopulação em todas as formas de sociedade". Ainda que Marx não tenha negado – de fato, ele enfatizou – a existência da superpopulação nas sociedades anteriores, ele contestou a recusa de Malthus de olhar para as "diferenças específicas" que ela assumia nas diferentes formações sociais em diferentes fases do desenvolvimento histórico e sua redução de todos esses casos diferentes a uma relação numérica baseada em uma lei natural imutável. "Dessa forma, ele transforma as relações historicamente distintas em uma relação numérica abstrata, que ele fisgou simplesmente do nada, e que não se baseia em leis naturais nem históricas".

Especificamente, ao reduzir todas as questões de reprodução a duas equações, uma para plantas e animais usados para a subsistência humana, que Malthus insistiu serem limitados a uma progressão aritmética de crescimento, e outra para os seres humanos, que Malthus alegava que tendiam a crescer em progressão geométrica (quando não havia nenhum tipo de restrição), Malthus tinha, de acordo com Marx, cometido um erro tanto lógico quanto histórico. A alegação de que a população humana crescia geometricamente até ser restringida de forma externa (por fatores naturais como alta mortalidade infantil, doenças e fome) recusava reconhecer o caráter social e histórico da reprodução humana. Ao mesmo tempo Malthus escreveu, por vezes, como se as plantas e animais tivessem uma tendência imanente a serem limitados a uma progressão aritmética de crescimento populacional. (De fato, Malthus inicialmente não tinha explicação para essa razão aritmética). Em contraste, Marx sugeriu que não havia tal limite imanente claro para o crescimento demográfico de plantas e animais, os quais eram restringidos somente de forma externa. Se não encontrassem nenhuma barreira externa, "as samambaias cobririam toda a Terra. Sua reprodução cessaria somente onde seu espaço acabasse". Consequentemente, Malthus, de acordo com Marx, transformou erroneamente "os limites imanentes, historicamente em transformação, do processo de reprodução humana em *barreiras externas*; e as *barreiras externas* [ou seja, as restrições externas ao crescimento dos alimentos] em *limites imanentes* ou em *leis naturais* da reprodução".

O que era importante ao lidar com a questão da superpopulação era a maneira histórica específica sob a qual ela emergia em cada caso. "Em diferentes modos de produção social", escreveu Marx, "há diferentes leis de crescimento populacional e de superpopulação [...] Como parecem pequenos, para nós, os números que significavam superpopulação para os atenienses!" A teoria de Malthus, Marx argumentou,

> abstrai essas leis históricas específicas do movimento da população, que são, de fato, a história da natureza da humanidade, as leis *naturais*, mas leis naturais da humanidade somente em um desenvolvimento histórico específico [...] o ser humano malthusiano, abstraído do homem historicamente determinado, somente existe no cérebro dele; consequentemente, o método geométrico de reprodução correspondente a este homem natural malthusiano também. (Marx, 1973, p. 810)

Marx tomou partido da crítica de Ricardo a Malthus, na qual Ricardo apontou que não era a quantidade de grãos que era mais significativo para determinar a superpopulação, ou seja, a existência de indigentes, mas sim a quantidade de empregos. Mas para Marx, o ponto deveria "ser concebido de modo mais geral, e relacionado com a *mediação social* como tal, por meio da qual o indivíduo ganha acesso aos meios de sua reprodução e os cria; consequentemente, se relaciona com *as condições de produção* e sua relação com elas". A superpopulação sob o capitalismo era, portanto, determinada não simplesmente pela existência de uma população excedente relativa de trabalhadores procurando emprego e, portanto, meios de subsistência; mas mais fundamentalmente, pelas relações de produção que fez a existência contínua de tal população excedente relativa necessária para o sistema.

Marx sabia, entretanto, que uma crítica mais completa da teoria da população de Malthus necessitava uma crítica da teoria clássica da renda diferencial à qual foi eventualmente ligada. Se Malthus não ofereceu nenhuma explicação genuína para sua razão aritmética em nenhuma das seis edições de seu *Ensaio sobre a população* e, consequentemente, como Marx costumava apontar, a teoria da renda não era "de forma alguma adequada para Malthus", ainda assim, é verdade que Malthus se voltaria à teoria clássica da renda a fim de defender sua razão aritmética no final de sua vida, em *Uma visão resumida sobre o princípio da população*, e que essa foi a base sobre a qual o malthusianismo clássico acabou por repousar.

James Anderson e as origens da fertilidade diferencial

Embora seja frequentemente presumido que Marx simplesmente seguiu Ricardo no domínio da teoria da renda e na análise do desenvolvimento agrícola, ele foi, de fato, um crítico afiado dessa teoria pelo fracasso dela em compreender o desenvolvimento histórico do cultivo da terra ou do solo. Na visão de Marx, a principal fraqueza da teoria da renda de Ricardo (às vezes conhecida como a teoria malthusiana/ricardiana da renda) vinha do fracasso em incorporar uma teoria do desenvolvimento histórico (e do fato de que o desenvolvimento histórico subsequente da agricultura tornou essa teoria antiquada). Nesse aspecto, Marx argumentou que o trabalho do verdadeiro criador da teoria clássica da renda diferencial, o economista político escocês e senhor de terras James Anderson (1739-1808), era muito superior àquele de Malthus e Ricardo.[2]

Anderson desenvolveu todas as principais proposições teóricas da teoria clássica da renda já em 1777, em *Uma investigação sobre a natureza das Leis dos Cereais*, e continuou a expandi-los em trabalhos subsequentes. A renda, afirmava, era uma cobrança para o uso dos solos mais férteis. Os solos menos férteis para cultivo geravam um

---

[2] Sobre a criação da teoria clássica da renda por Anderson, ver Schumpeter (1951, p. 263-266).

rendimento que simplesmente cobria os custos de produção, enquanto os solos mais férteis recebiam um

> certo prêmio por um direito exclusivo de cultivá-los; que será maior ou menor, de acordo com a maior ou menor fertilidade do solo. É esse prêmio que constitui o que agora nós chamamos de renda; um meio pelo qual a despesa de cultivar solos com graus muito diferentes de fertilidade pode ser reduzida à perfeita igualdade. (Anderson, 1777, p. 45- 50, e 1777, p. 376)

Para Malthus e Ricardo, escrevendo décadas mais tarde, a fonte dessa fertilidade diferencial era vista quase que completamente em termos das condições da produtividade natural, independente dos seres humanos. Como escreveu Ricardo, a renda poderia ser definida como "aquela porção da produção da terra que é paga para o proprietário de terras pelo uso dos poderes originais e indestrutíveis do solo" (Ricardo, 1951, p. 67). Ainda mais, Malthus e Ricardo argumentaram – com o suposto apoio das leis naturais – que as terras naturalmente mais férteis eram as primeiras a serem incorporadas na produção e que o aumento da renda sobre essas terras e a diminuição geral da produtividade agrícola eram resultado do cultivo em terras de fertilidade cada vez mais marginal, em resposta à pressão do crescimento populacional.

Em contraste, o modelo anterior de Anderson atribuiu a existência da renda diferencial principalmente às transformações históricas na fertilidade do solo, em vez de a condições de "fertilidade absoluta". O aperfeiçoamento contínuo do solo por meio da adubação, drenagem e irrigação era possível, e a produtividade da terra menos fértil poderia aumentar até o ponto de aproximá-la à da terra mais fértil; no entanto, o inverso também era verdade e os seres humanos poderiam degradar o solo. Eram tais transformações na produtividade relativa do solo, de acordo com Anderson, que respondiam pela renda diferencial – e não as condições de fertilidade absoluta, como nos argumentos posteriores de Malthus e Ricardo.

Anderson argumentava que, onde ocorriam falhas generalizadas no aperfeiçoamento da fertilidade do solo, estas se davam, em grande parte, em consequência da falta de adoção de práticas agrícolas racionais e sustentáveis. O fato de que a terra na Inglaterra era possuída por proprietários de terras e cultivada por agricultores arrendatários

JOHN BELLAMY FOSTER

213

capitalistas, ele argumentava, colocava importantes obstáculos para a agricultura racional, uma vez que o agricultor tendia a evitar quaisquer aperfeiçoamentos cujos rendimentos totais não fossem recebidos dentro do prazo do arrendamento (Anderson, 1796. v. 3, p. 97-135).[3]

Em *Uma serena investigação das circunstâncias que levaram à presente escassez de grãos na Grã-Bretanha* (1801), Anderson argumentou que a crescente divisão entre cidade e campo levou à perda de fontes naturais de fertilizantes. Ele escreveu:

> Qualquer pessoa que tenha ouvido falar em agricultura [...] sabe que o esterco animal, quando aplicado ao solo, tende a aumentar sua fertilidade; é claro que ele deve estar ciente de que todas as circunstâncias que tendem a privar o solo desse esterco devem ser consideradas uma perda antieconômica sumamente merecedora de culpa. (Anderson, 1801, p. 73)

De fato, era possível, argumentava Anderson, pela aplicação sensata de dejetos animais e humanos, manter *"o solo para sempre*, sem a adição de nenhuma adubação estranha". Contudo, Londres, com seu gigante desperdício de tais fontes naturais de fertilidade, "que são diariamente carregadas para o Tâmisa, na passagem para o qual submete as pessoas na parte mais baixa da cidade aos eflúvios mais ofensivos", era um indicativo do quanto a sociedade havia se afastado de uma economia agrícola sustentável (Anderson, 1801, p. 75). Munido dessa análise crítica, e de uma perspectiva histórica, Anderson opôs-se diretamente à visão malthusiana de que a escassez de grãos poderia ser atribuída à crescente população humana e suas pressões sobre uma oferta limitada de terra (Anderson, 1801, p. 12, 56-64; Cannan, 1967, p. 114-115).

Marx estudou o trabalho de Anderson ainda em 1851, incorporando breves passagens de dois dos trabalhos dele em seus cadernos (Marx; Engels, 1991). Escrevendo nas décadas de 1850 e 1860 as *Teorias da mais-valia*, sua longa exegese em três partes sobre o desenvolvimento da Economia Política clássica, Marx argumentou que o cerne da contribuição de Anderson está no fato de que ele colocou a questão da fertilidade do solo em termos

---

[3]   O conflito entre o agricultor arrendatário e o proprietário de terras sobre o investimento em aperfeiçoamentos agrícolas, que se tornaria um aspecto central na crítica de Marx à agricultura capitalista da Grã-Bretanha, já era encontrada no "Esboço...", de Engels, em 1844. Ver Engels, em Marx (1964, p. 209-210).

históricos. "Anderson de forma alguma assume [...] que diferentes *graus de fertilidade* são meramente o produto da natureza". Ao contrário, "a renda diferencial dos proprietários de terras é parcialmente o resultado da fertilidade que o agricultor deu à terra artificialmente" (Marx, 1968, p. 147-148). Inicialmente, Marx enfatizou a importância do modelo de Anderson na compreensão da possibilidade de aperfeiçoamento agrícola, e como isso era consistente com a teoria da renda diferencial. Mas também se derivava da perspectiva *histórica* de Anderson (como ele mesmo demonstrou em seus escritos posteriores) que uma queda geral na fertilidade do solo deve ser atribuída não a perdas na produtividade agregada do solo devido ao cultivo de terras marginais, como na teoria ricardiana, mas a fatores tais como a falta de investimento no aperfeiçoamento do solo devido ao conflito de classes entre o agricultor arrendatário capitalista e o proprietário de terras, ou ao empobrecimento real do solo associado à falha em reciclar o esterco (devido à crescente divisão entre cidade e campo) (Anderson, 1796, v. 3, p. 97-135; Marx, 1976, p. 757; Marx, 1968, p. 244).

Portanto, ao combinar a Economia Política com a agronomia, Anderson desenvolveu, no final do século XVIII, um *corpus* teórico que era excepcionalmente premonitório – prenunciando a preocupação com a inter-relação entre a fertilidade do solo e a química do solo (além de questões como a relação entre cidade e campo e entre propriedade fundiária e agricultura capitalista), que se tornaria central aproximadamente quatro décadas mais tarde como resultado da revolução científica na química do solo. Anderson ajudou Marx a historicizar o problema da renda fundiária capitalista, ao mesmo tempo que compreendendo de forma mais completa as condições do solo. Foi a crise da fertilidade do solo na agricultura da Europa e da América do Norte e os grandes avanços na ciência do solo nos dias do próprio Marx que, no entanto, permitiriam a Marx transformar essa abordagem histórica da questão do aperfeiçoamento agrícola em uma crítica ecológica da agricultura capitalista.[4]

---

[4] Dada a negligência geral ao trabalho de Anderson, mesmo no século XIX, é interessante notar que não somente Marx, mas também Darwin, se baseou extensivamente em Anderson – no caso de Darwin, Anderson foi considerado como uma fonte confiável de informação sobre a reprodução de animais e hereditariedade e foi frequentemente citado em *A variação de animais e plantas sob a domesticação*, de Darwin. Ver Mullett (1968, p. 94-118).

Anderson não somente desenvolveu uma análise historicamente embasada da renda e do aperfeiçoamento (e da degradação) agrícola; ele também emergiu, nos últimos anos de sua vida, como um dos principais críticos do *Ensaio sobre a população* de 1798 de Malthus. *Uma serena investigação*, de Anderson, foi escrita, em grande medida, em resposta ao *Ensaio sobre a população* de Malthus – e, provavelmente, também em resposta ao panfleto de Malthus *Uma investigação sobre as causas dos altos preços atuais dos mantimentos* (1800). Anderson enviou uma cópia de *Uma serena investigação* para Malthus – provavelmente a primeira vez que ele teve contato com o trabalho de Anderson –, e se esforçou repetidamente para responder Anderson nas edições subsequentes de seu ensaio. (Marx afirmaria que a familiaridade de Malthus com o trabalho relativamente pouco conhecido de Anderson na área de economia permitiu a ele adotar sem o devido reconhecimento elementos da teoria da renda de Anderson, sem compreendê-la de modo pleno, em sua própria *Investigação sobre a natureza e progresso da renda*, de 1815).

A crítica que Anderson fez à razão aritmética de Malthus, também apresentada no terceiro volume de *Reconstruções da agricultura* (1801), foi ainda mais devastadora porque, ao apresentar esta razão (ou seja, a premissa de que a taxa de aumento de alimentos nunca poderia ir além de um incremento fixo, que ele afirmou ser, na melhor das hipóteses, igual à produção agrícola inteira do ano de 1798), Malthus ofereceu como "prova" o fato de que nenhum observador que conhecesse agricultura contradizeria essa afirmação. No entanto, Anderson, que era certamente um dos analistas que melhor conhecia agricultura em seu tempo, refutou o argumento de Malthus. De fato, Anderson argumentou que

> se a população de qualquer país deve avançar e se as pessoas deste país forem principalmente empregadas no cultivo do solo, sua produtividade vai manter o ritmo daquela população, qualquer que ele seja; e eles terão abundância o tempo todo: e a experiência de todas as nações têm confirmado isso.

Não obstante, era possível criar, por meio da divisão entre cidade e campo, do cultivo inadequado e da incapacidade de reciclar os resíduos orgânicos, um "estado oposto de progressão até que, por um processo gradual de deterioração, isso [o solo] seja revertido quase ao ponto original em que começou" – ou seja, os benefícios de todas as melhorias seriam perdidos. Neste último caso, a disponibilidade de alimentos poderia ser insuficiente devido às distorções produzidas dentro da sociedade e no cultivo do solo – em vez de ser devido às inadequações inerentes da agricultura. Anderson seguiu, discutindo a degradação do solo no Norte da África, Sicília e na própria Itália em comparação com os tempos romanos (Anderson, 1801, v. 4, p. 376-380).

Liebig, Marx e a Segunda Revolução Agrícola

Se a abordagem histórica de Anderson para a questão da agricultura, que enfatizava a possibilidade de aperfeiçoamento (e também de degradação), era muito superior àquelas de Malthus e de Ricardo que se seguiram, é verdade, contudo, que todas essas primeiras teorias econômicas clássicas sofreram da falta de uma compreensão científica sobre a composição do solo. Isso era mais evidente em Malthus e em Ricardo, que se apoiaram quase exclusivamente em uma concepção de lei natural. Ainda que seja verdade que Ricardo tenha reconhecido a possibilidade de melhorar a terra por meio de uma melhor adubação, rotação de culturas e assim por diante, ele ainda assim deu pouca ênfase a isso, afirmando que o espaço para aperfeiçoamento era muito limitado. Sua teoria considerava que as propriedades do solo eram geralmente fixas. Consequentemente, as falhas na agricultura poderiam ser atribuídas quase que completamente ao cultivo de parcelas inferiores de terra em resposta à crescente demanda que emanava de populações crescentes.

Ao analisar, em meados dos anos 1860, essas primeiras teorias sobre agricultura e renda, quando estava escrevendo *O capital*, Marx colocaria forte ênfase na divisão histórica separando tais análises de seu próprio tempo, ao observar que "as verdadeiras causas naturais para a exaustão da terra [...] eram desconhecidas de quaisquer economistas que escreveram sobre renda diferencial, devido ao estado da química agrícola em seu tempo" (Marx, 1976, p. 915-916).[5] Marx fez essa observação após ler a avaliação de Liebig, na sétima edição de seu *Química orgânica em sua aplicação para a agricultura e fisiologia,* do estado do conhecimento

---

[5] Este ponto foi prefigurado por Marx (também com base em Liebig) em *Grundrisse* (2011, p. 754).

agrícola antes de 1840, data em que foi publicada a primeira edição de sua obra de referência. De acordo com Liebig, o conhecimento agrícola antes da década de 1840 havia enfatizado o papel do esterco e do "poder latente" da terra ou do solo. Uma vez que as propriedades químicas do solo eram desconhecidas naquele tempo, a natureza da nutrição vegetal era também desconhecida. Consequentemente, o poder latente atribuído ao solo era frequentemente visto como inerentemente limitado e, ao mesmo tempo, indestrutível. De nenhum modo os problemas reais da agricultura poderiam ser determinados.[6]

Estas observações de Liebig e Marx servem para sublinhar o que alguns historiadores da agricultura chamaram de "a Segunda Revolução Agrícola" (Thompson, 1968, p. 62-77).[7] Ainda que os historiadores frequentemente ainda se refiram a uma única Revolução Agrícola que aconteceu na Grã-Bretanha nos séculos XVII e XVIII, e que lançou as bases para o capitalismo industrial, os historiadores da agricultura se referem, por vezes, a uma Segunda e até mesmo a uma Terceira Revolução Agrícola. De acordo com essa concepção, a Primeira Revolução foi um processo gradual que ocorreu ao longo de vários séculos, conectado aos cercamentos e à crescente centralidade do mercado; transformações

---

[6] Ver o resumo detalhado e um conjunto de passagens da longa introdução de Liebig à sétima edição (1862) de seu *Química orgânica em suas aplicações para a química e fisiologia* (1863, p. 256-258; também v. 7, n. 183, 6 junho 1863, p. 268-270; v. 7, n. 165, 20 de junho de 1863, p. 292-294; v. 7, n. 186, 27 de junho de 1863, p. 302-305). As traduções do "Prefácio" e da "Introdução" à sétima edição do grande trabalho de Liebig sobre química agrícola não foram publicadas em inglês, mesmo que todo o restante do livro tenha sido, e mesmo que todas as edições anteriores de Liebig tenham sido traduzidas ao inglês apenas meses após sua publicação em alemão. A razão é que essa "Introdução" (ou "Einleitung") foi vista como muito crítica à alta agricultura inglesa. O editor inglês dos trabalhos de Liebig de fato destruiu a cópia que possuía (ver Brock, 1997, p. 177). Consequentemente, a única tradução publicada em inglês foram os longos trechos em *The chemical news* referidos anteriormente. Uma tradução não publicada de "Introdução", entretanto, foi produzida por Lady Gilbert, a esposa de um dos mais renomados químicos agrícolas da Inglaterra, Henry Gilbert, em janeiro de 1863, e foi mantida por muitos anos nos arquivos da Estação Experimental de Rothamsted (agora IACR-Rothamsted), em Hertfordshire. Esse manuscrito foi cordialmente fornecido para mim pela bibliotecária do instituto, srs. S. E. Allsopp. No que segue, eu ocasionalmente me refiro a esse manuscrito em arquivo, citado como Liebig, "Introdução". Para a versão publicada em alemão, ver Liebig (1862, p. 1-156).

[7] Algumas partes da discussão subsequente nessa seção foram desenvolvidas previamente em meu artigo (1999, p. 373-378).

técnicas incluíram melhorias na adubação, rotação de culturas, drenagem e manejo dos animais. Em contraste, a Segunda Revolução agrícola ocorreu em um período mais curto – entre 1830 e 1880 – e foi caracterizada pelo crescimento da indústria de fertilizantes e o desenvolvimento da química do solo, associado, em particular, com o trabalho de Justus von Liebig.[8] A Terceira Revolução Agrícola se deu ainda mais tarde, no século XX, e envolveu a substituição da tração animal pela tração mecânica na fazenda, seguida pela concentração de animais em confinamentos massivos e a alteração genética das plantas (produzindo monoculturas mais limitadas) e o uso mais intensivo de insumos químicos – como fertilizantes e pesticidas.[9]

A crítica de Marx sobre a agricultura capitalista e suas contribuições para o pensamento ecológico nessa área devem ser entendidas, portanto, no contexto da Segunda Revolução Agrícola que estava ocorrendo em seu tempo. Os primórdios dessa revolução correspondem intimamente às origens do pensamento de Marx. Já em 1844, em seu "Esboço para uma crítica da Economia Política", Engels se referiu a revolução científica associada à Liebig como uma razão para os medos malthusianos de escassez de alimentos para uma população crescente serem equivocados. Desde o princípio, Marx e Engels, assim como muitos outros observadores de seu tempo, incluindo o próprio Liebig, responderam à essa revolução agrícola concluindo que o progresso agrícola no futuro imediato poderia ultrapassar a própria indústria. Significativamente, um dos cadernos de

---

[8] O argumento clássico para isso é "A Segunda Revolução Agrícola" de Thompson, vide nota anterior. Thompson estipula que a Segunda Revolução Agrícola ocorreu entre os anos 1815 e 1880, ou seja, se iniciando com a crise agrícola imediatamente após as guerras napoleônicas (e que foi o cenário no qual Malthus e Ricardo discutiram a questão da renda diferencial). Eu limitei esse período a 1830-1880, para distinguir a crise que precedeu a Segunda Revolução Agrícola da revolução propriamente dita, para a qual os pontos de inflexão foram o comissionamento pela Associação Britânica para o Progresso da Ciência de um trabalho sobre a aplicação da química na agricultura a Liebig em 1837, a publicação de sua *Química agrícola* em 1840 e a construção da primeira fábrica para a produção de fertilizantes sintéticos por J. B. Lawes, alguns anos mais tarde.

[9] Se a Primeira Revolução Agrícola estava ligada às origens do capitalismo (como argumentou Ellen Meiksins Wood), a Segunda Revolução Agrícola estava ligada à mudança ao capitalismo industrial e a Terceira Revolução Agrícola com a ascensão do capitalismo monopolista. Ver Wood (1999) e Magdoff, Buttel e Foster (1999).

Marx de 1851 iniciava com excertos de Liebig, seguidos por excertos de Malthus e de diversos pensadores anti-malthusianos, e terminava (com exceção de algumas passagens muito curtas que seguiam) com passagens de James F. W. Johnston, um químico de solo britânico cujo trabalho estava intimamente relacionado ao de Liebig. A contundente ênfase do trabalho de Johnston, bem como a de Liebig, nessa época era a possibilidade de aperfeiçoamento agrícola – que Marx claramente considerava como uma refutação das premissas malthusianas sobre a produtividade do solo. Ainda assim, essa avaliação otimista daria lugar na década de 1860, na análise de Marx – refletindo intimamente as mudanças nas opiniões de Liebig –, a uma compreensão muito mais sofisticada da degradação ecológica no bojo da agricultura capitalista (Marx; Engels, 1991, p. 199-324).[10]

Liebig e a degradação do solo

Durante o século XIX, o esgotamento da fertilidade do solo era a principal preocupação ambiental da sociedade capitalista na Europa e na América do Norte, comparável apenas às preocupações sobre a crescente poluição das cidades, ao desmatamento de continentes inteiros e aos medos malthusianos de superpopulação. A natureza crítica deste problema da relação com o solo pode ser vista de maneira bastante clara nos anos 1820 e 1830, durante o período de crise total que engendrou a Segunda Revolução Agrícola. Mas o problema não acabou simplesmente com a ciência da química do solo. Ao contrário, havia um crescente reconhecimento da extensão a qual os novos métodos serviram apenas para racionalizar um processo de destruição ecológica.

Nas décadas de 1820 e 1830 na Grã-Bretanha, e logo em seguida nas outras economias capitalistas em desenvolvimento na Europa e na América do Norte, preocupações generalizadas sobre "exaustão do solo" levaram a um quase pânico e a um aumento fenomenal na demanda de

---

[10] Os trechos de Marx em seus cadernos sobre química agrícola e geologia durante o período de 1850-1853, retirados de Liebig e Johnston, eram muito extensos. Os trechos de Liebig tomam aproximadamente 40 páginas na Mega (Marx; Engels, 1991, p. 172-213), enquanto os trechos extraídos de Johnston ocupam aproximadamente 55 páginas (Marx; Engels, 1991, p. 276-317, 372-386).

fertilizantes. Agricultores europeus nesse período invadiram os campos das batalhas napoleônicas de Waterloo e Austerlitz e supostamente desenterraram catacumbas, tão desesperados que estavam por ossos para espalhar em seus campos. O valor das importações de ossos para a Grã-Bretanha explodiu de 14.400 libras em 1823 para 254.600 libras em 1837. O primeiro barco carregando guano peruano (estrume acumulado de aves marinhas) chegou em Liverpool em 1835; até 1841, 1.700 toneladas foram importadas, e até 1847, 220 mil (Lorde Ernle, 1961, p. 369; Hillel, 1991, p. 131-132).[11]

Essa Segunda Revolução Agrícola, associada com as origens da ciência do solo moderna, estava intimamente conectada com a demanda para aumentar a fertilidade do solo para sustentar a agricultura capitalista. A Associação Britânica para o Progresso da Ciência encarregou Liebig, em 1837, de escrever um trabalho sobre a relação entre agricultura e química. A fundação da Sociedade Real Agrícola da Inglaterra, uma proeminente organização do movimento britânico de alta agricultura – um movimento de donos de terras ricos para aperfeiçoar o manejo da agricultura – aconteceu no ano seguinte. Dois anos mais tarde, em 1840, Liebig publicou seu *Química Orgânica em sua aplicação para a agricultura e fisiologia* (conhecido como *Química agrícola*), que forneceu a primeira explicação convincente do papel que os nutrientes do solo, tais como nitrogênio, fósforo e potássio, têm no do crescimento das plantas.[12] Uma das figuras mais influenciadas pelas ideias de Liebig (bem como seu rival, cujas descobertas desafiaram aquelas de Liebig) foi o rico dono de terras e agrônomo inglês, J. B. Lawes. Em 1842, Lawes inventou uma forma de tornar o fosfato solúvel, permitindo-o desenvolver o primeiro fertilizante agrícola e, em 1843, ele construiu uma fábrica para a produção de seu novo "superfosfato". Após a revogação das Leis dos Cereais em 1846,

---

[11] Liebig afirmou que "os campos de batalha de Leipzig, Waterloo e Crimeia" foram invadidos em busca de ossos (Liebig, 1863, p. 85).

[12] Esse trabalho é conhecido, por vezes, como *Química agrícola* para fazer distinção ao *Química animal*, de Liebig (1842), cujo título também fazia referência à *Química orgânica*. Na discussão que segue, *Química agrícola* (seguindo esta convenção) é usado como o título curto de seu primeiro trabalho sobre agricultura – que lida principalmente com plantas; enquanto o título *Química animal* é usado para seu trabalho de 1842 sobre fisiologia e patologia animal.

a química orgânica de Liebig, ao lado do novo fertilizante sintético de Lawes, foram vistos pelos grandes interesses agrícolas na Grã-Bretanha como oferecendo a solução para o problema de obter maiores safras (Brock, 1997, p. 149-150).

Não obstante, a nova tecnologia representada pela fábrica de fertilizante de Lawes demorou para ser difundida fora da Grã-Bretanha. As primeiras fábricas para a produção de superfosfatos foram introduzidas na Alemanha somente em 1855; nos Estados Unidos, somente após a Guerra Civil; e na França, somente após a Guerra Franco-Prussiana. Mais ainda, os resultados obtidos da aplicação de um único nutriente (como o fosfato) ao solo, ainda que inicialmente produzisse resultados dramáticos, tendiam a diminuir rapidamente após isso, uma vez que a fertilidade geral do solo é sempre limitada pelo nutriente em menor abundância (Lei do Mínimo de Liebig).

Portanto, as descobertas de Liebig, em um primeiro momento, somente intensificaram o sentimento de crise com a agricultura capitalista, tornando os agricultores mais cientes do esgotamento dos minerais do solo e da escassez de fertilizantes. Mais ainda, a habilidade do capital de tirar vantagem dessas descobertas na química do solo era limitada pelo desenvolvimento da divisão do trabalho inerente no sistema, especificamente o crescente antagonismo entre cidade e campo. Consequentemente, na década de 1860, quando escreveu O capital, Marx havia se convencido da natureza insustentável da agricultura capitalista, devido a dois acontecimentos históricos de seu tempo: 1) o crescente sentimento de crise na agricultura, tanto na Europa quanto na América do Norte, associada ao esgotamento da fertilidade natural do solo – um sentimento de crise que não era aliviado de nenhuma forma, mas que, ao contrário, ganhava mais ímpeto pelos avanços da ciência do solo; e 2) uma mudança no próprio trabalho de Liebig, no final da década de 1850 e início da década de 1860, em direção a uma forte crítica ecológica ao desenvolvimento capitalista.

As contradições no bojo da agricultura nesse período eram experimentadas com particular intensidade nos Estados Unidos – especialmente entre os agricultores do norte do estado de Nova York e na economia de *plantation* do sudeste. Bloqueados do acesso fácil e econômico ao guano (que era rico tanto em nitrogênio quanto em fosfatos) pelo monopólio britânico dos suprimentos de guano peruano, os Estados Unidos levaram a cabo – primeiro extraoficialmente e depois como parte de uma política de Estado deliberada – a anexação imperial de quaisquer ilhas consideradas ricas neste fertilizante natural. Sob a autoridade do que se tornou a Lei das Ilhas de Guano, aprovada pelo Congresso em 1856, os capitalistas dos Estados Unidos confiscaram 94 ilhas, rochas e arquipélagos ao redor do globo entre 1856 e 1903, das quais 66 eram oficialmente reconhecidas pelo Departamento de Estado como possessões dos Estados Unidos. "Nos últimos dez anos", Liebig observaria em 1862, "navios britânicos e estadunidenses buscaram por todos os mares, e não há nenhuma pequena ilha, nenhuma costa que tenha escapado de suas investidas atrás do guano". Nove dessas ilhas de guano continuam como possessões dos Estados Unidos até os dias de hoje. Contudo, o imperialismo do guano foi insuficiente para prover os Estados Unidos com a quantidade e qualidade de fertilizante natural que eles necessitavam (Skaggs, 1994, p. 225; Liebig, 1863, p. 79).

Enquanto isso, os suprimentos peruanos de guano começaram a se esgotar nos anos 1860 e tiveram de ser cada vez mais substituídos pelos nitratos chilenos. Ainda que os sais de potássio descobertos na Europa dessem acesso imediato a esse mineral e, tanto os suprimentos naturais quanto artificiais de fosfatos tornassem esse nutriente mais disponível, o fator limitante continuava a ser o nitrogênio fertilizante. (Fertilizante sintético de nitrogênio não foi desenvolvido até 1913, quando o químico alemão Fritz Haber, que seria pioneiro no desenvolvimento de explosivos e gases neurotóxicos para a produção de guerra, originou tal processo).

O declínio da fertilidade natural devido à interrupção do ciclo de nutrientes do solo que acompanha a agricultura capitalista, o crescente conhecimento da necessidade de nutrientes específicos do solo e as limitações na oferta de fertilizantes tanto naturais quanto sintéticos que compensariam a perda de fertilidade natural contribuíram, assim, para o sentimento generalizado de uma crise na fertilidade do solo.

Nos Estados Unidos, essa situação se complicava ainda mais por fatores geográficos. No norte do estado de Nova York, que em 1800 havia substituído New England como um centro para o cultivo de trigo, a exaustão relativa do solo foi largamente aliviada pela crescente concorrência vinda de novas terras agrícolas a oeste nas décadas subsequentes à abertura do Canal de Erie, em 1825. Enquanto isso, as *plantations* escravocratas do sudeste experimentavam declínios dramáticos de fertilidade, particularmente nas terras destinadas à produção de tabaco.

Em Nova York, os agricultores responderam à crise promovendo uma agricultura mais racional, por meio da criação de sociedades agrícolas. Em 1832 foi formada a Sociedade Agrícola de Nova York. Dois anos mais tarde, Jesse Buel, um editor de jornal de Albany, fundou o *Cultivator,* que buscou promover o tipo de agricultura aperfeiçoada já introduzida na Grã-Bretanha, se concentrando em questões como adubação, drenagem de solos úmidos e rotação de culturas. Com a publicação da *Química agrícola* de Liebig em 1840, os agricultores de Nova York se voltaram para a nova ciência do solo como a salvação. Em 1850, o químico agrícola escocês James. F. W. Johnston, que Marx viria a chamar de "o Liebig inglês", viajou para a América do Norte e documentou, em seu trabalho influente *Notas sobre a América do Norte*, a perda da fertilidade natural do solo, demonstrando em particular a condição esgotada do solo de Nova York, se comparada com as terras agrícolas mais férteis a oeste (Rossiter, 1975, p. 3-9; Marx e Engels, 1975, v. 38, p. 476; Johnston, 1851, v. 1, 356-365; Marx, 1976, p. 808).

Tais questões foram abraçadas nos anos 1850 pelo economista político estadunidense Henry Carey (1793-1879). Em 1853, Carey observou em *Tráfico nacional e estrangeiro de escravos* – um trabalho que ele enviou a Marx – que "é singular como todos os economistas políticos da Inglaterra negligenciaram o fato de que o homem é um mero mutuário da terra, e que quando ele não paga seus débitos ela faz como fazem todos os outros credores, ou seja, ela o expele de sua propriedade" (Carey, 1858, p. 54-5). Em 11 de janeiro de 1855, um jovem agrônomo, George Waring (1833-1898), que iniciou sua carreira nos anos 1850 como agricultor e que posteriormente acabou se tornando o principal engenheiro sanitário dos Estados Unidos, bem como o principal defensor e ativista da limpeza das cidades no bojo do movimento de conservação urbana, fez um discurso para a Sociedade Geográfica do Estado de Nova York intitulado "As características da agricultura no censo de 1850", no qual ele tentou demonstrar empiricamente que o solo estava sendo sistematicamente roubado de seus nutrientes. Esse discurso foi publicado posteriormente no *Bulletin of the American geographical and statistical association*, em 1857. Em um importante ensaio em suas *Cartas para o presidente sobre as políticas externas e domésticas da União* (1858), Carey citou extensivamente passagens de um discurso de um "eminente agricultor" (Waring, no discurso referido anteriormente), que forneceu estimativas aproximadas, em âmbito nacional, sobre a perda de nutrientes do solo por meio do envio de alimentos e fibras em longas distâncias, em um movimento de mão única, do campo para a cidade. Waring concluía seu argumento declarando:

> Com nossa sangria da terra e prodigalidade, estamos ano a ano perdendo a essência intrínseca de nossa vitalidade. A questão econômica deveria ser não o quanto nós produzimos anualmente, mas quanto de nossa produção anual é economizada para o solo. O trabalho empregado em roubar a terra de seu estoque capital de matéria fertilizante é pior do que o trabalho desperdiçado. Neste último caso, é uma perda para a presente geração; no primeiro caso, se torna uma herança de pobreza para nossos sucessores. O homem não é mais do que um arrendatário do solo e ele é culpado de um crime quando reduz seu valor para outros arrendatários que virão depois dele. (Waring Jr., 1857, p. 189-202)[13]

Ao longo da década de 1840 e na década de 1850, Carey enfatizou o fato de que o comércio em longas distâncias, decorrente da separação entre cidade e campo (e produtor agrícola e consumidor), era um importante fator na perda líquida de nutrientes do solo e da crescente crise na agricultura – um ponto que mais tarde foi aprofundado por Liebig e Marx (Carey, 1967, p. 298-299, 304-308).[14] "Conforme todas as energias do país", escreveu Carey sobre os Estados Unidos em seus *Princípios da Ciência Social* (1858) – citando Waring novamente – "são destinadas à expansão dos poderes do comerciante, não é objeto de surpresa que em todos os lugares se vejam pessoas ocupadas em 'roubar a terra de seu estoque capital'" (Carey, 1867, v. 2, p. 215 e 1967, p. 298-299, 304-308).[15]

---

[13] Para uma análise geral do trabalho de Waring, ver Foster (1999, p. 293-297).

[14] Originalmente publicado em 1847.

[15] A relação de Marx com Carey era complexa. Em 1853, Marx já tinha lido todas as principais obras de Carey publicados até o momento, incluindo *Tráfico nacional e estrangeiro*

As visões de Waring e de Carey teriam um importante impacto em Liebig. Em suas *Cartas sobre agricultura moderna* (1859), Liebig repetiu toda a afirmação do "eminente agricultor" (Waring) que Carey havia incluído em suas *Cartas ao presidente* e foi adiante, argumentando que a "agricultura empírica" do comerciante deu origem a um "sistema de espoliação", no qual as "condições de reprodução" do solo foram prejudicadas. "'Um campo do qual alguma coisa é permanentemente retirada'", escreveu (citando o agricultor prático Albrecht Block), "'não tem possibilidade de crescer ou mesmo de continuar seu poder produtivo'". De fato, "todo o sistema agrícola baseado na espoliação da terra leva à pobreza". Para Liebig, "*agricultura racional*, em contraposição ao sistema agrícola de espoliação, é baseada no princípio de *restituição*; ao devolver aos campos as condições de sua fertilidade, o agricultor assegura a permanência de tais condições". A "alta agricultura" inglesa, argumentou, "não era o sistema aberto de roubo do agricultor americano [...], mas é

---

de escravos, que o próprio Carey enviou para Marx. Contudo, ele não leu o *Princípios da ciência social*, provavelmente sua obra mais importante, até 1869, mais de uma década após ser publicado. Em geral, Marx era muito crítico de Carey, a quem ele via como um "harmonizador" e um economista indiferente. Mas ele considerou seu trabalho útil em alguns aspectos. Tanto Carey quanto Marx fizeram considerações similares sobre a degradação do solo e sua relação com o comércio de longa distância, bem como com a divisão urbano-rural; ambos se basearam extensivamente no trabalho de Liebig; ambos eram muito críticos da teoria da renda de Malthus e Ricardo. Mais ainda, Marx viu Carey como um dos principais expoentes (junto a James Anderson) do conceito crucial de "capital natural" (capital associado com os "aperfeiçoamentos" humanos na natureza e, portanto, parte do cálculo de valor – um conceito que Marx distinguia da matéria natural). Sobre as visões de Marx com relação a Carey, ver especialmente Marx; Engels (1975, p. 78-79, 212-215: Marx para Engels, 14 de junho de 1853; Marx para Engels, 26 de novembro de 1869); Marx (1973, p. 883-893). É necessário adicionar que Marx teve alguma influência em Carey, já que em seu trabalho sobre comércio de escravos, Carey citou extensivamente, em duas passagens, os escritos de Marx no *New York Daily Tribune*. A discussão mais detalhada sobre a relação de Marx com Carey pode ser encontrada em Perelman (1985). Perelman demonstra que os famosos artigos de Marx sobre o domínio britânico na Índia, publicados no *Tribune*, que frequentemente foram vistos como uma defesa da tese de que o imperialismo estava desempenhando um papel progressista ao promover a industrialização na periferia, foram escritos expressamente para contrapor a interpretação inteiramente negativa de Carey sobre o papel internacional da Grã-Bretanha e parte de uma luta para ganhar a hegemonia teórica dentro do próprio *Tribune*. Para uma avaliação equilibrada de Carey, ver Schumpeter (1954, p. 515-519). Para um tratamento detalhado recente, ver Perelman (1999, p. 280-292).

uma espécie mais refinada de espoliação que, à primeira vista, não se parece com roubo". Seguindo Carey, Liebig observou que havia centenas, algumas vezes milhares, de milhas nos Estados Unidos entre os centros de cultivo de grãos e seus mercados. Os elementos constitutivos do solo eram, portanto, enviados para localidades distantes de seus pontos de origem, tornando muito mais difícil a reprodução da fertilidade do solo (Liebig, 1859, p. 175-178, 183, 220). Alguns anos mais tarde, Liebig advertiu de modo um tanto apocalíptico na famosa introdução à edição de 1862 de sua *Química agrícola*, que influenciou Marx, que

> se nós não obtivermos sucesso em tornar o agricultor mais consciente das condições sob as quais ele produz, e em lhe fornecer os meios necessários para o aumento de sua produção, guerras, emigração, fome e epidemias necessariamente criarão as condições para um novo equilíbrio, o qual prejudicará o bem-estar de todos e finalmente levará à ruína da agricultura. (Liebig citado em Kapp, 1971, p. 35)

O que era necessário, argumentou Liebig em outro trecho do mesmo trabalho, era a descoberta de "depósitos de esterco ou de guano [...] em volumes próximos àqueles dos campos de carvão da Inglaterra" (Liebig citado em Kautsky, 1988, v. I, p. 53; Liebig, 1863, p. 80). Em última instância, como escreveu Liebig em suas *Cartas familiares sobre química*, era uma questão de "restauração dos componentes elementares do solo", que foram retirados dele pela venda em longas distâncias de alimentos e fibras e pela remoção do gado (Liebig, 1852, p. 44).[16]

O problema do esgotamento do solo também estava ligado, de acordo com Liebig, à poluição das cidades com dejetos humanos e animais. A relação entre o tratamento de Liebig do ciclo de nutrientes do solo e o problema dos resíduos nas grandes cidades já haviam sido tematizados por Edwin Chadwick ainda em 1842, no seu *Relatório sobre as condições de saneamento da população trabalhadora da Grã-Bretanha*, que iniciou o movimento de saúde pública e teve grande influência em Engels (Chadwick, 1965, p. 121-22; Engels, 1969). Em suas influentes *Cartas sobre a utilização do esgoto municipal* (1865), o próprio Liebig insistiu – baseando-se em uma análise das condições do rio Tâmisa – que a reciclagem orgânica

---

[16] Publicado como parte de *Obras completas sobre química* (composto de um número de obras separadas presas sob uma única capa).

que devolveria ao solo os nutrientes contidos no esgoto era uma parte indispensável de um sistema urbano-agrícola racional. "Se fosse praticável coletar, sem a menor perda, todos os excrementos sólidos e fluidos dos habitantes das cidades", ele escreveu,

> e devolver a cada agricultor a porção advinda da produção que ele originalmente ofertou para a cidade, a produtividade de sua terra poderia ser mantida quase intacta pelas próximas eras e a reserva existente de elementos minerais em cada campo fértil seria amplamente suficiente para as necessidades das crescentes populações. (Liebig, 1863, p. 261)

A teoria de Marx sobre a ruptura metabólica

Marx foi profundamente influenciado pela análise de Liebig ao escrever *O capital*, no início da década de 1860. Em 1866, ano anterior à publicação do primeiro livro da obra, ele escreveu para Engels que, ao desenvolver sua crítica sobre a renda fundiária no livro III, "eu tive de passar pela nova química agrícola da Alemanha, em particular Liebig e Schönbein, que é mais importante para essa questão do que todos os economistas juntos" (Marx; Engels, 1975, v. 42, p. 227). De fato, "ter desenvolvido, desde o ponto de vista da ciência natural, o lado negativo, ou seja, destrutivo da agricultura moderna", escreveu Marx no livro I d'*O capital*, "é um dos méritos imortais de Liebig" (Marx, 1976, p. 638).

Sob a influência de Liebig, a quem ele estudou atentamente – anotando passagens extensas da obra em seus cadernos científicos –, Marx desenvolveria uma crítica sistemática da "exploração" capitalista (no sentido de roubo, ou seja, incapacidade de manter os meios de reprodução) do solo.[17] Consequentemente, as duas principais discussões de Marx sobre a agricultura capitalista acabaram com explicações de como a indústria de larga escala e a agricultura de larga escala foram combinadas para empobrecer o solo e o trabalhador. Boa parte dessa crítica foi resumida em uma notável passagem no final do tratamento de Marx sobre a "Gênese do arrendatário capitalista", no livro III d'*O capital*, em que ele escreveu:

---

[17] Os cadernos de Marx contêm trechos extensos de duas obras de Liebig, incluindo *Química agrícola*, três trabalhos do cientista do solo inglês James F. W. Johnston e numerosos trabalhos sobre geologia, incluindo os *Princípios de geologia*, de Charles Lyell. Ver Coleman, em Bukharin (1931, p. 233-234).

'a grande propriedade do solo reduz a população agrícola a um mínimo em diminuição constante e opõe-lhe uma população industrial cada vez maior, aglomerada em grandes cidades, gerando assim as condições para uma ruptura irremediável no contexto do metabolismo social, prescrito pelas leis naturais da vida; dessa ruptura decorre o desperdício da força da terra, o qual, em virtude do comércio, é levado muito além das fronteiras do próprio país'. (Liebig) [...] A indústria e a agricultura em grande escala, exploradas de modo industrial possuem o mesmo efeito. Se num primeiro momento elas se distinguem pelo fato de que a primeira devasta e destrói mais a força de trabalho e, com isso, a força natural do homem, ao passo que a segunda depreda mais diretamente a força natural da terra, posteriormente, no curso do desenvolvimento, ambas se dão as mãos, uma vez que o sistema industrial na zona rural também exaure os trabalhadores, enquanto a indústria e o comércio, por sua vez, fornecem à agricultura os meios para o esgotamento do solo. (Marx, 1976, v. 3, p. 949-950)

Marx forneceu uma condensação intimamente relacionada e igualmente importante de sua crítica da agricultura capitalista, em sua discussão sobre a "Grande Indústria e agricultura", no livro I d'O *capital*:

Com a preponderância sempre crescente da população urbana que amontoa em grandes centros, a produção capitalista acumula, por um lado, a força motriz histórica da sociedade, mas perturba, por outro lado, o metabolismo entre homem e terra, isto é, o retorno dos componentes da terra consumidos pelo homem, sob forma de alimentos e vestuário, à terra, portanto, a eterna condição natural de fertilidade permanente do solo. [...] Mas, ao destruir as condições desse metabolismo, desenvolvidas espontaneamente, obriga-o, simultaneamente, a restaurá-lo de maneira sistemática, como lei reguladora da produção social e numa forma adequada ao pleno desenvolvimento humano. [...] E cada progresso da agricultura capitalista não é só um progresso na arte de saquear o trabalhador, mas ao mesmo tempo na arte de saquear o solo, pois cada progresso no aumento da fertilidade por certo período é simultaneamente um progresso na ruína das fontes permanentes dessa fertilidade. [...] Por isso, a produção capitalista a só desenvolve a técnica e a combinação do processo de produção social ao minar simultaneamente as fontes de toda a riqueza: a terra e o trabalhador. (Marx, 1976, v. 1, p. 637-638)[18]

O que é comum às duas passagens d'O *Capital* – a primeira terminando a discussão de Marx sobre a renda fundiária capitalista no livro III e a segunda concluindo sua abordagem da agricultura e indústria de

---

[18] A necessidade da "restauração" dos constituintes do solo foi um ponto que Marx tomou diretamente da "Introdução" de Liebig da edição de 1862 de sua *Química agrícola*. Liebig (1863, p. 97).

larga escalas no livro I – é o conceito teórico central de uma "ruptura" na "interação metabólica entre o homem e a terra", ou seja, o "metabolismo social prescrito pelas leis naturais da vida", por meio do "saque" dos elementos constitutivos do solo, demandando sua "restauração sistemática". Essa contradição se desenvolve pelo crescimento simultâneo da indústria de larga escala e da agricultura de larga escala sob o capitalismo, com a primeira fornecendo à segunda os meios de exploração intensiva do solo. Como Liebig, Marx argumentou que o comércio à longa distância de alimentos e fibras para roupas tornavam o problema da alienação dos elementos constitutivos do solo muito mais do que uma "ruptura irreparável". Para Marx, isso era parte do curso natural do desenvolvimento capitalista. Como ele escreveu em 1852, "o solo é uma mercadoria comercializável e a exploração do solo é realizada de acordo com as leis comerciais comuns. Devem existir fabricantes de alimentos, bem como fabricantes de fio e de algodão, mas não mais senhores da terra" (Marx; Engels, 1975, v. 11, p. 333).

Ademais, as contradições associadas com esse desenvolvimento tinham um caráter global. Como observou Marx no livro I d'*O capital*, o fato de que o "desejo cego pelo lucro exauriu o solo" da Inglaterra podia ser visto diariamente nas condições que "forçaram a adubação dos campos ingleses com guano" importado do Peru (Marx, 1976, p. 348). O simples fato de que sementes, guano e assim por diante, eram importados "de países distantes", Marx notou nos *Grundrisse* (1857-1858), indicava que a agricultura sob o capitalismo havia deixado de ser "autossustentável", que "não encontra mais as condições naturais para a sua própria produção dentro de si mesma, surgindo naturalmente, espontânea e pronta para entregar, mas essas condições existem como uma indústria independente, separada dela" (Marx, 1973, p. 527). Uma parte central do argumento de Marx era a tese de que o caráter inerente da agricultura de larga escala sob o capitalismo impede qualquer aplicação verdadeiramente racional da nova ciência do manejo do solo. Apesar de todos os desenvolvimentos científicos e tecnológicos na agricultura, o capital não era capaz de manter aquelas condições necessárias para a reciclagem dos elementos constitutivos do solo.

A categoria conceitual chave na análise teórica de Marx nessa área é o conceito de metabolismo (*Stoffwechsel*). A palavra alemã "*Stoffwechsel*" estabelece diretamente em seus elementos a noção de "troca material" subjacente à noção de processos estruturados de crescimento e decadência biológicos capturados no termo "metabolismo". Na sua definição do processo de trabalho, Marx tornou o conceito de metabolismo central a todo seu sistema de análise, ao enraizar nele sua compreensão sobre o processo de trabalho. Portanto, em sua definição do processo de trabalho em geral (em oposição à suas manifestações historicamente específicas), Marx utilizou o conceito de metabolismo para descrever a relação humana com a natureza por meio do trabalho:

> O trabalho é, antes de tudo, um processo entre o homem e a natureza, processo este em que o homem, por sua própria ação, medeia, regula e controla seu metabolismo com a natureza. Ele se confronta com a matéria natural como com uma potência natural [*Naturmacht*]. A fim de se apropriar da matéria natural de uma forma útil para sua própria vida, ele põe em movimento as forças naturais pertencentes a sua corporeidade: seus braços e pernas, cabeça e mãos. Agindo sobre a natureza externa e modificando-a por meio desse movimento, ele modifica, ao mesmo tempo, sua própria natureza [...] O processo de trabalho [...] [é a] condição universal do metabolismo [*Stoffwechsel*] entre homem e natureza, perpétua condição natural da vida humana. (Marx, 1976, v. 1, p. 283, 290)

Alguns anos antes disso, Marx havia escrito em seus *Manuscritos econômicos de 1861-1863* que "o trabalho real é a apropriação da natureza para satisfazer as necessidades humanas, a atividade por meio da qual o metabolismo entre o homem e a natureza é mediado". A isso segue que a atual atividade do trabalho nunca foi independente do potencial de criação de riqueza da própria natureza, "já que a riqueza material, o mundo de valores de uso, consiste exclusivamente de materiais naturais modificados pelo trabalho" (Marx; Engels, 1975, v. 30, p. 40).

Marx utilizou o conceito de metabolismo ao longo de seus trabalhos na fase madura, ainda que o contexto variasse. Em 1880, em suas *Notas sobre Adolph Wagner*, seu último trabalho econômico, Marx destacou a centralidade do conceito de *Stoffwechsel* em sua crítica geral da Economia Política, indicando que empregara "a palavra [...] para o processo 'natural' de produção como a troca material [*Stoffwechsel*] entre o homem e a natureza". "Interrupções da troca formal" na circulação de mercadorias, ele enfatizava, "são mais tarde designadas como interrupções da troca material". O fluxo circular econômico estava, então, estreitamente ligado, na análise de Marx, com a troca material (fluxo circular ecológico) associado à interação metabólica entre seres humanos e a natureza. "O processo químico regulado pelo trabalho", escreveu, "foi constituído, em todos os lugares, por uma troca de equivalentes (naturais)" (Marx, 1975, p. 209). Com base no caráter universal da troca material, sobre o qual a troca formal de equivalentes econômicos na economia capitalista era uma simples expressão alienada, Marx se referiu, nos *Grundrisse*, ao conceito de metabolismo (*Stoffwechsel*) no sentido mais amplo de "um sistema de metabolismo social geral, de relações universais, de necessidades múltiplas e capacidades universais [...] formado pela primeira vez" sob a produção generalizada de mercadorias (Marx, 1973, p. 158, 361).[19]

Marx, portanto, empregou o conceito tanto para se referir à interação metabólica real entre a natureza e a sociedade por meio do trabalho humano (o contexto usual no qual o termo foi empregado em sua obra) quanto em sentido mais amplo (particularmente, nos *Grundrisse*) para descrever o conjunto complexo, dinâmico e interdependente de necessidades e relações criadas e constantemente reproduzidas em forma alienada sob o capitalismo e a questão da liberdade humana que isso levantava – todas as quais poderiam ser vistas como sendo conectadas à forma como o metabolismo humano com a natureza era expresso por meio da organização concreta do trabalho humano. O conceito de metabolismo, portanto, assumiu tanto um significado ecológico específico quanto um significado social mais amplo.[20]

Muito da discussão de Marx sobre a relação metabólica entre os seres humanos e a natureza pode ser vista como uma construção a partir das tentativas mais diretamente filosóficas do jovem Marx de tratar da interdependência complexa entre os seres humanos e a natureza. Em 1844, em seus *Manuscritos econômico-filosóficos*, Marx explicou que

---

[19] Adolph Wagner empregou o conceito de *Stoffwechsel* depois de Marx para argumentar que "A operação do sistema econômico leva, necessariamente, a uma *troca* contínua, análoga de fato à troca material natural *nos componentes (naturais)* da massa de bens que estão à disposição do sistema econômico em um dado tempo". Marx considerou isso como refletindo suas visões, que Wagner muito provavelmente retirou de seu trabalho sem a devida atribuição (Marx, 1975, p. 109).

[20] A compreensão mais ampla e social de metabolismo, tomada dos *Grundrisse*, foi desenvolvida de modo potente em Mészáros (1995).

> O homem vive da natureza significa: a natureza é o seu corpo, com o qual ele tem de permanecer em constante processo para não morrer. Que a vida física e espiritual do homem esteja em conexão com a natureza, não tem outro sentido senão que a natureza está em conexão com ela própria, pois o homem é uma parte da natureza. (Marx, 1974, p. 328)

O conceito posterior de Marx sobre o metabolismo, no entanto, permitiu a ele dar uma expressão mais sólida e científica dessa relação fundamental, retratando o intercâmbio complexo e dinâmico entre seres humanos e natureza resultante do trabalho humano. O conceito de metabolismo, com suas noções concomitantes de trocas materiais e ação regulatória, o permitiu expressar a relação humana com a natureza como uma relação que englobava tanto as "condições impostas pela natureza" quanto a capacidade dos seres humanos de afetar esse processo.

Mais importante, o conceito de metabolismo deu a Marx uma forma concreta de expressar a noção de alienação da natureza (e sua relação com a alienação do trabalho) que era central a sua crítica desde os seus primeiros escritos. Como ele explicou nos *Grundrisse*,

> Não é a *unidade* do ser humano vivo e ativo com as condições naturais, inorgânicas, do seu metabolismo com a natureza e, em consequência, a sua apropriação da natureza que precisa de explicação ou é resultado de um processo histórico, mas a *separação* entre essas condições inorgânicas da existência humana e essa existência ativa, uma separação que só está posta por completo na relação entre trabalho assalariado e capital. (Marx, 1973, p. 648)

Aqui estava contida a essência de toda a crítica de Marx do caráter alienado da sociedade burguesa.

De acordo com Tim Hayward, a noção de Marx de metabolismo socioecológico:

> capta aspectos fundamentais da existência humana como seres tanto naturais quanto físicos: incluem as trocas de energia e de matéria que ocorrem entre os seres humanos e seu ambiente natural. Este metabolismo é regulado, pelo lado da natureza, pelas leis naturais que governam os vários processos físicos envolvidos e, pelo lado da sociedade, pelas normas institucionalizadas que governam a divisão do trabalho e a distribuição de riqueza etc. (Hayward, 1994, p. 116)

Dada a centralidade que ele atribuiu ao conceito de metabolismo – constituindo o processo complexo e interdependente que conecta os seres humanos à natureza através do trabalho – não deveria nos surpreender que esse conceito também tem um papel central na visão que Marx tem de uma sociedade futura de produtores associados. Ele escreveu no livro III d'*O capital* que

> A liberdade [do reino da necessidade natural] não pode ser mais do que fato de que o homem socializado, os produtores associados, regulem racionalmente esse seu metabolismo com a natureza, submetendo-o a seu controle coletivo, em vez de serem dominados por ele como por um poder cego; que o façam com o mínimo emprego de forças possível e sob as condições mais dignas e em conformidade com sua natureza humana. (Marx, 1976, v. 3, p. 959)

Para entender de forma mais completa a importância do uso do conceito de metabolismo por Marx para explicar a relação ser humano--natureza por meio da produção social, é necessário olhar brevemente para como este conceito surgiu. O termo "metabolismo" (*Stoffwechsel*) foi introduzido já em 1815 e foi adotado pelos fisiologistas alemães durante os anos 1830 e 1840 para se referir principalmente às trocas materiais dentro do corpo, relacionado com a respiração. Mas foi dado ao termo uma aplicação um tanto mais ampla (e, portanto, maior circulação) pelo uso feito por Liebig em 1842 em sua *Química animal*, o grande trabalho que sucedeu sua *Química agrícola* de 1840. Na *Química animal*, Liebig introduziu a noção de processo metabólico no contexto de degradação de tecidos. Mais tarde, foi ainda mais generalizado e emergiu como um dos conceitos-chave, aplicável tanto no âmbito celular quanto na análise de organismos inteiros, no desenvolvimento da bioquímica (Liebig, 1964; Bing, 1971, p. 158-180; Brock, 1997, p. 193; Caneva, 1993. p. 117).

Na *Química animal* de Liebig, o conceito material de metabolismo foi misturado de forma um tanto inconsistente com a noção de "força vital", no qual Liebig remetia a um vitalismo anterior, identificando movimentos fisiológicos com fontes desconhecidas e até mesmo místicas (imponderáveis) que não poderiam ser reduzidas à troca material. (A contribuição de Liebig aqui se baseava em toda uma tradição de análise que foi chamada "materialismo vital", que tentava evitar abordagens mecanicistas à bioquímica). Sua análise a esse respeito foi atacada em 1845 pelo cientista alemão Julius Robert Mayer, um dos quatro codescobridores da lei da conservação de energia no início dos anos 1840. Em um artigo intitulado "O movimento dos organismos e sua relação com o metabolismo", Mayer argumentou, em oposição a Liebig, que a noção de "força vital" era desnecessária e que o metabolismo (*Stoffwechsel*) poderia ser explicado completamente em termos de um materialismo científico, enfatizando a energética (a conservação de energia e sua troca). Consequentemente, toda a noção de metabolismo veio a ser conectada dessa forma com o deslocamento mais geral em direção à energética na ciência e foi, portanto, essencial para o desenvolvimento da "ecologia quantitativa". O próprio uso que Marx fez do conceito nos anos 1860, a fim de explicar a relação do trabalho humano com seu ambiente, era consistente com essa mudança geral em direção à energética na ciência (Mayer, 1973, p. 75-145; Caneva, 1993, p. 262-265; Brock, 1975, p. 312-313; Martinez-Alier, 1987, p. 110).[21]

Isso não foi meramente fortuito, já que Marx estava bastante ciente desses debates científicos. Ele era um seguidor próximo do trabalho do físico britânico John Tyndall, que defendeu o trabalho de Mayer nos anos 1860. Engels também era familiarizado com as contribuições de Mayer e com as discussões científicas em geral nessa área, sem dúvida transmitindo parte desse conhecimento a Marx. Ademais, em 1864, Marx havia estudado e estava profundamente impressionado pelo trabalho do fisiologista alemão Theodor Schwann, que havia introduzido, em 1839, a noção de metabolismo celular, influenciando, portanto, Liebig, Mayer e outros (Uranovsky, 1935, p. 140; Lindsay, 1973, p. 11-12; Draper, 1986, p. 189).

Iniciando nos anos 1840 até os dias de hoje, o conceito de metabolismo tem sido usado como uma categoria central na abordagem da teoria dos sistemas para a interação de organismos com seus ambientes. Ele captura o complexo processo bioquímico de troca metabólica, por meio da qual um organismo (ou uma dada célula) se serve dos materiais e energia de seu ambiente e os converte, mediante várias reações meta-

---

[21] Sobre "materialismo vital", ver Lenoir (1982). Thomas Hall fornece duas razões para ver Liebig como um "materialista vitalístico" em vez de um vitalista: 1) a afirmação de que por detrás da "força vital" há processos químicos (aos quais a primeira, no entanto, não poderia ser reduzida); 2) a emergência de sua "força vital" a partir de matéria ordinária – sugerindo um argumento "emergentista" (Hall, 1969, v. 2, p. 269-271).

bólicas, nos blocos de construção de seu crescimento. Adicionalmente, o conceito de metabolismo é usado para se referir aos *processos regulatórios* específicos que governam esse complexo intercâmbio entre organismos e seu ambiente. Eugene Odum e outros proeminentes ecólogos de sistemas agora empregam o conceito de "metabolismo" para se referir a todos os níveis biológicos, começando com a célula única e terminando com o ecossistema (Fischer-Kowalski em Redclift e Woodgate; Graham, 1997, p. 120; Odum, 1969, p. 262-270).

Dado tudo isso, é um tanto surpreendente descobrir que em seu *Conceito de natureza em Marx* (1962), Alfred Schmidt alegou que Marx simplesmente assumiu a "teoria de metabolismo" do químico alemão Jakob Moleschott, ainda que não sem alterá-la um pouco. Como evidência para isso, Schmidt citou um trabalho de Moleschott de 1857, onde este afirma que

> O nome 'metabolismo' foi dado para essa troca de material [entre diferentes formas de vida]. Nós estamos certos em não pronunciar a palavra sem um sentimento de reverência. Pois, do mesmo modo que a troca é a alma do comércio, a circulação externa dos materiais é a alma do mundo. Sou muito claro ao afirmar isso: o pivô em torno do qual a sabedoria do mundo atual gira é a teoria do metabolismo. (Schmidt, 1971, p. 86-88)

Contudo, a inferência de Schmidt aqui, com respeito à influência direta de Moleschott em Marx, tem pouca base real na lógica ou na evidência. O termo "metabolismo" (*Stoffwechsel*) já estava bastante estabelecido na literatura científica quando Moleschott escreveu isso. Ainda que Marx conhecesse o trabalho de Moleschott (em Londres, ele assistiu a conferências ministradas por ele, bem como por Liebig, Tyndall e Thomas Huxley) e que isso possa ter influenciado seu uso do termo, não há evidências de que o alemão o tenha levado particularmente a sério (Heyer, 1982, p. 12).[22] Em contraste, Marx estudou Liebig meticulosamente e era indubitavelmente familiarizado com seu anterior, e mais influente, uso do conceito. Além disso, em seu uso do conceito n'*O capital*, Marx sempre se manteve próximo ao argumento de Liebig

---

[22] Deve ser notado que Schmidt reconhece em uma nota de rodapé que Liebig aplicou o conceito de metabolismo à esfera social em seu *Cartas químicas*, já em 1851, antes de Moleschott (Schmidt, 1971, p. 218).

e geralmente o fez dentro de um contexto que incluía alusões diretas ao seu trabalho. Dado a tendência de Moleschott de alternar entre o materialismo mecanicista e o misticismo, é improvável que Marx tenha considerado sua análise conveniente.

O uso difundido do conceito de metabolismo durante essas décadas – um uso que não pode ser atribuído a nenhum outro pensador, ainda que Liebig tenha claramente exercido um papel importante – foi apontado por Engels em *Anti-Dühring* (1877-1878). O fato de que o "metabolismo" ou "a troca orgânica de matéria", escreveu Engels, "ser o fenômeno mais característico e geral da vida já foi dito incontáveis vezes durante os últimos 30 anos por químicos fisiológicos e fisiologistas químicos". Mais tarde ele acrescentou na *Dialética da natureza* – em uma discussão sobre Liebig, Helmholtz e Tyndall, todos os quais contribuíram para o deslocamento em direção à energética na ciência nos anos 1840 e 1850 – que "a vida é o modo de existência dos corpos proteicos, cujo elemento essencial consiste no *contínuo intercâmbio metabólico com o ambiente natural externo*, e que cessa quando deixa de existir esse metabolismo, causando a decomposição da proteína". (Para Engels, tal troca metabólica constituía uma condição primordial da vida, até mesmo, em certo sentido, sua "definição" – "mas uma definição nem exata e nem exaustiva". Ainda mais, a troca de matéria era também encontrada na ausência da vida). Não parece, portanto, haver qualquer base genuína para assumir que Marx, ao empregar esse conceito no final da década de 1850 e durante a década de 1860, estaria se baseando principalmente em Moleschott (ou mesmo de forma alguma em Moleschott) (Engels, 1969, p. 99; Marx; Engels, 1975, v. 25, p. 578-579, 601).[23]

Ainda mais peculiar, Marina Fischer-Kowalski, baseando suas observações na interpretação de Schmidt, afirmou que "de acordo com Schmidt, Marx baseou muito de sua compreensão de metabolismo desta fonte [Moleschott] e importou uma noção de hierarquia trófica, cadeias alimentares e ciclagem de nutrientes, em vez de uma interpretação organísmica e bioquímica do metabolismo". O fato de que a análise de Marx

---

[23] O principal contexto da discussão de Engels aqui era a crítica da especulação de Liebig sobre as origens da vida, que via a vida existindo há tanto tempo quanto a matéria.

nessa área era principalmente derivada de Liebig (e era indubitavelmente influenciada por Mayer, Tyndall e Schwann), entretanto, contradiz a alegação de que a análise dele não era de natureza nem bioquímica e nem organísmica. De fato, é indubitavelmente um erro tentar separar questões como "ciclagem de nutrientes" da "interpretação bioquímica do metabolismo", como Fischer-Kowalski fez, já que a primeira é parte do processo metabólico na vida dos organismos. Portanto, Marx se referiu ao "metabolismo natural do homem" quando discutia o processo bioquímico complexo e interdependente envolvido na ingestão de nutrientes e na produção de resíduos ou excrementos humanos (Fischer-Kowalski, 1997, p. 133; Marx, 1976, p. 195).

Mais proveitosamente, Marina Fischer-Kowalski se referiu recentemente ao conceito de metabolismo como "uma estrela conceitual em ascensão" dentro do pensamento socioecológico devido à emergência de pesquisas interdisciplinares sobre "metabolismo industrial" – lidando com os processos regulatórios que governam o transumo de materiais e energia para um dado complexo industrial (Fischer-Kowalski, em Redclift e Woodgate, 1997, p. 119-120). Mais ainda, o conceito de metabolismo é frequentemente empregado em um contexto mais global para analisar o intercâmbio material entre cidade e campo, de forma muito similar a que Liebig e Marx usaram o conceito. Para estudiosos que trabalham nessas áreas, é agora comum reconhecer, como Fischer-Kowalski afirmou, que "dentro dos fundamentos da teoria social do século XIX, foram Marx e Engels quem empregaram o termo 'metabolismo' para a sociedade" (Fischer-Kowalski, em Redclift e Woodgate, 1997, p. 122).

Teóricos ambientais trabalhando com o conceito de "metabolismo industrial" em anos recentes frequentemente insistiram que, assim como os materiais que as aves usam para construir ninhos são comumente vistos como fluxos materiais associados com o metabolismo das aves, os fluxos materiais análogos dentro da produção humana também podem ser vistos como parte constitutiva do metabolismo humano. Por exemplo, Fischer-Kowalski inclui "como parte do metabolismo de um sistema social *aqueles fluxos materiais e energéticos que sustentam os compartimentos materiais do sistema*" (Fischer-Kowalski, em Redclift e Woodgate, 1997, p. 121, 131). Não obstante, a grande questão é como tal sistema é regulado, particularmente no caso da sociedade humana. No caso de Marx, a resposta era o trabalho humano e seu desenvolvimento dentro das formações sociais historicamente específicas.

A análise de Marx sobre sustentabilidade

Um componente essencial do conceito de metabolismo sempre foi a noção de que este constitui a base que sustenta a complexa teia de interações necessárias para a vida, e o crescimento se torna possível. Marx empregou o conceito de uma "ruptura" na relação metabólica entre os seres humanos e a terra para capturar o estranhamento material dos seres humanos dentro da sociedade capitalista em relação às condições naturais que formaram a base para sua existência – o que ele chamou de "condições eternas da existência humana impostas pela natureza".

Insistir que a sociedade capitalista de larga escala criou tal ruptura metabólica entre seres humanos e o solo era argumentar que as condições de sustentabilidade impostas pela natureza haviam sido violadas. "A produção capitalista", observou Marx, "se volta para a terra somente após sua influência tê-la exaurido e após ter devastado suas qualidades naturais". Ainda mais, isso poderia ser visto não somente em relação ao solo, mas também à relação antagônica entre cidade e campo. Para Marx, como Liebig, o fracasso em retornar ao solo os nutrientes que foram removidos na forma de alimentos e fibras tinha a sua contrapartida na poluição das cidades e na irracionalidade dos sistemas de esgoto modernos. No livro III d'*O Capital*, ele notou que, "em Londres [...] eles não podem fazer nada melhor com o excremento produzido por 4 milhões e meio de pessoas do que poluir o Tâmisa com isso, a uma despesa monstruosa". Engels não era menos explícito nesse ponto. Ao abordar a necessidade de transcender a divisão antagônica do trabalho entre cidade e campo em *Para a questão da habitação*, ele se referiu, seguindo Liebig, ao fato de que "somente em Londres uma quantidade de esterco maior do que a produzida em todo reino saxão é despejada no mar todos os dias, com um gasto de quantias enormes". Portanto, era necessário, ele argumentou, reestabelecer uma "conexão íntima entre a produção industrial e agrícola" e "uma distribuição o mais uniforme possível da população por todo o país" (um argumento que Marx e Engels já apontavam no *Manifesto*

Comunista). Escrevendo no livro III d'*O capital*, Marx foi firme em insistir que "o excremento produzido pelo metabolismo natural do homem", junto a resíduos da produção industrial e do consumo, precisava ser devolvido ao solo como parte de um ciclo metabólico completo (Marx, 1971, p. 301; Marx, 1976, v. 3, p. 195; Engels, 1975, p. 92).

Para Marx, a ruptura metabólica associada, no nível social, com a divisão antagônica entre cidade e campo era também evidente em um nível mais global: colônias inteiras viram suas terras, recursos *e solo* serem roubados para apoiar a industrialização dos países colonizadores. Seguindo Liebig, que afirmou que "a Grã-Bretanha rouba todos os países de suas condições de fertilidade" e que havia apontado para a Irlanda como um exemplo extremo, Marx escreveu que "a Inglaterra exportou indiretamente o solo da Irlanda, sem sequer possibilitar aos seus agricultores os meios para reporem os constituintes do solo exaurido" (Marx, 1976, p. 860; Liebig, 1869, p. 85).

Consequentemente, é impossível evitar a conclusão de que a visão de Marx sobre a agricultura capitalista e sobre a ruptura metabólica nas relações impostas pela natureza entre seres humanos e o solo o levaram a um conceito mais amplo de sustentabilidade ecológica – uma noção que ele pensou ser de relevância prática muito limitada para a sociedade capitalista, que era incapaz de aplicar métodos científicos racionais nessa área, mas essencial para uma sociedade de produtores associados.

> O modo como o cultivo de algumas culturas depende de flutuações nos preços do mercado e as transformações constantes no cultivo com essas flutuações de preço – todo o espírito da produção capitalista, que é orientada em direção aos lucros monetários mais imediatos – está em contradição com a agricultura, que deve se preocupar com toda a gama de condições permanentes da vida requeridas pela cadeia de gerações humanas. (Marx, 1976, p. 754)

A ênfase de Marx na necessidade de preservar a Terra em favor "da cadeia de gerações humanas" (uma ideia que ele havia encontrado no início dos anos 1840, em *O que é propriedade?* de Proudhon) captava a mesma essência da noção atual de desenvolvimento sustentável, notoriamente definida pela Comissão Brundtland como "desenvolvimento que atende as necessidades do presente sem comprometer a habilidade das futuras gerações de atender suas necessidades". Ou, como coloca Marx em outro momento, captando a mesma ideia essencial, o "tratamento consciente e racional da terra como propriedade comunal permanente" é "a condição inalienável para a existência e reprodução da cadeia de gerações humanas" (p. 948-949). De fato, em uma passagem verdadeiramente notável n'*O capital*, Marx escreveu:

> Do ponto de vista de uma formação econômica superior da sociedade, a propriedade privada do globo terrestre nas mãos de indivíduos isolados parecerá tão absurda quanto a propriedade privada de um ser humano sobre outro ser humano. Mesmo uma sociedade inteira, uma nação, ou, mais ainda, todas as sociedades contemporâneas reunidas não são proprietárias da Terra. São apenas possuidoras, usufrutuárias dela, e, como *boni patres famílias* [bons pais de famílias], devem legá-la melhorada às gerações seguintes. (Marx, 1976, v. 3, p. 911)

Essas questões se tornaram cada vez mais importantes para Marx próximo ao fim de sua vida quando, como resultado de suas investigações sobre o potencial revolucionário da arcaica comuna russa, ele desenvolveu o argumento de que seria possível formar um sistema agrícola "organizado em grande escala e manejado pelo trabalho cooperativo" por meio do uso dos "métodos agronômicos" modernos que não eram completa ou racionalmente empregados sob o capitalismo. O mérito de tal sistema, ele afirmava, seria que poderia estar "em uma posição de incorporar todas as aquisições positivas concebidas pelo sistema capitalista" sem cair na armadilha da relação puramente exploradora com o solo, ou seja, o roubo que caracterizava esta última. O foco de Marx na literatura dos populistas russos próximo ao final de sua vida, e sua crescente convicção de que a revolução contra o capitalismo emergiria primeiro na Rússia – onde a abundância econômica e, mais especificamente, agrícola, não podia ser menosprezada – o forçaram a focar no subdesenvolvimento agrícola e nos requisitos ecológicos para um sistema agrícola mais racional (Marx; Engels, 1975, v. 24. p. 356).[24]

Marx não acreditava, apesar de tais visões serem comumente atribuídas a ele, que a resposta para os problemas do desenvolvimento agrícola era simplesmente aumentar a escala de produção. Em vez disso, sua análise o ensinou os perigos da agricultura de larga escala, ao mesmo

---

[24] Ver também Shanin (1983).

tempo que o ensinou que a principal questão era a interação metabólica entre os seres humanos e a terra. Portanto, a agricultura poderia ocorrer em uma escala razoavelmente larga somente onde as condições de sustentabilidade fossem mantidas – algo que ele acreditava ser impossível sob a agricultura de larga escala capitalista. Marx escreveu no livro III d'*O Capital* que

> A moral da história é que o sistema capitalista se opõe a uma agricultura racional, ou que a agricultura racional é incompatível com o sistema capitalista (mesmo que este promova o desenvolvimento técnico na agricultura) e precisa dos pequenos agricultores que trabalham para si mesmos ou do controle dos produtores associados. (Marx, 1976, p. 216)

Marx e Engels argumentavam consistentemente em seus escritos que os grandes proprietários de terras eram invariavelmente mais destrutíveis em suas relações com a terra do que os agricultores livres. Assim, Engels escreveu em *Anti-Dühring* que, na América do Norte, "os grandes proprietários de terras do sul, com seus escravos e seu cultivo voraz da terra, exauriram o solo até que somente abetos poderiam crescer" (Engels, 1969, p. 211-213).[25]

Mesmo focando em uma medida considerável nas contradições da Segunda Revolução Agrícola e sua relação com a divisão antagônica entre cidade e campo, a concepção materialista da natureza de Marx e Engels significava que eles também abordaram (ainda que de forma muito mais breve) outros problemas ecológicos, incluindo o esgotamento das reservas de carvão, a destruição das florestas e assim por diante. Como notou Engels em uma carta para Marx,

> o trabalhador individual não é apenas um estabilizador do calor solar *presente*, mas também, e em uma extensão ainda maior, um esbanjador do calor solar do *passado*. Quanto ao que temos feito em termos de esbanjamento de nossas reservas de energia, nosso carvão, minérios, florestas etc., você está mais bem informado do que eu. (Marx; Engels, 1975, v. 46, p. 411)

O próprio Marx se referiu aos efeitos "devastadores" do "desmatamento" e viu isso como um resultado histórico de longo prazo da relação de exploração com a natureza que caracterizou todas as civilizações, não

---

[25] Engels não atribuiu a destruição do solo resultante das grandes propriedades simplesmente ao capitalismo, mas também mencionou seu papel na era romana, citando Plínio.

somente o capitalismo, até aquele momento: "o desenvolvimento da civilização e da indústria em geral", ele escreveu, "sempre se mostrou tão ativo na destruição das florestas que tudo o que foi feito para sua conservação e produção é, comparativamente, completamente insignificante" (Marx; Engels, 1975, v. 42, p. 559; Marx, 1978, p. 322). Marx também condenava o fato de que as florestas na Inglaterra não eram "florestas verdadeiras", já que "os cervos nos parques dos grandes senhores são tímidas bestas domésticas, tão gordas quanto os vereadores de Londres"; enquanto na Escócia, "a assim chamada 'floresta dos cervos'", que foi estabelecida para o benefício dos caçadores (às custas dos trabalhadores rurais), abrigava cervos mas não árvores (Marx, 1976, p. 892-893). Sob a influência dos materialistas da Antiguidade e de Darwin, Marx e Engels repudiaram a velha concepção que colocava os seres humanos no centro do universo natural. Assim, Engels preconizou "um desprezo devastador pela exaltação idealista do homem sobre os outros animais". Não há nenhum traço em Marx e Engels da redução cartesiana dos animais a simples máquinas (Marx; Engels, 1936, p. 102).

Nos anos recentes, a economia ecológica focou fortemente na energética e na lei da entropia. Nesse contexto, argumentou-se algumas vezes que Marx e Engels estavam errados ao recusarem reconhecer a importância dos fluxos de energia e materiais para uma teoria do valor econômico, no contexto da rejeição que eles tinham do trabalho do jovem economista ecológico Sergei Podolinsky que, iniciando em 1880, fez algumas contribuições pioneiras nessa área e que se considerava um seguidor de Marx. Essa crítica foi feita particularmente por Juan Martinez-Alier em uma série de trabalhos (Martinez-Alier e Naredo, 1982, p. 207-224; Martinez-Alier, 1987, p. 45-63, e 1995, p. 71).

Não obstante, todo o corpo de "evidências" oferecido por essa interpretação consiste em duas cartas que Engels escreveu para Marx, a pedido deste, avaliando a análise de Podolinsky, três meses antes da morte de Marx. Nessas cartas, Engels aceitou a base científica geral sobre a qual Podolinsky construiu sua análise, mas criticou as deficiências de sua análise das transferências de energia, que não considerava a energia transferida pelos fertilizantes na agricultura e a importância dos combustíveis fósseis. Em geral, Engels acreditava que os obstáculos para calcular com precisão as transferências de energia envolvidas nas transações econômicas eram tão enormes a ponto de torná-las impraticáveis. Isso estava longe de constituir uma rejeição da lei da entropia.

Marx nunca respondeu a essa carta de Engels e nem comentou sobre o trabalho de Podolinsky e, devido ao fato de ter morrido poucos meses depois, mesmo seu silêncio não nos diz nada (Marx; Engels, 1975, v. 46, p. 410-413).[26] Se Marx não pôde, então, tirar vantagem do trabalho de Podolinsky, o mesmo não se pode afirmar, no entanto, com relação à incorporação das ideias de Liebig em sua análise. Assim, é significativo que alguns economistas ecológicos tenham visto o trabalho de Marx, em consonância com o de Liebig, como oferecendo os elementos essenciais para uma crítica termodinâmica da agricultura capitalista (Mayumi, 1991, p. 35-56).

Uma crítica mais proeminente a Marx, derivada de uma incapacidade de entender sua abordagem à questão da sustentabilidade, é que ele supostamente negou o papel da natureza na criação da riqueza ao construir uma teoria do valor-trabalho que via todo o valor como derivado da natureza, e por se referir à natureza como um "presente gratuito" para o capital.[27] No entanto, essa crítica é baseada em uma incompreensão fundamental da economia de Marx. A ideia de que a terra era um "presente" da natureza para o capital foi proposta por Malthus muito antes de Marx. Marx, ainda que aceitasse isso como uma realidade da produção capitalista, estava, não obstante, ciente das contradições sociais e ecológicas implicadas em tal visão. Em seus *Manuscritos econômicos de 1861-1863*, ele atacou Malthus repetidamente por recair nessa "noção fisiocrática" de que o ambiente era um "presente da natureza para o homem", enquanto falhava em perceber como isso estava conectado com relações sociais historicamente específicas criadas pelo capital (Malthus, 1970, p. 185; Marx; Engels, 1975, v. 34, p. 151-159).

Ainda assim, esse princípio da Economia Política liberal clássica foi levado adiante para a economia neoclássica no trabalho do grande teó-

---

[26] Ver também Burkett (1999, p. 131-132).

[27] Ver Deléage (1994, p. 48); Churchill (1996, p. 467-468); Georgescu-Roegen (1971, p. 2). Para uma resposta potente a essas críticas intimamente relacionadas à que segue, ver Burkett (1999, p. 79-98).

rico econômico Alfred Marshall, e persistiu nos manuais da economia neoclássica até a década de 1980. Assim, a décima edição (1987) de um manual introdutório amplamente utilizado na economia, de autoria de Campbell McConnell, afirma o seguinte: "A terra se refere a todos os recursos naturais – todos os 'presentes gratuitos da natureza' – que são utilizáveis no processo de produção". E, mais adiante, encontramos que: "A terra não tem custo de produção; é um 'presente gratuito e não reproduzível da natureza'" (McConnell, 1987, p. 20, 672; Marshall, 1920).

Certamente, Marx concordava com a Economia Política liberal clássica que, *sob a lei do valor do capitalismo*, nenhum valor era concedido à natureza. "A terra", ele escreveu, "é ativa como um agente da produção na produção de um valor de uso, um produto material, por exemplo, o trigo. Mas ela não tem nada a ver com a produção do *valor do trigo*" (Marx, 1976, p. 955). O *valor* do trigo, assim como no caso de qualquer mercadoria no capitalismo, vinha do trabalho. Para Marx, no entanto, isso somente apontava para a concepção de riqueza muito estreita e limitada associada às relações capitalistas da mercadoria e um sistema construído em torno do valor de troca. A riqueza genuína, ele argumentava, consistia de valores de uso – a característica da produção em geral, transcendendo sua forma especificamente capitalista. De fato, era a contradição entre valor de uso e valor de troca engendrada pelo capitalismo que Marx considerava ser uma das principais contradições de toda a dialética do capital. A natureza, que contribuía para a produção de valores de uso, era uma fonte de riqueza tanto quanto o trabalho – mesmo que sua contribuição para a riqueza fosse negligenciada pelo sistema. De fato, o próprio trabalho era, em última instância, reduzível a tais propriedades naturais – uma proposição profundamente implicada na tradição materialista desde Epicuro. "O que Lucrécio diz", escreveu Marx n'O *capital*, "é autoevidente: *nil posse creari nihilo*, do nada, nada pode ser criado. 'A criação de valor' é a transposição da força de trabalho para o trabalho. A própria força de trabalho é, acima de tudo, a matéria da natureza transformada em um organismo humano" (Marx, 1976, v. 1, p. 323; Lucrécio, 1994, 13-14).

Para Marx,

> A natureza não constrói máquinas, locomotivas, linhas de trem, telégrafos elétricos, máquina de fiar automática etc. São produtos da indústria huma-

JOHN BELLAMY FOSTER

> na; material natural transformado em órgãos da vontade humana sobre a natureza, ou da participação humana na natureza. Eles são *órgãos do cérebro humano, criados pela mão humana*; o poder do conhecimento, objetificado.

Consequentemente, os seres humanos, por meio de sua produção, dão nova forma, ou seja, ativamente transformam a natureza material já existente. "O trabalho é o fogo vivo – conformador; é a transitoriedade das coisas, sua temporalidade, assim como sua formação pelo tempo de vida" (Marx, 1973. p. 706, 361).[28] (Aqui, Marx estava se baseando na noção de Epicuro sobre a natureza transitória das coisas, da matéria como mero "tempo incorporado", como Marx disse em sua tese de doutorado; ver, anteriormente, capítulo 2).

Em consonância com essa concepção, que levou em consideração tanto a natureza material quanto o papel transformador do trabalho humano, Marx insistiu que "o trabalho", como ele afirma no início d'*O Capital*, "não é a única fonte de riqueza material, isto é, dos valores de uso que ele produz. Como diz William Petty, o trabalho é o pai da riqueza material e a terra é a mãe". Na *Crítica ao programa de Gotha*, Marx ofereceu uma crítica incisiva àqueles socialistas como Ferdinand Lassalle, que haviam atribuído o que Marx chamou de "*força criativa sobrenatural ao trabalho*", ao vê-lo como a única fonte de riqueza e deixando de lado a contribuição da natureza (Marx, 1976, p. 134; Marx, 1971, p.11). Sob o comunismo, ele insistia, a riqueza teria de ser vista em termos muito mais universais, como consistindo daqueles valores de uso materiais que constituíam as bases para o pleno desenvolvimento da criatividade humana, "o desenvolvimento da rica individualidade, que é multifacetada em sua produção, assim como em seu consumo" – expandindo a riqueza de conexões permitidas pela natureza, enquanto ao mesmo tempo refletindo o metabolismo humano complexo e mutante com a natureza (Marx, 1973, p. 325).[29]

---

[28] A referência que Marx faz aqui ao trabalho como "fogo conformador" (Marx, 1973. p. 455) também pode ser considerada relacionada com o que ele frequentemente se refere n'*O capital* como a "força vital" do trabalho. Nesse aspecto, ele parece ter adotado a noção de "força vital" de Liebig de vida como ação, ativamente transformando a matéria e criando novas formas de organização. Isso era consistente com a própria abordagem "emergentista" de Marx. Ver Hall (1969, v. II. p. 269-271).

[29] Ver também Lebowitz (1992, p. 96-100).

Uma crítica ainda mais importante frequentemente dirigida a Marx nessa área é a de que ele tinha uma visão extremamente otimista e cornucópica das condições que existiriam na sociedade pós-capitalista devido ao desenvolvimento das forças de produção sob o capitalismo. Nessa interpretação, Marx teria se apoiado tanto na premissa da abundância em sua visão de uma sociedade futura que as considerações ecológicas, como a escassez de recursos naturais e limites externos para a produção, simplesmente desapareceram. Assim, Alec Nove alegou que Marx acreditava que "o problema da produção teria sido 'resolvido'" pelo capitalismo, e que a sociedade futura de produtores associados não teria de "levar à sério o problema da alocação dos recursos escassos", o que também implicava que não haveria nenhuma necessidade de um socialismo "ecologicamente consciente" (Nove, em Eatwell, Milgate e Newman, 1987, p. 399).

No entanto, em vez de argumentar, como supõe Nove, que os recursos naturais eram "inesgotáveis" e que a abundância ecológica seria simplesmente assegurada pelo desenvolvimento das forças capitalistas de produção, Marx insistiu, repetidamente, que o capitalismo era assolado por um problema crônico de produção na agricultura que, em última instância, poderia ser remetido ao modo insustentável no qual a produção estava organizada. A agricultura em geral, afirmou Marx, "quando progride espontaneamente e *não é conscientemente controlada* deixa desertos por onde passa – Pérsia, Mesopotâmia, Grécia etc." (Lebowitz, 1992, p. 96-100; Marx e Engels, 1936, p. 190).

No âmbito da indústria, Marx tinha consciência da enorme quantidade de resíduos gerados e enfatizou a necessidade de "redução" e "re- -uso" dos resíduos, especialmente em uma seção do livro III d'*O capital*, intitulada "Aproveitamento dos resíduos da produção". Mais ainda, ele indicou claramente que essas dificuldades continuariam a atormentar qualquer sociedade que tentasse construir o socialismo ou o comunismo. Portanto, ainda que alguns críticos, como Andrew McLaughlin, argumentem que Marx imaginou "uma abundância material geral como o substrato do comunismo" e, consequentemente, não via "base para reconhecer qualquer interesse na liberação da natureza em relação à dominação humana", isso é contradito pela evidência irrefutável dos próprios textos de Marx, nos quais ele demonstra uma profunda preo-cupação pelas questões dos limites ecológicos e sustentabilidade (Marx, 1976, p. 195-197; McLaughlin, 1990, p. 69-102).

Adicionalmente, não há simplesmente qualquer indicação em ne-nhum ponto da vasta obra intelectual de Marx de que ele acreditasse que uma relação sustentável com a terra aconteceria automaticamente com a transição ao socialismo. Em vez disso, ele reforçava a necessidade de planejamento nessa área, começando com medidas voltadas para a eliminação da divisão antagônica do trabalho entre cidade e campo. Isso incluía a dispersão mais uniforme da população, a integração da indústria e da agricultura e a restauração e aperfeiçoamento do solo por meio da reciclagem de nutrientes do solo. Tudo isso, obviamente, requeria uma transformação revolucionária na relação humana com a terra. O capitalismo, Marx observou, "cria as condições materiais para uma síntese nova e mais elevada, uma união da agricultura e da indús-tria nas bases das formas que se desenvolveram durante o período de seu isolamento antagônico". No entanto, para atingir essa "síntese mais elevada", ele argumentou, seria necessário que os produtores associados da nova sociedade "governassem o metabolismo humano com a natureza de forma racional" – um requisito que levantava desafios fundamentais e contínuos para a sociedade pós-revolucionária (Marx; Engels, 1998, p. 40; Marx, 1976, p. 637-638 e 1976, p. 959).

Rumo à sociedade de produtores associados

Para Marx, o capitalismo era uma sociedade de classes caracterizada por uma divisão extrema da população dentro da sociedade, que tinha suas raízes em uma divisão não menos extrema da população com a terra. "Toda produção", sob todas as formas de sociedade, ele escreveu nos *Grundrisse*, "é apropriação da natureza pelo indivíduo no interior de e mediada por uma determinada forma de sociedade". No entanto, o sistema de propriedade privada capitalista, distinto tanto da proprie-dade comunal quanto da propriedade privada baseada na propriedade individual do trabalhador-agricultor sobre a terra, surge por meio do rompimento de qualquer conexão direta entre a massa da população e a terra – frequentemente pela remoção forçada. Consequentemente, o "pressuposto" para o desenvolvimento do trabalho assalariado capitalista "é a separação do trabalho livre das condições objetivas de sua realização – dos meios de trabalho e dos materiais de trabalho. Portanto, sobretudo a desvinculação do trabalhador da terra como seu laboratório natural". A própria existência do capital, para Marx, portanto, pressupunha:

> um processo histórico que dissolve as diferentes formas em que o trabalhador é proprietário ou em que o proprietário trabalha. Sobretudo, por conseguinte: 1) *dissolução* do comportamento em relação à terra – território – como condição natural de produção, com a qual ele se relaciona com seu próprio ser inorgânico [...]; 2) *dissolução das relações* em que ele figura como *proprietário*.

Essa dissolução da relação orgânica entre o trabalho humano e a terra tomou a forma do que os economistas clássicos, incluindo Marx, chamaram de acumulação "original", "primária" ou "primitiva". Nesse processo está a gênese do sistema capitalista (Marx, 1973, p. 87, 471, 497).

No final do livro I d'*O capital*, Marx dedicou a parte 8 do livro, que consiste em oito capítulos, à descrição da "Assim chamada acumulação primitiva", na qual ele descreve o longo processo histórico, que começa já no século XIV, por meio do qual a grande massa da população foi removida do solo, frequentemente à força, e "lançadas no mercado de trabalho como proletários absolutamente livres". Ainda mais, esse processo histórico de "expropriação do produtor agrícola, o camponês", ia lado a lado com a gênese do agricultor capitalista e do capitalista industrial (Marx, 1976, v. 1, p. 873, 876).

Na Inglaterra, onde esse processo atingiu seu máximo desenvolvimento quando Marx estava escrevendo e que ele tomou, portanto, como a forma clássica de acumulação primitiva, a nobreza, que havia se metamorfoseado cedo em uma nobreza endinheirada, fez da "transformação das terras aráveis em pastos de ovelhas [...] seu lema". O processo de desapropriação do campesinato assumiu a forma do cercamento das terras comunais, separando assim os trabalhadores agrícolas livres de seus meios de produção, transformando-os em indigentes e proletários que poderiam sobreviver apenas pela venda de sua força de trabalho nas cidades. Ao desenvolver sua crítica desse movimento histórico, Marx deu lugar de honra para a crítica de Bacon sobre os "cercamentos despovoadores" em seu *O Reinado de Henrique VII* e para a *Utopia* de Thomas More, onde se dizia que a Inglaterra era "uma terra curiosa onde as 'ovelhas [...] engolem os próprios homens'". A Reforma e o confisco das terras da Igreja deram um novo ímpeto para todo esse processo. Como observou Marx, "a Igreja Católica" era, nos tempos da Reforma, "a proprietária feudal de grande parte do solo da Inglaterra". Com o confisco das terras da Igreja, inúmeros camponeses foram expulsos. Tão grande foi o aumento da pauperização que a Rainha Elizabeth foi forçada a reconhecê-lo diretamente por meio da introdução da taxa dos pobres – a origem das Leis dos Pobres. "De fato, a usurpação das terras comunais e a revolução na agricultura que a acompanhou", observou Marx, tiveram "um efeito tão agudo nos trabalhadores agrícolas que [...] seus salários passaram a cair abaixo do mínimo entre 1765 e 1780 e a serem suplementados pela assistência oficial da Lei dos Pobres" (Marx, 1976, p. 877-888).

Essas mudanças também significaram o fim dos *yeomanry*,[30] que eram, até o final do século XVII, muito mais numerosos do que a classe de agricultores e haviam constituído a espinha dorsal do Exército de Novo Tipo de Cromwell. No século XVIII, os *yeomanry* haviam simplesmente desaparecido. Inúmeros projetos parlamentares de "Leis pelos Cercamentos de Terras Comunais" foram introduzidos para tornar legal o confisco das terras comunais. "No século XIX, quaisquer memórias da conexão entre o trabalho agrícola e a propriedade comunal tinham [...] desaparecido" (Marx, 1976, v. 1, p. 865, 890). O processo de cercamento, no entanto, continuou durante o século XIX. Para Marx,

> Como exemplo do método usado no século XIX bastam aqui os 'clareamentos' realizados por ordem da duquesa de Sutherland. Essa pessoa, instruída em matérias econômicas, decidiu, logo ao assumir o governo, aplicar um remédio econômico radical, transformando em pastagens de ovelhas o condado inteiro, cuja população já fora reduzida a 15 mil em consequência de processos de tipo semelhante. De 1814 até 1820, esses 15 mil habitantes, aproximadamente 3 mil famílias, foram sistematicamente expulsos e exterminados. Todos os seus vilarejos foram destruídos e incendiados; todos os seus campos transformados em pastagens. Soldados britânicos foram incumbidos da execução dessa tarefa e entraram em choque com os nativos. Uma anciã morreu queimada na cabana que ela se recusara a abandonar.

---

[30] Grupo de camponeses independentes que cultivavam pequenos espaços de terra. (N. E.)

> Desse modo, a duquesa se apropriou de 794 mil acres de terras que desde tempos imemoriais pertenciam ao clã. Aos nativos expulsos ela designou cerca de 6 mil acres de terras, 2 acres por família, na orla marítima. Até então, esses 6 mil acres haviam permanecido ermos, e seus proprietários não haviam obtido renda nenhuma com eles. Movida por seu nobre sentimento, a duquesa chegou ao ponto de arrendar o acre de terra por 2 xelins e 6 pence às pessoas do clã que por séculos haviam vertido seu sangue pela família Sutherland. Toda a terra roubada ao clã foi dividida em 29 grandes arrendamentos, destinados à criação de ovelhas; cada arrendamento era habitado por uma só família, em sua maioria servos ingleses de arrendatários. No ano de 1825, os 15 mil gaélicos já haviam sido substituídos por 131 mil ovelhas. A parte dos aborígines jogada na orla marítima procurou viver da pesca. Tornaram-se anfíbios, vivendo, como diz um escritor inglês, metade sobre a terra, metade na água e, no fim das contas, apenas metade em ambas. (Marx, 1976, v. 1, p. 891-892)

Isso tudo significava que se tornou possível "incorporar o solo ao capital", ao mesmo tempo criando o necessário exército de trabalho excedente para alimentar a indústria urbana (Marx, 1976, v. 1, p. 895).

Entretanto, Marx perguntava, "de onde se originaram os capitalistas? Pois a expropriação da população rural, diretamente, cria apenas grandes proprietários fundiários". Marx divide sua resposta a essa pergunta em duas partes: a origem do agricultor capitalista e a origem do capitalista industrial. O primeiro emergiu lentamente, e é possível dizer que emergiu das primeiras formas de *bailiff*[31] na segunda metade do século XIV. É nesse ponto que o proprietário de terras começa a fornecer as sementes, o gado e os implementos agrícolas para que o agricultor possa realizar o verdadeiro trabalho de agricultura. Por fim, isso toma a forma do sistema desenvolvido baseado na renda fundiária. Todo o processo foi amplamente facilitado, ademais, pela revolução agrícola que se iniciou no final do século XV e pelos cercamentos. "A usurpação das terras comunais permitiu aos fazendeiros aumentar sobremaneira seus rebanhos, quase que sem custos, enquanto o próprio gado fornecia um rico adubo para o cultivo do solo" (Marx, 1976, v. 1, p. 905-906).

Como apontou Adam Smith, o grau da divisão do trabalho é parcialmente dependente da extensão do mercado. Para Marx, a "gênese do

---

[31] Nesse contexto se refere a um servo da gleba. A tradução literal dessa palavra é oficial de justiça. (N.T.)

JOHN BELLAMY FOSTER

capitalista industrial" era uma estória não tanto da história da Inglaterra, mas da história do mundo. Aconteceu não gradualmente, mas de uma só vez. Isso tomou a forma da pilhagem do mundo não-capitalista e da criação do comércio triangular do sistema escravocrata transatlântico. Como notoriamente Marx afirmou:

> A descoberta das terras auríferas e argentíferas na América, o extermínio, a escravização e o soterramento da população nativa nas minas, o começo da conquista e saqueio das Índias Orientais e a transformação da África numa reserva para a caça comercial de peles-negras caracterizam a aurora da era da produção capitalista. Esses processos idílicos constituem momentos fundamentais da acumulação primitiva. (Marx, 1976, v. 1, p. 915)

O comércio de escalpos promovido pelos ingleses e os puritanos da Nova Inglaterra, o comércio de escravos em Java, a conquista e saqueio da Índia, o comércio de ópio e assim por diante, eram todos meios pelos quais o capital criava um sistema mundial sob seu controle que extraía riqueza e matérias-primas para a indústria capitalista em benefício da Europa, enquanto destruía os sistemas de propriedades comunais em outros lugares. Isso tudo é parte da expropriação global maior que propiciou a acumulação primitiva para a gênese do capital industrial. Assim, nas palavras de Marx, "não sem razão" Carey acusou a Inglaterra "de tentar converter os demais países em meros povos agrícolas, tendo a Inglaterra como fabricante". Na própria Inglaterra, que logo seria conhecida como "a oficina do mundo", a mudança era profunda. Ela transformou, "num dos polos, os meios sociais de produção e subsistência em capital e, no polo oposto, a massa do povo em trabalhadores assalariados, em 'pobres laboriosos' livres, esse produto artificial da história moderna" (Marx, 1976, v. 1, p. 912, 925).

A ("assim chamada") acumulação primitiva constitui a pré-história e a precondição do capital. A metamorfose que ela representa abre o caminho para o sistema de apropriação capitalista, que se baseia na exploração do trabalho alienado, mas formalmente livre. E disso surge toda a tendência histórica da acumulação capitalista – suas "leis imanentes" de desenvolvimento. Para Marx, isso é expresso mais sucintamente em termos das novas leis que governam a própria população sob essas condições, ou seja, o que ele chamou de "lei geral absoluta" da acumulação capitalista: a tendência da sociedade de classes capitalista, construída com base na exploração do proletariado, de polarizar-se de modo que mais e mais riqueza seja concentrada em cada vez menos mãos, enquanto a grande massa da população, reprimida pela reprodução contínua de um exército industrial de reserva de trabalhadores desempregados, se encontra em uma situação de empobrecimento relativo e degradação. Como o próprio Marx diz:

> Quanto maiores forem a riqueza social, o capital em funcionamento, o volume e o vigor de seu crescimento e, portanto, também a grandeza absoluta do proletariado e a produtividade de seu trabalho, tanto maior será o exército industrial de reserva. [...] Mas quanto maior for esse exército de reserva em relação ao exército ativo de trabalhadores, tanto maior será a massa da superpopulação consolidada, cuja miséria está na razão inversa do martírio de seu trabalho. Por fim, quanto maior forem as camadas lazarentas da classe trabalhadora e o exército industrial de reserva, tanto maior será o pauperismo oficial. *Essa é a lei geral, absoluta, da acumulação capitalista.* Como todas as outras leis, ela é modificada, em sua aplicação, por múltiplas circunstâncias, cuja análise não cabe realizar aqui. (Marx, 1976, v. 1, p. 798)

Desse modo, Marx aponta, nas duas últimas partes do livro I d'*O Capital*, para as leis da população – ainda que muito diferentes da forma trans-histórica (e essencialmente não desenvolvimentista) presente na teoria de Malthus. A precondição do capitalismo é a remoção da massa da população do solo, que possibilita o desenvolvimento histórico do próprio capital. Isso toma a forma de uma crescente polarização de classes da população entre ricos e pobres, a separação antagônica da cidade do campo (replicada em uma escala mundial pelo fato de que alguns países são transformados em meros campos agrícolas, meras fontes de matérias-primas para o desenvolvimento industrial no centro do sistema).

Para Marx, tudo isso era inseparável, e de fato é uma consequência lógica, do que ele chamou de "*differentia specifica*" do sistema de propriedade privada capitalista – o fato de que este foi construído sobre a alienação sistemática de todas as formas de necessidades de base natural. Assim, sob o regime artificial do capital, é a busca por valor de troca (ou seja, o lucro), e não a manutenção das necessidades naturais, universais e genuínas, que constitui o objeto, o motivo, da produção. A extrema polarização resultante entre a riqueza que não conhece limites, em um polo, e uma existência alienada, degradada e explorada, que constitui a negação de tudo o que é mais humano, no outro, cria a contradição que funciona como uma falha geológica por meio do sistema capitalista. Por fim, o "tegumento" capitalista que tanto distorce e restringe o desenvolvimento do trabalho social é arrebentado, "soa a hora derradeira da propriedade privada capitalista, e os expropriadores são expropriados" (Marx, 1976, v. 1, p. 769, 929).

Nisso tudo, entretanto, Marx insiste continuamente que a alienação em relação à terra é *sine qua non* ao sistema capitalista. Portanto, em seu frequentemente desconsiderado último capítulo do livro I d'*O Capital*, sobre "A teoria moderna da colonização", Marx aponta para a teoria da colonização de Edward Wakefield, por meio da qual este argumenta que a única maneira de manter uma força de trabalho proletária barata para a indústria nas colônias seria encontrar uma forma de aumentar artificialmente o preço da terra. Caso contrário, os trabalhadores rapidamente deixariam a indústria pela terra e se estabeleceriam como pequenos proprietários. Para Marx, isso apontava para a contradição da separação e estranhamento da população com a terra, que constituía a fundação na qual todo o sistema de trabalho formalmente livre se baseava. A transformação da propriedade da terra pelo capital, escreveu Marx nos *Grundrisse*,

> 'limpa' a terra de suas bocas supérfluas, como diz Steuart, arranca os filhos da terra do seio no qual cresceram e transforma, assim, o próprio trabalho na terra, de trabalho que, segundo sua natureza, aparece como fonte imediata de subsistência, em trabalho como fonte de subsistência mediada, inteiramente dependente de relações sociais.

A transformação do capitalismo, a abolição do trabalho assalariado e a criação de uma sociedade de produtores associados, portanto, necessitava a abolição dessa alienação dos seres humanos com relação à terra (Marx, 1976, p. 931-940; Marx, 1973, p. 276).[32]

Assim, dos anos 1840 em diante, tanto Marx quanto Engels insistiram na necessidade de transcender essa forma de alienação da natureza sobre a

---

[32] Marx tomou extensas passagens de Wakefield com marcas verticais nas margens enfatizando precisamente esses pontos em seus cadernos de 1850-1853. Ver Marx e Engels (1991, p. 486-491).

qual repousa o capitalismo. Seus argumentos sempre envolviam a abolição da relação antagônica entre a cidade e o campo por meio da integração da agricultura com a indústria, da dispersão da população e daquilo que Marx se referiu como "a restauração" da relação metabólica entre seres humanos e a terra. Marx citou Hippolyte Collins afirmando que

> é graças à apropriação individual do solo que há homens que possuem apenas a força de seus braços [...]. Quando você coloca o homem em um vácuo, você lhe rouba o ar. Você faz o mesmo quando você tira dele o solo [...], pois você o está colocando em um espaço vazio de riqueza, de modo a deixá-lo sem nenhuma forma de vida, exceto de acordo com os seus desejos. (Marx, 1976, p. 939).

Para Engels, seguindo Liebig, a transcendência do antagonismo entre cidade e campo era expressa em termos ecológicos:

> A abolição da antítese entre cidade e campo não é meramente possível. Ela se tornou uma necessidade direta da própria produção industrial, assim como se tornou uma necessidade da produção agrícola e, além disso, da saúde pública. O presente envenenamento do ar, da água e da terra só pode cessar com a fusão da cidade com o campo; e só essa fusão vai alterar a situação das massas que agora definham nas cidades e permitir que o seu excremento seja usado para produzir plantas em vez de produzir doenças. (Engels, 1939, p. 351-352)

Assim, em sua concepção de uma sociedade futura, Marx e Engels propuseram uma síntese mais elevada na relação entre cidade e campo que, como observou Bertell Ollman, parecia

> implicar a transferência de algumas indústrias para o campo, bem como expandir em grande medida a quantidade de terras livres dentro das cidades para parques, bosques e jardins. Eu suspeito, também, que Marx gostaria de ver reduzir o número de pessoas vivendo em qualquer única cidade e estabelecer mais cidades pequenas e médias distribuídas por todo o campo. (Ollman, 1979, p. 56-57)

A conexão próxima entre a visão de comunismo de Marx e a sustentabilidade ecológica é evidente nas concepções utópicas do aclamado artista inglês do século XIX, William Morris (1834-1896), um mestre artesão, *designer*, poeta e ativista socialista, que não era apenas um firme defensor do socialismo marxiano, mas também um dos formadores do pensamento verde no contexto inglês. Em sua celebrada novela utópica *Notícias de lugar nenhum*, Morris descreveu uma sociedade em que a derrubada do

Mercado Mundial levou ao abandono das formas desperdiçadoras de produção econômica voltadas para necessidades artificiais em prol do lucro, e a subsequente reorganização da produção de tal modo que "nada *pode* ser feito se não for para o uso genuíno". O tempo livre para busca da investigação intelectual e habilidades manuais independentes estava mais prontamente disponível – porque a sociedade desistiu de seus fins instrumentalistas, estreitamente definidos – enquanto o próprio trabalho era visto como servindo às necessidades tanto da criatividade humana quanto da realização das necessidades sociais. Nessa ordem social utópica pós-revolucionária, Morris escreveu seguindo o espírito de Marx, "a diferença entre cidade e campo se tornou cada vez menor". Inicialmente, logo após a revolução, as pessoas tinham debandado da cidade para o campo, mas "cederam à influência de seus entornos e se tornaram pessoas do campo" (Morris, 1962, p. 244-246) – com a população do campo mais numerosa do que a das cidades. Explicava-se que a Inglaterra do século XIX havia se tornado

> um país de oficinas enormes e sujas, e de antros de jogos de azar ainda mais sujos, rodeados por uma fazenda mal cuidada, assolada pela pobreza, saqueada pelos mestres das oficinas. Agora é um jardim onde nada é desperdiçado e nada é estragado, com as moradias, galpões e oficinas necessárias espalhadas pelo país, tudo acabado, e arrumado e bonito. (Morris, 1998, p. 93-97).

A existência desse jardim, entretanto, não impedia a preservação de áreas selvagens, que eram mantidas pelo seu valor intrínseco. Enquanto isso, a população se estabilizou e se espalhou (parte do programa enunciado por Marx e Engels no *Manifesto Comunista*).

A visão de Morris, tão próxima da de Marx (que Morris leu e releu), nos lembra do caráter plenamente revolucionário da análise de Marx que, desde seus primeiros escritos, considerou a alienação dos seres humanos com relação à terra sob o capitalismo como uma precondição para a alienação dentro do regime de acumulação do capital. Marx nunca se distanciou muito, nesse aspecto, das noções de Epicuro de que nada veio do nada e nada poderia ser reduzido a nada, ou seja, que toda a produção humana envolvia a transformação e conservação de matéria (Lucrécio, 1994, p. 13-15). Da mesma forma, ele aderiu consistentemente à proposição, decorrente dessa análise, de que a terra tinha que ser conservada e cultivada – para o bem das futuras gerações. Essas constituíam as condições naturalmente impostas da produção e existência humanas, e a expressão mais geral da alienação do capitalismo com relação às condições da produção em geral. A revolução contra o capitalismo requeria, portanto, não somente a derrubada de suas relações específicas de exploração do trabalho, mas também a transcendência – mediante a regulação racional da relação metabólica entre os seres humanos e a natureza por meio da ciência e da indústria modernas – da alienação com relação à terra: a fundação/precondição definitiva para o capitalismo. Somente nesses termos o chamado frequente de Marx pela "abolição do trabalho assalariado" faz qualquer sentido.

6. AS BASES NA HISTÓRIA NATURAL PARA NOSSA PERSPECTIVA

Darwin escreveu o primeiro rascunho breve de sua teoria sobre a transmutação das espécies a lápis, em 1842. Dois anos mais tarde, ele escreveu um rascunho muito mais longo, de aproximadamente 50 mil palavras, e deu instruções estritas para sua esposa, Emma, de que deveria ser publicado após a sua morte. Foi somente em 1858 – duas décadas depois de articular pela primeira vez sua teoria em seus *Cadernos* – que ele a tornou pública em uma apresentação conjunta de artigos com seu jovem rival Alfred Russel Wallace (publicando *A origem das espécies* em si no ano seguinte). E ele somente o fez naquele momento quando pareceu que Wallace se adiantaria a ele. Isso levantou a questão (como vimos no capítulo 2) sobre aquilo que Stephen Jay Gould chamou de o "atraso de Darwin" – uma questão que tem sido de crescente interesse para os estudiosos do autor, particularmente com a publicação de seus primeiros cadernos sobre transmutação.

A interpretação tradicional para o atraso tem sido a de que, como um cientista racional, Darwin estava simplesmente acumulando evidências lentamente para construir uma teoria muito mais forte. Mas tal interpretação deve explicar por que durante esses anos ele se engajou em atividades tais como a escrita de um trabalho de diversos volumes sobre a taxonomia e história natural das cracas. Baseados na evidência oferecida nos *Cadernos de Darwin*, historiadores da ciência recentemente chegaram a conclusões bastante diferentes, agora quase universalmente defendidas pelos estudiosos de Darwin: que ele era um "evolucionista atormentado", um "revolucionário relutante" e um materialista alarmado, tentando reconciliar suas descobertas científicas com suas crenças tradicionais anglicanas e liberais [*whig*], temeroso também de perder sua respeitabilidade e sua posição dentro dos círculos da elite.[1] Ainda assim, seria um grave erro atribuir o atraso de Darwin à covardia. Ao contrário, ele deve ser entendido não apenas como um cientista, mas como um ator social complexo em um tempo de turbulentas transformações sociais, tentando promover suas visões científicas, que eram enraizadas no materialismo, enquanto defendia uma posição de classe particular. Neto por parte materna do industrial Josiah Wedgwood, vivendo em sua propriedade em Down House, em Kent, seu dinheiro (e o de sua esposa) investido em ações de ferrovias, Darwin acreditava fortemente na ordem burguesa. Sua ciência era revolucionária, mas Darwin, o homem, não, e aqui está seu dilema interior.[2]

A Inglaterra nos tempos de Darwin era um efervescente caldeirão de descontentamento. Em agosto de 1839, quando ele estava participando de uma reunião da Associação Britânica para o Progresso da Ciência, em Birmingham, ele encontrou uma cidade à beira da lei marcial. A Convenção Cartista estava acontecendo na cidade, e socialistas e evolucionistas lamarckianos vermelhos estavam na plateia – com meio milhão de panfletos denunciando a propriedade, o casamento e a falta de cooperação do Estado sendo distribuídos. Em 1842, enquanto Darwin trabalhava em seu esboço evolucionário, todo o país estava paralisado por uma greve geral organizada pelos cartistas. A Lei do Tumulto era lida em muitas das cidades industriais e, em algumas delas, os manifestantes foram baleados e assassinados. Enquanto isso, os ateus haviam fundado recentemente um tabloide barato e ilegal, *Oráculo da razão*, que vendia aos milhares. Atacava a religião com curiosidades geológicas e lamarckismo revolucionário. Escrevendo para o *Oráculo*, William Chilton apresentou o materialismo em termos revolucionários de classe, unindo-o com con-

---

[1] O termo "evolucionista atormentado" foi emprestado de Desmond e Moore (1991). O termo "revolucionário relutante" – também usado para descrever Darwin – foi tomado de Rose (1998).

[2] Nesse aspecto, Alfred Russel Wallace, como um socialista, não enfrentou o mesmo dilema que Darwin.

ceitos evolucionários: "O homem era somente uma coleção de átomos organizados". O *Oráculo* atacou a teologia natural de Paley como uma justificativa "perniciosa" do *status quo*. Em agosto de 1842, o editor do *Oráculo*, George Holyoake, foi julgado publicamente e proferiu blasfêmias tais como a não existência de Deus e a inabilidade dos pobres de sustentar os párocos em tempos de economia ruim. Enquanto isso, Darwin estava lendo os *Passeios rurais* de William Cobbett, com seus ataques ao pároco Malthus e às Leis dos Cereais. Temendo uma revolta, o velho "Duque de Ferro", Duque de Wellington, convocou os guardas e unidades especiais de polícia. O zoólogo Richard Owen, colega e colaborador de Darwin, se alistou na Honorável Companhia de Artilharia e foi chamado para reforçar a polícia. Dia após dia, até 10 mil manifestantes se juntavam nos espaços públicos por toda a capital. Darwin e sua esposa Emma deixaram Londres, aliviados, na quarta semana da greve geral, para fixar residência nos arredores rurais de seu novo lar em Down House, em Kent (Desmond e Moore, 1991, p. 291-298).

O novo ambiente, contudo, não diminuiu a magnitude do dilema em que Darwin se encontrava ao escrever sua teoria pela primeira vez. Como observam Adrian Desmond e James Moore em sua biografia *Darwin: a vida de um evolucionista atormentado* (1991),

> *É claro* que Darwin não poderia publicar. O materialismo o petrificou, e é possível compreender o motivo, já que isso era condenado pelas forças da Igreja e do Estado como um escárnio blasfemo da lei cristã do país. Ele tinha conhecimento suficiente do mundo para sentir o perigo, as condenatórias implicações de classe. Ele não tinha ilusões de como seria tratado. Ao vincular o homem ao símio ele corria o risco de ser identificado com os ateus vulgares ou com os extremistas dissidentes que amaldiçoavam a Igreja 'fornicadora'. 'Todo o tecido' estava a ponto de ser rasgado sem a sua ajuda. Conforme o velho mundo 'cambaleava e caía', ele não poderia ser visto auxiliando a demolição. Por fim, ele estava assustado por sua respeitabilidade. Para um cavalheiro do círculo de Oxbridge, preparando-se para salvaguardar a alma do homem contra os Levellers socialistas, publicar sua obra teria sido equivalente à deslealdade – uma traição à velha ordem. (Desmond e Moore, 1991, p. 296)

As ideias evolucionistas há muito tempo eram associadas ao materialismo – uma implicando a outra – e eram vistas como surgindo primeiro dos materialistas da Antiguidade Empédocles, Epicuro e Lucrécio. Foi com Lucrécio que a noção de sobrevivência das espécies por meio da adaptação ao ambiente e, mais importante, a ideia de extinção das espécies que falharam em se adaptar (conhecida como "a teoria da eliminação"), foram colocadas mais claramente na Antiguidade. Lucrécio morreu em 55 a.C., e o pensamento evolucionista sobre as origens da vida não reemergiu até meados do século XVIII. Assim, como afirma Paul Sears em seu livro *Charles Darwin: o naturalista como força cultural* (1950), "depois de Lucrécio, as especulações sobre a origem e desenvolvimento da vida ficaram dormentes por 18 séculos", somente revividas por pensadores como Jean Baptiste Lamarck (1744-1829) e Erasmus Darwin. Até a publicação da *Origem das Espécies* de Darwin, entretanto, tais visões eram em sua maioria confinadas ao submundo materialista, excluídas do domínio da ciência respeitável e do pensamento dominante. Mais ainda, elas careciam de qualquer explicação clara sobre o mecanismo de evolução.[3]

Agora sabemos que Darwin foi exposto a teorias materialistas da evolução por seu companheiro de caminhadas e um de seus primeiros mentores, o biólogo lamarckiano Robert Grant, enquanto Darwin ainda era um jovem estudante de medicina em Edimburgo. Ademais, foi em Edimburgo que ele viu as ideias materialistas serem suscitadas e então censuradas dentro da Sociedade Pliniana. Ainda que mais tarde, em Cambridge, Darwin tenha se visto ainda atraído pela *Teologia natural* de Paley – fascinado pela lógica do argumento e a ênfase na perfeita adaptação das espécies ao seu ambiente (que era visto como uma evidência do desígnio) –, essas dúvidas materialistas-evolucionárias permaneceram com ele.

Em seus anos em Cambridge, Darwin se considerou um cristão devoto, mas não há dúvida que seu histórico familiar imediato deu ímpeto para a tendência no sentido do livre-pensamento que ele sempre demonstraria – e que se tornou mais forte após sua viagem a bordo do *Beagle*. Seu avô, Erasmus, era um fraco deísta; seu pai, Robert, um descrente; seu tio, Josiah Wedgwood, um unitário; e seu irmão, Erasmus (quando Darwin voltou de sua jornada no *Beagle*) também era um descrente. O histórico familiar de livre-pensamento, portanto, colocou Darwin em

---

[3] De forma similar a Sears, mas com menos alcance, Ernst Mayr afirma que "Nada com nenhuma consequência de verdade aconteceu após Lucrécio e Galen até o Renascimento" (Mayr, 1982, p. 91).

JOHN BELLAMY FOSTER

potencial conflito com os principais naturalistas de seu tempo, já que, nas palavras de Ernst Mayr, "praticamente todos os naturalistas da Inglaterra daquele tempo eram pastores ordenados, assim como os professores em Cambridge que ensinavam botânica (J. S. Henslow) e geologia (Adam Sedgwick)." (Mayr, 1991, p. 3, 13).

As especulações evolucionárias de Darwin foram enormemente fortalecidas pela leitura dos *Princípios da geologia* de Charles Lyell, cujo primeiro volume ele levou em sua viagem a bordo do *Beagle*, onde ele trabalhou como o naturalista da expedição. Foi a concepção de Lyell de um processo de transformação geológica extremamente lento e uniforme sobre o que então parecia ser um tempo quase interminável que forneceu as bases nas quais Darwin pôde gradualmente construir suas noções de transmutação das espécies (ainda que o próprio Lyell, naquele tempo, rejeitasse a hipótese da transmutação das espécies). Em seus *Cadernos*, Darwin deu continuidade a essas especulações e a esboçar e re-esboçar sua teoria no início dos anos 1840, mas as condições não pareciam propícias para a publicação. Consequentemente, enquanto construía sua reputação científica – publicando seu *Diário* sobre a jornada ao redor do mundo no *HMS Beagle* (que imediatamente o tornou famoso nos círculos tanto científicos quanto não científicos), e assinando trabalhos sobre a geologia da América do Sul, recifes de coral e ilhas vulcânicas –, Darwin continuou a desenvolver sua ideia mais importante, a teoria da seleção natural, na esperança de uma eventual publicação. O botânico Joseph Hooker, um dos poucos confidentes de Darwin, havia escrito para ele em 1847 dizendo que ninguém teria o direito de "examinar a questão das espécies se não tivesse descrito minuciosamente muitas delas". Ainda que Hooker, em realidade, não tivesse o próprio Darwin em mente ao escrever isso, este último ainda assim tomou essa afirmação para si e, por esta razão, se sentiu parcialmente compelido a seguir com seu estudo abrangente sobre as cracas – ganhando, desse modo, o direito de se pronunciar sobre a transmutação das espécies. Contemplando uma revolução científica teórica que foi tão significativa e ameaçadora para as visões dominantes como havia sido a revolução de Copérnico, Darwin buscou primeiro criar uma reputação para si como um pesquisador científico empírico que não poderia ser questionada. Isso por si só, no entanto, era uma espécie de tática dilatória, uma vez que o problema principal de Darwin era que ele se sentia incapaz de publicar sua teoria devido às implicações sociais e à atmosfera daquele tempo (Desmond e Moore, 1991, p. 341, 369).

Em 1854, Darwin havia finalizado seu estudo sobre as cracas e retornou novamente para seu trabalho sobre a seleção natural. Ele iniciou escrevendo um trabalho sobre transmutação das espécies em 1856. Sua tarefa foi facilitada dessa vez pelo fato de que as condições históricas haviam mudado consideravelmente desde que ele havia primeiro esboçado sua teoria. Em 1851, quando aconteceu a Grande Exposição em Londres, "a era da revolução" parecia ter passado, substituída pela "era do capital". A Grande Exposição celebrou a posição hegemônica da Grã-Bretanha como a oficina industrial do mundo. A abolição das Leis dos Cereais cinco anos antes refletiu o crescente domínio da economia britânica pelo capital fabril. Essas condições significavam que a ciência materialista-evolucionária, na medida em que fosse compatível com o sistema do capitalismo industrial, já não poderia ser tão facilmente suprimida.

Como escreveu Thomas Huxley (1825-1895) em 1859, no momento da primeira publicação da *Origem*, "a teoria da transmutação, como vem sendo chamada, tem sido um 'esqueleto no armário'", sempre ameaçando irromper à luz. Por que, perguntava-se frequentemente, o domínio da biologia, da vida, não se conformava, como parte de "um todo consistente", com aquelas leis materiais que, como havia sido demonstrado, governavam a astronomia, física, química e medicina? (Huxley, 1897, p. 13).

Na década de 1850, a questão da transmutação não desapareceria. Uma das formas que ela foi levantada foi por meio da publicação anônima de *Vestígios da história natural da criação* (1844), por Robert Chambers (1802-1871), um editor de Edimburgo. O livro de Chambers se tornou rapidamente um dos mais vendidos – quatro edições apareceram nos primeiros sete meses e, finalmente, passou por dez edições. Até 1860, 24 mil cópias haviam sido vendidas. Chambers dirigiu a publicação não aos cientistas, muito menos àqueles a que ele se referia como "os cães do clero", mas ao vitoriano letrado comum. Seus argumentos, embora falhos, eram impressionantes – suficientemente convincentes para que, pela primeira vez, a doutrina evolucionária tenha se tornado um tópico aberto de discussão entre o público letrado em geral. Havia, é claro, muitas debilidades em *Vestígios*, e foi atacado ferozmente não somente por pessoas como Sam Wilberforce, o Bispo de Oxford, e Adam Sedgwick, o geólogo de Cambridge e defensor da teologia natural, mas também por Thomas Huxley, que mais tarde viria a ser conhecido como o "buldogue de Darwin". Não obstante, não se pode subestimar seu papel de extrair o veneno e, portanto, preparar o caminho para o sucesso posterior de Darwin. "Em meados de 1840", Desmond e Moore escrevem com *Vestígios* em mente, "a transmutação estava saindo das ruas, das sórdidas salas de dissecação e estava sendo admitida nos salões" (Desmond e Moore, 1991, p. 320-23). O grande romântico inglês John Ruskin havia visto a natureza, em determinado momento, em termos teleológicos, mas, no início da década de 1850, estava com dúvidas: "Se os geólogos apenas me deixassem em paz", ele escreveu em uma carta de 1851, "eu poderia ficar muito bem, mas aqueles terríveis martelos! Eu ouço o golpe deles ao final de cada cadência dos versos da Bíblia" (Ruskin, citado em Burrow, 1968, p. 20).

No final da década de 1850, Darwin decidiu publicar suas ideias em grande escala, superando toda oposição por meio da natureza massiva de sua pesquisa. Em 1858, ele tinha escrito alguns capítulos do que pretendia ser seu grande trabalho sobre *Seleção Natural*. Mas em junho de 1858, o correio lhe trouxe diversas páginas de Alfred Russel Wallace, delineando sua própria teoria de seleção natural, desenvolvida independentemente, fornecendo um argumento muito similar ao do rascunho de 1842 de Darwin. Em pânico, Darwin foi, portanto, forçado a apresentar sua teoria, ao lado da de Wallace, em uma apresentação conjunta de artigos (levada a cabo por Charles Lyell e Joseph Hooker, com os dois diretores ausentes) naquele mesmo ano, seguida da rápida conclusão de *A origem das espécies*, no ano seguinte, a qual Darwin insistia em considerar como um simples "resumo" de um trabalho maior que nunca se materializou.

A origem das espécies

Assim como muitas grandes descobertas, a ideia essencial da obra de Darwin, cujo título completo era *Sobre a origem das espécies por meio da seleção natural; ou a preservação das raças favorecidas na luta pela vida*, era bastante simples – ainda que infinitamente complexa em seu funcionamento interno e ramificações. A teoria fundamental, apresentada nos capítulos iniciais do trabalho, era desenvolvida como segue: todos os organismos são caracterizados pela "superfecundidade", ou a tendência de produzir muito mais descendentes do que conseguem sobreviver. Esses descendentes variam entre eles, e não são simples réplicas de um tipo original. Parte dessa variação é passada para as futuras gerações. (Darwin não conhecia as leis da hereditariedade naquele tempo anterior ao desenvolvimento da genética, mas o fato da hereditariedade era, é claro, bastante conhecido). Uma vez que nem todos os descendentes sobrevivem, Darwin concluiu, deve haver, necessariamente, uma luta pela existência entre esses numerosos descendentes, e aqueles melhor adaptados por esse processo de variação inata às condições limitadas do ambiente local no qual eles viviam tenderiam, estatisticamente, a ter uma taxa maior de sobrevivência, passando, assim, essas variações (pelo menos em certa medida) para seus descendentes. A acumulação de tais variações favoráveis durante o longo período geológico resultaria na evolução das espécies – ou descendência com modificação (Gould, 1996, p. 138).

Darwin deixou claro na introdução que a principal contribuição de seu trabalho estava não no mero postulado da transmutação das espécies, que já havia sido proposta inúmeras vezes, como no trabalho do autor de *Vestígios*, mas sim em explicar o mecanismo específico – a seleção natural por meio da variação inata – por meio da qual tal transmutação acontecia. Mais ainda, o objetivo de sua teoria era explicar a maravilhosa adaptação (e coadaptação) ao ambiente a ser encontrada por todas as partes na natureza – e tão fortemente enfatizada pela tradição natural-teológica.

A estratégia de apresentação de Darwin foi simples e elegante. Ele começou no capítulo I com aquilo que seus leitores conheciam melhor – as condições da "Variação sob a domesticação" de plantas e animais, baseando-se na longa história humana da horticultura e da criação animal. Aqui, ele demonstrou que a seleção artificial havia produzido variações que eram frequentemente maiores do que aquelas separando o que era geralmente reconhecido como espécies diferentes e, ao mesmo tempo, que essas variações poderiam ser rastreadas a um ancestral comum. No capítulo II, ele voltou-se, então, para a questão da "Variação sob a natureza". Não somente havia enorme variação na natureza; a questão levantada era se havia algum mecanismo na natureza, equivalente à ação dos criadores, que produziria o mesmo resultado – ainda que em uma escala maior ao longo de imensos períodos.

A resposta veio no capítulo III, intitulado "A luta pela existência", no qual Darwin começou a articular o funcionamento de tal mecanismo. Isso foi elaborado de maneira mais plena no capítulo IV, em termos do princípio da "Seleção natural". O restante do trabalho foi, então, dedicado a explorar toda a complexidade das questões levantadas pelo princípio geral da seleção natural no contexto de uma luta pela existência. No capítulo VI, por exemplo, Darwin examinou a questão da evolução dos órgãos de extrema perfeição – como os olhos – sobre os quais teólogos naturais influenciados por Paley haviam colocado tanta ênfase. E no capítulo VII ele se ocupou da questão do desenvolvimento de comportamentos instintivos complexos, como o das abelhas que constroem colmeias. Em cada caso, ele explicou como tudo isso pode ter se originado em inumeráveis gradações por meio da seleção natural. Como resultado, o argumento natural-teológico sobre a excelência da adaptação como constituindo evidência irrefutável da intervenção divina na natureza foi finalmente deixado de lado. O argumento de Darwin foi além da própria teologia natural em reconhecer a variação e adaptação dos organismos na natureza. No entanto, ele o fez sem recorrer a causas finais.

Central para todo o argumento era a ideia de "A luta pela existência", uma ideia que, em grande medida, havia sido inspirada por Malthus. Como afirmou Darwin na introdução da *Origem*,

> Falo da doutrina de Malthus, aplicada a todo o reino animal e vegetal. Uma vez que, de cada espécie, nascem muito mais indivíduos do que o número capaz de sobreviver, em consequência disso ocorre uma constante luta pela existência; qualquer ser que sofra uma variação, por menor que seja, capaz de lhe conferir alguma vantagem sobre os demais, dentro das complexas e eventualmente variáveis condições de vida, terá maior condição de viver, tirando proveito da *seleção natural*. E, em função do poderoso princípio de hereditariedade, qualquer variedade que tenha sido selecionada tenderá a propagar sua nova forma modificada. (Darwin, 1968, p. 68)

Esse princípio foi exposto de forma um tanto diferente no capítulo sobre "A luta pela existência" em si. Lá, Darwin escreveu:

Essa luta pela existência resulta, inevitavelmente, da rapidez com que os seres vivos se reproduzem. Todo indivíduo que durante sua vida normal produz muitos ovos ou sementes deve ser destruído em qualquer período de sua existência, ou durante uma estação qualquer porque, de outro modo, com base na progressão geométrica, o número de seus descendentes aumentaria tanto que nenhuma região conseguiria suprir suas necessidades de alimentação. Portanto, uma vez que nascem mais indivíduos do que o número dos que poderiam sobreviver, sempre haverá uma luta pela existência, seja entre indivíduos da mesma espécie, seja entre eles e os de outras espécies diferentes, ou ainda com as condições de vida existentes em seu habitat. É a doutrina de Malthus aplicada com redobrada força a todo o reino vegetal e animal, pois nesse caso [em oposição ao caso humano, com o qual Malthus estava preocupado] não pode acontecer o aumento artificial dos alimentos ou a restrição prudente dos acasalamentos. Mesmo que algumas espécies se multipliquem hoje mais ou menos rapidamente, esse fato não poderia ocorrer com todas as espécies, pois a Terra não as comportaria. Não há exceção alguma à regra segundo a qual todos os seres vivos, aumentando naturalmente a uma velocidade alta, se não forem destruídos, cobrirão a terra em pouco tempo pela descendência proveniente de um único casal. Mesmo o próprio homem, que se multiplica de maneira bastante lenta, tem dobrado seu total a cada 25 anos nesse ritmo, em poucos milhares de anos não haveria lugar para sua progênie. (Darwin, 1968, p. 116-117)

A luta pela existência era tão intensa na natureza que Darwin não conseguia explicá-la senão por meio de uma dramática metáfora (usada pela primeira vez em seus *Cadernos*): "A face da Natureza deve ser comparada com uma branda superfície, com 10 mil cunhas afiadas juntas e que se metem para dentro com incessantes golpes, algumas vezes uma cunha é golpeada, outras vezes outra cunha é golpeada ainda com mais força". A imagem da cunha, que Darwin usou repetidamente, era, nas palavras de Stephen Jay Gould,

> a imagem de uma superfície absolutamente repleta de cunhas, representando as espécies em uma economia da natureza que ostentava um sinal de 'Não há vagas'. A mudança evolucionária só pode ocorrer quando uma espécie consegue se introduzir nessa superfície lotada retirando outra espécie dali (encravando sua cunha). (Gould, 1993, p. 302)

Todos os seres orgânicos, argumentou Darwin, estavam "se esforçando para crescer em uma razão geométrica", e cada um desses seres orgânicos eram forçados "em algum período de sua vida, durante alguma estação do ano, em cada geração ou em intervalos [...] a lutar pela vida e sofrer grandes destruições" (Darwin, 1968, p. 119, 129).

Darwin teve o cuidado, entretanto, de explicar que a noção de "luta pela existência" não deveria ser vista simplesmente (ou mesmo principalmente) como representando uma luta direta entre organismos individuais e/ou espécies:

> Quero salientar que emprego a expressão luta pela existência em sentido amplo e metafórico, incluindo nesse conceito a ideia de interdependência dos seres vivos, e também, o que é mais importante, não somente a vida de um indivíduo, mas sua capacidade e êxito em deixar descendência. Dois canídeos, em um período de escassez alimentar, com certeza lutarão entre si a fim de assegurar sua sobrevivência; no entanto, em vez de dizermos que uma planta que vive nas bordas de um deserto enfrenta a seca lutando pela sobrevivência, melhor seria se disséssemos que ela depende da umidade para sobreviver. [...] A erva-de-passarinho depende da macieira e de outras árvores para sobreviver; no entanto, apenas em sentido figurado se poderia dizer que ela luta pela sobrevivência com essas árvores, uma vez que, se muitos parasitas crescerem no mesmo tronco, a árvore que os abriga vai definhar até morrer. Porém, é correto dizer que as ervas-de-passarinho lutam entre si pela sobrevivência quando várias delas crescem juntas em um mesmo local. Uma vez que essa planta é disseminada pelas aves, sua existência depende delas, podendo-se por isso dizer, em sentido figurado, que ela luta com as árvores frutíferas por sua sobrevivência, já que tanto uma quanto as outras têm de atrair os pássaros para que esses devorem suas sementes, que, só assim, poderão ser espalhadas pela região. Para todos esses diversos sentidos, que eventualmente podem até mesmo confundir-se, creio ser conveniente empregar, pois, a expressão geral de luta pela existência. (Darwin, 1968, p. 116)

O uso do conceito de "luta pela existência", que Darwin entendeu frequentemente em um sentido metafórico, e não literal, deu um tom "malthusiano" à sua teoria – que era, em grande medida, enganador. Ainda que a leitura do *Ensaio sobre a população* de Malthus certamente tenha inspirado Darwin, sua dívida intelectual direta com Malthus era extremamente limitada – dificilmente indo além da hipótese de que a progressão geométrica do crescimento natural deveria ser sujeita a alguma restrição externa associada com a luta pela existência.

Certamente, Malthus parece ter inspirado Darwin a se engajar no que os biólogos evolucionistas se referem como "pensamento populacional". Nas palavras de Ernst Mayr, um dos mais importantes nomes da síntese neodarwinista (a quem Stephen Jay Gould se referiu como "nosso maior evolucionista vivo"), o pensamento populacional é "um ponto de vista que enfatiza a singularidade de cada indivíduo em populações de espécies de reprodução sexuada e, portanto, a variabilidade real das populações". A discussão de Malthus sobre o crescimento populacional em progressão geométrica (quando não há nenhum tipo de restrição) havia evidenciado a luta entre indivíduos de uma mesma espécie, e a aplicação disso mesmo para a espécie dominante, os seres humanos – uma vez que, como sugeria a espécie humana, não havia exceção para a regra geral. Ao combinar essa ideia com o pensamento populacional e focando na variação e, portanto, na luta pela existência dentre uma dada população (e não simplesmente entre diferentes espécies), Darwin pôde visualizar toda a força de um processo evolutivo levado a cabo por meio de inúmeras e pequenas variações inatas, ou o que ele chamou de "descendência com modificação". Mas ainda que o próprio Darwin tenha atribuído sua descoberta intelectual (seu momento de inspiração) à leitura de Malthus, este último, como apontado por Mayr, rejeitava a noção de variabilidade das espécies para além de certos limites bastante estritos e, portanto, a própria possibilidade de "aperfeiçoamento" na adaptação. De fato, a razão aritmética crucial de Malthus – que ele aplicou a plantas e animais – era baseada inicialmente (até o ponto em que ela tinha alguma base) nessa premissa extremamente negativa: que a produtividade na agricultura era limitada pela incapacidade de melhorar (exceto muito marginalmente) tanto a condição do solo quanto das espécies de plantas e animais das quais dependia a subsistência humana. Na visão natural-teológica de Malthus, a adaptação era um presente divino à natureza – parte do desígnio fixo de Deus –, não um produto da transformação das espécies. Consequentemente, não há nenhum traço de análises evolucionárias em seu pensamento. Ademais, o "pensamento populacional", como hoje é concebido na biologia, estava completamente ausente em Malthus. O próprio Mayr é explícito nesse ponto: "Curiosamente, quando nos debruçamos sobre os escritos de Malthus, não encontramos nenhum traço de pensamento populacional. Não há nada, mesmo remotamente, relacionado ao tema naqueles capítulos de Malthus que deram a Darwin a ideia de crescimento exponencial" (Mayr, 1991, p. 79-81, 184; Gould, 1996, p. 41).

Se a influência teórica direta de Malthus em Darwin foi muito pequena, não há como negar, no entanto, que a articulação que Darwin fez

JOHN BELLAMY FOSTER

de suas visões em termos de metáforas malthusianas tiveram um efeito significativo na recepção de suas doutrinas. Como Marx viria a dizer, foi a descoberta do *"bellum omnium contra omnes* de Hobbes" aplicada ao mundo natural.[4] De fato, dada a penetração das ideias malthusianas nas classes mais altas da Grã-Bretanha, uma interpretação malthusiana da luta pela existência seria talvez inevitável. O conhecimento que o próprio Darwin tinha do malthusianismo era de ordem intimamente familiar (refletindo a classe à qual ele pertencia), bem como de ordem intelectual: Harriet Martineau, uma proeminente malthusiana e próxima de Malthus, teve uma longa relação com o irmão de Darwin, Erasmus. O primo de Darwin (e irmão de Emma, sua esposa – Emma vinha da família Wedgwood, e era prima de primeiro grau de Darwin), Hensleigh Wedgwood, havia se casado com Fanny Mackintosh, a filha do economista Sir James Mackintosh, amigo próximo de Malthus e, como ele, conferencista no Colégio das Índias Orientais, em Haileybury. A filha de Malthus, Emily, havia sido dama de honra no casamento de Fanny e Hensleigh. Tudo isso praticamente garantia que Malthus fosse um tópico de discussão persistente na mesa de jantar do clã estendido Wedgwood- -Darwin (Desmond e Moore, 1991, p. 201).

Darwin contribuiria ainda mais à interpretação malthusiana de sua teoria – apontando o caminho para o que eventualmente veio a ser conhecido como "darwinismo social" – ao adotar, relutantemente, na edição de 1869 da *Origem*, o conceito de "sobrevivência do mais apto" – um termo introduzido pela primeira vez por Herbert Spencer em 1864 – como um sinônimo grosseiro de "seleção natural" (Paul, em Keller e Lloyd, 1992, p. 112-114). Na biologia, a noção de "mais apto" passou a significar, eventualmente, a sobrevivência de um organismo individual até o ponto em que ele pudesse transmitir seus genes para sua descendência. No sentido spenceriano/malthusiano, ou seja, darwinista social, em que o conceito veio a ser aplicado à sociedade humana, no entanto, parecia oferecer uma justificativa para a lei do mais forte e para a superioridade daqueles no topo. A teoria de Malthus havia sido uma teoria de equilíbrio de um tipo do século XVIII, criada para mostrar que o aperfeiçoamento

---

[4] Marx para Engels, 18 de junho de 1862, em Marx e Engels (1975, p. 120).

ou o progresso no domínio social era impossibilitado por estritas leis naturais que impunham uma luta pela existência destinada a manter o crescimento populacional em equilíbrio com os meios de subsistência. No entanto, como apontou J. W. Burrow em sua introdução da *Origem das espécies* de Darwin, Spencer "virou Malthus de cabeça para baixo ao fazer de sua teoria [de Malthus] a base para uma teoria do progresso humano baseado na eliminação dos 'inaptos'" (Burrow, 1968, p. 33).

Nos Estados Unidos, essa visão foi adotada pelo darwinista social William Graham Sumner, que argumentou que "os milionários são um produto da seleção natural". Essa perspectiva era extremamente atrativa para barões saqueadores como John D. Rockefeller, James J. Hill e Andrew Carnegie. Rockefeller disse em uma aula dominical que "o crescimento de um grande negócio é meramente a sobrevivência do mais apto [...] meramente o funcionamento de uma lei da natureza e uma lei de Deus". Internacionalmente, o darwinismo social foi usado para justificar a política imperialista de violência em massa e aniquilação sucintamente resumida por Kurtz em *No coração das trevas*, de Joseph Conrad – "exterminar todos os brutos" (Sumner, citado em Hofstadter, 1955, p. 58).[5] Tudo isso era um anátema para o próprio Darwin, e oposto à sua teoria, se devidamente compreendida. Ainda assim, essa imagem foi tão poderosa e tão disseminada que dominou a imagem popular do darwinismo até os dias de hoje.

Se a ideia de "sobrevivência do mais apto" e o spencerianismo--malthusianismo pareciam, por vezes, soterrar a mensagem científica de Darwin, também o fez o conceito de "evolução" que, assim como "a sobrevivência do mais apto", não apareceu na primeira edição da *Origem das espécies*. Naquela edição inicial, Darwin se referiu simplesmente à "seleção natural", à "mutabilidade" das espécies e à "descendência com modificação" (ele usa o termo "evoluir" apenas uma vez – nunca "evolução"). "Evolução", com seu sentido de "desenrolar" e de "progresso", continha uma visão quase teleológica – um sentido de direção, para uma perfeição cada vez maior, no processo orgânico geral – que era oposto

---

[5] Ver também Sumner (1963) e Rockefeller, citado em Chase (1977). Sobre Conrad e a crítica ao exterminismo, ver Lindquist (1996).

às visões decididamente materialistas de Darwin. "Nunca superior ou inferior", ele escreveu de forma epigramática nas margens de sua cópia de *Vestígios da criação.*

A seleção natural, na teoria de Darwin, estava relacionada apenas à adaptação aos ambientes locais; se o ambiente mudasse, uma espécie (por exemplo, o mamute lanoso) que estava soberbamente adaptada ao velho ambiente poderia não estar ao novo. De nenhuma forma a adaptabilidade a ambientes locais em transformação sugeria superioridade/inferioridade. Ainda assim, aqui também triunfou uma visão mais spenceriana que associava explicitamente evolução com progresso geral. A teoria de Darwin foi, então, rapidamente convertida naquilo que não era – uma teoria que reforçava ideais especificamente burgueses de progresso. Os aspectos materialistas mais revolucionários de sua teoria foram, portanto, cerceados e tiveram, de fato, que ser redescobertos por biólogos posteriores. Hoje, os biólogos não mais pensam a evolução em termos de superior ou inferior, mas o público geral continua a usar o termo em seu sentido spenceriano (Gould, 1977, p. 34-38; Burrow, 1968, p. 33).

Infelizmente, Darwin permitiu ocasionalmente que tais inconsistências se imiscuíssem em suas análises – inconsistências que remontam à sua posição de classe. Assim, ele próprio contribuiu para a visão da evolução como constituinte do progresso. No penúltimo parágrafo da *Origem das espécies* (um parágrafo dedicado a minimizar a natureza revolucionária de suas doutrinas e acalmar seus leitores agitados), ele escreveu que: "Uma vez que a seleção natural atua apenas por e em prol de cada ser, todos os dotes corporais e mentais tenderão a progredir em direção à perfeição". Para um pensador que havia adotado anteriormente uma perspectiva tão decididamente materialista, ou seja, antiessencialista/antiteleológica – não somente em seu livro, mas ainda mais em seus cadernos teóricos –, esse era um caso de dissimulação em grande escala.

Darwin, Huxley e a derrota da teleologia

Não obstante, o caráter revolucionário do pensamento de Darwin não foi facilmente enterrado e sobressaiu-se fortemente no início. Em junho de 1860, a Associação Britânica para o Progresso da Ciência reuniu-se em Oxford, promovendo um dos encontros mais memoráveis da história da ciência. No sábado, 30 de junho, quase sete meses após a publicação d'*A origem das espécies*, um grande público estimado entre 700 e mil pessoas lotou o novo museu neogótico de Oxford. Tanto Thomas Huxley quanto Joseph Hooker, proeminentes darwinistas, estavam na plateia. Os colarinhos brancos do clero dominavam o centro da sala. No pulpito estava o bispo de Oxford, Sam Wilberforce (apelidado por seus alunos de Oxford como "Sam ensaboado" em referência às suas habilidades oratórias), um matemático, ornitólogo e vice-presidente da Associação. Depois de falar longamente sobre a *Origem* de Darwin, o bispo disparou um tiro sarcástico a Huxley, que estava na plateia, perguntando-lhe se os símios estavam no lado materno ou paterno de sua família. A intenção era, claramente, tirar vantagem ao mostrar que Huxley tinha colocado em dúvida a inviolabilidade da dama vitoriana. Em vez de simplesmente negar (ou afirmar) as implicações e se encurralar no que teria parecido uma vulgaridade, Huxley respondeu (como ele relatou o acontecido mais tarde em uma carta):

> Nunca teria me ocorrido trazer tal tópico para uma discussão como essa, mas eu estava bastante preparado para enfrentar o prelado do Rev. Right, mesmo nesses termos. Então, disse eu, sendo a pergunta dirigida a mim, se tivesse que escolher ter como avô um mísero macaco ou um homem altamente dotado por natureza e possuidor de grandes meios de influência mas que, no entanto, emprega essas faculdades e essa influência com o mero propósito de introduzir o ridículo em uma discussão científica dessa seriedade, afirmo sem hesitação minha preferência pelo macaco.

Os estudantes no salão explodiram em risos inextinguíveis. O ataque à posição e à riqueza como árbitros da ciência não poderia ter sido expresso com mais clareza. Robert Fitzroy, que capitaneou o HMS *Beagle* quando Darwin fez sua famosa viagem e que mais tarde se tornou mentalmente desequilibrado, culpando-se pelo ataque darwinista à teleologia, perambulava durante esse grande confronto segurando a Bíblia sobre sua cabeça e gritando "O Livro, o Livro". Em todo o pandemônio, percepções sobre o que havia acontecido naturalmente divergiam enormemente, mas Huxley, Joseph Hooker e o "exército de novo tipo" de darwinistas saíram daquele alvoroço convencidos de que tinham triunfado – e rapidamente informaram Darwin na Down House de sua vitória. A teologia natural, como registraria a história, havia sofrido uma derrota decisiva (Desmond, 1997, p. 276-280; Gould, 1977, p. 33; Hellman, 1998, p. 81-85).

A revolução darwinista golpeou dois princípios fundamentais do pensamento tradicional: o essencialismo e a teleologia. Mayr escreveu:

> Das [...] ideologias desafiadas pelas teorias de Darwin, nenhuma estava mais profundamente entranhada do que a filosofia do essencialismo [...]. O essencialismo, como uma filosofia definitiva, é usualmente creditada a Platão, ainda que ele não fosse tão dogmático em relação a isso como alguns de seus seguidores posteriores. A alegoria da caverna de Platão sobre o mundo é bem conhecida: o que nós vemos dos fenômenos do mundo corresponde às sombras dos objetos reais projetados na parede da caverna por uma fogueira. Nós nunca podemos ver as essências reais. A variação é a manifestação dos reflexos imperfeitos das essências constantes subjacentes. (Mayr, 1991, p. 40-41)

Os professores de Darwin em Cambridge eram todos essencialistas (bem como teleologistas), educados nas tradições platônica e escolástica e conformes à teologia natural. Mesmo Charles Lyell, o grande geólogo e, posteriormente, mentor de Darwin, argumentou que "há limites fixos além dos quais os descendentes de ancestrais comuns nunca podem desviar de um determinado tipo" (Lyell e Mill, citado em Mayr, 1991, p. 41). Da mesma forma, John Stuart Mill escreveu que as espécies eram "tipos naturais [...] entre os quais existe uma barreira intransponível". Para Darwin, em contraste, todas as espécies eram mutáveis, e não havia, de fato, nenhuma divisão firme – as designações de espécies eram heuristicamente úteis, mas inerentemente arbitrárias e mutáveis. "Uma raça, uma vez produzida", escreveu Huxley, "é tanto uma entidade fixa e imutável quanto a linhagem de onde surgiu" – o mesmo se aplicando às próprias espécies. Isso era, de fato, a essência da "hipótese da transmutação" (Huxley, 1897, p. 42, 54). Ademais, as implicações finais da crítica de Darwin sobre o essencialismo foram ainda além – ao questionar a posição supostamente fixa e elevada dos seres humanos e a permanência da "natureza humana".

A crítica revolucionária de Darwin sobre a teleologia foi de importância ainda maior, pois se dirigia ao princípio central da teologia natural. Como Thomas Huxley colocou em 1864, "a teleologia, como comumente compreendida, recebeu seu golpe mortal pelas mãos do Sr. Darwin". O argumento teleológico, segundo Huxley, era o seguinte:

> um órgão ou organismo (A) está precisamente apto a realizar uma função ou um propósito (B); portanto, foi especificamente construído para realizar

> essa função. Na famosa ilustração de Paley, a adaptação de todas as partes do relógio de bolso para a função, ou propósito, de mostrar o tempo é tida como a evidência de que o relógio de bolso foi especificamente criado para aquele fim; sobre o fundamento de que a única causa que conhecemos competente para produzir tal efeito como um relógio de bolso que mede o tempo é uma inteligência criadora que adapta os meios diretamente a esse fim. (Huxley, 1897, p. 54)

Mas se pudesse ser demonstrado que havia um processo natural inteiramente contingente produzindo o mesmo conjunto de resultados sem intenção ou um criador, então o argumento teleológico do desígnio para "a doutrina da criação especial" deveria ser extinto. Isso, de acordo com Huxley, constituía a grandiosidade da realização de Darwin (Huxley, 1897, p. 82-85).

A posição teleológica argumentou que os gatos eram tão bem adaptados à captura de ratos porque eles foram especialmente planejados para isso, como seu principal propósito. Ainda assim, tais argumentos teleológicos, desde o ponto de vista de Huxley, eram "como uma questão de dialética [...], não muito formidáveis". "Longe de imaginar que os gatos existem *para* serem bons em capturar ratos, o darwinismo", declarou Huxley, "supõe que os gatos existem *porque* eles são bons em capturar ratos – a caça de ratos sendo não o fim, mas a condição, de sua existência". Respondendo àqueles que queriam encontrar uma forma de tornar Darwin compatível com a teleologia – e que basearam seus argumentos na declaração errônea do autor sobre a tendência de os organismos evoluírem em direção à "perfeição", no final de *Origem* – Huxley insistiu que "se apreendermos o espírito da *Origem das espécies* corretamente, então nada pode ser mais completa e absolutamente oposto à Teleologia, como é comumente compreendido, do que a Teoria Darwiniana". Minimizando a referência de Darwin à tendência dos organismos de avançarem "em direção à perfeição", Huxley insistiu que a teoria de Darwin, devidamente compreendida, era independente de qualquer concepção linear de progresso, ou processo teleológico intencional:

> Muito distante de um progresso gradual em direção à perfeição que forma qualquer parte necessária do credo darwinista, parece-nos que ele é perfeitamente consistente com a persistência indefinida em um estado, ou com um retrocesso gradual. Suponha, por exemplo, um retorno da época

> glacial e uma disseminação das condições climáticas polares em todo o globo. A operação da seleção natural sob essas circunstâncias tenderia, como um todo, à eliminação dos organismos superiores e à proteção das formas inferiores de vida. (Huxley, 1897, p. 57)

O fato de que os ambientes poderiam mudar radicalmente, fazendo, assim, com que um organismo que antes era soberbamente adaptado ao seu ambiente, como o mamute lanoso, não fosse mais tão bem adaptado (levando, em realidade, à extinção), por si só contradizia qualquer noção simples de progresso (Huxley, 1897, p. 85-91).

Para Huxley, a importância da revolução darwiniana, desde o início, era a aniquilação da "doutrina das causas finais". Além disso, ela o fez sem se basear em premissas lamarckianas em relação à "modificação por meio do exercício" e à transmissão hereditária de tais modificações uma vez produzidas. (Lamarck, por exemplo, observou erroneamente que "os esforços de algumas aves de pescoço curto para pescar sem se molhar deram origem, com tempo e perseverança, a todas as nossas garças e aves pernaltas de pescoço longo"). Ainda assim, sempre permaneceu a questão expressa por Huxley em suas primeiras discussões sobre a *Origem das espécies*, sobre se Darwin teria "superestimado" o papel da seleção natural. Na visão de Huxley,

> A posição do sr. Darwin poderia, pensamos nós, ter sido ainda mais forte do que é se ele não tivesse se envergonhado com o aforismo 'Natura non facit saltum' [A natureza não dá saltos], que aparece tantas vezes em suas páginas. Nós acreditamos [...] que a Natureza dá saltos de vez em quando, e o reconhecimento do fato não é de menor importância na eliminação de muitas pequenas objeções à doutrina da transmutação. (Huxley, 1897, p. 6, 12, 20, 77)

Essas dúvidas sobre a ênfase exclusiva de Darwin no processo lento da seleção natural como o único mecanismo de evolução persistiam – mesmo entre os maiores seguidores de Darwin – e viriam a aumentar ao longo de sua vida. Ao final de sua vida, o próprio Darwin havia recuado da confiança na seleção natural como uma causa exclusiva do desenvolvimento evolucionário. Isso se deu por causa de três objeções que passaram a ser dirigidas a sua teoria. A primeira delas centrava na incompletude dos registros fósseis e na ausência de tipos intermediários entre espécies. Baseando-se na geologia uniformitarista de Lyell, que descartava eventos catastróficos na explicação da transformação geológica – assim estendendo enormemente o comprimento do tempo geológico que teria que funcionar por meio de mudanças lentas e incrementais –, Darwin descartou quaisquer "saltos" na natureza. Ainda assim, os registros paleontológicos que estavam então sendo rapidamente revelados pareciam indicar vastas e intransponíveis brechas. (Hoje em dia os cientistas reconhecem mudanças abruptas repentinas na história evolucionária, mas integram isso com a teoria de evolução por meio da seleção natural por meio de conceitos como "equilíbrio pontuado").

Uma segunda crítica surgiu da física. O maior físico do tempo de Darwin, William Thomson (mais tarde Lord Kelvin), argumentou, com base em cálculos a respeito da suposta taxa de resfriamento da crosta terrestre (na qual se assumia que o Sol era como uma enorme pilha de carvão figurativa), que a Terra tinha aproximadamente 100 milhões de anos (dadas as premissas simplificadoras em suas estimativas, ele algumas vezes ampliava seu resultado para 20 milhões a 400 milhões de anos); muito mais, certamente, do que a visão bíblica de 6 mil anos, mas muito menos do que seria necessário para explicar a evolução de todas as espécies conhecidas por meio de um lento acúmulo de variações ao acaso, como na teoria de Darwin sobre seleção natural. (Seguindo a descoberta da radioatividade pelo físico francês Antoine Henri Becquerel, em 1896, foi demonstrado que as estimativas de Thomson estavam incorretas – baseadas em conhecimentos insuficientes –, e a idade estimada da Terra foi mais uma vez aumentada para as proporções de Lyell).

Finalmente, em 1867, um professor de engenharia, Fleeming Jenkin, introduziu o argumento de que se, como era então assumido, as características herdadas de cada progenitor fossem misturadas no descendente, então as chances reais de que uma variação importante fosse repetida no descendente eram mínimas, já que as chances diminuiriam pela metade na próxima geração, novamente pela metade na geração seguinte, e assim por diante – a premissa sendo que a variação se distribuiria em quantidades constantemente decrescentes e seria sufocada e obliterada em qualquer dada população. (Ironicamente, a resposta para isso já tinha sido oferecida, mas era desconhecida ou não reconhecida pela comunidade científica até o início do século XX, sob a forma da genética mendeliana, que demonstrou que os fatores genéticos se comportavam como se fossem partículas indivisíveis que não se diluíam quando herdadas) (Burrow, 1968, p. 46-47; Eiseley, 1958, p. 211-216, 233-244, 252-253; Hellman, 1998, p. 105-119).

Confrontado com a crítica do físico Thomson, Huxley deu um contragolpe ao argumentar que

> a Biologia toma seu tempo da Geologia. A única razão que temos para acreditar no lento ritmo da transformação nas formas vivas é o fato de que elas persistem por meio de uma série de depósitos que, segundo nos informa a geologia, levaram muito tempo para se formar. Se o relógio geológico está errado, tudo o que o naturalista terá de fazer é modificar suas noções sobre a rapidez da transformação de modo conforme.

Essa defesa foi, entretanto, uma mera ação dilatória, na melhor das hipóteses, já que Huxley não tinha em mãos nenhuma teoria para substituir aquela da seleção natural na explicação do processo evolucionário. Com relação à geologia, ele insinuou a necessidade de afastamento de um uniformitarismo absolutamente puro com respeito à transformação geológica e adicionar elementos tradicionalmente associados com o catastrofismo. Com relação à evolução biológica, as únicas alternativas para substituir a seleção natural e acelerar o relógio das mudanças evolucionárias naquele tempo pareciam ser o lamarckismo ou alguma teoria de macromutações ou de saltações. Mas Huxley, em sua resposta a Thomson, não considerou nenhuma delas (Huxley, 1871, p. 246).

O próprio Darwin não se impressionou com esse jogo retórico e foi compelido pelos pesadelos de Thomson e Jenkin a retornar mais e mais às noções lamarckianas de sua juventude (e de seu avô). Cada vez mais, ele adotou a noção de Lamarck da hereditariedade das características adquiridas, ainda que sempre lutando para manter o máximo que fosse possível de sua teoria da seleção natural. Mesmo na primeira edição de *Origem das Espécies*, tais visões lamarckianas não estiveram completamente ausentes; mas elas ficaram basicamente no pano de fundo, com o palco central sendo ocupado pela seleção natural. Entretanto, ao chegar à sexta edição, o lamarckismo passou a ter um papel maior no argumento de Darwin, pela simples razão de que, desse modo, ele conseguia acelerar o relógio biológico para se conformar ao tempo muito mais curto permitido pela geologia, que estava se aproximando da física de Thomson (Eiseley, 1958, p. 239-242).

Ainda assim, apesar do fato de que a teoria da seleção natural de Darwin tenha sido, no final de sua vida, abandonada em grande medida até mesmo por seus seguidores mais proeminentes – e até mesmo, em certo grau, por ele mesmo – e continuaria a declinar em influência pelo restante do século (não sendo plenamente revivida até mais tarde, com a síntese neodarwinista no século XX), a visão evolucionária geral tinha, ainda assim, triunfado e a teologia natural tinha sido vencida. "Teólogos extintos", o materialista Huxley declarou, em 1860, "jazem em torno do berço de toda ciência, como as cobras estranguladas ao lado de Hércules". O avanço belicoso de Huxley sobre a teoria de Darwin sobre a descendência com modificação foi travado, nas palavras de um dos biógrafos de Huxley, como "uma investida contra o 'clericalismo'". Charles Lyell, ainda que fosse um defensor menos beligerante que Huxley e um convertido tardio ao evolucionismo, também enxergava as questões nesses termos, queixando-se a amigos em uma ocasião nos Estados Unidos que seu próprio país estava "mais tomado por párocos do que qualquer um na Europa, exceto Espanha". Questões geológicas, ele contestava, eram sujeitadas aos pronunciamentos de 30 mil clérigos. Consequentemente, a revolução darwinista foi considerada por seus principais protagonistas como uma vitória da ciência (e para alguns, do materialismo) sobre a teologia natural, que buscou atar a ciência à religião. Em vez de derrubar a religião, essa revolução científica, assim como outras antes dela, buscou apenas empurrá-la para o pano de fundo (como os Deuses confinados ao *intermundia* na filosofia de Epicuro), deixando a ciência como único árbitro do mundo material (Secord, 1997, xxiv; Huxley, 1897, p. 52; Desmond, 1997, p. 271-272).

Para cientistas materialistas como Thomas Huxley e o físico britânico John Tyndall, "o magnífico poema de Lucrécio" era, como Paul Shorey escreve em seu *Platonismo: antigo e moderno*, "a mais verdadeira expressão do espírito e da poesia da ciência" (Shorey, 1938, p. 17). Quando da morte do grande poeta vitoriano Alfred Lord Tennyson, em 1892, Huxley, que se juntou à elite da Sociedade Real no funeral do poeta, declarou que Tennyson, que era conhecido por ter supostamente antecipado ideias "darwinistas" (com sua famosa referência à "Natureza, vermelha no dente e na garra"), tinha direito a tais honrarias científicas "como o primeiro poeta desde Lucrécio que havia compreendido o movimento da ciência" (Desmond, 1997, p. 595). Atacado muitos anos antes por Richard Owen por ser um arrivista "lucreciano", Huxley, sempre combatente, escolheu comemorar a vida de realizações de Tennyson lembrando ao mundo (via Lucrécio) da grande vitória materialista sobre a teleologia representada pelo darwinismo. Como diria Huxley em outra ocasião, Lucrécio havia "bebido mais profundamente no espírito científico do que qualquer poeta da Antiguidade ou dos tempos modernos, com exceção de Goethe" (Huxley, 1871, p. 346).[6]

Outro pensador com quem Huxley tinha fortes conexões, e que via Lucrécio como um de seus próprios precursores científicos, era o principal seguidor de Darwin na Alemanha, Ernst Haeckel (1834-1919) (Haeckel, 1895, p. 4; Bramwell, 1989, p. 44). Hackel cunhou a palavra *"Ökologie"* ou "ecologia", em seu *Morfologia geral dos organismos*, em 1866, ano anterior à publicação d'*O Capital*, de Marx. Ao fazê-lo, Haeckel partiu da mesma raiz grega, *oikos*, que significa residência, da qual provinha a palavra "economia". Para Haeckel, a ecologia se relacionava ao que Darwin havia chamado, na *Origem das espécies*, de "a economia da natureza". Portanto, ao definir a palavra "ecologia", em 1866, Haeckel escreveu:

> Por ecologia entendemos o corpo de conhecimentos relativo à economia da natureza – a investigação das relações totais do animal tanto com seu ambiente inorgânico quanto orgânico; incluindo, sobretudo, suas relações amigáveis e hostis com aqueles animais e plantas com os quais ele entra em contato direta ou indiretamente – em uma palavra, ecologia é o estudo de todas aquelas complexas inter-relações referidas por Darwin como as condições da luta pela existência. Essa ciência da ecologia, frequentemente referida imprecisamente como 'biologia' em um sentido estrito, formou até o momento o principal componente do que é comumente chamado de 'História Natural'. (Haeckel citado em Golley, 1993, p. 207)

---

[6] Huxley criticou Lucrécio, ao lado de filósofos e cientistas anteriores, por adotar a noção de geração espontânea. Para o contexto histórico do grande poema de Tennyson, *In memoriam*, escrito em 1850, no qual aparece a linha "Natureza, vermelha no dente e na garra", ver Gould (1995, p. 63-75). Tennyson também escreveu um longo poema intitulado "Lucrécio" – um relato fantasioso da morte do grande poeta romano que também mergulhou nos conceitos filosóficos de Lucrécio. Ver Tennyson (1987, v. 2, p. 707-721).

O conceito de "ecologia" de Haeckel popularizou-se lentamente e não foi imediatamente adotado pela literatura darwinista, não entrando em moda até o século XX. Marx e Engels, que conheciam bem o trabalho de Haeckel e que viam a espécie humana em termos evolucionistas como parte do mundo animal (rejeitando a visão teleológica que colocava os seres humanos no centro da criação), adotariam o conceito mais antigo de "história natural" (o equivalente, como disse Haeckel, de sua nova palavra "ecologia") em vez do conceito mais novo de "ecologia" propriamente. Ao mesmo tempo, eles aplicaram a noção de "história natural" em termos baconianos, que focava na "história natural" dos seres humanos em relação à produção. Em contraste, Haeckel imbuiu seu conceito de "ecologia" com conotações do darwinismo social associadas com seu "monismo" filosófico. Isso ficou evidente mais tarde, em seu *Monismo como a conexão da religião com a ciência: confissão de fé de um homem da ciência* (1892), no qual ele escreveu:

> Nós agora sabemos que o todo da natureza orgânica em nosso planeta existe somente por uma implacável guerra de todos contra todos. Milhares de animais e plantas devem perecer diariamente em todas as partes da terra para que alguns poucos indivíduos escolhidos possam continuar a subsistir e desfrutar da vida [...]. A violenta guerra de interesses na sociedade humana é apenas um débil retrato da incessante e terrível guerra de existência que reina ao longo de todo o mundo vivo. O belo sonho da bondade e sabedoria de Deus na natureza, ao qual nós, quando crianças, ouvíamos tão devotamente 50 anos atrás, não encontra mais crédito agora – ao menos entre as pessoas letradas que pensam. Desapareceu diante de nossa familiaridade mais profunda com as relações mútuas dos organismos, do avanço da ecologia e da sociologia e nosso conhecimento sobre a vida parasitária e a patologia. (Haeckel, 1895, p. 73-74)

Essas visões darwinistas sociais significavam que as ideias de Haeckel por fim exerceriam influência em uma direção trágica, no nacional-socialismo. Como escreveu Stephen Jay Gould,

> seu racismo evolucionário; sua incitação ao povo alemão pela pureza racial e inabalável devoção a um Estado 'justo'; sua crença de que leis duras e inexoráveis da evolução governavam a civilização humana e a natureza de modo similar, conferindo às raças favorecidas o direito de dominar as outras; o misticismo irracional que sempre esteve em estranha comunhão com suas belas palavras sobre a ciência objetiva – tudo isso contribuiu para a ascensão do nazismo. A Liga Monista que ele fundou e liderou, ainda

que incluísse uma ala de pacifistas e pessoas de esquerda, fez uma transição confortável para o apoio ativo a Hitler. (Gould, 1977, p. 77-78)

Marx e Engels: trabalho e evolução humana

Quando Marx começou o período mais produtivo de sua vida (sua *Contribuição à crítica da Economia Política* foi publicado em 1859 e o livro I d'*O capital*, em 1867), toda a Inglaterra havia sido abalada pela revolução darwinista. Incapaz de ignorar essa revolução na ciência, Marx aproveitaria a ocasião para adicionar especificidade a sua concepção materialista da natureza (ou abordagem à história natural), tornando mais concreta sua relação com a concepção materialista da história. Para Marx, o impacto do que ele chamaria de "trabalho que marca uma nova era" de Darwin estava relacionado, em última instância, com a concepção de evolução humana que isso necessitava, levando Marx a formular uma hipótese definitiva sobre a relação do trabalho humano com a evolução humana. Para compreender a natureza complexa e crítica dessa resposta, é essencial observar o pensamento de Marx sobre Darwin passo a passo, de 1859 a 1867 (desde o aparecimento da *Origem das Espécies* até a publicação do livro I d'*O capital* – no qual Marx codificou sua relação com Darwin), seguida de uma elaboração sobre como essa posição teórica foi desenvolvida subsequentemente (principalmente por Engels).

A primeira edição de *Origem das Espécies* foi publicada no final de novembro de 1859. Consistia de apenas 1.250 cópias e se esgotou no dia da publicação. Em 12 de dezembro de 1859, Engels, que tinha uma dessas 1.250 cópias em mãos, escreveu para Marx,

> Darwin, a propósito, que eu estou lendo neste momento, é absolutamente esplêndido. Havia um aspecto da teleologia que ainda estava para ser demolido, e isso agora foi feito. Nunca antes uma tentativa tão grandiosa de demonstrar a evolução histórica na Natureza havia sido feita, e certamente nunca com tão bom efeito. Tem-se, é claro, que aturar o rude método inglês. (Marx; Engels, 1975, v. 40. p. 551)

Um ano mais tarde, o próprio Marx começou a estudar Darwin, respondendo seu amigo em 19 de dezembro de 1860:

> Durante meu tempo de aflição, nessas últimas quatro semanas [Marx estava cuidando de sua esposa, Jenny, que se encontrava muito doente],

eu li todos os tipos de coisas. Entre outras, o livro de Darwin sobre *Seleção Natural*. Ainda que seja desenvolvido no rude estilo inglês, este é o livro que contém a base na história natural para nossa visão. (Marx; Engels, 1975, v. 41, p. 232)[7]

Um mês mais tarde, Marx observou ao socialista alemão Ferdinand Lassalle que

> o trabalho de Darwin é muito importante e se adequa ao meu propósito, pois fornece uma base na ciência natural para a luta de classes histórica. Tem-se, é claro, que aturar o desajeitado estilo de argumentação inglês. Apesar de todas as falhas, é aqui que, pela primeira vez, a 'teleologia' na ciência natural não apenas sofre um golpe mortal, mas seu significado racional é explicado empiricamente. (Marx; Engels, v. 41, 246-247)

O impacto do trabalho de Darwin em Marx foi tão grande que, como relembrado por seu amigo comunista alemão também emigrado Wilhelm Liebknecht, "quando Darwin chegou às conclusões de seu trabalho de pesquisa e as trouxe à conhecimento público, nós [Marx e Liebknecht] não falamos de outra coisa por meses que não fosse sobre Darwin e a enorme importância de suas descobertas científicas" (Liebknecht, s.d., p. 106; Lessner, 1976, p. 161).

Paul Heyer sugeriu, em sua obra *Natureza, natureza humana e sociedade* (1982), que a atração de Marx ao materialismo aberto de Epicuro, que "permitiu a liberdade bem como o determinismo", ajuda a explicar seu enorme entusiasmo por Darwin. "Um aspecto da teoria de Darwin sobre evolução por meio da seleção natural que deve ter agradado a sensibilidade filosófica de Marx", aponta Heyer,

> foi sua ênfase na interação entre acaso aleatório, oportunismo e determinismo ambiental. Enquanto muitos dos críticos de Darwin se referiram erroneamente à sua abordagem como sendo mecanicista – o que os filósofos rotulam, por vezes, de materialismo mecanicista –, Marx acreditava que Darwin fornecia uma perspectiva materialista compatível com a sua, ainda que estivesse sendo aplicada a um conjunto distinto de fenômenos. (Heyer, 1982, p. 12-13)

---

[7] Carta de 19 de dezembro de 1860 de Marx a Engels, citada de acordo com Marx e Engels (1936, p. 126). A afirmação de Marx recorda a "Crítica ao julgamento teleológico", de Kant. A teleologia é negada; mas a tarefa essencial de prover uma explicação *racional* para os processos naturais *reais* é afirmada.

JOHN BELLAMY FOSTER

Em junho de 1862, Marx retornou à *Origem das Espécies,* escrevendo para Engels que:

> Me chama atenção o fato de Darwin, a quem tenho revisto, diga que ele *também* aplica a teoria 'malthusiana' às plantas e animais, como se no caso do sr. Malthus toda a questão não consistisse em *não* se aplicar às plantas e animais, mas unicamente – com sua progressão geométrica – aos humanos em contraposição às plantas e animais. É notável como Darwin redescobre entre as bestas e as plantas a sociedade inglesa com sua divisão do trabalho, concorrência, abertura de novos mercados, 'invenções' e a 'luta pela existência' malthusiana. É o *bellum omnium contra omnes* de Hobbes. (Marx; Engels, 1975, v. 41, p. 381)

Durante esse período, Marx, ao lado de seu amigo comunista alemão Wilhelm Liebknecht, compareceu a algumas das "conferências populares" que Thomas Huxley proferiu sobre Darwin e a teoria evolucionária para plateias de trabalhadores ingleses. Essas conferências, apesar do fato de serem dirigidas para trabalhadores, eram extremamente eruditas e Huxley ficou satisfeito o suficiente com aquelas de 1863 para incluí-las em sua coleção de *Darwiniana,* ao final de sua vida. Ademais, Marx, ao lado de Friedrich Lessner, um amigo alemão da Associação Internacional dos Trabalhadores, ocasionalmente assistiam às conferências de Huxley e Tyndall na Universidade de Londres, entre 1860 e 1864. Ainda que Marx admirasse o materialismo de Huxley, ele era um crítico de sua tendência a sempre deixar uma "brecha" para um ponto de vista religioso – de fato chegando ao ponto de negar o materialismo filosófico como especulativo (não sendo melhor que a religião nesse aspecto), ao mesmo tempo que afirmando o materialismo como absoluto em todas as análises científicas. Foi nesse contexto complexo que Huxley declararia, em aparente contradição com muitas afirmações anteriores, que "eu, pessoalmente, não sou materialista, mas, ao contrário, acredito que o materialismo envolva um grave erro filosófico".[8] Em última instância, Huxley parece ter adotado uma visão que subsumia o materialismo a um ponto de vista kantiano, como na *História do materialismo,* de Lange (Lange, 1950).

---

[8] Vale notar que Jenny Marx e as filhas de Marx também assistiram às conferências de Huxley ocasionalmente e deixaram relatórios sobre elas.

Dando continuidade aos seus próprios estudos da revolução darwinista e dos avanços na paleontologia e etnologia que estavam acontecendo na época, Engels dedicou parte da primavera de 1863 para a leitura de *Evidências geológicas da antiguidade do homem*, de Charles Lyell, e *Evidências do lugar do homem na natureza*, de Thomas Huxley, ambos publicados naquele mesmo ano e que Engels considerou serem "muito bons" (Draper, 1985, p. 116). O livro de Huxley demonstrava a similaridade anatômica – relação genealógica próxima – entre os seres humanos e os símios. O livro de Lyell apresentava a revolução no tempo etnológico ocorrendo em paralelo com a revolução darwinista. Nessa obra, Lyell forneceu evidência de que a espécie humana era muito antiga. Contrário ao consenso científico até aquele tempo – que incluía seu próprio *Princípios da Geologia* –, Lyell foi relutantemente forçado a admitir que os seres humanos existiam na terra não por apenas alguns milhares de anos, mas por milhares de séculos (Haber, 1959. p. 285).

Em agosto de 1866, Marx leu um livro chamado *Origem e transformações do homem e outros seres*, publicado em Paris por Pierre Trémaux. Ainda que o trabalho de Trémaux tivesse muitos erros flagrantes e fosse de pouca importância científica, Marx ficou inicialmente impressionado com sua tentativa de ver a evolução biológica como padronizada por condições da sucessão geológica e pela condição mutável do solo. Para Marx, isso representava, apesar de todas as suas falhas, "um avanço *muito significativo* com relação a Darwin", no sentido de que explicava tanto o progresso quanto "a degeneração, que Darwin não pôde explicar", como resultado da transformação geológica. Também apontou para "a rápida extinção de formas meramente transicionais", comparadas com o desenvolvimento muito mais lento das espécies, "de modo que as brechas na paleontologia, que incomodam Darwin, são necessárias aqui". A partir dessas observações preliminares, parece que Marx estava procurando por uma teoria da transformação evolucionária que estivesse conectada à sucessão geológica, e que enfatizasse a influência do solo; e que ele viu as brechas nos registros paleontológicos como um grande problema para a teoria evolucionária. Ainda assim, Engels, que era incisivamente crítico de Trémaux por seu escasso conhecimento de geologia e suas ideias absurdas sobre raça, parece ter convencido

Marx nesse sentido, já que todas as menções a Trémaux desaparecem depois de outubro de 1866 (Marx; Engels, 1975, v. 42, p. 304-305, 320-324, 327).[9]

Portanto, até o momento da publicação do livro I d'*O capital*, Marx e Engels tinham discutido os seguintes aspectos do trabalho de Darwin em suas correspondências: o fato de que Darwin havia dado o golpe mortal à teleologia no domínio da história natural; a ironia da descoberta de Darwin sobre as relações malthusianas/hobbesianas no reino vegetal e animal (bem como o fracasso de Darwin em entender que a teoria malthusiana exigia que o reino vegetal e animal não evoluísse); e o fato de que a teoria de Darwin forneceu a "base" natural-histórica "para nossa visão". (Adicionalmente, questões como a relação da sucessão geológica com a evolução e o problema da incompletude dos registros paleontológicos foram mencionados).

Para alguns críticos da atualidade, o fato de Marx ter enfatizado que a teoria de Darwin fornecia a "base" na história natural para sua própria análise apresentou um sério enigma, já que Marx não especificou realmente em suas cartas o que ele queria dizer com isso, levando a todo tipo de especulações sobre a relação da seleção natural e da "sobrevivência do mais apto" com a luta de classes. "Como, precisamente", o estudioso de Darwin, Ralph Colp, pergunta, "a teoria da seleção natural pode ser demonstrada como sendo a 'base' para a teoria da luta de classes?" (Colp, 1974, p. 330)

A chave para responder essa questão pode ser encontrada no livro I d'*O Capital*, em que Marx teoriza brevemente (em duas notas de rodapé) sobre a relação da teoria de Darwin com sua própria análise do desenvolvimento da história humana por meio das transformações na produção e na tecnologia. Fazendo referência ao "trabalho que marca uma nova era" de Darwin, Marx usa a comparação de Darwin do desenvolvimento dos órgãos especializados nas plantas e nos animais com aquele das ferramentas especializadas (no capítulo V da *Origem das Espécies*,

---

[9] O erro de Marx em elogiar Trémaux (ainda que ele tenha notado "os enganos geológicos" e deficiências "na crítica literário-histórica" deste) foi recentemente destacado por Stephen Jay Gould, que observou sobre o livro de Trémaux: "Eu nunca li uma tese mais absurda ou pobremente documentada" (Gould, 1999, p. 64).

sobre as "Leis da Variação") para ajudar a explicar sua própria noção de como o processo histórico de manufatura "multiplica os implementos do trabalho ao adaptá-los às funções exclusivas e especiais de cada tipo de trabalhador" (já separados pela divisão do trabalho). Mais adiante n'*O Capital*, Marx se baseia na mesma distinção em Darwin para diferenciar entre o desenvolvimento da "tecnologia natural" no processo de evolução natural das plantas e animais e o desenvolvimento da tecnologia humana no processo da história humana (evolução humana):

> Darwin dirigiu atenção à história da tecnologia natural, isto é, à formação dos órgãos das plantas e dos animais que servem de instrumentos de produção para a vida. Não mereceria igual atenção a história dos órgãos produtivos do homem social, os órgãos que são a base material de toda organização social particular? E não seria ela mais fácil de ser compilada, uma vez que, como diz Vico, a história dos homens se diferencia da história natural pelo fato de fazermos uma e não a outra? A tecnologia desvela a atitude ativa do homem em relação à natureza, o processo direto de produção de sua vida e, com isso, também o processo de produção das relações sociais de sua vida e das concepções mentais que delas decorrem. (Marx, 1976, p. 461, 493)

Ao fazer essa comparação entre "tecnologia natural" e tecnologia humana, Marx tinha ciência, claro, que a palavra grega "órgão" (*organon*) também significava ferramenta e que os órgãos eram inicialmente vistos como ferramentas "embutidas" dos animais – ferramentas como os órgãos artificiais dos seres humanos (Pannekoek, 1912, p. 50; Timiryazeff, 1927, p. 170-173). Como afirmou Engels, "no sentido estrito, os animais também têm ferramentas, mas somente como membros de seus corpos" (Marx; Engels, 1975, v. 25. p. 330). A tecnologia humana era, portanto, distinta da tecnologia natural no sentido de que não consistia de tais órgãos adnatos, mas surgiam por meio da produção social das ferramentas: os "órgãos produtivos do homem na sociedade". Baseando-se tanto em uma concepção da relação humana com a natureza que já era evidente tão cedo como nos *Manuscritos econômico-filosóficos* – onde ele havia visto as ferramentas como o prolongamento externo dos seres humanos, ou seja, "o corpo inorgânico do homem" – quanto nos resultados da análise de Darwin, Marx, ao escrever *O capital*, foi capaz de definir o processo de trabalho e a relação humana com a natureza (levando por fim a sua noção de interação metabólica entre seres humanos e natureza) em termos que eram, ao mesmo tempo, materialistas e evolucionários:

> O objeto de que o trabalhador se apodera imediatamente – desconsiderando-se os meios de subsistência encontrados prontos na natureza, como as frutas, por exemplo, em cuja coleta seus órgãos corporais servem como únicos meios de trabalho – é não o objeto do trabalho, mas o meio de trabalho. É assim que o próprio elemento natural se converte em órgão de sua atividade, um órgão que ele acrescenta a seus próprios órgãos corporais, prolongando sua forma natural, apesar daquilo que diz a Bíblia. Do mesmo modo como a terra é seu armazém original de meios de subsistência, ela é também seu arsenal originário de meios de trabalho. Ela lhe fornece, por exemplo, a pedra, para que ele a arremesse, ou a use para moer, comprimir, cortar etc. A própria terra é um meio de trabalho, mas pressupõe, para servir como tal na agricultura, toda uma série de outros meios de trabalho e um grau relativamente alto de desenvolvimento da força de trabalho. Mal o processo de trabalho começa a se desenvolver e ele já necessita de meios de trabalho previamente elaborados. Nas mais antigas cavernas, encontramos ferramentas e armas de pedra. Além de pedra, madeira, ossos e conchas trabalhados, também os animais domesticados desempenharam um papel fundamental como meios de trabalho nos primeiros estágios da história humana. O uso e a criação de instrumentos de trabalho, embora já existam em germe em certas espécies de animais, é uma característica do processo de trabalho especificamente humano, razão pela qual Franklin define o homem como 'um animal que faz ferramentas'. A mesma importância que as relíquias de ossos têm para o conhecimento da organização das espécies de animais extintas têm também as relíquias de meios de trabalho para a compreensão de formações socioeconômicas extintas. (Marx, 1976, v. 1, p. 285-286)

A evolução humana então, para Marx, teria de ser traçada por meio do desenvolvimento das ferramentas, muito mais do que dos fósseis. Isso porque as ferramentas representavam o desenvolvimento dos órgãos produtivos humanos – a evolução da relação humana com a natureza – assim como os órgãos dos animais representavam os instrumentos por meio dos quais os animais se adaptaram aos seus ambientes locais. Dessa forma bastante sofisticada, Marx, oito anos depois da publicação da *Origem das Espécies* de Darwin e quatro anos antes da publicação de *A origem do homem* (1871), de Darwin, buscou especificar a natureza distintiva do desenvolvimento e evolução humanos. Essa análise, ademais, foi baseada em um estudo minucioso. Marx leu cuidadosamente e fez notas nas margens de *Evidências geológicas da antiguidade do homem* de Lyell, fazendo um escrutínio da análise de Lyell sobre o desenvolvimento da fabricação de ferramentas na pré-história, e questionando sua premissa sobre "a relutância de tribos selvagens em adotar novas invenções" (Institute of Marxism-Leninism, 1967, p. 132-133; Lyell, 1863, p. 376-377).

A fim de colocar isso tudo em perspectiva histórica, é útil notar que, em 1864, Alfred Russel Wallace, codescobridor da teoria da seleção natural com Darwin, havia escrito um artigo influente sobre "A origem das raças humanas e a antiguidade do homem deduzidas da teoria da 'seleção natural'". Wallace argumentou, em termos que já haviam sido sugeridos por Darwin e que mais tarde foram mais amplamente adotados no interior da teoria darwinista, que os animais só podem se adaptar às transformações em seus ambientes mediante alterações na estrutura corporal. "Para um animal alterar sua alimentação, sua vestimenta ou suas armas, ele só pode fazê-lo por uma mudança correspondente em sua estrutura corporal e em sua organização interna". Entretanto, ele argumentava, os seres humanos eram capazes de mudar sua relação com seu ambiente ao "construir armas e ferramentas", assim "tirando da natureza aquele poder de mudar a forma externa e a estrutura que ela exerce sobre todos os outros animais". Na visão de Wallace, o corpo humano (como algo distinto da mente) era relativamente imune aos processos evolutivos, como um resultado de sua habilidade de fabricar ferramentas – ou tecnologia humana – que deu ímpeto ao desenvolvimento da "mente". (Mesmo neste estágio inicial de seu pensamento, Wallace demonstrava uma tendência a ver a mente ou o intelecto como separado do corpo físico – de modo que ele não falou sobre a evolução do cérebro propriamente dito –, uma tendência que mais tarde o levaria em direção ao espiritualismo e a uma ruptura radical com o ponto de vista consistentemente materialista de Darwin) (Wallace, 1864, clxii-clxiii).[10]

---

[10] O argumento de Wallace sobre o papel da fabricação de ferramentas na evolução e seu efeito em isolar o corpo humano das mudanças foi parte de uma tentativa muito mais dúbia de explicar a origem das raças humanas, a verdadeira similaridade anatômica que ele pensou que pudesse ser explicada pelo fato de que a evolução humana, desde o início da fabricação de ferramentas, tomou a forma quase exclusivamente de desenvolvimento da "mente", que ele argumentou distinguir os europeus brancos com "seu" intelecto maior das outras "raças degradadas". Ainda que Wallace, como um evolucionista darwinista, não tenha aderido a muitas das crenças racistas específicas comuns dentre as classes escolarizadas da Europa em

Escrevendo somente três anos mais tarde, mas em termos que eram mais próximos à Darwin do que a Wallace, Marx procurou distinguir entre tecnologia natural e humana, apontando para o caráter distintivo da fabricação de ferramentas – reconhecendo mesmo então que alguns animais mostraram essa capacidade, mas que a fabricação de ferramentas era "característico" somente dos seres humanos. Dessa forma, Marx buscou fornecer uma base natural-histórica, ligada à Darwin, para sua própria teoria geral do papel do trabalho (que era, claro, relacionada com o desenvolvimento da fabricação de ferramentas) no desenvolvimento da sociedade humana.

Engels desenvolveria essa análise ainda mais profundamente em seu ensaio pioneiro, "O papel do trabalho na transformação do macaco em homem" (escrito em 1876 e publicado pela primeira vez postumamente, em 1896). De acordo com a análise de Engels – derivada de sua filosofia materialista, mas que também foi influenciada pelas opiniões expressas por Haeckel alguns anos antes –, quando os primatas, que constituíam os ancestrais dos seres humanos, desceram das árvores, a postura ereta se desenvolveu primeiro (antes da evolução do cérebro humano), liberando as mãos para a fabricação de ferramentas:

> *a mão estava livre* e podia agora adquirir cada vez mais destreza e habilidade; e essa maior flexibilidade adquirida transmitia-se por herança e aumentava de geração em geração. Vemos, pois, que a mão não é apenas o órgão do trabalho; *é também produto dele*. Unicamente pelo trabalho, pela adaptação a novas e novas funções, pela transmissão hereditária do aperfeiçoamento

---

seu tempo, ele mesmo assim argumenta nesse artigo que "*a preservação de raças favorecidas na luta pela vida*' [...] leva à inevitável extinção de todas aquelas populações inferiores e mentalmente pouco desenvolvidas com as quais os europeus entram em contato. Os indígenas vermelhos da América do Norte e no Brasil; as populações da Tasmânia, Austrália, Nova Zelândia, no hemisfério sul, morrem, não por uma causa específica qualquer, mas pelos efeitos inevitáveis de uma luta física e mental desigual. As qualidades intelectuais e morais, bem como físicas, dos europeus são superiores [...] [e] possibilitam a eles, quando em contato com o homem selvagem, conquistar na luta pela existência [...] assim como as ervas daninhas da Europa invadem a América do Norte e a Austrália, extinguindo as produções nativas pelo vigor inerente de sua organização, e pela sua maior capacidade de existência e multiplicação" (Wallace, 1864, p. clxv). Não há dúvida de que esses argumentos ajudaram a justificar uma política imperialista de dominação racial (e mesmo de extermínio), resumida pelo personagem Kurtz, em *No coração das trevas*, de Joseph Conrad: "Extermine todos os brutos" (Ver Lindqvist, 1996).

especial assim adquirido pelos músculos e ligamentos e, num período mais amplo, também pelos ossos; unicamente pela aplicação sempre renovada dessas habilidades transmitidas a funções novas e cada vez mais complexas foi que a mão do homem atingiu esse grau de perfeição que pôde dar vida, como por artes de magia, aos quadros de Rafael, às estátuas de Thorwaldsen e à música de Paganini. (Engels, 1968, apêndice)

Como resultado, os primeiros humanos (hominídeos) foram capazes de alterar sua relação com o ambiente local, melhorando radicalmente sua adaptabilidade. Aqueles que eram mais engenhosos na fabricação e uso de ferramentas tinham mais chances de sobreviver, o que significava que o processo evolucionista exerceu pressões seletivas no sentido do aumento do cérebro e do desenvolvimento da fala (necessária para o processo social do trabalho), levando, eventualmente, ao surgimento dos humanos modernos. Portanto, na visão de Engels, o cérebro humano, assim como a mão, evoluiu por meio de um conjunto de relações interativas e complexas, agora chamado pelos biólogos evolucionistas de "coevolução gene-cultura". Todas as explicações científicas da evolução do cérebro humano até agora, Stephen Jay Gould argumentou, foram teorias de coevolução gene-cultura, e "a melhor defesa no século XIX sobre coevolução gene-cultura foi feita por Friedrich Engels" (Gould, 1987, p. 111-112).[11]

Até o início do século XX, o consenso da comunidade científica estava radicalmente oposto ao tipo de explanação fornecida por Engels (ainda que amplamente desconhecedora das especulações de Engels que, infelizmente, tiveram pouca influência discernível no desenvolvimento da ciência evolucionária). O foco cerebral da maior parte do pensamento biológico (que Engels atribuiu ao predomínio das noções idealistas) colocava enorme ênfase, ao contrário, no desenvolvimento do cérebro como o ímpeto por trás da evolução humana. A expectativa era de que os "elos perdidos" entre primatas e seres humanos, quando fossem descobertos, exibiriam um cérebro em um nível intermediário de desenvolvimento. Essas expectativas colapsaram com a descoberta, no

---

[11] A abordagem da coevolução gene-cultura desenvolvida primeiro por Engels e, mais tarde, desenvolvida por antropólogos como o resultado de novas descobertas paleontológicas continua a melhor alternativa para a abordagem positivista e sociobiológica que se tornou famosa em Lumsden e Wilson (1983).

início dos anos 1920, do gênero *Australopithecus*, datando de aproximadamente 4 milhões de anos. O cérebro do *Australopithecus* era apenas ligeiramente aumentado e tinha, em geral, a proporção dos símios em relação ao corpo. Ainda assim, os australopitecinos eram claramente da espécie hominídea, ficando eretos, exibindo mãos (e pés) desenvolvidos e já fabricando ferramentas (Gould, 1977, p. 207-213).

Nas décadas recentes, as grandes descobertas paleontológicas associadas com a descoberta de diversos restos de australopitecinos no século XX levaram ao desenvolvimento de teorias sobre a evolução humana em estreita consonância com a análise de Engels do século XIX. O antropólogo Sherwood L. Washburn exibiu o espanto produzido por essas descobertas em seu ensaio "Ferramentas e evolução humana", publicado em setembro de 1960 na *Scientific American*:

> Uma série de descobertas recentes conectaram os primatas pré-humanos de meio milhão de anos atrás com ferramentas de pedra. Há alguns anos, os pesquisadores têm descoberto ferramentas dos tipos mais simples em depósitos antigos na África. Em um primeiro momento, assumiram que aquelas ferramentas constituíam evidência da existência de homens completamente bípedes e com cérebro grande. Agora, as ferramentas foram encontradas em associação com criaturas muito mais primitivas, quase-homens, ou homens-símios, que não eram totalmente bípedes e tinham um cérebro pequeno. Antes dessas descobertas a visão que prevalecia era de que o homem evoluiu quase ao seu estado estrutural atual e, então, descobriu as ferramentas e as novas formas de vida que elas possibilitaram. Agora parece que os homens-símios – criaturas capazes de correr, mas ainda impossibilitados de andar sobre duas pernas, e com cérebros não maiores do que os dos símios de hoje – já tinham aprendido a fabricar e usar ferramentas. Disso se segue que a estrutura do homem moderno deve ser o resultado da mudança nos termos de seleção natural que veio com o estilo de vida decorrente do uso de ferramentas. (Washburn, 1960, p. 63)

Mais tarde, a análise evoluiu para a tese expressa por Sherwood Washburn e Ruth Moore em 1974 de que "as ferramentas fazem o homem". Explicam os autores:

> Conforme alguns símios deixaram a selva e o mais bípede e ereto sobreviveu no novo terreno, suas pernas se alongaram e os pés e a pélvis mudaram. Mas primeiro houve pouca mudança na baixa abóbada craniana, no cerebelo e quase nenhuma mudança no tronco, em sua largura, no tamanho curto da região lombar, ou no comprimento dos braços. A maioria dos ossos, juntas e músculos permaneceram como haviam sido na maior parte do tempo

dos símios. As mãos então começaram a mudar. Aqueles mais capazes de manipular ferramentas de pedra lascada e garantir mais alimentos tinham uma vantagem decisiva. Os ossos de mãos encontrados por Leakey em Olduvai Gorge estão mais ou menos no meio do caminho em termos de forma entre as do homem contemporâneo e dos símios modernos. O polegar estava ficando mais longo e era capaz de um aperto poderoso. (Washburn, 1974, p. 186)[12]

A chave para o entendimento da evolução humana, segundo Washburn e Moore, está no desenvolvimento da mão associado com a fabricação de ferramentas e com o trabalho em geral. Desse modo, boa parte da teoria antropológica moderna se convenceu da visão materialista-coevolucionária da qual Engels foi pioneiro no século XIX. Desde o princípio, foi o trabalho que constituiu o segredo não só do desenvolvimento da sociedade humana, mas também da "transição do símio para o homem". Foi o trabalho, ademais, que definiu o nicho ecológico distintivo ocupado pela humanidade. Portanto, Marx e Engels viram a relação humana com a Terra em termos coevolucionários – uma perspectiva que é crucial para uma compreensão ecológica, já que nos permite reconhecer que os seres humanos transformam seu ambiente não totalmente de acordo com suas escolhas, mas baseado nas condições oferecidas pela história natural.

Em escritos subsequentes, Engels continuou a ver a história natural em termos da teoria da seleção natural de Darwin, continuando a defender fortemente a teoria deste, mesmo com os crescentes ataques a ela. Em sua crítica à "revolução da ciência" de Eugen Dühring, em 1878, e em outros trabalhos (incluindo *A dialética da natureza*), Engels buscou defender as visões de Darwin contra distorções e enfrentar as tendências do darwinismo social (o uso de Darwin para promover pontos de vista malthusianos no domínio social) – particularmente onde esses desenvolvimentos afetavam o nascente movimento socialista. Em sua resposta à Dühring (cuja íntegra ele leu para Marx antes da publicação), Engels defendeu Darwin contra as *acusações* de Dühring de que Darwin havia simplesmente transferido a teoria malthusiana para o domínio vegetal e animal; que ele nunca foi além do ponto de vista de um criador de

---

[12] Ver também Oakley (1972) e Rose (1998, p. 156-158).

JOHN BELLAMY FOSTER

animais; e que qualquer coisa que fosse útil na *Origem das espécies* na verdade vinha de Lamarck.

Em vez de contestar a visão do reino vegetal e animal como uma luta pela existência, Engels a apoiou firmemente. No entanto, ele argumentava, em termos darwinistas, que "a luta pela existência" não deveria ser vista simplesmente em termos da luta direta entre indivíduos ou espécies, mas também (mais importante) em termos da luta pela vida, simbolizada pela luta das plantas para obter espaço e luz. Engels escreve:

> Darwin não sonhou sequer em dizer que a *origem* da ideia da luta pela existência era a teoria de Malthus. O que ele diz é que a sua teoria da luta pela existência é a teoria de Malthus aplicada a todo mundo vegetal e animal. Por maior que fosse o deslize cometido por Darwin de aceitar, na sua ingenuidade, a teoria malthusiana, vê-se logo, a um primeiro exame, que, para se perceber a luta pela existência na natureza [...] não há necessidade das lunetas de Malthus.

Defendendo Darwin contra a acusação de Dühring de que ele nunca superou a perspectiva de um "criador de animais", Engels prossegue com uma discussão passo a passo sobre o desenvolvimento do pensamento de Darwin, explicando como as origens do pensamento dele seriam encontradas em sua viagem a bordo do *Beagle*, como ele usou a variação sob a domesticação para introduzir sua ideia, mas que a análise real estava focada na variação natural e na seleção natural, não na variação doméstica e na seleção artificial. Finalmente, Engels dá um golpe fatal na tentativa de Dühring de argumentar que Darwin secundava Lamarck. A importância de Lamarck, Engels argumentava, só foi plenamente apreciada depois que a revolução de Darwin ocorreu. Mas as ideias de Lamarck sobre hereditariedade das características adquiridas eram deficientes. No tempo de Lamarck, a embriologia e a paleontologia não tinham se desenvolvido suficientemente para tornar possível uma teoria científica correta sobre a evolução. Ironicamente, Engels afirma, a própria abordagem de Dühring (apesar de sua invocação à Lamarck) ainda lembra a teleologia da teologia natural: um "modo de pensamento pároco" (Engels, 1969, p. 83-93, 220).

A estreita adesão de Engels à teoria de Darwin ficou ainda mais evidente em sua resposta aos teóricos populistas russos, que buscavam mover-se na direção da cooperação e do mutualismo na análise da natureza – um movimento que por fim veio a ser identificado com o trabalho do príncipe Piotr Alekseevich Kropotkin (1842-1921). Em 1873, um proeminente pensador populista russo, Pyotr Lavrovich Lavrov (1823-1900), publicou um artigo intitulado "Socialismo e a luta pela existência" no jornal radical de emigrados *Vpered* [*Avante*]. Lavrov buscou expelir o malthusianismo da teoria de Darwin e confrontar aquelas críticas do socialismo que eram baseadas na noção de que a luta pela existência era a lei da vida e que, portanto, impossibilitava o socialismo. Para conseguir isso, Lavrov desconstruiu a noção de "luta pela existência" de Darwin, argumentando que essa luta acontecia em vários níveis; que o nível mais baixo era a luta pela existência entre indivíduos da mesma espécie ou família. Nessa luta, ele escreveu, "as baixas são incalculáveis, a natureza está repleta de corpos". A forma mais elevada da luta pela existência, entretanto, era a que acontecia entre espécies, organizadas como sociedade, tais como as "sociedades de insetos". Em tais "sociedades", as principais características eram "solidariedade" e "ajuda mútua". Essa ajuda mútua, afirmava Lavrov, era a resposta final àqueles que argumentavam, sobre bases darwinistas, que o socialismo era impossível (Todes, 1989, p. 36-39).

Lavrov discutiu sua análise com Friedrich Engels e, em 1875, este escreveu uma carta de resposta que, enquanto simpatizava com o desejo de Lavrov de refutar o malthusianismo e o darwinismo social, ainda assim advertia contra distrair-se demais com expressões unilaterais como "luta pela existência" ou "cooperação", perdendo de vista as interconexões dialéticas. Nesse aspecto, Engels destacou como a "*co-operação* na natureza orgânica, o modo pelo qual o reino vegetal fornece oxigênio e alimento para o reino animal e, por outro lado, o reino animal fornece às plantas ácido carbônico e esterco, como indicado por Liebig", tinha sido enfatizada, antes de Darwin, por alguns dos mesmos cientistas – "Vogt, Büchner, Moleschott e outros" – que agora "não viam nada além da *luta pela existência*". Engels argumentou que "ambas as concepções" – ou seja, uma derivada principalmente de Liebig e outra de Darwin – "são, de certa maneira, justificadas, mas cada uma é tão unilateral e estreita quanto a outra. A interação entre os corpos naturais – tanto vivos quanto mortos – consiste de harmonia, conflito, luta e concorrência". Para Engels,

JOHN BELLAMY FOSTER

o verdadeiro problema, mais uma vez, não era a ideia de que havia uma luta pela existência na natureza, ou seja, a extrapolação do malthusianismo ou da *bellum omnium contra omnes* de Hobbes aos reinos vegetal e animal (ainda que isso tendesse a produzir uma compreensão unilateral da natureza), mas sim a tentativa de alguns teóricos de "re-extrapolar as mesmas teorias da natureza orgânica para a história, e então alegar que provaram sua validade como leis eternas da sociedade humana" (Marx; Engels, 1975, v. 45, p. 106-108). No tipo de perspectiva dialética e coevolucionária que Marx e Engels defendiam, então, a natureza orgânica (e a relação humana com a natureza) era caracterizada tanto pela harmonia quanto pelo conflito: uma perspectiva que apresentava as ideias associadas tanto com Liebig quanto com Darwin.

Em 1873 foi publicada a segunda edição alemã do livro I d'*O capital*, dois anos após a aparição da *Origem do homem* de Darwin. Marx enviou uma cópia da nova edição à Darwin inscrita: sr. Charles Darwin/De seu sincero admirador/(assinado)Karl Marx/Londres, 16 de junho de 1873 [I] Modena Villas/Maitland Park". Em outubro, Darwin respondeu à Marx:

> Caro senhor,
> Agradeço-lhe a honra que me oferece ao me enviar sua excelente obra sobre o capital; e desejo de todo coração que eu fosse mais merecedor de recebê-los, entendendo mais sobre o tema profundo e importante da Economia Política. Embora nossos estudos sejam tão diferentes, acredito que ambos desejamos sinceramente a disseminação do conhecimento e que isso seja algo a contribuir no longo prazo para a felicidade da Humanidade.
> Aceite, caro senhor,/minha mais alta estima/Charles Darwin. (Marx e Darwin, citados em Fay, 1980, p. 41)[13]

---

[13] Este foi o único contato entre Marx e Darwin. Por muitos anos se acreditou que Marx tivesse escrito uma carta para Darwin oferecendo dedicar a este um livro d'*O capital*, baseado em uma carta de Darwin de 1880 encontrada dentre os papéis de Marx. Estudos recentes provaram, entretanto, que a carta de Darwin foi escrita não para Marx, mas sim ao futuro genro de Marx, Edward Aveling, que, ao lado de Eleanor Marx Aveling, esteve em um momento a cargo dos escritos de Marx (após a morte de Engels). Aveling, que tinha recebido o título de doutor em zoologia na Universidade de Londres e se tornado um conferencista em anatomia comparativa no Hospital de Londres, se encontrou com Darwin por várias ocasiões e ofereceu dedicar seu livro, *Marx estudante* (1881), a Darwin, que havia dado anteriormente suas opiniões em alguns dos artigos compilados no livro. Darwin, entretanto, recusou, não desejando ser associado com o secularismo radical de Aveling.

O flagelo dos materialistas

Em 1874, em seu discurso inaugural como presidente da Associação Britânica para o Progresso da Ciência em Belfast, John Tyndall (1820-1893), o "arquidemocrata da ciência" e amigo mais próximo de Huxley declarou guerra contra a ordem estabelecida e proferiu uma longa exegese sobre o desenvolvimento do materialismo de Epicuro a Darwin. Tyndall e Huxley foram para a Irlanda, nas palavras de Tyndall, "como Lutero a Worms", e lá encontrariam "todos os demônios no inferno" (Tyndall citado em Desmond, 1997, p. 445).

Tyndall nasceu como um protestante irlandês e começou como inspetor de rodovias. Posteriormente, estudou química na Alemanha com o grande Bunsen e se familiarizou, ao menos superficialmente, com a filosofia alemã. Em 1851, ele foi para Londres, onde logo se tornou assistente de Michael Faraday na Royal Institution, por fim tomando o lugar de Faraday. Tyndall emergiu como um dos principais físicos e químicos e tinha reputação de ser o maior professor e divulgador da ciência na Inglaterra. Como camarada de armas de Huxley, ele foi parte do pequeno grupo de cientistas materialistas que promoviam a teoria da evolução de Darwin na turbulenta atmosfera dos anos 1860 e 1870. Tyndall era conhecido por seu montanhismo nos Alpes e por ser um materialista poético, que deu um molde humanista ao seu pensamento, mesmo enquanto apresentava visões que haviam sido frequentemente associadas ao mecanicismo (Eve; Creasey, 1945; McLeod, 1976, v. 13, p. 521-524; Friday; McLeod, 1974; Hubbard, 1905).

Em seu "Discurso de Belfast", Tyndall apresentou o que Friedrich Engels chamaria de "o discurso mais ousado já feito na Inglaterra [sic] para uma audiência desse tipo". Ele buscou apresentar uma filosofia materialista coerente, remontando a Epicuro, para apoiar os desenvolvimentos revolucionários na ciência. Influenciado pela *História do materialismo* (1865), de Frederick Albert Lange, Tyndall retraçou toda a história da ciência. Ele apontou para a "grande apreciação de Demócrito" por parte de Bacon, e para o fato de que "Bacon considerava Demócrito um homem de maior peso que Platão ou Aristóteles". Dentre os pré-socráticos, foi Empédocles que introduziu pela primeira vez as noções de adaptação e "sobrevivência do mais apto". Para Tyndall, entretanto, o materialismo da Antiguidade chegou ao seu ponto mais alto de desenvolvimento no trabalho de Epicuro e de Lucrécio. Como Bacon, em *Progresso do conhecimento*, e como Marx no prefácio de sua tese de doutorado, Tyndall viu a essência do desafio de Epicuro à religião ortodoxa como manifesta na afirmação de que "não é ímpio quem rejeita os deuses da multidão, mas sim aquele que os aceita" (Tyndall, s. d., p. 443-447; Marx e Engels, 1975, v. 45, p. 50).

Para Tyndall, Epicuro, por meio de Lucrécio, forneceu a essência da visão científica moderna em seu tratamento dos átomos e do vácuo e no seu reconhecimento de que a matéria não poderia ser criada nem destruída. Giordano Bruno se tornou um dos primeiros adeptos à astronomia copernicana como resultado da influência que Epicuro (por meio de Lucrécio) havia exercido em seu pensamento, abrindo-o, Tyndall argumentava, para "a noção da infinidade de mundos". "A concepção vagamente grandiosa de Epicuro sobre os átomos caindo eternamente através do espaço sugeriu a hipótese nebular à Kant, seu primeiro proponente". Certamente, os atomistas da Antiguidade não tinham nenhuma noção de magnetismo ou eletricidade e, portanto, não tinham como compreender a força molecular: o fato de que "as moléculas são dotadas de polos atrativos e repulsivos". Ao postular a mudança de direção, Lucrécio saiu do domínio da física para que os átomos se movessem juntos, mas ao fazê-lo ele não estava completamente errado, já que seus instintos o levaram à direção correta desde o ponto de vista da ciência moderna. A base inicial para as descobertas de Thomas Mayer e de outros cientistas do século XIX a respeito da conservação de energia foi primeiramente estabelecida pela noção de indestrutibilidade da matéria, tão claramente enunciada pelos materialistas da Antiguidade (Tyndall, s. d., p. 450, 458, 478, 484-485).

Embora Tyndall celebrasse o trabalho de Descartes e Hobbes no século XVII, foi Gassendi, explicou Tyndall, quem, apesar de seu catolicismo, forneceu pela primeira vez um fundamento filosófico sólido para o materialismo moderno baseado em Epicuro. Em Gassendi, ele escreve,

> o princípio de cada mudança reside na matéria. Em produções artificiais, o princípio motor é diferente do material trabalhado; mas, na natureza, o agente trabalha desde dentro, sendo a parte mais ativa e móvel do próprio material. Assim, este ousado eclesiástico, sem incorrer na censura da Igreja ou do mundo, planeja superar o Sr. Darwin. (Tyndall, s. d., p. 462)

Na concepção de Tyndall, a grande realização de Darwin foi que, ao passo em que considerava todos aqueles detalhes que haviam supostamente constituído a evidência do teleologista, ele ainda assim "rejeita a teleologia, buscando referir essas maravilhas a causas naturais". No entanto, o problema que Darwin deixou para trás foi a "forma primordial": de onde surgiu a vida, se não de um Criador? Insistindo na visão de Lucrécio de que "a natureza é vista realizando todas as coisas espontaneamente de si mesma, sem a interferência dos deuses", e na afirmação de Bruno de que a matéria era a "mãe universal", Tyndall passou a afirmar a necessidade de explicações puramente materialistas na ciência e a identificar isso com o desenvolvimento da própria ciência. "A posição inexpugnável da ciência pode ser descrita em poucas palavras. Nós reivindicamos, e vamos arrancar da teologia, todo o domínio da teoria cosmológica" (Tyndall, s. d., p. 475-476, 485-486, 491).

Embora famoso por contribuir, ao lado de Pasteur, com a crítica científica definitiva sobre a geração espontânea, Tyndall ainda assim insistiu, em diversas ocasiões, que no profundo abismo do tempo a vida havia emergido da matéria, e que as origens da vida estavam conectadas às origens do sistema solar – a ser explicada pela hipótese nebular de Kant e Laplace. Portanto, em algum momento, a vida emergiu da não vida, ainda que as condições que tornaram isso possível pertenciam à história do sistema solar e não mais se aplicavam. Apenas quatro anos antes, Huxley havia adotado uma posição similar, embora não tão claramente conectada à hipótese nebular (e notavelmente semelhante, em linhas gerais, a visões científicas adotadas hoje), em seu discurso presidencial para a Associação Britânica para o Progresso da Ciência, em 1870, no qual declarou:

> Se me coubesse olhar para além do abismo do tempo geologicamente registrado para o período ainda mais remoto, quando a Terra estava passando por condições químicas e físicas que não podem mais ser observadas, assim como um homem não pode recordar de sua primeira infância, eu esperaria ser testemunha da evolução do protoplasma vivo a partir da matéria não viva. (Tyndall, s. d., 500, 641)

William Thomson, nêmesis de Darwin, respondeu acusando injustamente Huxley de defender a "geração espontânea" (Hellman, 1998, p. 112-113).

O "Discurso de Belfast" de Tyndall gerou uma onda de protestos. Ele foi atacado, particularmente, por discernir na "matéria [...] a promessa e potência de todas as formas e qualidades de vida". Ele foi acusado de acelerar a "ruína" da humanidade e de promover a blasfêmia. Ele se viu se defendendo contra uma miríade de golpes (Tyndall, s. d., p. 499; Eve; Creasey, 1945, p. 185-194). Engels, lendo os discursos de Tyndall e Huxley em Belfast, relatou a Marx, que na época estava na Alemanha, que tudo isso mais uma vez revelava "o flagelo dessas pessoas e a maneira como estão presas na coisa em si mesma e seu grito de angústia por uma filosofia que venha salvá-los". Escrevendo sobre "a tremenda impressão e pânico" criado pelo discurso de Tyndall, Engels contou a Marx sobre o corajoso confronto de Tyndall à ordem estabelecida, adicionando que

> seu reconhecimento a Epicuro vai te agradar. Tanto é certo: o retorno a uma visão genuinamente reflexiva da natureza está fazendo um progresso muito mais sério aqui na Inglaterra do que na Alemanha e as pessoas aqui buscam a salvação pelo menos em Epicuro, Descartes, Hume e Kant [...]. Os pensadores franceses do século XVIII, é claro, ainda são um tabu. (Marx; Engels, 1975, v. 45. p. 50-51)

Engels ponderou como transcender as dificuldades em que materialistas tão categóricos como Tyndall e Huxley se viram presos e sugeriu que a saída estivesse na dialética de Hegel, especialmente na *Encyclopedia*, onde, devido à apresentação mais "popular", muito da análise era comparativamente livre de idealismo e "feito sob medida para essas pessoas". Não há dúvida de que foi nesse momento que Engels começou a formular o seu próprio grande projeto, que tomaria a forma da inacabada *Dialética da natureza* (Desmond, 1997, p. 444-446).

O projeto maior de Engels estava evidente em 1878, em seu "Antigo prefácio para *Anti-Dühring sobre a dialética*", seu rascunho original de prefácio para a primeira edição de *Anti-Dühring*, o qual ele decidiu usar somente em uma versão reduzida. No "Antigo prefácio", Engels, baseando-se parcialmente em notas que Marx lhe havia fornecido, observou que os cientistas naturais escreviam frequentemente com desconhecimento da história da filosofia. Como resultado,

> Princípios que desde há séculos foram propostos na filosofia, [e] que bastante frequentemente de há muito foram filosoficamente arrumados, aparecem,

frequentemente, em naturalistas teorizantes como conhecimento novo em folha e tornam-se mesmo moda por um lapso de tempo. [...] Uma vez que a física e a química estão de novo quase exclusivamente ocupadas com moléculas e átomos, necessariamente, a filosofia atomista grega antiga vem de novo para primeiro plano. Mas, quão superficialmente ela é tratada, mesmo pelos melhores entre eles! Assim, Kekulé conta-nos (*Objetivos e aquisições da química*) que ela provinha de Demócrito em vez de Leucipo e afirmava que Dalton tinha, pela primeira vez, admitido a existência de átomos elementares qualitativamente diversos e, pela primeira vez, lhes tinha adscrito pesos diversos característicos para os diversos elementos enquanto, todavia, em Diógenes de Laércio [...] se pode ler que já Epicuro adscrevia aos átomos diversidade, não só de grandeza e figura, mas também de peso, portanto, já conhecia, a sua maneira, peso atômico e volume atômico. (Engels, 1969, p. 393)[14]

Para Engels, essa ignorância da filosofia grega da Antiguidade estava atada ao fracasso, desde 1848 na Alemanha (assim como em outros lugares), de compreender a importância da dialética e do hegelianismo. As duas grandes fontes de conhecimento dialético foram os gregos da Antiguidade e Hegel. A incapacidade em compreender suas filosofias e, portanto, a dialética, era o principal obstáculo para o desenvolvimento de uma filosofia adequada às necessidades da ciência natural moderna. Engels notou como estava se tornando "cada vez mais raro" para cientistas naturais "olhar para os gregos", particularmente para aqueles fragmentos da filosofia atômica grega (a saber, Demócrito, Epicuro e Lucrécio), simplesmente porque os gregos não tinham "nenhuma ciência natural empírica"; a força da visão holística dos gregos estava finalmente começando a se impor à ciência natural contemporânea. No entanto,

---

[14] Engels citou o livro *Vidas de eminentes filósofos*, de Diógenes de Laércio, a única história da filosofia da Antiguidade a sobreviver, que era não somente a principal fonte biográfica sobre Epicuro, mas também a fonte das três cartas de Epicuro que restaram. Ver Diógenes de Laércio (1925, v. 2. p. 572-575, 590-593). As notas para os comentários de Engels aqui parecem ser aquelas de um fragmento incluído na *Dialética da natureza*. Ainda que os editores do trabalho de Marx e Engels não tenham conseguido discernir o ano em que esse fragmento foi escrito, o fato de que ele contém precisamente essas passagens de Epicuro (bem como de Leucipos e Demócrito) citadas por Engels sugere que o fragmento estivesse conectado com o "Antigo prefácio". Nesse aspecto, é significativo o fato de que as notas específicas a respeito dos atomistas gregos estejam escritas com a letra de Marx, sugerindo que ele dera uma ajuda direta a Engels aqui. Ver Marx e Engels (1975, v. 25, p. 470-471, 672). Com relação a A. Kekulé, Engels citou um panfleto, *Objetivos e realizações da química*, publicado em Bonn, em 1878.

até então, os cientistas naturais tinham fracassado em dar até mesmo os primeiros passos para adotar a segunda grande fonte de conhecimento dialético, a de Hegel (Engels, 1969, p. 395-396).

Desde o ponto de vista de Engels, o objetivo era, obviamente, a criação de uma dialética materialista aplicável à ciência natural. Quando ele escreveu *Anti-Dühring*, ele havia concluído que os materialistas franceses do século XVIII eram inúteis para este propósito, uma vez que tinham desenvolvido um materialismo que era "exclusivamente *mecânico*". As respostas, na medida em que seriam encontradas na história da filosofia, estavam nos materialistas gregos e em Aristóteles, Kant e Hegel. Com relação a Epicuro, a velha controvérsia apresentada por Diógenes de Laércio, de que ele havia desprezado a dialética, era sem dúvida um obstáculo. Tudo isso ajuda a explicar o enorme entusiasmo de Engels, no final de sua vida, pela tese de Marx sobre Epicuro, com sua explicação da "dialética imanente" deste último (Engels, p. 444; Voden, s. d. p. 332-333).

Para Engels, a intuição brilhante dos gregos da Antiguidade, embora vastamente inferior em seu conhecimento empírico em relação à ciência do século XVIII, era ainda assim superior a esta última em sua concepção geral devido a sua compreensão intuitiva do mundo material como evoluindo a partir do caos, se desenvolvendo, vindo a ser. Somente no século XIX, em particular com a revolução darwinista, essa concepção geral foi superada na ciência. Contudo, os materialistas darwinistas eram, ainda assim, filosoficamente fracos e cercados por todos os lados por oponentes filosóficos e teológicos. Consequentemente, eles precisavam da herança dialética que constituía o principal legado da filosofia grega e da filosofia alemã clássica (Engels, 1940, p. 7, 13).

A revolução no tempo etnológico: Morgan e Marx

O ano de 1859 viu não apenas a publicação da *Origem das espécies*, de Darwin, que pela primeira vez apresentou uma consistente teoria da evolução, mas também uma "revolução no tempo etnológico" intimamente relacionada, que tinha fontes independentes da análise de Darwin – e que foi, de muitas formas, tão importante para alterar as concepções vitorianas sobre o eu e o mundo como a própria obra de Darwin. Essa foi

302   AS BASES NA HISTÓRIA NATURAL PARA A NOSSA OPINIÃO

a descoberta e a aceitação na comunidade científica de evidências con-
clusivas encontradas em uma caverna em Brixham, próxima a Torquay,
no sudoeste da Inglaterra, de que os seres humanos existiam na terra em
períodos de "grande antiguidade", remontando, como Lyell concluiria
mais tarde, a milhares de séculos.[15]

Para entender a importância dessa revolução, é importante compreender que, embora o desenvolvimento da geologia e a compreensão
da sucessão paleontológica há muito tinham destruído o antigo relógio
bíblico da Gênese, criando um senso de tempo quase infinito e possibilitando, portanto, a teoria de Darwin da evolução, a visão paleontológica até 1859, com raras exceções, não se estendia aos seres humanos:
a humanidade ainda era vista como tendo aparecido recentemente na
terra, ou seja, somente há poucos milhares de anos. Consequentemente,
os registros fósseis não se aplicavam aos seres humanos. Cuvier havia
argumentado que "não há fósseis de ossos humanos". Mais importante,
talvez, não existia tal coisa como o homem antediluviano (Cuvier citado
em Grayson, 1983, p. 51).

É verdade que muitos restos humanos (algumas vezes acompanhados
de implementos primitivos) foram encontrados em cavernas na Europa,
incluindo a descoberta dos primeiros restos neandertais, no Vale de
Neander, em 1856. Alguns desses restos foram examinados por proeminentes autoridades geológicas do século XIX, incluindo William Buckland
e Charles Lyell, mas duvidava-se da importância dessas descobertas.
Embora as evidências quanto à antiguidade da humanidade se acumu-
lassem, isso ainda era questionável o bastante para ser negada. A pobreza
da forma como essas descobertas foram escavadas, fugindo do processo
lento e cuidadoso requerido pelo trabalho geológico, frequentemente
falhando em preservar o contexto estratigráfico apropriado, permitiu que
observadores científicos concluíssem que os restos de distintas camadas
geológicas haviam sido misturados. Em 1837, Buckland, autor de um dos
Tratados de Bridgewater, concluiu que nenhum resto humano havia sido

---

[15]   A frase "revolução no tempo etnológico" é tomada de Trautmann (1987, p. 35, 220). Sobre
a caverna de Brixham, ver Gruber (1965, p. 373-402) e Grayson (1983, p. 179-188).

encontrado ainda em conjunto com animais extintos. Essa opinião foi reiterada por Lyell apenas em 1855.

Foram as descobertas na caverna de Brixham, cuja escavação foi supervisionada pela Sociedade Geológica de Londres, em vez da descoberta paleontológica mais importante, em última instância, associada com a descoberta do homem neandertal perto de Düsseldorf, na Alemanha, que mudaria a visão de Lyell, e que, dada sua autoridade, provocaria uma revolução no tempo etnológico. Após examinar as descobertas de Brixham, Lyell anunciou, em um discurso presidencial à Seção Geológica da Associação Britânica para o Progresso da Ciência, em setembro de 1859, sua própria conversão à visão de que os seres humanos haviam existido na Terra em eras de grande antiguidade. Isso foi seguido de três anos de busca intensiva por mais evidências, nos quais Lyell reconsiderou evidência encontrada em cavernas da França, levando à publicação de seu formidável trabalho *Evidências geológicas da antiguidade do homem* (1863), que deixou clara essa revolução no entendimento do tempo etnológico. O livro de Lyell foi publicado no mesmo ano do importante trabalho de Huxley sobre anatomia comparativa, *Evidências do lugar do homem na natureza*, em que Huxley examinou as evidências anatômicas dos crânios neandertais e concluiu que o homem descendia da mesma linhagem dos símios. Esses dois acontecimentos reforçaram, de maneiras distintas, os efeitos da revolução darwinista, deixando claro que essa revolução se estendia aos próprios seres humanos (Gruber, em Spiro, 1965, p. 382-383, 396; Lyell, 1863).

Seria difícil exagerar a importância que a revolução no tempo etnológico teve para os pensadores de meados do século XIX. John Lubbock, um proeminente darwinista que contribuiu para o desenvolvimento da etnologia, escreveu na primeira página de sua obra *Tempos pré-históricos* (1865) que

> a primeira aparição do homem na Europa data de um período tão remoto que nem a história, nem mesmo a tradição, podem lançar qualquer luz sobre sua origem ou modo de vida. [...]. [Uma] nova Ciência nasceu [...] dentre nós, que lida com tempos e eventos muito mais antigos do que qualquer um que já tenha caído no terreno do arqueólogo. (Lubbock, 1890. p. 1)

Recordando esses acontecimentos em 1881, o influente geólogo James Geikie escreveu:

> Quando, há alguns anos, foi anunciada a descoberta de implementos de pedra grosseiros de indubitável feitura humana em alguns depósitos aluviais no vale do rio Somme, sob circunstâncias que argumentavam em favor de uma grande antiguidade da raça humana, os geólogos, em geral, receberam a notícia incredulamente. Até pouco tempo, a maioria de nós era ensinada a acreditar que o advento do homem era uma simples ocorrência de ontem, por assim dizer, e uma matéria a ser debatida adequadamente somente por cronologistas e historiadores. Esta crença se tornou, de fato, tão arraigada que, ainda que as evidências da antiguidade de nossa raça similares àquelas descobertas subsequentes da França, que finalmente conseguiram desviar a indiferença cética dos geólogos [...] foram observadas de tempos em tempos [...], ainda assim eram observadas somente para serem descartadas. (Geikie citado em Gruber, em Spiro, 1965, p. 374).

Nenhum pensador compreendeu a importância da revolução no tempo etnológico melhor do que o antropólogo estadunidense Lewis Henry Morgan (1818-1881), frequentemente considerado como o fundador da antropologia social. No prefácio de sua *Sociedade antiga, ou pesquisas sobre as linhas do progresso humano da selvageria à civilização passando pela barbárie* (1877), Morgan escreveu:

> A grande antiguidade da humanidade sobre a terra foi conclusivamente estabelecida. Parece peculiar que as provas somente fossem descobertas nos últimos 30 anos e que a geração presente seja a primeira chamada a reconhecer a importância desse fato.
>
> Sabe-se agora que a humanidade existiu na Europa no período glacial e, até mesmo antes de seu começo, com toda probabilidade de ter se originado em um período geológico anterior. Ela sobreviveu a muitas raças de animais que foram contemporâneos a ela e passou por um processo de desenvolvimento, nos diversos ramos da família humana, tão notável em seu curso quanto em seu progresso.
>
> Já que a provável extensão de sua carreira está conectada com os períodos geológicos, uma medida limitada de tempo está descartada. Cem ou duzentos mil anos não seriam estimativas extravagantes do período desde o desaparecimento dos glaciares no hemisfério norte até o tempo presente. Quaisquer dúvidas que se possa vislumbrar em qualquer estimativa de um período, cuja duração verdadeira não se conhece, a existência da humanidade remonta a um tempo imensurável e se perde em uma antiguidade vasta e profunda. (Morgan, 1963, Prefácio).

Em sua *Sociedade Antiga*, Morgan tentou apresentar uma teoria geral do desenvolvimento social humano, abrangendo essa concepção mais ampla de tempo etnológico, no qual ele buscou transcender as particularidades regionais do desenvolvimento e buscar, em um nível teórico, informado por dados etnológicos, a base comum do desenvolvimento das instituições e ideias humanas focando em três ramos das instituições humanas: governo, família e propriedade. Ao fazê-lo, no entanto, Morgan adotou uma abordagem decididamente materialista histórica, enraizando sua compreensão sobre a evolução dessas esferas nas condições materiais, nomeadamente no crescimento "das artes da subsistência" – e, dentro disso, as várias invenções e implementos – que ele adotou como indicadores revelados pelo registro etnológico.[16] Como outros pensadores que buscaram reconceitualizar o desenvolvimento dos seres humanos ao longo de vastas extensões de tempo, Morgan recorreu à ampla afirmação de Lucrécio de que os seres humanos haviam, em um primeiro momento, dependido de unhas, dentes, madeira e pedras em sua luta pela existência e então haviam aprendido – seguindo a formação de "alianças mútuas" e domínio do fogo – a forjar implementos e armas, sucessivamente, a partir do cobre, do bronze e do ferro. Em sua própria divisão do desenvolvimento humano em termos de três idades da pedra, bronze e ferro, Lubbock, em seu *Tempos pré-históricos* (1865), havia citado Lucrécio, observando que este "menciona as três eras" (Lucrécio, 1994, p. 154-161 [V. 1010-1296]); Lubbock, 1890, p. 6; Daniel e Renfrew, 1988, p. 9; Grayson, 1983, p. 12).

Morgan delineou muitos "períodos étnicos": as grandes épocas de Selvageria e Barbárie – cada uma podendo ser dividida em períodos inferior, superior e médio – e o estágio da Civilização. Na Selvageria Inferior, a humanidade, ele argumentou (se referindo à Lucrécio como sua fonte clássica sobre as artes da subsistência nesse estágio), subsistia principalmente de frutas e nozes – uma base de subsistência apoiada na

---

[16] A importância de *Sociedade antiga* como uma tentativa de construir um contorno provisional de uma *teoria geral* de desenvolvimento que era compartilhada por uma humanidade que Morgan via como uma – em oposição à descrição de fato desse desenvolvimento em todos os seus detalhes – é fortemente enfatizada em Terray (1972). A teoria geral de Morgan, como enfatizou Eleanor Leacock, não visava desprezar diferenças regionais e especificidades culturais. De fato, *Sociedade antiga* mostra grande atenção para tais diferenças. Mas o objetivo era fornecer uma concepção unificada da evolução etnológica da humanidade – uma diretamente oposta aos argumentos raciais que então prevaleciam. Ver Leacock (1972, p. 11).

coleta primitiva. Embora pouco poderia ser dito com certeza, Morgan citou a afirmação de Lucrécio de que os seres humanos, no estágio primeiro de sua existência, haviam existido em grutas e cavernas, cuja posse eles disputavam com as feras (Morgan, 1963, p. 9-10, 20; Lucrécio, 1994, p. 152-153). Isso foi seguido, na Selvageria Média, pelo aumento da subsistência baseada na pesca, possibilitado pelo "conhecimento do uso do fogo". A Selvageria Superior, em contraste, era definida pela introdução do arco e flecha.

O principal indicador da grande mudança de subsistência representada pela Barbárie Inferior era a prática da arte da cerâmica. A Barbárie Média, de acordo com Morgan, era caracterizada pela domesticação dos animais no hemisfério Oriental e pelo uso da irrigação no cultivo de lavouras e de tijolo de adobe e pedra na arquitetura no hemisfério Ocidental (onde grandes animais propícios para domesticação eram muito mais escassos). A Barbárie Superior começou com a manufatura do ferro e terminou com a invenção do alfabeto fonético e o uso da escrita na composição literária.

A grande transição da Barbárie para a Civilização representou um período de enorme avanço cultural, de acordo com Morgan. Contudo, a grande barbárie já apoiava uma rica tradição literária. "A linguagem atingiu um desenvolvimento tal que a poesia da mais elevada forma estrutural estava prestes a incorporar as inspirações dos gênios", ele observou, com a Era Heroica da Grécia em mente. A linguagem, como todas as outras coisas, se desenvolveu com a cultura humana, ele observou que

> A fala humana parece ter se desenvolvido a partir das formas mais grosseiras e simples de expressão. A linguagem de gestos ou de sinais, como insinuado por Lucrécio, deve ter precedido a linguagem articulada, do mesmo modo que o pensamento precedeu a linguagem articulada, do mesmo modo que o pensamento precedeu a fala. Este grande tema, um departamento do conhecimento por si só, não cabe no escopo da presente investigação. (Morgan, 1963, p. 5, 42; Lucrécio, 1994, p. 155-156, V. 1031-1091)

Ao contrário, a análise de Morgan em *Sociedade antiga* focou consistentemente nas bases materiais para as instituições humanas estabelecidas no nível da subsistência. O arado de ferro, insistia, desencadeou um período de "subsistência ilimitada", que caracterizaria, adicionalmente à escrita, o estágio da Civilização. Morgan observou, citando Lucrécio, que com a introdução do arado de ferro, surgiu o "pensamento de reduzir as florestas e cultivar grandes campos". Chegando a conclusões exageradas a partir disso, Morgan argumentou que "os seres humanos são os únicos seres de que se pode dizer que tenham ganhado um controle absoluto sobre a produção de alimentos; que, no princípio, eles não possuíam sobre outros animais" (Morgan, 1963, p. 19, 26-27, 44; Lucrécio, 1994, p. 161-162, V. 1280-1296).

Os estágios que Morgan descreveu são ainda geralmente empregados na antropologia, ainda que os nomes tenham sido mudados, refletindo as conotações negativas associadas com os tempos "selvageria" e "barbárie". A "selvageria" de Morgan é hoje geralmente referida como a sociedade coletora (com caça marginal) – uma forma de subsistência que perdurou durante o período Paleolítico. Em vez de "barbárie", hoje a referência é de sociedades que praticavam a horticultura. A domesticação das plantas é geralmente associada com a revolução Neolítica, cerca de 10 mil anos atrás. (Os termos "Paleolítico" e "Neolítico", ou "Nova" e "Antiga Idade da Pedra", foram originalmente introduzidos por Lubbock para distinguir entre uma era de implementos de pedra lascada grosseiros, seguido por uma era posterior de implementos de pedra polida. Entretanto, hoje em dia a ênfase é muito maior nas mudanças das formas de subsistência de Morgan) (Leacock, 1963, LXI).

Morgan sugeriu uma teoria rudimentar de coevolução gene-cultura, focando no desenvolvimento de ferramentas, ou "invenções".

> Com a produção de invenções e descobertas e com o aumento das insti-
> tuições, a mente humana necessariamente cresceu e se expandiu; e nós
> somos levados a reconhecer um aumento gradual do próprio cérebro, par-
> ticularmente da proporção cerebral. A lentidão desse crescimento mental
> foi inevitável, no período da selvageria, devido à extrema dificuldade de
> planejar a mais simples invenção a partir do nada. (Morgan, 1963, p. 36)

O argumento se assemelhava ao de Darwin na *Origem do homem*.[17]

---

[17] Algumas análises consideram essa afirmação como associada com teorias racistas do século XIX. Ver, por exemplo, Trautmann (1987, p. 30). Mas uma vez que Morgan aqui está
falando sobre o período Paleolítico, ou seja, as primeiras culturas humanas, tal conclusão
não pode ser logicamente justificada. A questão do aumento gradual do cérebro humano
ao longo de milhões de anos havia se tornado, naquele momento, parte importante da
teoria evolucionária darwinista, principalmente do trabalho do próprio Darwin.

Por um longo tempo, presumiu-se que a abordagem evolucionária de Morgan ao desenvolvimento da sociedade humana havia derivado principalmente de Darwin, a quem Morgan conhecia e que, claramente, influenciou seu pensamento. Entretanto, estudos mais recentes focaram no papel crucial que Lucrécio (consequentemente, Epicuro) exerceu no desenvolvimento de sua visão sobre a evolução da sociedade humana. Como Thomas R. Trautmann afirma em *Lewis Henry Morgan e a invenção do parentesco*, Morgan considerou "a teoria de Darwin como um caso especial de evolucionismo que, longe de ser uma novidade, pode ser remontada a Horácio e, sobretudo, a Lucrécio, que é o primeiro teórico da evolução para Morgan". A base para essa afirmação está nos próprios artigos de Morgan. A primeira versão manuscrita de *Sociedade antiga* (datada de 1872-1873) incluía um capítulo intitulado "A gênese romana do desenvolvimento humano", que apresentava o sistema de Lucrécio. Nessa primeira versão manuscrita de *Sociedade antiga*, Morgan escreveu:

> Aqueles que adotam a teoria darwinista da origem do homem a partir de um quadrúpede e aqueles que, não indo tão longe, adotam a teoria da evolução, igualmente reconhecem o fato de que o homem começou no fundo da escala e trabalhou sua ascensão até a civilização por meio da acumulação lenta de conhecimento experimental. O primeiro estado do homem, em qualquer alternativa, era de extrema grosseria e selvageria, cujas condições precisas, ainda que não completamente inconcebíveis, são difíceis de compreender. (Trautmann, 1987, p. 32, 172-173)[18]

De acordo com Trautmann, essa

> passagem esclarece que na concepção de Morgan a teoria de Darwin não era mais que um caso especial da teoria da evolução. Em sua própria visão, de novo, a referência intelectual do trabalho que ele tinha acabado de empreender era invenção não de Darwin, mas de Horácio e Lucrécio, sobretudo deste, e ele dedicou o segundo capítulo do esboço de *Sociedade Antiga* a uma apreciação de 'A gênese romana do desenvolvimento

---

[18] Em outro lugar, Trautmann escreve, "Lucrécio, que ele [Morgan] mais tarde consideraria como o primeiro proponente do evolucionismo, muito antes de Darwin, está dentre as primeiras aquisições de textos latinos" na biblioteca de Morgan. Em adição a uma cópia de *Sobre a natureza das coisas*, em latim, Morgan também possuía as traduções para o inglês em verso e em prosa (Trautmann e Kabelac, 1994, p. 41, 198).

humano' como precursora do evolucionismo moderno. (Trautmann, 1987, p. 173)[19]

Essencialmente, isso havia sido apontado antes por Carl Resak, em sua importante biografia de Morgan. Fazendo referência ao rascunho manuscrito inicial de *Sociedade antiga*, Resak escreveu: "A teoria da evolução, ele [Morgan] diria, não pertencia realmente à Darwin. Filósofos da Antiguidade como Horácio e Lucrécio reconheceram o fato de que o homem iniciou na selvageria e passou por uma ascensão lenta e tortuosa" (Resak, 1960, p. 100).[20]

Sobre esses fundamentos, Morgan desenvolveria sua análise da origem da ideia de governo, ideia de família e ideia de propriedade – as três partes nas quais o restante do seu trabalho estava dividido. A análise de Morgan interessaria a Marx, que havia lido cuidadosamente o grande trabalho de Lyell sobre a *Antiguidade do homem*, escrutinando o tratamento dado à pré-história e fazendo comentários críticos nas margens do livro (Institute of Marxism-Leninism, 1967, p. 132-133). Em 1857-1858, nos *Grundrisse*, Marx já havia observado que se poderia "determinar, *a priori*, o grau de civilização de um povo tão somente pelo conhecimento da espécie de metal, ouro, cobre, prata ou ferro que emprega para suas armas, seus utensílios ou seus ornamentos". Aqui ele havia citado Lucrécio pelo fato de que o bronze era conhecido antes do ferro (Marx, 1973, p. 191). Mais tarde, no livro I d'*O Capital*, Marx notou (provavelmente se referindo à Lyell) como no estudo dos "tempos pré-históricos" uma classificação estava sendo feita "não em assim chamadas pesquisas históricas, mas em pesquisas das ciências naturais, de acordo com os materiais de que eram feitos os instrumentos e as armas na Idade da Pedra, do Bronze e do Ferro". Para Marx, essa abordagem dos escritores da pré-história era superior aos esquemas de classificação que "escritores da história" haviam até então empregado, uma vez que estes tendiam a prestar "pouca atenção

---

[19] Entretanto, Trautmann está incorreto ao escrever na página subsequente de seu livro que "não há ligações específicas entre as ideias de Darwin e as de Morgan". Basta apenas apontar para a ligação entre os dois na teoria da evolução do cérebro humano.

[20] Horácio (como Virgílio) em seus anos de juventude foi muito influenciado por Epicuro, admirando o poema de Lucrécio.

ao desenvolvimento da produção material, que é a base para toda a vida social e, portanto, toda história real" (Marx, 1976, v. 1, p. 286).

Marx tomou extensas notas em seus *Cadernos etnológicos* entre 1880 e 1882, que eram dedicados principalmente à Morgan, mas também ao trabalho de John Budd Phear, Henry Sumner Maine e John Lubbock. No ano seguinte à morte de Marx, Engels usou esses cadernos e o trabalho de Morgan para desenvolver seu próprio argumento em *A Origem da Família, da propriedade privada e do Estado* (1884). "Morgan, a seu próprio modo", escreveu Engels, "descobriu de uma nova maneira na América a concepção materialista da história, descoberta por Marx há 40 anos, e em sua comparação entre barbárie e civilização, essa concepção o levou, nos principais aspectos, às mesmas conclusões de Marx". Para Engels, seguindo Morgan, a propriedade privada e a luta de classes agora dominavam somente a *história escrita* existente até então; antes disso, no que Lubbock e outros nos anos 1860 haviam começado a chamar de "pré-história", a sociedade havia sido organizada em torno de grupos de parentesco. Ainda assim, "a produção e reprodução da vida imediata [eram], [...] de um lado, a produção dos meios de existência, de alimentos, vestimentas e abrigo e das ferramentas necessárias para a produção, do outro lado, a produção dos próprios seres humanos, a propagação da espécie", que sempre constituíram o conjunto decisivo de condições que definem uma dada época histórica (Marx, 1972; Engels, 1972, p. 71-73).

A importância dos debates sobre a origem da família, da propriedade privada e do Estado que surgiu a partir dessa análise, entretanto, tendia a obscurecer alguns elementos cruciais que regiam o trabalho de Marx (e até mesmo de Engels) nessa área. É imprescindível compreender que Marx e Engels, como outros primeiros analistas da "pré-história", foram impelidos a esses estudos pela revolução no tempo etnológico que se iniciou em 1859. Ademais, no caso de Marx, isso estava intimamente ligado a preocupações sobre o desenvolvimento da agricultura, ou seja, a relação de longo prazo com o solo, que era um foco contínuo de seus estudos em sua última década (ele continuou a tomar centenas de páginas de notas sobre geologia e química agrícola no final dos anos 1860 e nos anos 1870), tanto em relação ao livro III d'*O capital* quanto devido às suas inquietudes sobre a direção do desenvolvimento russo, como refletido nos debates populistas na Rússia. Com relação à Rússia o que estava em debate era o destino do sistema russo arcaico de terras comunais e como tudo isso se relacionava com os prospectos de revolução. Finalmente, havia a questão sobre as raízes no desenvolvimento histórico da concepção materialista da história, que agora precisava ser estendida para antes da Grécia antiga, antes da história escrita e antes da análise filológica. O que estava em questão, então, era a origem dos seres humanos e das instituições humanas ao longo dos grandes períodos da "pré-história". Nesses últimos anos, Marx também buscou escapar da literatura sobre colonialismo, por meio da qual ele naturalmente havia sido compelido a ver o desenvolvimento do resto do mundo, se tornando cada vez mais crítico da história da penetração capitalista no que hoje é chamado de "periferia". Ele, portanto, tentou construir uma cronologia radical massiva da história do mundo, rompendo com as concepções dominantes. Todas essas preocupações passaram a ser vistas como definindo a última década da vida de Marx, a qual Teodor Shanin famosamente descreveu como "Marx tardio" (Shanin, 1983).[21]

Podemos entender melhor a luta de Marx e sua relação com seu tempo se compreendermos o quão próximos, e sobrepostos, estavam esses debates sobre a evolução humana e as origens da sociedade humana. Em 1871, Darwin havia publicado sua tão esperada obra *Origem do homem*, que tentava explicar a evolução biológica humana e, nesse processo, se referia a importantes questões etnológicas. Entretanto, *A origem do homem* teve menos impacto do que poderia ter tido porque já tinha sido precedida pelas *Evidências do lugar do homem na natureza* (1863) de Huxley, as *Evidências geológicas da antiguidade do homem* (1863) de Lyell, *Tempos pré-históricos* (1865) de Lubbock, bem como por outras obras que, dentro de uma década da publicação da *Origem das Espécies* e das descobertas na caverna de Brixham, revolucionaram o pensamento sobre o desenvolvimento humano. Dos quatro pensadores nos quais Marx se concentrou em seus *Cadernos etnológicos*, os três mais importantes – Morgan, Lubbock e Maine – tinham sido citados por Darwin na *Origem do homem*.

---

[21] Marx anotou extensas passagens dos *Princípios de geologia* de Lyell, em 1869; na sequência, nos anos 1870, registrou passagens de numerosos trabalhos sobre geologia e química. Ver Coleman, em Bukharin (1971, p. 233-235).

Como, então, poderia-se pensar a questão do desenvolvimento humano antes da história escrita? Marx estudou geologia e paleontologia, bem como química agrícola e etnologia, com fervor nesse período. Sem dúvida, ele foi atraído pela *Sociedade antiga* devido à ênfase de Morgan nas artes da subsistência. Morgan, que adotou uma abordagem materialista para a etnologia que era independente da análise de Darwin (mas que a levava em consideração), focou no desenvolvimento das artes da subsistência – mesmo adotando a sugestão de Darwin de que havia uma relação entre as invenções necessárias para a subsistência e o desenvolvimento do cérebro. O esboço das artes da subsistência foi elaborado em relação à análise de Lucrécio em *Sobre a natureza das coisas*. Marx, com seu profundo conhecimento sobre Lucrécio, observou cuidadosamente as referências de Morgan a Lucrécio e estava ciente das profundas implicações dessa forma de abordar o problema da subsistência – a relação entre a concepção materialista da natureza e a concepção materialista da história que isso implicava. Esse foco nas artes da subsistência – a relação humana com a natureza por meio da transformação da produção e reprodução – como foi desenvolvido por Morgan (inspirado por Lucrécio e em última instância, por Epicuro) era profundamente ecológico, no sentido de que focava na coevolução humana com o ambiente. Já n'*O Capital*, Marx havia dito que "A mesma importância que as relíquias de ossos têm para o conhecimento da organização das espécies de animais extintas têm também as relíquias de meios de trabalho para a compreensão de formações socioeconômicas extintas" (Marx, 1976, v. 1, p. 286). O foco de Morgan nas artes da subsistência, no qual ele destacou o desenvolvimento de ferramentas, assegurava que sua análise seguia um caminho semelhante – enquanto conectava isso a transformações nas relações de família/parentesco, propriedade e o Estado.

Marx discordava, entretanto, da afirmação de Morgan de que os seres humanos desenvolveram "controle absoluto sobre a produção de alimentos". Ao contrário, o problema ecológico associado ao desenvolvimento das artes da subsistência existia no período capitalista (onde as contradições se tornaram bastante extremas) e durariam mais do que o próprio capitalismo – criando problemas que a sociedade de produtores associados teria que abordar racionalmente e com base em uma compreensão da relação metabólica entre seres humanos e a terra.

Desde os anos 1950, temos visto a ascensão do campo da etnoecologia dentro da antropologia, conforme antropólogos buscaram compreender o "conhecimento ambiental tradicional" contido em culturas agora extintas ou ameaçadas; não somente para recuperar esse conhecimento essencial em um tempo caracterizado por crise ecológica, mas também para enfatizar a importância da sobrevivência cultural para aquelas comunidades indígenas agora ameaçadas pela penetração do capitalismo. Nessa literatura, a subsistência é entendida por importantes etnoecologistas, como Eugene Hunn, como a relação de longo prazo entre a comunidade e a base territorial. Esse conhecimento das relações básicas de subsistência é também, como se argumenta, uma herança inestimável do entendimento ecológico não baseado na separação dos seres humanos com a natureza. A ênfase contínua de Marx ao longo de sua obra – particularmente nos *Grundrisse* e no trabalho de sua última década – sobre relações comunais tradicionais e a importância de uma relação não alienada com a terra tem sido vista por alguns etnoecologistas como o ponto de vista crítico essencial a partir do qual esse novo campo deve se desenvolver. Como Hunn recentemente argumentou em "O valor da subsistência para o futuro do mundo", Marx "valorizou a unidade orgânica de uma comunidade de seres humanos ligados a sua terra pelo próprio trabalho, com o qual eles produziam seus meios de vida e, ao fazê-lo, reproduziam sua comunidade" (Hunn, em Nazarea, 1999, p. 23-36). Para Marx, uma parte crucial de sua concepção materialista da história – ligada, nesse sentido, com sua concepção materialista da natureza, ou seja, com suas bases na história natural – foi sempre como a alienação da terra se desenvolveu em relação à alienação do trabalho – um problema que hoje é tratado pela etnoecologia radical (e, de forma mais geral, pela ecologia cultural materialista). O problema mais importante a ser enfrentado pela sociedade de produtores associados, Marx enfatizava repetidamente em seu trabalho, seria lidar com o problema da relação metabólica entre seres humanos e a natureza, sob as condições industriais mais avançadas que prevaleceriam na esteira da crise revolucionária final da sociedade capitalista. Para esse fim, era claramente necessário aprender mais sobre a relação humana com a natureza e subsistência, por meio do desenvolvimento das formas de propriedade, ao longo do grande período do tempo etnológico. Marx foi, portanto, levado de volta pelos preceitos materialistas de sua análise a uma consideração sobre as origens da sociedade humana e da relação humana com a natureza – como meio de conceber o potencial para uma transcendência mais completa de uma existência alienada.

Em 1882, o ano anterior à morte de Marx, Marx e Engels levantaram a questão no "Prefácio da segunda edição russa do *Manifesto do partido Comunista*", sobre se a arcaica comuna russa poderia prover as bases para uma revolução proletária, enraizada na propriedade comunal da terra, que "serviria como o ponto de partida para um desenvolvimento comunista". O que estava em questão, eles enfatizaram, era a existência não simplesmente de formas sociais comunais, mas de uma relação não alienada com a natureza que se contrastaria profundamente com o sistema de "fazendas gigantes" da América capitalista. A questão do desenvolvimento material da sociedade estava, portanto, ligada ao desenvolvimento material da relação humana com a natureza – em ambos os casos, a história não era simplesmente linear, mas seguia um padrão complexo, contraditório e dialético. Nesse desenvolvimento complexo e contraditório está todo o potencial para a transformação revolucionária (Marx; Engels, em Shanin, 1983, p. 138-139).

Um jovem darwinista e Karl Marx

O interesse de Marx por questões de etnologia nos últimos anos de sua vida pode ajudar a explicar o mistério de sua amizade próxima nesses últimos anos com o jovem darwinista E. Ray Lankester (1847-1929), já um proeminente biólogo evolucionista e membro da Sociedade Real, que mais tarde se tornaria um dos mais celebrados cientistas britânicos de seu tempo – trabalhando como diretor do Museu Britânico (História Natural) de 1898 a 1907, no apogeu de seu campo de atuação. Lankester conhecia Darwin, Huxley e Hooker intimamente desde a infância e havia se encontrado com Lyell, Haeckel e Tyndall. Ele se espelhava em Huxley, que o via como seu protegido. Embora, acima de tudo, um cientista, Lankester era uma espécie de não conformista politicamente, se revelando um aristocrata intelectual com simpatias progressistas durante a parte mais ativa de sua vida (se tornando mais conservador na velhice). Portanto, Lankester exibiu, por vezes, simpatias socialistas e contava com numerosos radicais entre seus amigos (incluindo, em sua juventude, Marx e mais tarde H. G. Wells e J. B. S. Haldane; ele também conhecia e admirava William Morris). Fluente em alemão, ele leu *O Capital* de Marx em 1880 com entusiasmo, observando, em uma carta à Marx, que ele estava absorvendo "seu grande trabalho sobre o capital [...] com o maior prazer e proveito". Décadas mais tarde, após o desastre do *Titanic*, Lankester escreveu ao *Times* que as associações empresariais eram "necessariamente, por sua natureza, desprovidas de consciência" e eram mecanismos impessoais "dirigidos por leis da oferta e da demanda". Nas notas de suas influentes palestras de 1905 sobre "A natureza e o homem", ele declarou que "o capitalista quer trabalho barato, e ele preferia ver o povo inglês pobre e disposto a trabalhar para ele, do que em melhor situação". Ele saudou a revolução de fevereiro de 1917 na Rússia com entusiasmo – embora a revolução de outubro que seguiu o tenha deixado aturdido. Por fim, como seu amigo Wells, ele se tornou muito antibolchevique. Como um aristocrata intelectual, Lankester era frequentemente elitista, até mesmo conservador, em suas opiniões, particularmente no domínio cultural. Nas palavras de seu biógrafo, "ele não acreditava que as mulheres deveriam ter o direito de votar e, de fato, pensava que quanto menos pessoas pudessem votar, melhor". Ainda assim, o compromisso mais geral de Lankester com um "humanismo militante" é evidente ao longo dos seus escritos publicados (Lester, 1995, p. 10-11, 51-52, 183-192; Lankester, 1909, p. 117-123).

Como cientista, Lankester era um materialista convicto, um darwinista e um oponente da religião e da superstição. Como Marx em seus últimos anos, ele estava particularmente interessado nos primeiros desenvolvimentos etnológicos dos seres humanos. Em sua juventude, ele visitou Boucher de Perthes, o pioneiro francês no campo da pré-história. Lankester, portanto, foi impactado desde cedo pela revolução no tempo etnológico, um interesse que persistiria ao longo de toda a sua carreira. Seu *Reino do homem* (1907) buscou estender as estimativas da antiguidade humana, baseado na descoberta do que se acreditava ser ferramentas extremamente primitivas da idade da pedra (ou eólitos). O materialismo e o darwinismo de Lankester o colocavam frequentemente em conflito não somente com a religião, mas também com outros cientistas, notavelmente William Thomson (Lorde Kelvin) e Alfred Russel Wallace. Lankester se opôs ao recurso de Thomson ao vitalismo em sua discussão sobre a vida. Mais importante, ele foi um dos primeiros cientistas darwinistas a apontar que a descoberta da radioatividade derrubava a estimativa de Thomson sobre a idade da Terra – um fato que Lankester enfatizou em seu discurso presidencial à Associação Britânica para o Progresso da Ciência em 1906. Lankester criticou Alfred Russel Wallace por recorrer a explicações "metafísicas" para a evolução do cérebro humano, argumentando que esses desenvolvimentos poderiam ser explicados em termos materialistas (um argumento que se assemelhava ao de Engels nos manuscritos d'*A dialética da natureza*) (Lester, 1995, p. 89, 173, 179-181; Lankester, 1912, p. 9-13, 34-37, 45).[22]

Entre os cientistas de seus dias, Lankester era notável por seus protestos contra a degradação ecológica humana da terra. Em seu popular ensaio "A eliminação da natureza pelo homem" ele escreveu uma das críticas ecológicas mais poderosas de seu (ou de qualquer) tempo, apontando para "uma vasta destruição e desfiguração do mundo vivo pelo procedimento imprudente incalculável tanto do homem selvagem quanto do homem civilizado". Lankester estava particularmente preocupado com a extinção de espécies e a relação disso com a destruição dos habitats:

> O mais repulsivo dos resultados destrutivos da expansão humana é o envenenamento dos rios e a consequente extinção dos peixes neles, e de quase todos os seres vivos, salvo o mofo e a bactéria putrefativa. No Tâmisa, logo se completará cem anos desde que o homem, por seus procedimentos imundos, baniu o glorioso salmão e assassinou as inocentes enguias. Mesmo em seu momento mais asqueroso, no entanto, a lama do Tâmisa era vermelho-sangue (de verdade 'vermelho-sangue', já que a cor era devida aos mesmos cristais de sangue que colorem nosso próprio sangue) com enxames de um delicado pequeno verme como a minhoca, que tem um poder excepcional de viver em águas sujas e de se nutrir a partir de lama pútrida. Em córregos menores, especialmente nos distritos mineiros e fabris da Inglaterra, o homem cada vez mais dinheirista converteu as mais belas coisas da natureza – riachos de trutas – em esgotos químicos

---

[22] O materialismo de Lankester também o levou a antecipar em alguns aspectos a teoria de Oparin e Haldane sobre a origem da vida. Ver Lester (1995, p. 90-91).

JOHN BELLAMY FOSTER

corrosivos absolutamente mortos. A visão de uma dessas imundas calhas negras atingidas pela morte causa estremecimento à medida que a imagem se constrói na mente de um mundo em que todos os rios e águas da costa marítima serão dedicados a uma esterilidade acre e os prados e as colinas serão encharcados com nauseantes dejetos químicos. Tal estado de coisas está possivelmente reservado para as futuras gerações de homens! Não é a 'ciência' que será a culpada por esses horrores, mas, caso eles aconteçam, serão devidos à ganância irresponsável e ao simples aumento da humanidade como insetos. (Lankester, 1913, p. 368-369)

Marx conheceu Lankester em 1880 e uma firme amizade parece ter se desenvolvido entre os dois homens durante os três últimos anos da vida de Marx. Não se sabe como Marx e Lankester foram apresentados, mas eles tinham amigos e conhecidos em comum, incluindo o colega de Lankester na Universidade College, o professor de história E. S. Beesly, que por muitos anos foi um amigo próximo à família de Marx. Nós sabemos que Marx pediu a Lankester, em setembro de 1880, ajuda médica à sua esposa, Jenny, que estava morrendo de câncer. Lankester recomendou seu amigo próximo, o médico H. B. Donkin. Este tratou Jenny Marx e, posteriormente, o próprio Marx em suas doenças finais. Lankester subsequentemente se tornou um visitante bastante regular da casa de Marx e tanto Marx quanto sua filha Eleanor foram convidados para visitar Lankester em sua residência. Quando Marx morreu, em 1883, Lankester estava entre o pequeno grupo de enlutados em seu funeral. Uma vez que Marx, durante o período em que conheceu Lankester, estava trabalhando muito em seus *Cadernos etnológicos*, que tratava de questões da antiguidade humana e mergulhava no trabalho de figuras cujos estudos etnológicos se sobrepunham às especulações de Darwin na *Origem do homem* – a saber, Lubbock, Morgan e Maine –, é quase certo de que eles discutiram alguns desses temas, bem como questões mais gerais sobre materialismo e evolução. Marx fez consultas em nome de Lankester sobre se o curto tratado darwinista sobre *Degeneração* escrito por este último havia sido traduzido para o russo. Embora a relação de Marx com Lankester tenha sido vista por muito tempo como um mistério, nada poderia ser mais natural, dado o interesse de Marx de toda uma vida pelo materialismo e pela ciência. Como indicou Stephen Jay Gould, Marx, em seus últimos anos, claramente tinha prazer em fazer amizade com um homem mais jovem de grande potencial, um jovem que Darwin havia visto como a flor de sua geração. Mas a amizade com Lankester também simbolizava o forte compromisso de Marx com a concepção materialista da natureza e sua convicção duradoura de que Darwin (quando desenredado de Malthus) forneceu "a base na história natural para nossa visão" (Lester, 1995, p. 185-187; Gould, 1999).

Em 28 de setembro de 1881, Darwin hospedou, em Down House, Edward Aveling (que mais tarde se tornaria marido em união estável da filha de Marx, Eleanor) e um grupo de livres-pensadores, entre os quais o mais notável era Ludwig Büchner, da Alemanha. Na discussão que seguiu, Darwin admitiu que havia, finalmente, desistido completamente do cristianismo aos 40 anos de idade. Mas ele insistiu que era "agnóstico" na questão sobre Deus e não estava disposto a atacar a religião a partir do ponto de vista da ciência. Na primavera seguinte, em 19 de abril de 1882, Darwin faleceu. Até o final de seus dias, ele permaneceu um materialista consistente em sua abordagem da história natural, mas recusava a se pronunciar sobre religião, adotando o preceito que Stephen Jay Gould chamou de "Magistérios Não Interferentes" ["*Non-Overlapping Magisteria*" (NOMA)], por meio do qual se reconhece que a ciência e a religião operam em esferas essencialmente diferentes, uma material, a outra moral (Desmond e Moore, 1991, p. 657-658; Aveling, s.d., p. 12-13; Gould, 1999). A morte de Darwin foi seguida em menos de um ano pela morte de Marx, em 14 de março de 1883. Em uma carta escrita no dia seguinte à morte de Marx, Engels afirmou que ele tinha o hábito de se referir a uma passagem de Epicuro: "'A morte não é um infortúnio para aquele que morre, mas para aquele que sobrevive', ele costumava dizer, citando Epicuro" (Engels, em Foner, 1983, p. 28). Marx, portanto, se manteve fiel até o fim à doutrina materialista fundamental de Epicuro, como expressado por Lucrécio: *mors immortalis*. Onde Marx se diferenciou dessa filosofia foi em seu chamado para a transformação revolucionária do mundo – da relação material humana com a natureza e a sociedade – que ia além da simples contemplação. "Os filósofos somente *interpretaram* o mundo de várias maneiras; no entanto, o objetivo é *transformá-lo*".

EPÍLOGO

> Conhecemos apenas uma única ciência, a ciência
> da história. A história pode ser considerada de
> dois lados, dividida em história da natureza e
> história dos homens. No entanto, estes dois as-
> pectos não se podem separar; enquanto existirem
> homens, a história da natureza e a história dos
> homens condicionam-se mutuamente.
>
> Marx e Engels (1975)[1]

Em fevereiro de 1937, Nikolai Bukharin (1888-1938), uma das principais figuras da Revolução Russa, a quem Lenin chamou de "o menino
de ouro da revolução", o "favorito de todo o partido" e seu "maior teórico", foi preso por ordens de Stalin e enviado para a prisão de Lubyanka.
Exceto quando levado para a sala de interrogatório, ele ficou confinado
em uma pequena cela iluminada por uma única lâmpada, sozinho por
meses, mas por um tempo dividindo sua cela com um informante. Por
mais de um ano, ele esperou seu julgamento e possível execução, temeroso
pela sobrevivência de sua família. Em março de 1938, ele foi forçado a
um julgamento público, com não somente sua própria vida em jogo, mas
também a de sua família, e a confessar ser um vil inimigo da Revolução.
Dois dias depois ele foi baleado em uma cela de execução secreta. Sua
biografia foi sistematicamente removida da história da Revolução e ele
foi oficialmente lembrado apenas como um inimigo do povo.

---

[1] Essa é uma passagem riscada no manuscrito, não incluída na edição de *Collected Works*.

Bukharin lutou contra o desespero durante seu tempo de terror em Lubyanka escrevendo quatro manuscritos do tamanho de um livro, principalmente durante a noite (os interrogatórios ocupavam seus dias cada vez mais), incluindo um romance autobiográfico (*Como tudo começou*), um livro de poesias (*A transformação do mundo*), um tratado sobre socialismo (*Socialismo e sua cultura*) e um abrangente trabalho filosófico-teórico (*Arabescos filosóficos*). Apenas Stalin e alguns carcereiros sabiam da existência dos quatro manuscritos. Reconhecendo que a execução provavelmente lhe esperava, Bukharin lutou arduamente para preservá-los, enviando cartas a Stalin pedindo que fossem conservados, mesmo que sua própria vida fosse tirada. Ao final, Stalin não queimou os manuscritos, mas os manteve em seu arquivo pessoal, o mais profundo repositório do terror, onde eles foram redescobertos somente no final dos anos 1980, sob o governo de Gorbachev. Sua existência foi revelada pela primeira vez para Stephen Cohen em 1988 por um assessor de Gorbachev. Entretanto, somente em 1992 Cohen conseguiu obter cópias dos manuscritos. Tanto *Como tudo começou* quanto *Arabescos filosóficos* foram publicados logo depois em russo (Cohen, em Bukharin, 1998, p. vii-xxviii).

Bukharin acreditava que *Arabescos Filosóficos* fosse seu trabalho intelectual mais importante e maduro. Nele, o autor procurou reexaminar a filosofia do ponto de vista do materialismo dialético e do desenvolvimento da ciência. Seu objetivo era construir um marxismo mais humanista e filosoficamente avançado, baseado no materialismo prático de Marx, a fim de transcender alguns dos elementos mais grosseiros do materialismo mecânico e, ao mesmo tempo, fornecer uma arma contra o solipsismo, o misticismo e o fascismo. Para Bukharin, como indicou nos *Arabescos Filosóficos*, a base última do materialismo seria encontrada na ecologia, na teoria emanada de V. I. Vernadsky sobre a

> biosfera terrestre, cheia de vida infinitamente variada, desde o menor microrganismo na água, na terra e no ar, até os seres humanos. Muitas pessoas não imaginam a vasta riqueza dessas formas, ou sua participação direta nos processos físicos e químicos da natureza. Os seres humanos são tanto produtos da natureza quanto parte dela; se eles têm uma base biológica quando sua existência social não é levada em consideração (ela não pode ser abolida!); se eles são eles mesmos o ápice da natureza e seus produtos, e se eles vivem na natureza (por mais que estejam sepa-

> rados dela por condições sociais e históricas particulares de vida e pelo assim chamado 'ambiente artístico'), então o que surpreende no fato de que os seres humanos compartilham o ritmo da natureza e seus ciclos? (Bukharin, 2005).[2]

Ainda que cause espanto nos dias de hoje ouvir estas palavras vindas do marxismo dos anos 1930, o caráter profundamente ecológico do trabalho de Bukharin não surpreenderia seus leitores mais informados se os *Arabescos Filosóficos* tivessem sido publicados quando foram escritos, em vez de terem sido mantidos no mais profundo, obscuro e secreto arquivo de Stalin. Entre os principais teóricos marxistas daquele tempo, Bukharin foi o que mais se aproximou da ciência natural. Seu importante trabalho da década de 1920, *Materialismo Histórico* (1921), continha um capítulo sobre "O equilíbrio entre sociedade e natureza", que analisava "o processo material do 'metabolismo' entre sociedade e natureza", que ele via como "a relação fundamental entre ambiente e sistema, entre 'condições externas' e sociedade humana". Aqui, Bukharin construiu sua análise a partir do conceito de Marx sobre a interação metabólica entre a natureza e a sociedade; com o resultado de que Stephen Cohen, cuja histórica biografia de Bukharin teve um papel no degelo político na União Soviética sob Gorbachev, caracterizou a teoria de Bukharin como uma teoria do "materialismo naturalista" (Bukharin, 1925, p. 108; Cohen, 1980, p. 118).

Já em 1931, seis anos antes da sua prisão, Bukharin argumentava que o sujeito humano real, que vive e respira, não era o estenógrafo que fornecia "sinais estenográficos 'convenientes'", como em Wittgenstein e outros "que procuravam o solipsismo", mas sim um ser ativo e transformador que "modificou a face de toda a terra. Vivendo e trabalhando na biosfera, o homem social remoldou radicalmente a superfície do planeta" (Bukharin, em Bukharin *et al.*, 1971, p. 17). O trabalho de V. I. Vernadsky, *A Biosfera* (1926), impressionou Bukharin profundamente, que veio a acreditar que colocar a história humana no contexto mais amplo da biosfera era um elemento essencial para atualizar o materialismo prático de Marx.

---

[2] Citações da tradução em inglês.

Ainda que explicações mecanicistas tenham entrado em sua análise do "equilíbrio" entre natureza e sociedade, ao lado do que parecia, por vezes, ser uma visão "triunfalista" da relação humana com a natureza, Bukharin era bastante ciente da relação complexa e recíproca associada com a coevolução; a possibilidade da degradação ecológica (especialmente, seguindo Marx, com relação ao solo); e a necessidade de evitar um construcionismo social radical que não considerasse as condições natural-físicas da existência. Ainda assim, esse modo de pensar, que pode ser caracterizado como "naturalismo dialético" (para distingui-lo do mecanicismo ou positivismo mais amplo que veio a caracterizar o "materialismo dialético"), em geral pereceu no interior do marxismo com a queda de Bukharin, que foi acompanhada pelo expurgo de alguns dos maiores ecologistas russos. Consequentemente, o destino de Bukharin pode ser considerado como simbólico da grande tragédia que recaiu sobre o pensamento ecológico marxista depois de Marx.

Embora a aparente ausência de pensamento ecológico no marxismo soviético (e na ciência social marxiana ocidental antes dos anos 1970) tenha reforçado por muito tempo a visão de que o legado de Marx nessa área era, no melhor dos casos, muito fraco, tais conclusões ignoram as lutas reais que ocorreram. A história do que aconteceu com a ecologia de Marx nas décadas imediatamente posteriores a sua morte é muito complexa, envolvendo o estágio mais controverso do desenvolvimento da teoria marxista: a tentativa de Engels de desenvolver uma "dialética da natureza", seguida pelo desenvolvimento do "materialismo dialético" em suas várias fases pós-Engels, por fim metamorfoseando na ideologia soviética (bem como seu gêmeo dialético no Ocidente na rejeição de toda conexão com a ciência e a natureza).

Neste breve "Epílogo", somente um esboço rudimentar de alguns desses desenvolvimentos pode ser oferecido. Uma tentativa será feita de entender o que aconteceu com o materialismo de Marx; e como os próprios esforços muito importantes e nunca terminados de Engels de elaborar um materialismo dialético que abrangesse a concepção materialista da natureza foram apropriados (e deturpados) por teóricos posteriores. O papel desempenhado por Morris, Bebel, Kautsky, Luxemburgo, Lenin e Bukharin de manter vivas algumas das noções ecológicas de Marx será examinado. A enorme vitalidade da ecologia russa dos anos 1920 e início dos anos 1930 será considerada, bem como seu rápido declínio sob o stalinismo. Finalmente, será dada atenção aos teóricos marxistas ocidentais dos anos 1930 que mais se aproximaram do desenvolvimento de uma análise que superaria dialeticamente a divisão epistemológica e que apontavam para uma teoria coevolucionista da história humana e natureza, enraizada tanto em Marx quanto em Darwin. Mas aqui também há uma tragédia: a de Christopher Caudwell, que faleceu na Guerra Civil Espanhola, aos 29 anos de idade.

Se um marxismo armado com uma concepção materialista da natureza (e uma dialética da natureza) eventualmente reemergiria no Ocidente nos anos 1970, como será argumentado, foi apenas por meio da ciência natural, onde o legado da concepção materialista da natureza não havia sido extinto.

Naturalismo dialético

A responsabilidade de levar a visão de Marx adiante após sua morte inicialmente recaiu sobre Engels. Foi Engels quem forneceu a conexão mais direta entre marxismo e ciência. Além disso, foi ele quem inicialmente definiu a relação do marxismo com a filosofia, já que os escritos filosóficos mais importantes de Marx, nomeadamente os *Manuscritos econômico-filosóficos*, de 1844, eram desconhecidos até mesmo para Engels. Aqui é importante notar que, embora na referência às contribuições de Engels ao desenvolvimento posterior da teoria marxista tenha se tornado comum nos anos recentes citar principalmente a *Dialética da natureza*, este trabalho não foi publicado *até 1927, após a morte de Lenin*. As concepções iniciais do marxismo na Segunda e na Terceira Internacionais eram, portanto, influenciadas não por aquele trabalho, mas sim por *Anti-Dühring* (1877-1878) e *Ludwig Feuerbach e o fim da filosofia clássica alemã* (1886), de Engels. Engels havia lido todo o *Anti-Dühring* para Marx, que escreveu um capítulo para este livro e claramente aprovou o argumento geral. *Ludwig Feuerbach* foi a tentativa de Engels de explicar as origens do marxismo na crítica ao sistema hegeliano (por meio de Feuerbach), para defender a necessidade de uma concepção materialista da natureza e insistir em uma abordagem dialética ao materialismo, oposta a sua interpretação mecânica. Ainda que seja frequentemente argumentado que esses trabalhos foram manchados pelo positivismo, que premissas mecanicistas estavam embutidas na análise de Engels, um exame cuidadoso revela a medida em que Engels conseguiu transcender as formas mecanicistas de pensamento, baseado em uma crítica dialética e no conhecimento da evolução. Este último era crítico, já que na visão de Engels (assim como na de Marx), foi a concepção de *história* natural que emergiu da análise de Darwin que permitiu compreender a natureza dialeticamente, ou seja, em termos de sua *emergência*. Foi isso que se tornou, em seu pensamento, a chave para a compreensão da relação entre o que ele chamava de "a concepção materialista da natureza" e a concepção materialista da história.

Contudo, o que faltava principalmente na análise de Engels era uma compreensão suficientemente profunda das bases filosóficas da própria concepção materialista da natureza de Marx, uma vez que ela havia emergido por meio da sua confrontação com Epicuro e Hegel. Se Kant havia tratado Epicuro como "o maior filósofo da sensibilidade e Platão, da intelectualidade", Marx, como já vimos, substituiu Platão por Hegel em sua própria antinomia, lutando, portanto, para compreender a relação entre a dialética imanente do maior filósofo materialista e do maior filósofo idealista. A partir dessa investigação crítica e dialética, surgiu a síntese de Marx do materialismo e da dialética, coincidindo com uma síntese similar apresentada por Feuerbach naquele tempo, mas indo além deste (e além de Epicuro), ao deslocar-se de um materialismo puramente contemplativo para um materialismo mais prático. Epicuro, Marx argumentou, foi o primeiro a descobrir a alienação incorporada via religião na concepção humana da natureza. Hegel foi o primeiro a descobrir a alienação do trabalho (mas somente de um modo idealista, como a alienação do pensamento). O objetivo de Marx *dentro da história da filosofia* era simplesmente combinar em uma síntese dialética mais ampla a concepção de alienação dentro da práxis, associada com Hegel, e a concepção materialista da alienação dos seres humanos com relação à natureza, a ser encontrada em Epicuro.

Está claro que, nos últimos anos de sua vida, Engels começou a reconhecer a importância da tese de doutorado de Marx sobre Epicuro, e sua relação com o desenvolvimento de uma dialética materialista. Ele claramente esperava que Alexei Voden, com quem discutia essas questões, levasse a mensagem ao marxista russo Georg Valentinovich Plekhanov (1856-1918), de que era aqui, e não no estudo dos materialistas franceses mecanicistas, que a base para uma abordagem dialética ao materialismo (ou seja, a concepção materialista da natureza) seria encontrada. Plekhanov, que desenvolveu sua própria concepção de materialismo baseado em uma análise crítica do materialismo do Iluminismo francês, e que caiu em diversas armadilhas positivistas, claramente não recebeu a mensagem. Como diria Voden,

> Plekhanov era da opinião de que, quando Engels falava dos materialistas Demócrito e Epicuro, eu deveria ter mudado o rumo da conversa para os 'mais interessantes' materialistas franceses do século XVIII. Eu notei que não poderia abdicar do deleite de ouvir as considerações de Engels sobre o primeiro trabalho filosófico de Marx. (Voden, s.d., p. 333)[3]

Para Engels, como para Marx, as origens do materialismo (suas bases naturais) seriam encontradas *não* nos materialistas franceses do século XVIII, que desenvolveram um materialismo que era "exclusivamente *mecânico*" (Marx; Engels, 1975, v. 25, p. 532), mas na Grécia antiga.

> A perspectiva materialista sobre a natureza significa nada além de simplesmente conceber a natureza assim como ela existe, sem nenhum ingrediente de fora, e como tal ela foi compreendida originalmente entre os filósofos gregos. Mas entre aqueles gregos antigos e nós há mais de dois mil anos de uma perspectiva de mundo essencialmente idealista e, consequentemente, o retorno ao autoevidente é mais difícil do que parece à primeira vista. (Engels, 1941, p. 68)

Essa falha em reconhecer tais raízes filosóficas mais profundas do materialismo, encontradas tanto em Marx quanto em Engels, teve consequências importantes para o pensamento marxista subsequente (após Engels), que com demasiada frequência foi prejudicado por concepções mecanicistas e por uma simples visão de *reflexo* (ou de correspondência) sobre o conhecimento, mesmo quando supostamente enfatizavam

---

[3] Apesar de sua leitura extremamente próxima e ainda fascinante dos materialistas franceses, Plekhanov demonstra praticamente nenhum conhecimento do ramo mais importante do materialismo da Antiguidade, o de Epicuro e de Lucrécio. Ver Plekhanov (1974, v. I, p. 482-494).

perspectivas dialéticas que rejeitavam tanto o mecanicismo quanto o idealismo. Assim, teóricos como Plekhanov produziram algumas das piores formas de positivismo marxista. O materialismo de Lenin (particularmente o Lenin dos *Cadernos filosóficos*) era mais filosoficamente sofisticado, mas ficou preso nas mesmas dificuldades, o que colocava problemas genuínos para o desenvolvimento do materialismo dialético. Nos anos 1920, a influência positivista no interior do marxismo se tornou mais e mais aparente, incitando a revolta de marxistas ocidentais como Lukács, Korsch e Gramsci. Mas se esses pensadores, e a subsequente Escola de Frankfurt, resistiram à invasão do positivismo no marxismo, eles o fizeram, como enfatizou E. P. Thompson, "a um custo muito elevado", abrindo o caminho para "uma epistemologia marxista da moda que se tornou presa em uma prática teórica idealista". Isso representou um "sério retrocesso" – se comparado não somente a Marx e Engels, mas também a uma figura como Caudwell, que ainda integrava em suas análises tanto uma concepção materialista da história quanto uma ênfase realista sobre a base natural-física da existência – enraizada em um entendimento da interconexão necessária entre natureza e sociedade (Thompson, 1994, p. 98).

Engels, como salientamos, foi criticado pelos marxistas ocidentais tanto por ser mecanicista quanto reducionista em seu materialismo e por tentar impor uma filosofia idealista da natureza derivada de Hegel sobre a ciência.[4] Assim, uma possível interpretação é de que Engels se baseou muito fortemente na *Filosofia da natureza* e na *Lógica* de Hegel, sobrepondo uma dialética hegeliana desespiritualizada a uma visão mecânica do universo.[5] A aplicação de Engels de uma noção simplificada da dialética, concebida em termos de três leis gerais, diretamente a fenômenos naturais, parece reforçar essa opinião.

---

[4] Ver a excelente discussão sobre isso em Sheehan (1985, p. 53-64).

[5] Essa foi uma avaliação provisória que eu expus recentemente, mas que agora eu considero muito simplista, como resultado da pesquisa mais extensa empreendida para este livro. Ver Foster (1999, p. 399). Quando eu escrevi aquele artigo, eu ainda aderia a uma versão modificada da proibição lukacsiana contra qualquer "dialética da natureza", atribuindo esta proibição ao próprio Marx. Agora eu vejo a questão da dialética da natureza, mais uma vez, como algo em aberto.

No entanto, tal interpretação da síntese que Engels buscava é insatisfatória por várias razões. Primeiro, devido à extensão de sua crítica à Hegel por seu idealismo e ao materialismo mecânico por seu mecanicismo, e sua clara aderência ao materialismo prático de Marx. Segundo, devido à ênfase muito forte que Engels colocou no Kant da terceira crítica, especificamente a "Crítica do julgamento teleológico", que ele veio a acreditar que fornecia uma base para o entendimento não somente da crítica do pensamento teleológico, mas também como isso poderia ser integrado com o darwinismo. Terceiro, e mais importante, devido a sua clara intenção de desenvolver uma dialética da *emergência*, na qual a teoria da evolução de Darwin tinha papel crucial. Para Engels (como para Marx), uma concepção materialista e dialética da natureza não era somente possível, mas na verdade havia sido fornecida em grande medida para o mundo natural pela *Origem das espécies* de Darwin.

A dificuldade em ler a inacabada *Dialética da natureza* de Engels é que há uma tensão não resolvida dentro dela, refletindo seu estado inacabado, que parece permitir mais de uma interpretação: uma forte dialética da natureza e uma fraca dialética da natureza. Algumas vezes, Engels escreve como se a dialética fosse uma propriedade ontológica da própria natureza; outras vezes, ele parece estar inclinado para uma postulação mais defensiva e crítica de que a dialética, nesse domínio, é um dispositivo heurístico necessário para o raciocínio humano com respeito à natureza. De fato, os dois argumentos podem ser considerados como consistentes. Como escreveu Hegel, "a verdade é o todo". Mas ele imediatamente adicionou que ela só pode ser entendida, portanto, em termos de seu "desenvolvimento" (Hegel, 1967, p. 81). Assim, podemos conhecer a razão (ou o mundo) somente no contexto de sua emergência. O próprio Marx tomou de Epicuro a concepção materialista de que nós percebemos a natureza mediante nossos sentidos somente conforme ela "morre", ou seja, em um processo temporal; como consequência, "o livre movimento da matéria" é parte de nossa cognição, na medida em que nós somos parte da natureza e a percebemos sensivelmente e de acordo com os conceitos que abstraímos dessa percepção sensível. O raciocínio dialético pode, assim, ser visto como um elemento necessário de nossa cognição, surgindo do caráter *emergente e transitório* da realidade tal como a percebemos. "'O movimento livre da matéria'", escreveu Marx, "não é nada além de uma paráfrase para o *método* de lidar com a matéria: ou seja, o *método dialético*" (Marx; Engels, 1975, v. 1, p. 65; Marx, 1934, p. 112). O método dialético, assim, apresenta uma alternativa mais radical ao argumento de Kant, em sua terceira crítica, de que apesar de a teleologia não poder ser defendida em termos da razão pura, seria ainda assim necessário utilizar considerações teleológicas (ou seja, intencionais) para fins heurísticos *com o intuito de descrever a natureza como um todo*. Aqui, o raciocínio dialético, *a lógica da emergência*, tem o mesmo papel heurístico e necessário para nossa cognição que a teleologia tem para Kant. Mas as razões para isso, no caso de Marx e Engels, são elas mesmas *materiais*, enraizadas em uma *ontologia materialista da emergência* – uma que engloba os próprios seres humanos. O mundo material tal como nos é dado, o mundo da aparência objetiva, Marx acreditava, nada mais é do que o "tempo encarnado": *mors immortalis* (Marx; Engels, 1975, v. 1, p. 65; Lucrécio, 1994, p. 88; Marx, 1963, p. 110).

Dado o fato de que uma dialética materialista imanente desse tipo foi concebida por Marx (e também por Engels) como uma alternativa tanto para a teleologia quanto para o mecanicismo, não deveria surpreender que é na sua compreensão evolucionista-ecológica, derivada de Darwin, que Engels fornece a versão mais sofisticada de seu próprio *naturalismo* dialético. Aqui nós vemos seu complexo entendimento sobre evolução, no qual "a teoria darwinista seria demonstrada como a prova prática da explicação de Hegel sobre a conexão interior entre necessidade e acaso". Assim, Engels argumentou,

> *linhas rígidas e inalteráveis* são incompatíveis com a teoria da evolução. Mesmo a fronteira entre vertebrados e invertebrados não é mais rígida, assim como é pequena aquela entre peixes e anfíbios, enquanto aquela entre aves e répteis diminui mais e mais a cada dia. A dialética que, da mesma forma, não conhece *linhas rígidas e inalteráveis* nem oposições incondicionais e universalmente válidas, que conecta as diferenças metafísicas fixas e que, para além 'deste ou daquele', também reconhece 'tanto isto quanto aquilo' no lugar certo e reconcilia os opostos, é o único método de pensamento apropriado no mais alto grau desse estágio [de desenvolvimento da ciência]. (Marx; Engels, 1975, v. 25, p. 492-493, 582)

Em seu plano para a *Dialética da natureza*, Engels havia indicado que a discussão sobre os "limites do conhecimento" com relação à biologia começaria com o cientista alemão (eletrofisiologista) Emil Du Bois--Reymond (1818-1896), que argumentou nos anos 1870 e 1880 que a teoria evolucionária poderia fornecer a resposta para "a origem da vida" – um mistério universal que não era "transcendente", mas sim "solúvel" – precisamente porque a relação da vida com a matéria é uma relação de emergência. Nesse respeito, Du Bois-Reymond estava seguindo uma tradição que remontava a Epicuro (e até mais anteriormente – à Empédocles e Demócrito). Na visão de Engels, isso era uma parte essencial da dialética materialista imanente (Marx; Engels, 1975, v. 25, p. 314; Hall, 1969, v. 2, p. 279). A filosofia da emergência, ademais, era aplicável para além da mera evolução orgânica, ao domínio também da inorgânica – para a cosmogonia e cosmologia. "A posição de Engels", Ted Benton escreveu (em sua avaliação mais madura da ecologia de Engels), "pode ser vista como uma primeira aproximação a uma visão de propriedades emergentes por consequência de níveis sucessivos de organização da matéria em movimento" (Benton, 1996, p. 88).[6]

Tal visão dialética, focando na emergência, Engels argumentou, era oposta ao "determinismo", que ele associava aos materialistas franceses, que buscaram "descartar o acaso ao negá-lo completamente". Ao contrário, a necessidade, como ensinava Hegel (e como Marx também descobriu em Epicuro), estava baseada no acaso (ou contingência). Para Engels,

> Darwin, em sua obra que marcou uma nova era partiu da mais ampla base existente do acaso. Precisamente as diferenças acidentais e infinitas entre os indivíduos dentro de uma única espécie, diferenças que se tornam acentuadas até que rompam o caráter da espécie, e cujas causas imediatas somente podem ser demonstradas em pouquíssimos casos (o material sobre as ocorrências ao acaso acumulados entrementes suprimiu e destruiu a velha ideia de necessidade), forçou-o a questionar as bases prévias de toda a regularidade na biologia, em outras palavras, o conceito de espécie em sua rigidez metafísica prévia e imutabilidade. Entretanto, sem o conceito de espécie, toda a ciência seria nada. Todos os seus ramos necessitavam

---

[6] Nesse ensaio, Benton muda um tanto radicalmente em relação às suas primeiras análises da ecologia de Engels (e, por implicação, da ecologia de Marx). Engels não é mais caracterizado como um estreito pensador "prometeico", mas como um realista dialético, profundamente consciente dos limites ecológicos.

do conceito de espécie como base: a anatomia humana e a anatomia comparativa – embriologia, zoologia, paleontologia, botânica etc., o que seriam delas sem o conceito de espécie? Todos os seus resultados seriam não apenas questionados, mas diretamente descartados. O acaso derruba a necessidade, como concebida até agora. A ideia anterior de necessidade se quebra. Mantê-la significa impor ditatorialmente sobre a natureza como lei uma determinação arbitrária humana que está em contradição com ela mesma e com a realidade, significa negar, assim, todas as necessidades internas na natureza viva. (Marx; Engels, 1975, v. 25, p. 499-501)

O fato de que Darwin partiu do acaso de modo algum minimizava o fato de que a evolução gerava uma necessidade compatível com o desenvolvimento emergente. "Cada avanço na evolução orgânica", Engels escreveu, "é ao mesmo tempo uma regressão, fixando a evolução *unilateral* e excluindo a possibilidade de evolução em muitas outras direções". Este desenvolvimento evolucionário, Engels insistia, necessitava ser visto tanto do ponto de vista do "funcionamento co-operativo harmônico da natureza orgânica", tal como nas teorias da troca metabólica, quanto em termos da luta pela existência na natureza (Marx; Engels, 1975, v. 25, p. 583-585). Foram esses dois elementos, considerados conjuntamente, que, como entendia Marx, criaram a possibilidade de "rupturas" na natureza, particularmente com o crescimento da ecologia humana.

É esse naturalismo complexo e dialético, no qual a natureza era vista como "a prova da dialética", que explica a brilhante variedade de ideias ecológicas que permeiam o pensamento tardio de Engels (Marx; Engels, 1975, v. 25, p. 23). A revolução darwinista e a descoberta da pré-história, ele argumentava, tornaram possível, pela primeira vez, uma análise da

pré-história da mente humana [...] seguindo seus vários estágios de evolução, desde o protoplasma simples e sem estrutura, ainda que responsivo aos estímulos, dos organismos inferiores até o cérebro humano pensante. Sem essa pré-história [...], a existência do cérebro humano pensante continuaria um mistério. (Engels, 1941, p. 67)

A compreensão da evolução dos seres humanos a partir de seus ancestrais primatas poderia ser explicada como oriunda do trabalho, ou seja, das condições da subsistência humana e de suas transformações por meio da fabricação de ferramentas, simplesmente porque era nesse nível que os seres humanos interagiam com a natureza, como seres ativos, materiais e reais que precisam comer, respirar e lutar pela sobrevivência. Desse modo,

Engels desenvolveu sua teoria distintiva de coevolução gene-cultura, por meio da qual o desenvolvimento da espécie humana na pré-história – da postura ereta, mão humana e, finalmente, cérebro humano – poderia ser visto como derivando dialeticamente do processo material do trabalho, pelo qual os seres humanos satisfaziam suas necessidades de subsistência ao transformar sua relação com a natureza mediante a fabricação de ferramentas e da produção.

A partir do momento em que os seres humanos começaram a *produzir*, a história humana começa, se diferenciando da história dos animais – ainda que aqui também não haja distinções rígidas e rápidas. Os animais também se relacionam com o mundo natural de um modo coevolucionário, alterando seus ambientes, bem como sendo afetados por ele.

> Vimos como as cabras impediram a regeneração das florestas na Grécia; na ilha de Santa Helena, as cabras e os porcos levados pelos primeiros que ali chegaram obtiveram sucesso em exterminar a velha vegetação quase que completamente e, assim, prepararam o terreno para as plantas levadas por navegantes e colonos posteriores. Mas os animais exercem um efeito duradouro em seu ambiente involuntariamente e, no que diz respeito aos próprios animais, acidentalmente. (Marx; Engels, 1975, v. 25, p. 459)

Embora os animais possam, em alguns casos, planejar respostas ao seu ambiente, "todas as ações planejadas de todos os animais nunca tiveram sucesso em deixar a marca de sua vontade sobre a terra. Isso foi deixado para o homem" (Marx; Engels, 1975, v. 25, p. 460).[7]

Mas a capacidade humana de deixar sua marca na natureza é limitada pela contínua dependência que os seres humanos têm do sistema natural do qual a humanidade é parte. Consequentemente, a história humana, segundo Engels, continuamente se depara com problemas ecológicos que representam contradições na relação humana com a natureza; contradições que só podem ser abordadas ao se relacionar racionalmente com

---

[7] O argumento de Engels enfatiza deliberadamente a semelhança, mesmo nas faculdades mentais, estendendo até mesmo ao poder de raciocinar, entre seres humanos e animais, enquanto foca na mudança qualitativa que surge da organização social do trabalho especificamente humana (que teve o papel central na evolução humana). Essa perspectiva não antropocêntrica que atribuía emoções e razão aos animais era extremamente impopular no final do século XIX – tais visões eram frequentemente criticadas como antropomorfizações. Ainda assim, esse era o ponto de vista geral adotado por Darwin também. Ver Darwin (1998).

a natureza por meio da compreensão das leis da natureza e, portanto, organizando adequadamente a produção:

> Não nos adulemos demasiadamente, entretanto, por causa de nossas vitórias humanas sobre a natureza. Para cada vitória a natureza tem sua revanche sobre nós. Cada vitória, é verdade, em primeiro lugar traz os resultados que esperamos, mas em segundo e terceiro lugares tem efeitos um tanto diferentes e inesperados que, muito frequentemente, anulam o primeiro. As pessoas que na Mesopotâmia, Grécia, Ásia Menor e outros lugares destruíram as florestas para obter terras cultiváveis nunca sonharam que, ao remover junto com as florestas os centros de coleta e reserva de umidade, eles estariam preparando as bases para o presente estado de desamparo daqueles países. Quando os italianos dos Alpes esgotaram as florestas de pinheiros nas encostas ao sul, tão cuidadosamente estimadas nas encostas ao norte, eles não tinham a menor suspeita de que, ao fazê-lo, estavam cortando as raízes da indústria de laticínios de sua região; eles tinham ainda menos suspeita de que estavam, desse modo, despojando suas fontes de água provindas das montanhas na maior parte do ano e possibilitando que elas derramassem torrentes ainda mais furiosas sobre as planícies durante a estação chuvosa. [...] Assim, a cada passo, somos lembrados de que de nenhuma forma nós controlamos a natureza como um conquistador sobre um povo estrangeiro, como alguém estranho à natureza – mas que nós, com carne, sangue e cérebro, pertencemos à natureza e existimos em meio a ela, e que todo o nosso domínio sobre ela consiste no fato de que temos a vantagem sobre todas as outras criaturas de sermos capazes de aprender suas leis e aplicá-las corretamente. (Marx; Engels, 1975, v. 25, p. 460-461)[8]

Marxismo e ecologia depois de Engels

Afirma-se com frequência que o marxismo após Marx e Engels contribuiu muito pouco para a análise ecológica, ao menos antes dos anos 1970, e que qualquer legado deixado pelos fundadores do materialismo histórico nessa área não teve nenhuma influência nas próximas gerações de teóricos marxistas. Entretanto, a verdade é que a crítica ecológica de Marx, ao lado da de Engels, era razoavelmente bem conhecida (ainda que suas bases filosóficas fossem mais obscuras) e tiveram um impacto direto no marxismo nas décadas imediatamente posteriores a sua morte. Foi descartado somente mais tarde, particularmente na União Soviética de Stalin,

---

[8] Em sua avaliação madura de "Engels e a política da natureza", Ted Benton admite que essa afirmação de Engels contradiz o "prometeísmo não qualificado por vezes atribuído a Marx e Engels" (Benton, 1996, p. 77-78, 92).

à medida que a expansão da produção em nome da produção se tornou o objetivo primordial da sociedade soviética. Isso pode ser compreendido em termos de dois temas principais que derivam da crítica ecológica de Marx (e de Engels): o conceito de desenvolvimento sustentável, associado com Liebig; e a análise coevolucionária que emanou de Darwin.

Mesmo quando Engels ainda era vivo, a conexão próxima entre a visão de Marx sobre o comunismo e a sustentabilidade ecológica já era evidente nas concepções marxistas utópicas de William Morris. Morris leu *O capital* pela primeira vez em 1883, ano da morte de Marx, e, ao mesmo tempo, se declarou como socialista abertamente. Em adição ao argumento de Morris sobre a dispersão populacional a fim de transcender o antagonismo entre cidade e campo e sua defesa da vida selvagem (ver Capítulo VI), ele seria lembrado (na análise ambiental) por sua ênfase na produção somente para arte ou uso – não para o lucro.[9]

Morris estava alarmado com a poluição nas cidades e com o ambiente tóxico no qual os trabalhadores industriais eram obrigados a trabalhar. Como ele escreveu no *Commonweal*, em 1886:

> Um caso de envenenamento por chumbo branco relatado na imprensa essa semana merece um pouco de atenção dos trabalhadores em geral. Se tirarmos a verborragia, equivale a dizer que um homem foi assassinado ao ser obrigado a trabalhar em um ambiente que abundava de chumbo branco e que nenhuma precaução foi tomada para evitar sua rápida morte. Um xelim extra por semana era a soma generosa que o pobre homem assassinado ganhou como compensação por ser morto. É um tanto impossível que os empregadores do homem não soubessem o risco que ele corria de uma morte mais rápida e a certeza do seu envenenamento mais cedo ou mais tarde, e ainda assim tudo o que o Júri ousou dizer sobre o assunto foi 'expressar uma esperança de que o sr. Lakeman (o supervisor fabril) fosse capaz de fazer representações ao Ministério de Interior com referência ao caso, para mostrar a necessidade de se tomar alguma precaução extra para as pessoas trabalhando nas fábricas de cimento'. Mais ainda, este é apenas um exemplo exagerado do modo com que se brinca com as vidas das pessoas trabalhadoras. Nas condições atuais, quase todo o trabalho imposto pela civilização às 'classes inferiores' é insalubre; isto é, a vida das pessoas é encurtada por ele; e, no entanto, porque não vemos as gargantas das pessoas cortadas diante de nossos olhos, não prestamos atenção a isso. (Morris, 1886, p. 122)

---

[9] Para uma discussão do argumento de Morris sobre a produção para o uso *versus* a produção para o lucro, ver Foster (1994, p. 67-68).

Em "Como deve ser uma fábrica", Morris imagina um socialismo no qual as fábricas seriam dispostas em meio a jardins, cultivados pelo trabalho voluntário dos trabalhadores:

> Ouço um antissocialista dizer que é impossível. Meu amigo, por favor, se lembre que a maioria das fábricas, atualmente, mantém grandes e bonitos jardins; e, não raramente, parques e bosques de muitos acres de extensão; com a devida adição de jardineiros profissionais escoceses muito bem pagos, guarda parques, administradores, guardas de caça e afins, tudo isso gerido da forma mais esbanjadora que se possa conceber; *com exceção que os ditos jardins etc., estão, digamos, a 20 milhas de distância da fábrica, fora da fumaça,* e são guardados por *somente um membro da fábrica,* o sócio comandatário que pode, de fato, dobrar a sua parte ao organizar o trabalho (para o seu próprio lucro), caso em que receberá um pagamento adicional absurdamente desproporcional. (Morris, 1934, p. 647)

Tal fábrica do futuro, sugeriu Morris, "não deve produzir nenhum lixo sórdido, sujar nenhuma água, nem envenenar o ar com fumaça. Não preciso dizer nada mais nesse ponto, uma vez que, com o 'lucro' desassociado, seria suficientemente fácil" (Morris, 1934, p. 648).

A Liga Socialista, que Morris ajudou a fundar ao lado de Eleanor Marx, e que era o foco de suas atividades nesse aspecto, teve, entretanto, vida curta e seria soterrada por variedades mais mecanicistas, reformistas e não ecológicas do socialismo britânico.

Não era somente um marxista utópico como Morris que se basearia nos componentes ecológicos do pensamento de Marx (como a necessidade de transcender as contradições entre valor de uso e valor de troca, entre cidade e campo), mas também a linha principal da tradição marxista, representada por pensadores como Bebel, Kautsky, Lenin, Luxemburgo e Bukharin.

Publicado pela primeira vez em 1879 e republicado em uma edição melhorada em 1884, a obra de August Bebel *A mulher sob o socialismo* (mais tarde intitulado *A mulher no passado, presente e futuro*) foi um dos mais importantes trabalhos iniciais da social-democracia e marxismo alemães. De fato, Bebel (1840-1913), que foi próximo de Marx e Engels, foi também um dos *fundadores políticos* da social-democracia alemã. O livro de Bebel, *A mulher,* como era chamado, foi seu trabalho teórico mais influente. Era conhecido principalmente por sua discussão crítica sobre a exploração das mulheres e a centralidade da emancipação das mulheres para o futuro do socialismo. A discussão de Bebel sobre as perspectivas para a criação do socialismo, entretanto, incorporou aspectos da análise de Marx sobre a crise ecológica do solo na sociedade capitalista e a necessidade de remediar isso na reorganização racional da produção sob o socialismo. Ao mesmo tempo ele escreveu uma crítica extensa da teoria malthusiana da superpopulação. Assim, seu trabalho continha elementos ecológicos importantes:

> Diz-se que o louco sacrifício da floresta em nome do lucro seja a causa da visível deterioração do clima e da diminuição da fertilidade do solo nas províncias da Prússia e Pomerânia, na Síria, Itália, França e Espanha. Inundações frequentes são a consequência da remoção de grandes terrenos de árvores. As inundações do Reno e do Vístula são principalmente atribuídas à devastação de áreas florestais na Suíça e na Polônia.

Baseando-se na análise de Liebig (e de Marx) sobre a necessidade de restaurar os nutrientes retirados do solo, Bebel escreveu que:

> O adubo é exatamente o mesmo para a terra como o alimento é para o homem, e todo tipo de adubo está tão longe de ter o mesmo valor para a terra como todo tipo de alimento está de ser igualmente nutritivo para o homem. O solo deve receber exatamente os mesmos ingredientes químicos que foram extraídos dele pelas culturas anteriores e deve receber especialmente os ingredientes químicos que a cultura a ser plantada em seguida exige. [...] Os rejeitos e excrementos animais e humanos contêm principalmente os ingredientes químicos mais apropriados para a reconstrução do alimento humano. Por conseguinte, é desejável obter este adubo na maior quantidade possível. Essa regra está sendo constantemente transgredida nos dias atuais, especialmente nas grandes cidades, que recebem enormes quantidades de comida, mas só restauram uma pequena porção dos valiosos rejeitos e excrementos para a terra. A consequência é que todas as fazendas distantes das cidades para as quais enviam anualmente a maior parte de sua produção sofrem consideravelmente com a falta de adubo; aquele obtido a partir dos habitantes humanos e do gado da fazenda é insuficiente, porque eles consomem apenas uma pequena porção das culturas e segue-se um sistema ruinoso de cultivo, pelo qual o solo é empobrecido, as colheitas diminuem e o preço do alimento é elevado. Todos os países que exportam principalmente produtos do solo, mas em troca não recebem materiais para adubação, estão sendo gradativa, mas inevitavelmente arruinados, a Hungria, a Rússia, os principados do Danúbio e a América. É verdade que o adubo artificial, especialmente o guano, substitui o dos homens e do gado, mas poucos agricultores conseguem comprá-lo em quantidades suficientes por causa de seu preço e, em todo caso, importar adubo de uma distância de muitos milhares de quilômetros, enquanto aquele que se tem à mão é desperdiçado, é uma inversão da ordem natural das coisas. (Bebel, 1988, p. 204, 207-208)

O trabalho de referência de Karl Kautsky, *A questão agrária* (1899), desenvolveu esses temas mais sistematicamente. A obra incluía uma seção sobre "A exploração do campo pela cidade", na qual ele argumenta que o fluxo líquido de valor do campo para a cidade

> corresponde a uma constantemente crescente perda de nutrientes na forma de milho, carne, leite e assim por diante, os quais o agricultor tem de vender para pagar impostos, juros de dívida e arrendamento. Embora tal fluxo não signifique uma exploração da agricultura em temos da lei do valor [do capitalismo], ainda assim leva à sua exploração material, ao empobrecimento da terra com relação aos seus nutrientes.

Argumentando em um tempo em que a indústria de fertilizantes havia avançado para além daquela dos dias de Marx, Kautsky apresentou uma crítica do uso rotineiro de fertilizantes que resultou da ruptura metabólica:

> Fertilizantes suplementares [...] permitem que a redução da fertilidade do solo seja evitada, mas a necessidade de seu uso em quantidades cada vez maiores simplesmente adiciona um fardo a mais para a agricultura – não aquele inevitável imposto pela natureza, mas o resultado direto da organização social vigente. Ao superar a antítese entre cidade e campo [...] os materiais removidos do solo seriam capazes de retornar integralmente. Fertilizantes suplementares teriam então, no máximo, a tarefa de enriquecer o solo, não de protelar o seu empobrecimento. Avanços no cultivo significariam um aumento na quantidade de nutrientes solúveis no solo sem a necessidade de adicionar fertilizantes artificiais. (Kautsky, 1998, v. 2, p. 214-215)

Seguindo a linha geral do argumento de Marx, Kautsky argumentou que

> o crescimento das cidades e a expansão da indústria, que exaure cada vez mais o solo e impõe fardos para agricultura na forma dos fertilizantes necessários para combater esta exaustão, não se resigna a tal resultado. Também rouba da agricultura sua *força de trabalho* [por meio do] despovoamento do campo. (Kautsky, 1998, v. 2, p. 217)

Kautsky seguiu discutindo sobre o uso crescente dos pesticidas, atribuindo o crescimento das pestes à matança de aves que se alimentam de insetos devido à expansão do cultivo, à substituição da seleção natural pela seleção artificial no crescimento das plantas (tendendo a reduzir a resistência a doenças e pestes) e às características das "operações modernas de larga escala" – por meio das quais na silvicultura, por exemplo, a destruição de florestas é estimulada pela "eliminação de árvores decíduas de crescimento lento por coníferas de rápido crescimento e de exploração mais rápida". Consequentemente, "os custos dos fertilizantes são somados aos dos pesticidas" (Kautsky, 1998, v. 2, p. 216-217).

Preocupações relacionadas foram expressas no trabalho de Lenin. Em *A questão agrária e a "crítica de Marx"* (1901), ele escreveu que

> a possibilidade de substituir a adubação artificial pela natural e o fato de isso já estar sendo feito (*parcialmente*) não refuta de modo algum a irracionalidade de desperdiçar fertilizantes naturais e, portanto, poluir os rios e o ar nos distritos suburbanos e fabris. Mesmo no tempo presente há estações de tratamento de esgoto vizinhas às grandes cidades que usam os rejeitos da cidade com enorme benefício para a agricultura; mas nesse sistema somente uma parte infinitesimal do rejeito é usada. (Lenin, 1961, v. 5, p. 155-156)

Na prisão, em maio de 1917, Rosa Luxemburgo também demonstrou sua preocupação nessa área. Ela escreveu para sua amiga, Sonia Liebknecht, que ela estava estudando "ciência natural":

> geografia das plantas e animais. Somente ontem eu li porque os rouxinóis estão desaparecendo da Alemanha. A silvicultura, horticultura e a agricultura cada vez mais sistemáticas estão, passo a passo, destruindo todos os ninhos naturais e áreas para reprodução: árvores ocas, pousios, áreas de arbustos, folhas secas nos solos dos jardins. Me doeu muito quando eu li aquilo. Não por causa da canção que eles cantam para as pessoas, mas foi a imagem da extinção silenciosa e irreversível dessas pequenas criaturas indefesas que me machucou ao ponto de me fazer chorar. Me lembrou um livro russo que eu li ainda em Zurique, um livro escrito pelo professor Sieber sobre a devastação dos peles vermelhas na América do Norte. Exatamente da mesma maneira, passo a passo, eles foram expulsos de suas terras pelos homens civilizados e abandonados para perecer cruel e silenciosamente. (Luxemburgo, 1993, p. 202-203)[10]

Foi Bukharin, entre os primeiros seguidores de Marx e Engels, no entanto, que iria mais longe em aplicar o conceito de Marx da interação metabólica entre os seres humanos e a natureza – ao menos em um nível geral. Bukharin escreveu em *Materialismo histórico*:

> O processo material do 'metabolismo' entre sociedade e a natureza é a relação fundamental entre o ambiente e o sistema, entre as 'condições externas' e a sociedade humana. [...] O metabolismo entre o homem e a natureza consiste, como vimos, na transferência de energia material da natureza externa para a sociedade. [...] Assim, a inter-relação entre a sociedade e a

---

[10] (Luxemburgo para Sonia Liebknecht, 2 de maio de 1917).

> natureza é um processo de reprodução social. Nesse processo, a sociedade aplica sua energia de trabalho humana e obtém uma certa quantidade de energia da natureza ('material da natureza' nas palavras de Marx). O *balanço* entre os gastos e os ganhos aqui é, obviamente, o elemento decisivo para o crescimento da sociedade. Se o que é obtido excede a perda pelo trabalho, obviamente haverá consequências importantes para a sociedade, que varia com a quantidade desse excesso. (Bukharin, 1925, p. 108-112)

A tecnologia era, para Bukharin, a principal força mediadora nessa troca metabólica. O metabolismo social com a natureza era, portanto, um "equilíbrio instável", que poderia ser tanto progressivo quanto regressivo de um ponto de vista social. "A produtividade do trabalho", ele escreveu, "é uma medida precisa do 'balanço' entre sociedade e natureza". Um aumento na produtividade social derivando dessa relação era visto como um desenvolvimento progressivo; por outro lado, uma diminuição na produtividade social devido a uma relação metabólica mal adaptada – aqui Bukharin citou "a exaustão do solo" como uma possível causa de tal diminuição – significava que a relação era regressiva. Tal declínio, ele argumentava, poderia levar a sociedade à "barbarização" (Bukharin, 1925, p. 77, 111-113).

Todo "o processo de produção social", ele insistiu, "é uma adaptação da sociedade humana à natureza externa". Consequentemente, "nada poderia ser mais incorreto do que considerar a natureza do ponto de vista teleológico: o homem, o senhor da criação, com a natureza criada para seu uso, e todas as coisas adaptadas às necessidades humanas". Ao contrário, os seres humanos estavam engajados em uma luta constante e ativa para se adaptarem.

> O homem, como uma forma animal, bem como a sociedade humana, são produtos da natureza, parte deste grande e infinito todo. O homem nunca pode escapar da natureza, e mesmo quando ele 'controla' a natureza, ele está simplesmente fazendo uso das leis da *natureza* para seus próprios fins. (Bukharin, 1925, p. 104, 111)

"Nenhum sistema", incluindo aquele da sociedade humana, ressaltou Bukharin, "pode existir no espaço vazio; é envolto por um 'ambiente' do qual todas as suas condições, em última instância, dependem. Se a sociedade humana não está adaptada ao seu ambiente, não está destinada a este mundo". Certamente, a relação humana com a natureza é menos direta do que a das outras espécies, uma vez que é mediada pela sociedade, e a sociedade é o ambiente humano imediato. Mas a sociedade tem a natureza como o seu ambiente: "Para a árvore na floresta", nas palavras do próprio Bukharin, "o ambiente significa todas as outras árvores, o riacho, a terra, as samambaias, a grama, os arbustos, junto com todas as suas propriedades. O ambiente do homem é a sociedade, no meio da qual ele vive; o ambiente da sociedade humana é a natureza externa" (Bukharin, 1925, p. 75, 89). De fato, os seres humanos, como enfatizado por Bukharin em 1931, na conferência de Londres sobre a história da ciência, e novamente em 1937, nos *Arabescos filosóficos*, precisavam ser concebidos como "vivendo e trabalhando na biosfera".

Pode-se dizer que a ecologia soviética dos anos 1920 era a mais avançada do mundo. Enquanto os modelos ocidentais de ecologia ainda tendiam a se basear em modelos reducionistas, lineares e teleologicamente orientados, voltados para a sucessão natural, a ecologia soviética foi pioneira no desenvolvimento de modelos mais dialeticamente complexos, dinâmicos, holísticos e coevolucionários. Os dois maiores ecologistas russos dos anos 1920 e 1930 foram V. I. Vernadsky (1863-1945) e N. I. Vavilov (1887-1943). Vernadsky ganhou renome internacional tanto por sua análise da biosfera quanto como o fundador da ciência da geoquímica (ou biogeoquímica). Em 1926, Vernadsky publicou A *Biosfera*. Como Lynn Margulis *et al.* escreveram no prefácio da tradução inglesa de seu livro, Vernadsky foi "a primeira pessoa na história a compreender as implicações reais do fato de que a Terra é uma esfera autocontida". Foi somente como resultado do trabalho de Vernadsky sobre a biosfera, com sua abordagem holística, que uma solução para o problema da origem da vida a partir da matéria inanimada finalmente se tornou disponível para a ciência (por meio de discussões entre cientistas britânicos e soviéticos) (Margulis, em Vernadsky, 1998, p. 15; Levins; Lewontin, 1985. p. 47).

Mais intimamente ligado à revolução proletária do que Vernadsky foi o brilhante geneticista botânico Vavilov, que foi o primeiro presidente da Academia Lenin de Agricultura e que, com o apoio do Estado soviético, aplicou um método materialista para a questão das origens da agricultura. Foi Vavilov que, nos anos 1920, determinou que havia uma série de centros de grande diversidade genética botânica – os mais ricos bancos de germoplasma, a base para todo o cultivo humano – localizados nos países subdesenvolvidos "em regiões tropicais e subtropicais montanhosas". Para Vavilov, que adotou uma perspectiva dialética e coevolucionária, esses centros de diversidade genética botânica eram produto da cultura humana, que surgiu em "sete centros principais", a partir dos quais todas as principais lavouras se originaram e nos quais a mais rica linhagem genética, produto de milênios de cultivo, é consequentemente encontrada. "Os centros fundamentais de origem das plantas cultivadas", ele escreveu, "muito frequentemente têm o papel de acumuladores de uma impressionante diversidade de variedades" (Vavilov, em Bukharin *et al.*, 1971, p. 97-106). Há muitos anos, desde a descoberta de Vavilov, cientistas, particularmente no ocidente, têm se voltado para esses "reservatórios" genéticos (em lugares como México, Peru, Etiópia, Turquia e Tibete) em busca de novo germoplasma para o uso na reprodução de resistência em variedades comerciais. Hoje há uma luta internacional entre países da periferia (onde essas fontes de germoplasma se localizam) e o centro do sistema capitalista sobre o controle desses recursos genéticos (Foster, 1994, p. 94-95).

Outros cientistas soviéticos conectados à Bukharin compartilharam sua visão sobre as raízes ecológicas da sociedade humana. Em um livro intitulado *Marxismo e pensamento moderno*, com introdução de Bukharin, V. L. Komarov citou na íntegra a longa passagem da *Dialética da natureza* de Engels sobre ilusões da "conquista da natureza" pelos seres humanos e notou que

> o proprietário privado ou empregador, por mais necessário que seja fazer com que a mudança do mundo esteja de acordo com as leis da Natureza, não pode fazê-lo, uma vez que ele visa lucro e apenas lucro. Ao criar crise após crise na indústria, ele desperdiça riquezas naturais na agricultura, deixando para trás um solo árido e, nos distritos montanhosos, rochas nuas e encostas pedregosas.

Da mesma forma, Y. M. Uranovsky colocou muita ênfase, em uma discussão sobre marxismo e ciência no mesmo livro, na pesquisa de Marx sobre Liebig e a "teoria da exaustão do solo".[11]

---

[11] Ver Bukharin (1935, p. 147, 230-232).

Todas estas contribuições para a ecologia foram produtos do início da era soviética e das formas dialéticas e revolucionárias de pensar que ela engendrou. A tragédia final da relação soviética com o ambiente, que por fim tomou a forma que tem sido caracterizada como "ecocídio", tendeu a obscurecer o enorme dinamismo da ecologia soviética inicial dos anos 1920 e o papel que Lenin teve pessoalmente em promover a conservação (Fessback e Friendly Jr., 1992; Foster, 1994, p. 96-101). Lenin era um materialista sofisticado, cujo materialismo (especialmente como desenvolvido em seus *Cadernos filosóficos*) era dialético e não reducionista. Ele era um estudioso minucioso de Hegel e da análise de Hegel sobre Epicuro, e viu a filosofia de Epicuro como incorporando "as suposições de gênio e *sinalizações* para a ciência, mas não para o clericalismo" (Lenin, 1961, v. 38, p. 294).[12]

Em seus escritos e pronunciamentos políticos, Lenin insistia que o trabalho humano não poderia simplesmente ser um substituto das forças da natureza, e que uma "exploração racional" do ambiente, ou o manejo científico dos recursos naturais de acordo com os princípios da conservação, era essencial. Como líder do jovem Estado soviético, ele argumentou em favor da "preservação dos monumentos da natureza". Ele nomeou o dedicado ambientalista Anatoli Vasil'evich Lunatcharski como chefe do Comissariado do Povo para a Educação (Iluminismo), que foi encarregado da conservação para toda a Rússia soviética (Weiner, 1998). Lenin tinha enorme respeito por Vernadsky, a quem se referia favoravelmente em *Materialismo e empiriocriticismo*. Em resposta ao pedido de Vernadsky e do mineralogista E. A. Fersman, Lenin estabeleceu, em 1920, no sul dos montes Urais, a primeira reserva natural da União Soviética – a primeira reserva do mundo criada por um governo com o objetivo exclusivo de conduzir estudos científicos da natureza. Consequentemente, sob a proteção de Lenin, o movimento conservacionista soviético prosperou nos anos 1920, particularmente durante o período da Nova Política Econômica (1921-1928).

---

[12] Em *Materialismo e empiriocriticismo*, Lenin afirma que o materialismo e o idealismo foram lançados, respectivamente, por Demócrito e Platão (Lenin, 1961, v. 14, p. 130).

342 EPÍLOGO

Mas com a morte prematura de Lenin em 1924, e o subsequente triunfo do stalinismo, os conservacionistas foram cada vez mais atacados como sendo "burgueses". Para piorar as coisas, a ascensão de Trofim Denisovich Lysenko à condição de árbitro da ciência biológica significou que ataques "científicos" seriam lançados sobre a ecologia e a genética.[13] No fim dos anos 1930, o movimento conservacionista soviético havia sido completamente dizimado. Muitos dos pensadores com uma visão mais ecológica foram expurgados, incluindo Bukharin, Vavilov e Uranovsky. Como ironia final, fatores ecológicos finalmente desempenhariam um papel fundamental no declínio abrupto das taxas de crescimento econômico soviético e o início da estagnação na década de 1970.[14]

A dialética de Caudwell

O marxismo ocidental como uma tradição distintiva surgida nos anos 1920 foi caracterizado por sua implacável guerra contra o positivismo nas ciências sociais, que infelizmente carregava um preço muito alto devido a uma tendência de criar uma fissura entre natureza e sociedade, resultando na negligência de todos aqueles aspectos da existência relacionados com a ecologia e coevolução dos seres humanos e natureza. Assim, tanto Lukács quanto Gramsci criticaram severamente o *Materialismo histórico* de Bukharin. Para Lukács, a debilidade de Bukharin estava em sua "preocupação com as ciências naturais", que criava uma "falsa metodologia", levando ele, assim como Engels antes dele, a "tentar fazer da dialética uma 'ciência'". De fato, a "proximidade da teoria de Bukharin com o materialismo natural-científico burguês", escreveu Lukács, "deriva de seu uso da 'ciência' [...] como um modelo". Ao aplicar a dialética à natureza, Bukharin permitiu que o positivismo invadisse o estudo da sociedade (Lukács, 1972, p. 136-140).

Tanto o *Materialismo histórico* de Bukharin quanto sua posterior introdução à *Ciência em uma encruzilhada* (seu artigo de 1931 apresentado na Conferência Internacional de História da Ciência e Tecnologia que aconteceu em Londres) foram criticados nos *Cadernos do Cárcere*

---

[13] Para a complexa história do lysenkoismo na União Soviética, ver Levins e Lewontin (1985, p. 163-196); Sheehan (1985, p. 220-228).

[14] Ver Foster (1994, p. 96-101).

de Gramsci, em que Bukharin era, de muitas formas, o principal alvo do autor italiano. Gramsci se opunha a qualquer tendência a "fazer da ciência a base da vida" e a negligenciar o fato de que "a ciência é uma superestrutura". Tal visão sugeriria que a filosofia da práxis necessitava "apoios filosóficos fora de si mesma" (Gramsci, 1995, p. 293). Ainda assim, Gramsci estava um tanto menos inclinado a excluir a dialética da natureza do que Lukács. Em uma crítica a este, escreveu:

> Parece que Lukács afirma que só se pode falar de dialética para a história dos homens e não para a natureza. Ele pode estar correto e ele pode estar errado. Se sua afirmação pressupõe um dualismo entre a natureza e o homem, ele está errado, porque ele cai numa concepção da natureza própria da religião e da filosofia greco-cristã, e também do idealismo, que na realidade não consegue unificar e relacionar o homem e a natureza um com o outro mais do que verbalmente. Mas, se a história humana deve ser concebida também como a história da natureza (também por meio da história da ciência), como a dialética pode ser separada da natureza? Talvez Lukács, reagindo às teorias barrocas do *Ensaio popular* [o *Materialismo Histórico* de Bukharin], tenha caído no erro oposto, numa espécie de idealismo. (Gramsci, 1971, p. 448)

Contudo, Gramsci, como Lukács, falhou em perceber as forças (bem como as fraquezas) evidentes na análise de Bukharin – forças que derivavam da tentativa de conectar a concepção materialista da história com uma concepção materialista da natureza. Embora um certo mecanicismo tenha se introduzido na análise de Bukharin, que adotou o "equilíbrio" como uma de suas características definidoras, o entendimento frequentemente profundo das conexões ecológicas, incluindo uma perspectiva coevolucionária, era um aspecto crucial da síntese de Bukharin que foi perdido na tradição marxista ocidental. A Escola de Frankfurt, que neste aspecto seguiu o caminho de Lukács, desenvolveu uma crítica "ecológica" que era em sua quase totalidade culturalista na forma, desprovida de qualquer conhecimento sobre ciência ecológica (ou qualquer conteúdo ecológico) e, atribuindo em geral a alienação dos seres humanos com relação à natureza à ciência e ao Iluminismo – uma análise que derivava mais das raízes românticas e da crítica de Weber à racionalização e ao "desencantamento" do mundo do que de Marx.[15] Nessa perspectiva, a

---

[15] Ver Horkheimer (1947, p. 92-127); Horkheimer e Adorno (1972).

alienação foi compreendida unilateralmente em termos da alienação da ideia de natureza. O que faltava, no entanto, era qualquer análise da alienação real e material da natureza, por exemplo, a teoria de Marx sobre a ruptura metabólica.

O livro muito influente de Alfred Schmidt, *O conceito de natureza em Marx* (1962), amplia essa perspectiva unilateral de Lukács e da Escola de Frankfurt. A contradição central que permeia a análise de Schmidt está em sua reiterada contestação de que o materialismo e a dialética são "incompatíveis" (Schmidt, 1971, p. 59, 166). Ainda que Schmidt enfatize continuamente a importância do conceito de Marx sobre "metabolismo", isso é removido de toda relação com as condições natural-materiais, exceto do trabalho em si, *em sua forma mais abstrata*, ou seja, desprovido de relações metabólicas com a terra. Consequentemente, quase nenhuma menção é feita em seu livro à ruptura metabólica no ciclo de nutrientes do solo ou à crítica de Marx-Liebig da agricultura capitalista, apesar do fato de que esse era *o contexto material* no qual Marx desenvolveu seu conceito de troca metabólica. Falhando em perceber o conceito de metabolismo de Marx nos termos nos quais Marx realmente o aplicou, ou seja, aos problemas terrenos reais da agricultura capitalista, e perdendo, assim, a dialética materialista de Marx (as bases coevolucionárias reais de seu pensamento), Schmidt termina concluindo que Marx simplesmente foi vítima, no fim, de seu materialismo, e portanto, de uma visão "prometeica", enfatizando a dominação da natureza.[16]

Consequentemente, a análise ecológica direta era praticamente não existente na ciência social marxiana (assim como era o caso na ciência social em geral, com apenas poucas exceções) desde o final dos anos 1930 até os anos 1960, quando a publicação da *Primavera silenciosa*, de Rachel Carson, ajudou a reavivar a luta ambiental. A destruição da ecologia soviética no "Oriente" foi acompanhada no "Ocidente" pela rejeição de qualquer tentativa de aplicar o método dialético de análise marxista à natureza e ciência.

A única figura do marxismo ocidental dos anos 1930 que, como sabemos agora, conseguiu transcender em grande medida essas contradições

---

[16] Para uma crítica sistemática do argumento de Schmidt, ver Burkett (1997, p. 164-183).

– ainda que somente por um breve e glorioso momento – foi Christopher St. John Sprigg (mais conhecido por seu pseudônimo, Christopher Caudwell). No entanto, Caudwell morreria aos 29 anos de idade, em 12 de fevereiro de 1937, na Guerra Civil Espanhola, enquanto protegia com sua metralhadora a retirada de seus companheiros do Batalhão Britânico da Brigada Internacional. As impressionantes conquistas intelectuais de Caudwell em um curto período, os anos 1935 e 1936, em que todos os seus principais trabalhos foram escritos, se estendeu amplamente pela paisagem cultural e científica, resultando em trabalhos brilhantes (ainda que um tanto brutos), como *Ilusão e realidade*, *Estudos e mais estudos sobre uma cultura à beira da morte*, *A crise na física*, *Romance e reação*, um volume de *Poemas* e *Hereditariedade e desenvolvimento* – todos publicados postumamente. Seu ponto de vista geral é mais bem expresso por sua famosa afirmação no prefácio dos *Estudos e mais estudos*: "Ou o Diabo está entre nós com um grande poder, ou há uma explicação causal para uma doença comum à economia, à ciência e à arte"(Caudwell, 1971, p. XIX). Caudwell considerou que o problema central era o mundo atomizado e alienado da ciência e da cultura burguesas, caracterizado por rupturas dialéticas entre natureza e sociedade, idealismo e mecanicismo, e mecanicismo e vitalismo na ciência. Esses dualismos e racionalidades parciais e unilaterais, tão características da sociedade burguesa, derivavam, em sua perspectiva, das necessárias defesas de uma cultura moribunda.

Para Caudwell, como escreveu E. P. Thompson, a cultura burguesa era caracterizada pela

> geração repetida de idealismo e materialismo mecânico, não como realmente antagônicos mas como pseudo-antíteses, geradas como gêmeos no mesmo momento da concepção ou, em vez disso, como aspectos positivos e negativos do mesmo momento fraturado do pensamento. (Thompson, 1994, p. 95)

Mas Caudwell não se opunha meramente a esses dualismos; ele também se opunha àquela forma de positivismo que simplesmente negava a antítese, ao adotar uma visão "reflexiva" grosseira da relação sujeito-objeto no conhecimento. Ele, assim, direcionou muitos de seus ataques à posição "epistemológica" rudimentar do que era então a escola dominante do "materialismo dialético".

346   EPÍLOGO

O elemento central no pensamento de Caudwell era a determinação mútua (ou condicionante) do sujeito-objeto no que hoje pode ser chamado de um ponto de vista "crítico-realista", enfatizando a *dialética enquanto emergência*. Concretamente, isso tomou a forma de uma insistência constante no caráter coevolucionário da relação entre seres humanos e natureza. Para Caudwell, o triunfo do materialismo de Marx, que era ativo e dialético em caráter, sobre formas de materialismo mecânicas, reducionistas e contemplativas anteriores, poderia ser explicado em parte como um produto da maior coerência materialista e dialética dentro da própria ciência que surgiu com o desenvolvimento das teorias evolucionárias. Assim,

> o surgimento das ciências evolucionárias entre 1750 e 1850 [precedentes à revolução de Darwin] foi o que alterou o materialismo mecânico de Condillac, d'Holbach e Diderot para o materialismo dialético de Marx e Engels, e o tornou capaz de incluir todo o lado ativo da relação sujeito-objeto desenvolvido pelo idealismo. (Caudwell, 1937, p. 184-185)

Se esse tema central, corrente no pensamento de Caudwell, não era facilmente percebido pelos analistas subsequentes, isso se deu, sem dúvida, porque *Hereditariedade e desenvolvimento* de Caudwell, seu estudo crítico de biologia, não foi publicado, como ele claramente intencionava que fosse, ao lado de outros estudos que compõem *Estudos e mais estudos de uma cultura à beira da morte* e *A crise na física*. Em vez disso, *Hereditariedade e desenvolvimento* não foi publicado até meados de 1986, meio século depois que foi escrito.[17]

Nesse trabalho extraordinário, Caudwell tentou lidar com os problemas epistemológicos e ideológicos associados com a "crise da biologia", que também era uma crise da teoria darwinista em um tempo de lamarckismo renovado e do crescimento da genética. Ainda que sua análise contenha alguns erros – produto da crise e desordem na própria biologia anterior ao desenvolvimento da síntese neodarwinista –, em geral sua análise aponta para uma síntese coevolucionária complexa que antecipa muitas das análises biológicas e ecológicas mais sofisticadas que seguiriam. Para

---

[17] No texto eu me refiro à *Hereditariedade e desenvolvimento* como se fosse um trabalho separado, ainda que de fato fosse uma parte (até mesmo o ponto alto) dos *Estudos e mais estudos sobre uma cultura à beira da morte* de Caudwell. Mas quando finalmente publicado, *Hereditariedade e desenvolvimento* foi incluído em Caudwell (1986, p. 163-204).

Caudwell, o novo campo da ecologia, assim como a própria biologia, era caracterizado por uma concepção dicotômica da relação entre organismo e ambiente; uma concepção que era não dialética, no sentido de que negava a determinação mútua do sujeito-objeto, do organismo e ambiente.

A teleologia, Caudwell argumentou, era uma forma de mecanicismo subjetivo ("o Universo é a máquina de Deus"), a contrapartida do mecanicismo objetivo mais comumente associado ao positivismo. Em vez de simplesmente rejeitar a teleologia, o positivismo, como seu gêmeo dialético, a havia, em certo sentido, naturalizado, criando uma concepção unilateral e intencional de evolução. Ainda que a ciência, na medida em que era materialista e dialética, se opusesse à teleologia, e

> nenhum cientista acredit[ass]e no determinismo dos fenômenos por um Deus como regra metodológica, ele ainda assim admite hoje – em uma parte 'cansada' da biologia – a possibilidade de os fenômenos serem determinados por um propósito, não a própria consciência de propósito da vida, nem a necessidade da matéria, mas um propósito, ou padrão, ou plano, ou enteléquia fora de ambas.

O fracasso da ciência em se manter materialista e dialética é manifesto, portanto, na "autocontradição burguesa com relação ao indivíduo e ao ambiente – expressa como um mito sobre a máquina". Isso "nos dá a metafísica biológica básica do materialismo ou mecanicismo cartesianos, que eventualmente reaparece em suas formas aparentemente contraditórias, mas realmente gêmeas, de idealismo vitalista ou teleologia" (Caudwell, 1937, p. 202-203).

O valor do próprio trabalho de Darwin, segundo Caudwell, é de ter evitado, em grande medida, tais perspectivas unilaterais, apontando para uma perspectiva coevolucionária. Pela primeira vez, o darwinismo ensinou as pessoas a ver a natureza *historicamente*. "Se retratarmos a vida esquematicamente", escreveu Caudwell (caindo de alguma forma em uma metáfora de progressão linear),

> como uma série de passos, então em cada passo o ambiente se tornou diferente – existem diferentes problemas, diferentes leis, diferentes obstáculos em cada passo, embora qualquer série de passos, além de suas diferenças, tenha certos problemas, leis e obstáculos gerais em comum. Cada novo passo da evolução é, ele mesmo, uma nova qualidade, e isso envolve uma inovação que afeta ambos os termos – organismo e ambiente. (Caudwell, 1937, p. 174-176, 187)

Caudwell rejeitou a noção rudimentar de que o ambiente era simplesmente "hostil", a ser compreendido unilateralmente em termos da geração natural de superpopulação e de uma luta pela existência intra e entre espécies. Ao contrário, o ambiente deveria ser visto como capacitante bem como limitante. Ele aponta, baseando-se em descobertas antropológicas, que "uma sociedade primitiva via a Natureza como um sistema, no qual todo o mundo da vida cooperava em assistência mútua". Ainda que em muitos sentidos fosse igualmente ilusória (ou mesmo mais, devido às concepções teleológicas adotadas), essa visão da natureza como cooperativa capturava uma parte da realidade que a visão darwinista crua da natureza – não confundir com o próprio trabalho de Darwin ou de seus seguidores imediatos como Huxley – como um mundo de concorrência desenfreada e sobrevivência do mais apto com muita frequência perdia.

Caudwell argumentou convincentemente que as mesmas quebras na dialética que caracterizavam a abordagem burguesa à economia também caracterizavam a concepção de biologia (e ecologia) e alguns dos mesmos tipos gerais de críticas, portanto, aplicariam. A saber:

> 1) Não é possível separar o organismo do ambiente como opostos mutuamente distintos. A vida é a relação entre polos opostos que se separaram a partir da realidade, mas seguem em relação por meio da teia do vir a ser.
> 2) A evolução da vida não pode ser determinada somente pelas vontades da matéria viva ou somente pelos obstáculos da matéria não viva.
> 3) As leis do ambiente, na medida em que constrangem as operações da vida, não são dadas no ambiente, mas dadas na relação entre o ambiente e a vida.
> 4) O desenvolvimento da vida é determinado pelas tendências da vida. Mas a história não realiza as vontades dos indivíduos; é somente determinada por eles e, por sua vez, os determina.
> 5) A relação dentro de uma espécie ou entre espécies não é somente hostil, no sentido de indivíduos brigando pela posse individual de uma oferta limitada de alimentos. A própria oferta de alimentos é um resultado das relações particulares entre a vida e a natureza. [...] De forma similar, a multiplicação de uma espécie não é hostil à outra se ela for o alimento daquela espécie. Ou a relação entre espécies pode ser benéfica mas indireta, como quando as aves dispersam sementes, as abelhas, o pólen, e o pólipos de coral formam os recifes. (Caudwell, 1937, p. 170-172)

O próprio fato de que a relação entre organismos e ambiente era uma *relação*, de acordo com Caudwell, significava que, como todas as relações, era mutuamente determinante, conectada com a "transformação *material*". De fato, "um vir a ser material é o que a realidade é" (Caudwell, 1937, p. 173). Essa perspectiva materialista, dialética e coevolucionária complexa capturava a essência de uma visão de mundo ecológica. Como E. P. Thompson argumentou quatro décadas após a morte de Caudwell, este tinha conseguido transcender o positivismo ao mesmo tempo que evitou pagar o "alto preço" associado ao "marxismo ocidental" após os anos 1920, no qual o materialismo foi mais uma vez rejeitado como inerentemente mecânico em favor de uma abordagem dialética que era essencialmente idealista (Thompson, 1994, p. 98). Dessa forma, ele manteve um realismo crítico e dialético e a possibilidade do naturalismo – evitando a destruição da dialética marxiana e a bifurcação dos domínios humano e natural.

O ecologista dialético

A grande contribuição de Caudwell, como vimos, não escapou da tragédia que tomou a análise ecológica marxista durante esse período. Caudwell morreu antes dos 30 anos, e *Hereditariedade e desenvolvimento*, seu trabalho de orientação mais coevolucionária e ecológica, permaneceu inédito – diferentemente de todos os seus outros estudos que compunham os *Estudos e mais estudos sobre uma cultura à beira da morte* – devido a sua crítica explícita ao lysenkoismo, que ia contra a ideologia dos comunistas britânicos daquele tempo, os quais se encarregaram da publicação dos manuscritos de Caudwell.[18]

Ainda assim, apesar do desaparecimento real das discussões ecológicas no bojo da teoria social marxiana entre os anos 1930 e 1970, nem tudo estava perdido. Compreensões ecológicas permearam a tradição cultural-materialista britânica, representada por Raymond Williams e E. P. Thompson. Esse último, em particular, foi profundamente influenciado pelo socialismo ecológico de William Morris, bem como pelo materialismo de Caudwell.[19] Algum reconhecimento das questões ecológicas foi mantido em certas escolas da Economia Política marxiana, particularmente a escola da *Monthly Review*, que (ao contrário da maior parte da

---

[18] Ver a análise em Sheehan (1985, p. 367).
[19] Ver Thompson (1977 e 1991) e Williams (1989, p. 210-226, 1980, p. 67-85).

tradição "marxista ocidental") manteve uma forte orientação materialista. Uma ênfase na crítica do desperdício econômico sob o regime do capital monopolista (que estava relacionado com a contradição entre valor de uso e valor de troca) propiciou um molde ecológico para a análise de Paul Sweezy já nos anos 1940 – um tema que seria fortalecido em seu trabalho entre os anos 1960 e 1990.[20]

De maior significância, entretanto, foi o fato de que um segundo fundamento do pensamento ecológico marxista existiu no Ocidente dentro da própria ciência (particularmente da biologia), onde um profundo compromisso tanto com o materialismo quanto com a dialética era encontrado dentre os principais cientistas influenciados pelo marxismo – até mesmo constituindo, em alguns casos, as bases filosóficas fundamentais para suas descobertas científicas. Na Inglaterra dos anos 1930, uma forte tradição de cientistas de esquerda emergiu, incluindo J. D. Bernal, J. B. S. Haldane e Joseph Needham. Para Bernal e Needham, as apresentações da delegação soviética, incluindo Bukharin, Vavilov e Boris Hessen, na Segunda Conferência Internacional Sobre a História da Ciência e Tecnologia em Londres, em 1931, foi crucial para a formação de suas visões. Bernal se tornaria famoso principalmente por suas histórias da ciência, mais notavelmente por seu *Ciência na História*, em quatro volumes. Nesse trabalho, ele adotou uma perspectiva decididamente materialista, ainda que tenha sido criticada por exibir, ocasionalmente, visões mecanicistas. Para Bernal, a maior expressão da Antiguidade sobre o materialismo que perdurou era

> *De Rerum Natura*, de Lucrécio, que mostra tanto seu poder quanto seu perigo à ordem estabelecida. É essencialmente uma filosofia dos objetos e seus movimentos, uma explicação da Natureza e sociedade desde a base e não desde o topo. Enfatiza a estabilidade inesgotável do mundo material em eterno movimento e o poder do homem de mudá-lo ao aprender as suas regras. Os materialistas clássicos não poderiam ir além, pois, como veremos,

---

[20] A abordagem ecológica de Sweezy para a economia é evidente ao longo de sua obra em sua ênfase no "problema do valor qualitativo" e da distinção entre valor de uso e valor de troca – ambos os quais estavam conectados à sua análise de produção de desperdício (desperdício com relação a um sistema de produção para o uso) sob o capitalismo de monopólio. Ver Sweezy (1972, 1973, p. 1-18, 1989, p. 1-10 e 1989, p. 1-8; também 1966). A importância da distinção valor de uso/valor de troca e sua relação com o desperdício sob o capitalismo de monopólio é discutido ainda mais em Foster (1984, 1986).

estavam apartados das artes manuais; nem pôde, posteriormente, o grande reformulador do materialismo, Francis Bacon.

Bernal foi o primeiro a sugerir que, ao criticar o materialismo contemplativo em suas *Teses sobre Feuerbach*, Marx não estava pensando somente sobre Feuerbach, mas mais ainda sobre "seu velho favorito, Epicuro" (Bernal, 1969, v. 1, p. 53-54, 191).

O bioquímico de Cambridge, Joseph Needham, membro da Sociedade Real, adotou uma perspectiva dialética ao argumentar que "Marx e Engels foram suficientemente ousados para afirmar que isso [a dialética] acontece na própria natureza em evolução". Adicionalmente, "o fato indubitável de que acontece em nosso pensamento sobre a natureza é porque nós e nosso pensamento somos parte da natureza" (Needham citado em Sheehan, 1985, p. 333). Needham rejeitou explicitamente as visões tanto mecanicistas quanto vitalistas, em favor de uma abordagem dialética e materialista.

Mais importante do que Bernal ou Needham foi Haldane, também membro da Sociedade Real, que foi uma figura proeminente no desenvolvimento da síntese neodarwinista na biologia. Em 1929 (um ano após uma viagem à União Soviética), Haldane, trabalhando em paralelo mas independentemente do bioquímico soviético A. I. Oparin, foi o "codescobridor", como já vimos no Capítulo V, da primeira explicação genuinamente materialista para a emergência dos organismos vivos a partir do mundo inorgânico – uma hipótese que hoje é conhecida como hipótese de Oparin-Haldane, e que foi em parte possibilitada pela análise de Vernadsky sobre a biosfera. Comentando sobre essa teoria materialista das origens da vida (hoje amplamente endossada na ciência), Bernal escreveu em seu trabalho monumental, *As origens da vida* (1967), que

> a grande libertação da mente humana, da realização primeiro destacada por Vico e então colocada em prática por Marx e seus seguidores, de que *o homem se faz a si mesmo*, agora é expandida com o conteúdo filosófico essencial do novo conhecimento sobre a origem da vida e da realização de seu caráter autocriativo. (Bernal, 1967, p. 182)

O próprio Haldane aderiu fortemente ao naturalismo dialético de Engels e escreveu um "Prefácio" à *Dialética da natureza*. Segundo Haldane,

> se o método de pensamento de Engels fosse mais familiar, as transformações de nossas ideias sobre a física ocorridas durante os últimos 30 anos teriam sido muito mais suaves. Se suas observações sobre o darwinismo fossem mais amplamente conhecidas, pelo menos a mim teriam poupado uma certa quantidade de pensamentos confusos. (Haldane em Engels, 1940, p. XIV)

Ainda que tenha havido todos os tipos de descontinuidades, essa tradição da pesquisa materialista e dialética por parte de pensadores influenciados pelo marxismo nas ciências da vida teve continuidade e até mesmo ganhou um novo ímpeto entre os anos 1970 e 1990 no trabalho de figuras importantes como Richard Lewontin, Stephen Jay Gould e Richard Levins (todos professores em Harvard). O materialismo desses pensadores é derivado tanto ou mais de Darwin quanto de Marx. No entanto, a dívida com Marx é clara. Significativamente, uma compreensão do longo debate sobre materialismo e teleologia, a qual filósofos agora em geral perderam de vista, é retido no trabalho desses pensadores – fornecendo a base para um materialismo ecológico integral. De fato, a própria proeminência desses cientistas – Gould na paleontologia e história natural, Lewontin na genética e Levins na ecologia – aponta para a importância contínua de Marx, de Darwin, do materialismo e do raciocínio dialético na análise do que pode ser amplamente denominado de fenômenos ecológicos.

Uma tentativa geral de delinear um novo naturalismo dialético foi desenvolvida no já clássico trabalho *O biólogo dialético* (1985), de Levins e Lewontin. A marca dessa obra, que foi dedicada a ninguém mais que Friedrich Engels ("que se equivocou diversas vezes, mas acertou onde importava"), é a sua perspectiva complexa, não teleológica e coevolucionária. "Um compromisso com a visão de mundo evolucionária", escreveram Levins e Lewontin, "é um compromisso com uma crença na instabilidade e no constante movimento dos sistemas no passado, presente e futuro; assume-se que esse movimento seja sua característica essencial". No centro da análise de Levins e Lewontin (como Engels e Caudwell, mas em uma base científica muito mais sólida) está a noção do "organismo como o sujeito e o objeto da evolução". Isso significa que organismos não simplesmente se adaptam ao seu ambiente; eles também o mudam.

> Esquece-se frequentemente que a muda é o 'ambiente' do solo, no sentido de que o solo passa por grandes e duradouras mudanças evolucionárias

> como consequência direta da atividade das plantas que nele crescem, e essas mudanças, por sua vez, retroalimentam as condições de existência dos organismos.

Esse ponto de vista essencialmente dialético é então usado para criticar o reducionismo ecológico, que domina grande parte da ciência ecológica; a saber, a visão tradicional da ecologia clementsiana de que os ecossistemas demonstram propriedades de crescentes diversidade, estabilidade e complexidade e passam por estágios de sucessão – como se fossem efetivamente "superorganismos". Para Levins e Lewontin, em contraste, toda análise do tipo é "idealista" e não dialética (Levins; Lewontin, 1985, p. 11, 73, 85-106, 134-135).

Em *Humanidade e natureza: ecologia, ciência e sociedade* (1992), Yrjö Haila e Richard Levins uniram essa visão a uma análise abrangente dos problemas da ecologia que incluía a "história social da natureza", vista desde uma perspectiva marxista. Aqui, eles introduziram o conceito de "períodos eco-históricos" para explicar a especificidade complexa e mutante da relação coevolucionária humana com a natureza. Tais trabalhos enfatizam a importância de uma relação humana sustentável com a natureza, não dentro de uma estrutura estática, mas dentro de uma perspectiva mais ampla que tenta focar nos processos de mudança inerente tanto à natureza quanto à sociedade – e na sua interação (Haila; Levins, 1992).[21]

Stephen Jay Gould reflete continuamente em seus escritos sobre os princípios do materialismo e do raciocínio dialético que inspiram sua própria compreensão sobre a ciência e seu desenvolvimento. Seu trabalho é baseado principalmente em Darwin, mas também, ocasionalmente, se baseia em Engels e até mesmo em Marx. O resultado é um tratamento materialista e dialético dinâmico da natureza e da sociedade humana como um *processo de história natural* que é aparente em tudo o que ele escreve, independente do assunto. Mais importantes foram suas abordagens sobre acaso/contingência e "equilíbrio pontuado".[22]

---

[21] Para uma tentativa de aplicar o conceito de Haila e Levins de "formações ecológicas" para a história, ver Foster (1994, p. 34).

[22] Ver especialmente Gould (1977).

Se a relação Darwin-Marx é evidente no trabalho de pensadores como Lewontin, Levins e Gould, a relação Liebig-Marx também é evidente no trabalho científico contemporâneo. O modo com que a análise de Marx nessa área prefigurou algumas das análises ecológicas mais avançadas do final do século XX não é nada menos que surpreendente. Algumas das pesquisas científicas recentes mais importantes sobre a ecologia do solo, em particular o trabalho de Fred Magdoff, Less Lanyon e Bill Liebhardt, focaram em sucessivas quebras históricas no ciclo de nutrientes. A primeira dessas quebras, que remonta à segunda revolução agrícola, é geralmente concebida, nessa análise, nos mesmos termos em que foi originalmente discutida por Liebig e Marx e é vista como derivada da remoção física dos seres humanos da terra, bem como da ruptura associada no ciclo metabólico e da perda líquida de nutrientes do solo a partir da transferência de produtos orgânicos (alimentos e fibras) por centenas e milhares de milhas. O resultado foi a criação de uma indústria de fertilizantes, externa à economia agrícola, que buscou substituir esses nutrientes.

> Uma quebra subsequente aconteceu com a Terceira Revolução Agrícola (a ascensão do agronegócio), que estava associado, em seus estágios iniciais, com a remoção dos grandes animais das fazendas, o desenvolvimento de confinamentos centralizados e a substituição da tração animal por tratores. Não era mais necessário plantar legumes, que naturalmente fixavam nitrogênio no solo, para alimentar os animais ruminantes. Consequentemente, aumentou a dependência no nitrogênio fertilizante, produto da indústria de fertilizantes, com toda a sorte de efeitos ambientais negativos, incluindo a contaminação dos aquíferos, a 'morte' de lagos etc. Esses desenvolvimentos, bem como outros processos intimamente relacionados, são, hoje, vistos como conectados ao padrão distorcido do desenvolvimento que caracterizou o capitalismo (e outros sistemas sociais, como aquele da União Soviética que replicou esse padrão de desenvolvimento), assumindo a forma de uma ruptura ainda mais extrema entre cidade e campo – entre o que hoje é uma humanidade mecanizada oposta a uma natureza mecanizada. (Magdoff; Lanyon; Liebhardt, 1997, p. 1-73)

Infelizmente, o recente ressurgimento do pensamento ecológico marxista na ciência social, que esteve centrado primordialmente na Economia Política das relações ecológicas, prestou pouca atenção até agora ao materialismo mais profundo (mais profundo em seu ponto de vista filosófico, bem como científico) e no materialismo *ecológico* mais desenvolvido, que tem sido frequentemente mantido entre os materialistas radicais dentro da ciência.[23] Apesar dos grandes avanços no pensamento ecológico na Economia Política marxista, e a redescoberta de grande parte dos argumentos de Marx, a questão da relação da concepção materialista da natureza com a concepção materialista da história (ou seja, da alienação do trabalho com a alienação da natureza) quase não é abordada nessas discussões.[24] A barreira construída pela crítica filosófica dominante da "dialética da natureza" continua hegemônica dentro da própria teoria social marxista; tanto que todas as investigações criativas nessa direção parecem ser obstruídas desde o início. (Uma exceção a isso é o trabalho das ecofeministas socialistas, como Ariel Salleh e Mary Mellor, com suas noções de "natureza incorporada").[25] Com demasiada frequência os socialistas ambientais focam simplesmente na economia capitalista, considerando os problemas ecológicos unilateralmente, desde o ponto de vista de seus efeitos sobre a economia capitalista, em vez de focarem no problema maior do "destino da terra" e de suas espécies. Onde as conexões com a ciência são feitas nessas análises, isso se dá frequentemente no domínio da termodinâmica, ou seja, da energética e seus efeitos sobre a economia, enquanto toda a questão da biologia evolucionária é curiosamente vista como separada dos temas ecológicos, e Darwin raramente é discutido.

---

[23] Apesar do fato de que Levins e Lewontin escrevem uma coluna periódica em *Capitalism, nature, socialism* – uma coluna consistentemente preenchida com ideias excepcionais sobre o pensamento e a pesquisa ecológica –, as próprias contribuições sistemáticas deles nessa área, representadas por trabalhos como *O biólogo dialético* e *Humanidade e natureza*, até agora tiveram pouco impacto discernível nos colaboradores dessa importante publicação. As análises "marxistas ecológicas" da crise ambiental, na medida em que têm base na ciência, tendem a ser baseadas na energética e a ignorar a evolução.

[24] Por exemplo, O'Connor (1998) representa uma tentativa pioneira de trazer as "condições de produção" de Marx, incluindo a natureza externa, para a dialética do capital, mas sofre com uma inabilidade de entender como essas condições materiais de produção estão relacionadas com a concepção materialista da natureza de Marx (bem como da história); e com sua análise do metabolismo da natureza e sociedade. Na análise dialética complexa de Marx, a alienação da natureza é mais do que um simples pano de fundo para a alienação do trabalho. Em contraste, o tratamento mais dialético de Paul Burkett deriva do fato de que ele toma como ponto de partida a própria concepção dialética de Marx sobre as relações natural-sociais (como elas se relacionam principalmente com o circuito do capital). Ver Burkett (1999).

[25] Ver Hanson e Salleh (1999, p. 207-218); Mellor (1997).

Nesse aspecto, uma teoria mais ampla da ecologia como um processo de mudança que envolve contingência e coevolução é necessária se nós quisermos não apenas compreender o mundo, mas mudá-lo em conformidade com as necessidades da liberdade humana e da sustentabilidade ecológica. "O que importa não é se nós modificamos ou não a natureza" – escreveram Haila e Levins –, "mas como e com qual propósito nós o fazemos" (Haila; Levins, 1992. p. 11). O que importa é se a natureza deve ser unilateralmente dominada para fins humanos limitados ou se, em uma sociedade de produtores associados, a alienação dos seres humanos com relação à natureza, bem como entre si, não será mais a *precondição* para a existência humana, mas será reconhecida pelo que é: o estranhamento de tudo o que é humano.

O princípio da conservação

Nada vem do nada e nada ao ser destruído pode ser reduzido a nada, disse Epicuro. Como nos conta Diógenes de Laerte, Epicuro "foi um autor muito prolífico e eclipsou todos antes dele na quantidade de seus escritos: pois eles totalizam cerca de 300 rolos". No entanto, apenas alguns fragmentos dos volumosos escritos de Epicuro sobreviveram até o início dos tempos modernos – as três cartas preservadas por Diógenes de Laerte como a epítome de seu sistema, as *Doutrinas Principais* (também preservado por Diógenes), o poema de Lucrécio, que apresentou fielmente o sistema de Epicuro, e várias citações nos trabalhos de outros escritores. Apesar da influência disseminada do epicurismo nos tempos helênico e romano, a maior parte dos escritos de Epicuro e de seus seguidores pereceram ou foram destruídos muito antes do reavivamento de seu pensamento no século XVII. A descoberta, no século XVIII, de uma biblioteca inteira de fragmentos carbonizados na biblioteca de Filodemos, em Herculano (que foi soterrada pela erupção do Monte Vesúvio no ano 79 d.C.) parecia sugerir que alguns desses escritos seriam recuperados. Mas o processo de recuperação dos restos carbonizados era tão lento e trabalhoso que Hegel concluiu, em sua *História da filosofia*, "que o fragmento de um dos próprios escritos de Epicuro, encontrado há alguns anos em Herculano, e reimpresso por Orelli [...] nem expandiu, nem enriqueceu nosso conhecimento; de modo que devemos em toda seriedade desaprovar o achado dos escritos restantes" (Hegel, 1995, v. 2, p. 280-281; Diógenes de Laerte, 1925, v. 2, p. 555, X, 25-27). Marx escreveu sem o benefício de nenhum escrito adicional além daqueles disponíveis para Hegel.

Ainda assim, o esforço de recuperação persistiu ao longo dos séculos XIX e XX. Os restos queimados se metamorfosearam em significativas seções fragmentadas de *Sobre a natureza* de Epicuro, com um esboço amplo da maior parte de seu extenso trabalho, que resultou em 37 volumes, emergindo apenas agora. Isto se combina com outras descobertas que ocorreram desde que Hegel e Marx escreveram. Apenas um ano após a morte de Marx foram descobertos os restos da grande muralha de Diógenes de Enoanda, contendo inscrições dos escritos de Epicuro que se pretendia preservar ao longo do tempo; seguido da descoberta, no Vaticano, do manuscrito dos discursos de Epicuro.

O que emergiu de tudo isso é uma visão de Epicuro conflitante com muito do que se pensava anteriormente. Ele agora é revelado como um pensador não reducionista, não mecanicista e não determinista, preocupado com a questão da liberdade humana e que incorporou uma perspectiva dialética. Em geral, o retrato que surgiu de Epicuro ao longo do último século é um que se conforma, surpreendentemente, com o que Marx havia argumentado (e que Kant suspeitava): um pensador que lutou tanto contra o determinismo da física mecanicista quanto contra a teleologia da filosofia idealista, contra Demócrito bem como Platão, a fim de abrir espaço para a contingência e a liberdade.

Além disso, ele o fez dentro de um ponto de vista que era crítico--materialista; um ponto de vista que surgiu dos postulados materialistas e ainda assim reconheceu em seu conceito de "antecipações" (ou preconcepções) a importância de certo conhecimento *a priori*, não derivado diretamente dos sentidos. O retrato de *Sobre a natureza*, de Epicuro, que surgiu em anos recentes é, como referido por David Sedley, a principal autoridade nesse trabalho, metodologicamente rigoroso e "dialético" (Sedley, 1998, p. 133, 190-197; Sedley, em Barnes; Mignucci, 1988, p. 297-327). O materialismo de Epicuro estendeu a liberdade e a contingência para os seres humanos e para toda a natureza, sem perder de vista o domínio da necessidade material. Ao fazer isso, forneceu a base para uma visão de mundo humanista e ecológica. "Quando toda a evidência é devidamente considerada", Long e Sedley escreveram (considerando os materiais recuperados da biblioteca de Filodemos em Herculano), "o epicurismo seria mais bem considerado como uma crítica radical, mas seletiva, da política contemporânea, em vez da postura apolítica com a qual ele frequentemente é identificado" (Long; Sedley, 1987, p. 137).

Marx foi profundamente influenciado pelo materialismo não determinista que ele pensou ter encontrado em Epicuro (mas não podia provar, dadas as fontes então disponíveis). Ele transformou essa visão enquanto a absorvia em sua síntese dialética mais ampla, que também incluiu Hegel, Economia Política, socialismo francês e ciência evolucionária do século XIX. Epicuro, segundo Marx, descobriu a alienação da natureza; mas Hegel revelou a alienação dos seres humanos com relação ao seu próprio trabalho e, consequentemente, tanto com a sociedade quanto com a relação especificamente humana com a natureza. Marx moldou essas ideias, ao lado do conhecimento crítico obtido a partir da economia de Ricardo, da química de Liebig e da teoria evolucionária de Darwin, em uma filosofia revolucionária que buscava nada menos do que a transcendência da alienação em todos os seus aspectos: um mundo de ecologia racional e liberdade humana com uma base terrena – a sociedade de produtores associados.

REFERÊNCIAS

ADAMS, H. P. *Karl Marx in his earlier writings*. Londres: George Allen & Unwin, 1940. [*Karl Marx em seus primeiros escritos*]

ANDERSON, F. H. *Observations of the means of exciting a spirit of national industry*. Edimburgo: T. Cadell, 1777. [*Observações sobre os meios de estimular o espírito da indústria nacional*]

ANDERSON, F. H. *The philosophy of Francis Bacon*. Chicago: University of Chicago Press, 1948. [*A filosofia de Francis Bacon*]

ANDERSON, James. *A calm investigation of the circumstances that have led to the present scarcity of grain in Great Britain: suggesting the means of alleviating that evil, and preventing the recurrence of such a calamity in the future*. London: John Cumming, 1801. [*Uma serena investigação das circunstâncias que levaram à presente escassez de grãos na Grã-Bretanha*]

ANDERSON, James. *An enquiry into the nature of the corn laws; with a view to the New Corn Bill proposed for Scotland*. Edimburgo: Mrs. Mundell, 1777. [*Uma investigação sobre a natureza das leis do milho; tendo em vista a Nova Lei do Milho proposta para a Escócia*]

ANDERSON, James. *Essays relating to agriculture and rural affairs*. Londres: John Bell, 1796. v. 3. [*Ensaios relativos à agricultura e assuntos rurais*]

ANDERSON, James. *Recreations in agriculture, natural-history, arts, and miscellaneous literature*. Londres: T. Bentley, 1801, v. 4. [*Recriações em agricultura, história natural, artes e literatura diversa*]

ANDERSON, Perry. *Considerations on western marxism*. Londres: Verso, 1979. [Anderson, Perry. *Considerações sobre o marxismo ocidental/Nas trilhas do materialismo histórico*. São Paulo: Boitempo, 2019]

ARISTÓTELES. *Basic works*. Nova York: Random House, 1941 (Livro II, capítulo 8, seção 198b) [Aristóteles. *Física I-II*. Prefácio, introdução, tradução e comentários Lucas Angioni. Campinas: Editora Unicamp, 2009].

ARMSTRONG, A. H. "The Gods in Plato, Plotinus, Epicurus", *Classical quarterly*, v. 32, n. 3 & 4, julho-outubro de 1938.

AVELING, Edward. *Charles Darwin and Karl Marx: A comparison*. Londres: Twentieth Century Press, n.d.

AVERY, John. *Progress, poverty and population: re-reading Condorcet, Godwin and Malthus*. London: Frank Cass, 1997.

BACON, F. *Of the Dignity and Advancement of Learning.* Hansebooks, 2020. [*O progresso do conhecimento.*]

BACON, Francis. *Novum organum.* Chicago: Open Court, 1994.

BACON, Francis. *Philosophical works.* In: Robertson, John M. Freeport (ed.) Nova York: Freeport, 1905. [*Obras filosóficas*]

BACON, Francis. *Philosophical works.* Londres: Longman, 1857, v. 2. [*Obras filosóficas*]

BACON, Francis. *Sylva Sylvarum; or a Natural History in Ten Centuries* [*Sylva Sylvarum; ou uma história natural em dez séculos*].

BAILEY, Cyril, "Karl Marx on greek atomism". *Classical quarterly,* v. 22, n. 3 e 4, julho-outubro de 1928. [*Karl Marx sobre o atomismo grego*]

BAILEY, Cyril. *Epicurus: the extant remains.* Oxford: Oxford University Press, 1926. [*Epicuro: restos remanescentes*]

BAILEY, Cyril. *The Greek Atomists and Epicurus.* Oxford: Oxford University Press, 1928. [*Os atomistas gregos e Epicuro*]

BARAN, Paul A. e Sweezy, Paul M. *Monopoly capital.* Nova York: Monthly Review Press, 1966. [Baran, Paul A. e Sweezy, Paul M. *Capitalismo monopolista.* Rio de Janeiro: Zahar, 1974]

BARBOUR, Reid. *English epicures and stoics: Ancient legacies in early Stuart culture.* Amherst: University of Massachusetts Press, 1998. [*Epicuristas e estoicos ingleses: legados antigos no início da cultura Stuart*]

BEAMISH, Rob. "The Making of the Manifesto". In: Panitch, Leo e Leys, Colin (eds.) *The communist manifesto now: socialist register 1998.* Londres: Merlin, 1998.

BEBEL, August. *Woman in the past, present and future.* Londres: Zwan, 1988. Bedani, Gino, *Vico Revisited.* Oxford: Berg, 1989. [*Vico revisitado*]

BENTLEY, Richard. *A confutation of atheism.* [*Uma refutação do ateísmo*]

BENTLEY, Richard. *Sermons preached at Boyle's lecture.* Londres: Francis Macpherson, 1838. Benton, Ted, "Marxism and natural limits", *New Left Review,* n. 178. Novembro-Dezembro, 1989.

BENTON, Ted. "Engels and the politics of nature". In: Arthur, C. J. *Engels today: a centenary appreciation.* Nova York: St. Martin's Press, 1996.

BERNAL, J. D. *Science in history.* Cambridge, Mass.: MIT Press, 1969, v. 1.

BERNAL, J. D. *The origins of life.* Nova York: World Publishing Company, 1967. [*As origens da vida*] Bhaskar, Roy. "General Introduction", em Archer, Margaret; Bhaskar, Roy; Collier, Andrew; Lawson, Tony; Norrie, Alan (eds.) *Critical realism.* Nova York: Routledge, 1998.

BHASKAR, Roy. *Reclaiming reality.* Londres: Verso, 1989. [*Recuperando a realidade*]

BHASKAR, Roy. "Materialism". In: Bottomore, Tom (ed.) *A dictionary of Marxist Thought.* Oxford: Blackwell, 1983. [Bhaskar, Roy. "Materialismo". In: Bottomore, Tom (org.) *Dicionário do Pensamento Marxista.* Rio de Janeiro: Zahar, 1988].

BHASKAR, Roy. *The possibility of naturalism.* Atlantic Highlands, NJ: Humanities Press, 1979.

BING, Franklin C. "The History of the Word 'Metabolism'", *Journal of the history of medicine and allied arts,* v. 26, n. 2, abril 1971.

BOYLE, Robert. *Disquisition about the final causes of natural things* [*Dissertação sobre as causas finais das coisas naturais*]

BOYLE, Robert. *Works.* v. 4. Londres: A. Millar, 1744. [*Obras*]

BRAMWELL, Anna. *Ecology in the 20th century.* New Haven, Conn.: Yale University Press, 1989.

BROCK, William H. *Justus von Liebig.* Cambridge: Cambridge University Press, 1997.

BROOKE, John Hedley, *Science and religion.* Nova York: Cambridge University Press, 1991.

BROWNE, Janet. *Charles Darwin: voyaging.* Princeton. NJ.: Princeton University Press, 1995. [Browne, Janet. *Charles Darwin: viajando.* São Paulo: Editora Unesp, 2011].

BUKHARIN, Nikolai *et al. Marxism and modern thought.* Nova York: Harcourt, Brace, 1935. [*Marxismo e o pensamento moderno*]

REFERÊNCIAS

BUKHARIN, Nikolai et al., *Science at the cross roads: papers presented at the international congress of the history of science and technology*, 1931. Londres: Frank Cass, 1971.

BUKHARIN, Nikolai. "Theory and practice from the standpoint of dialectical materialism". In: Bukharin et al., *Science at the cross roads: papers presented at the international congress of the history of science and technology, 1931*, Londres: Frank Cass, 1971.

BUKHARIN, Nikolai. *Historical materialism: a system of sociology*. Nova York: International Publishers, 1925.

BUKHARIN, Nikolai. *Philosophical arabesques*, Capítulo 8. Monthly Review Press, 2005.

Bulletin of the American geographical and statistical association [Boletim da Associação Americana de Geografia e Estatística]

BURKETT, Paul. "Nature in Marx reconsidered: a silver anniversary assessment of Alfred Schmidt's *Concept of nature in Marx*", *Organization & Environment*, v. 10, n. 2, junho 1997.

BURKETT, Paul. *Marx and nature: a red and green perspective*. Nova York: St. Martin's Press, 1999. [*Marx e natureza: uma perspectiva vermelha e verde*]

BURROW, J. W. "Editor's Introduction" em Darwin, Charles. *The origin of the species by means of natural selection*. Harmondsworth: Penguin Books, 1968.

BURROW, J. W. "Editor's Introduction". In: Darwin, Charles. *The origin of species by means of natural selection*. Harmondsworth: Penguin Books, 1968.

BUTTEL, Fred. "New directions in environmental sociology", *Annual review of sociology*, v. 13, 1987. Caneva, Kenneth. *Robert Mayer and the conservation of energy*. Princeton, NJ.: Princeton University Press, 1993.

CANNAN, Edwin. *A history of theories of production and distribution in English political economy from 1776 to 1848*. Nova York: Augustus M. Kelley, 1917.

CAREY, Henry. *Letters to the President on the foreign and domestic policy of the Union and its effects as exhibited in the condition of the people and the State*. Filadélfia: M. Pollock, 1858.

CAREY, Henry. *Principles of social science*. Filadélfia: J. B. Lippincott, 1867, v. 2. [*Princípios da ciência social*]

CAREY, Henry. *The past, present and future*. Nova York: Augustus M. Kelley, 1967 [originalmente publicado em 1847].

CAREY, *The slave trade domestic and foreign* [Tráfico nacional e estrangeiro de escravos] Carson, Rachel. *Lost woods*. Boston: Beacon Press, 1998.

CATTON, William e Dunlap, Riley. "Environmental sociology: a new paradigm", *The american sociologist*, v. 13, n. 4, novembro 1978.

CAUDWELL, Christopher. *Illusion and reality*. Nova York: International Publishers, 1937. [*Ilusão e realidade*]

CAUDWELL, Christopher. *Scenes and actions: unpublished manuscripts*. Nova York: Routledge & Kegan Paul, 1986. [*Cenas e ações: manuscritos não publicados*]

CAUDWELL, Christopher. *Studies and further studies in a dying culture*. Nova York: Monthly Review Press, 1971. [*Estudos e mais estudos sobre uma cultura à beira da morte*]

CAYGILL, Howard. *A Kant dictionary*. Oxford: Blackwell, 1995.

CHADWICK, Edwin. *Report on the sanitary condition of the labouring population of Great Britain*. Edimburgo: Edinburgh University Press, 1965. [*Relatório sobre as condições sanitárias da população trabalhadora da Grã Bretanha*]

CHALMERS, Thomas. *On political economy in connexion with the moral state and moral prospects of society*. Glasgow: William Collins, 1853, v. 2. [*Sobre a Economia Política em conexão com o estado moral e as perspectivas morais da sociedade*]

CHALMERS, Thomas. *On the power, wisdom and goodness of God as manifested in the adaptation of external nature to the moral and intellectual constitution of man.*, v. 1. Londres: William Pickering, 1834.

CHAMBERS, Robert *The vestiges of the natural history of creation* [*Vestígios da história natural da criação*]. *Charles Darwin: the naturalist as a cultural force* [*Charles Darwin: o naturalista como força cultural*]. Charleton. Physiologia Epicuro-Gassendo-Charltoniana [*Fisiologia Epicuro--Gassendo-Charl-*

CHASE, Alan. *The legacy of Malthus: the social costs of the new scientific racism*. Nova York: Alfred A. Knopf, 1977.

CHURCHILL, Ward. *From a native son*. Boston: South End Press, 1996.

CLARK, John. "Marx's inorganic body", *Environmental ethics*, v. 11, n. 3, outono 1989. COBBAN, Alfred. *In search of humanity: the role of the enlightenment in modern history*. Nova York: George Braziller, 1960.

COBBETT, William. *Rural rides* [*Passeios rurais*].

COHEN, Stephen F. "Introduction". In: Bukharin, Nikolai. *How it all began*. Nova York: Columbia University Press, 1998.

COHEN, Stephen F. *Bukharin and the bolshevik revolution*. Nova York: Oxford University Press, 1980.

COLEMAN, E. "Short communication on the unpublished writings of Karl Marx dealing with mathematics, the natural sciences and technology and the history of these subjects". In: Bukharin, Nikolai et al., *Science at the cross roads: papers presented at the international congress of the history of science and technology, 1931*. Londres: Frank Cass, 1971.

COLP, Jr., Ralph. "The contacts between Karl Marx and Charles Darwin", *Journal of the history of ideas*, v. 35, n. 2, abril-junho 1974.

COMMONER, Barry. *The closing circle*. Nova York: Knopf, 1971.

CONDORCET, Jean-Antoine-Nicholas Caritat, Marquês de. *Sketch for a historical picture of the progress of the human mind*. Nova York: Noonday Press, 1955.

COOK, Alan. *Edmund Halley: charting the heavens and the seas*. Oxford: Oxford University Press, 1998.

COPLESTON, Frederick. *A history of philosophy*, v. 6, Londres: Burnes & Oates, 1960. [*Uma história da filosofia*]

CORNU, Auguste. *The origins of marxian thought*. Springfield, Ill.: Charles C. Thomas, 1957. [*As origens do pensamento marxiano*]

CUVIER, *The revolutions of the globe*. [*As revoluções do mundo*]

DAHLSTROM, Daniel O. "Hegel's appropriation of Kant's account of teleology in nature". In: Houlgate, Stephen (ed.) *Hegel and the philosophy of nature*. Albany: State University of New York Press, 1998.

DANIEL, Glyn; Renfrew, Colin. *The idea of prehistory*. Edimburgo: Edinburgh University Press, 1988.

DARWIN, Charles. *Autobiography*. Nova York: Harcourt, Brace, 1958. [Darwin, Charles. *Autobiografia 1809-1882*. Rio de Janeiro: Contraponto, 2000].

DARWIN, Charles. *Notebooks, 1836-1844*. Ithaca, Nova York: Cornell University Press, 1987. Darwin, Charles. *The expression of the emotions in man and animals*. Nova York: Oxford University Press, 1998. [*A expressão de emoções em homens e animais*]

DARWIN, Charles. *The origin of species by means of natural selection*. Harmondsworth: Penguin Books, 1968. [Darwin, Charles. *A origem das espécies*. São Paulo: Martin Claret, 2009]

DARWIN, Charles. *The variation of animals and plants under domestication*. [*A variação dos animais e plantas sob domesticação*]

DAUMER, *The religion of the new age* [*A religião da nova era*]

DELÉAGE, Jean-Paul. "Eco-marxist critique of political economy". In: O'Connor, Martin (ed.) *Is capitalism sustainable?* Nova York: Guilford, 1994.

DESCARTES, Rene. *Discourse on method and the meditations*. Harmondsworth: Penguin Books, 1968 [Descartes, René. *Discurso do método e ensaios*. São Paulo: Editora Unesp, 2018].

REFERÊNCIAS

363

DESMOND, Adrian. *Huxley: from devil's disciple to evolution's high priest*. Reading, Mass.: Perseus Books, 1997.

DESMOND, Adrian. *The politics of evolution: morphology, medicine and reform in radical London*. Chicago: University of Chicago Press, 1989. [*A política da evolução: morfologia, medicina e reforma na Londres radical*]

DESMOND, Adrian; Moore, James. *Darwin: The life of a tormented evolutionist*. Nova York: W. W. Norton, 1991. [*Darwin: a vida de um evolucionista atormentado*]

Deutsch-Französische Jahrbücher [os *Anais Franco-Alemães*].

DIÓGENES DE ENUANDA. *The fragments*. Nova York: Oxford University Press, 1971.

DIÓGENES DE LAÉRCIO. *Lives of eminent philosophers*. v. 2. Cambridge, Mass.: Harvard University Press/Loeb Classical Library, 1925.

DOBB, Maurice. *Theories of value and distribution since Adam Smith*. Cambridge: Cambridge University Press, 1973.

DOBBS, J. T. "Stoic and epicurean doctrines in Newton's system of the world". *In:* Osler, Margaret J. (ed.) *Atoms, pneuma, and tranquility: epicurean and stoic themes in european thought*. Nova York: Cambridge University Press, 1991.

DRAPER, Hal. *The Marx-Engels chronicle*. Nova York: Schocken Books, 1985. Draper, Hal. *The Marx-Engels glossary*. Nova York: Schocken Books, 1986.

DUNLAP, Riley. "The evolution of environmental sociology". *In:* Michael Redclift and Graham Woodgate (eds.) *International handbook of environmental sociology*. Northampton, Mass.: Edward Elgar, 1997.

DURANT, John R. "The ascent of nature in Darwin's *Descent of man*". *In:* Kohn, David (ed.) *The darwinian heritage*. Princeton, N.J.: Princeton University Press, 1985.

ECKERSLEY, Robyn. *Environmentalism and political theory*. Nova York: State University of New York Press, 1992.

EDBERG, Rolf; YABLOKOV, Alexei. *Tommorrow will be too late*. Tucson: University of Arizona Press, 1991.

EISELEY, Loren. *Darwin's century*. Nova York: Doubleday, 1958.

ELLINGTON, James W. "Kant, Immanuel", *Dictionary of scientific biography*, v. 7.

ENGELS, Friedrich. "Letter to Friedrich Adolph Sorge". *In:* FONER, Philip (ed.) *Karl Marx remembered*. São Francisco: Synthesis Publications, 1983.

ENGELS, Friedrich. "Outlines of a critique of political economy", em MARX, Karl. *Economic and philosophical manuscripts of 1844*. Nova York: International Publishers, 1964.

ENGELS, Friedrich. *Anti-Dühring*. Moscou: Progress Publishers, 1969. [Engels, Friedrich. *Anti--Dühring*. 3. ed. Rio de Janeiro: Paz e Terra, 1990]

ENGELS, Friedrich. *Anti-Dühring*. Nova York: International Publishers, 1939.

ENGELS, Friedrich. *Dialectics of nature*. Nova York: International Publishers, 1940. [Engels, Friedrich. *A dialética da natureza*. 6. ed. Rio de Janeiro: Paz e Terra, 2000]

ENGELS, Friedrich. *Ludwig Feuerbach and the outcome of classical german philosophy*. Nova York: International Publishers, 1941. [Engels, Friedrich. *Ludwig Feuerbach e o Fim da Filosofia Clássica Alemã*. São Paulo: Hedra, 2022.]

ENGELS, Friedrich. *The condition of the working class in England*. Chicago: Academy Press, 1969. [Engels, Friedrich. *A situação da classe trabalhadora na Inglaterra*. São Paulo: Boitempo, 2008.]

ENGELS, Friedrich. *The housing question*, Moscou: Progress Publishers, 1975. [Engels, Friedrich. *Sobre a questão da moradia*. São Paulo: Boitempo, 2015]

ENGELS, Friedrich. *The origin of the family, private property and the state*. [Engels, Friedrich. *A origem da família, da propriedade privada e do Estado*. São Paulo: Expressão Popular, 2012]

ENGELS, Friedrich. *The Peasant War in Germany*. Nova York: International Publishers, 1926. [Engels, Friedrich. "As guerras camponesas na Alemanha". *In: Revolução antes da Revolução*. São Paulo: Expressão Popular, 2008]

EPICURO, "Letter to Herodotus". In: OATES (ed.) The stoic and epicurean philosophers, 1996. [Epicuro. Carta sobre a felicidade. São Paulo: Editora Unesp, 2002]

EPICURO. Letters, principal doctrines and Vatican sayings. Indianápolis: Bobbs-Merrill, 1964. Epicuro. The Epicurus reader. Indianápolis: Hackett, 1994.

EVE, A. S. e CREASEY, C. H. Life and work of John Tyndall. Londres: Macmillan, 1945. EVELYN, John. Fumifugium: or, the inconvenience of the aer and smoke of London dissipated, em LODGE, James P. (ed.) The smoke of London: two prophecies. Elmstead, Nova York: Maxwell Reprint, 1969.

EVELYN, John. Fumifugium: Or, the Inconvenience of the Aer and Smoke of London Dissipated [Fumifugium: ou a inconveniência da dissipação de ar e fumaça de Londres]

EVELYN, John. Sylva Or a Discourse of Forest-Trees and the Propagation of Timber in His Majesties Dominions [Sylva ou um discurso sobre árvores florestais e a propagação da madeira nos domínios de sua majestade]

EVELYN, John. Sylva, or a discourse of forest-trees and the propagation of timber in his majesty's dominions. Londres: Royal Society, 1664.

Familiar letters on chemistry. [Cartas familiares sobre química]

FARRINGTON, Benjamin. Science and politics in the Ancient world. Nova York: Barnes & Noble, 1965. [Ciência e política no mundo Antigo]

FARRINGTON, Benjamin. Science in Antiquity. Nova York: Oxford University Press, 1969.

FARRINGTON, Benjamin. The faith of Epicurus. Nova York: Basic Books, 1967.

FAY, Margaret A. "Marx and Darwin: a literary detective story". Monthly review, v. 31, n. 10, março 1980.

FERKISS, Victor. Nature, technology and society. Nova York: New York University Press, 1993.

FESSBACK, Murray; Friendly Jr., Arthur. Ecocide in the USSR. Nova York: Basic Books, 1992.

FEUERBACH, Ludwig. Geschichte der neuern Philosophie: Von Bacon bis Spinoza. [História da filosofia moderna de Bacon a Spinoza]

FEUERBACH, Ludwig. Teses Provisórias para a Reforma da Filosofia. Covilhã: Universidade da Beira Interior, 2008. Disponível em: https://www.marxists.org/portugues/feuerbach/1842/mes/teses_provisorias.pdf

FEUERBACH, Ludwig. The essence of christianity. Boston: Houghton Mifflin, 1881. Feuerbach, Ludwig. The fiery brook. Garden City, N.Y.: Doubleday, 1972.

FISCHER-KOWALSKI, Marina. "Society's Metabolism". In: Redclift, Michael; Woodgate, Graham (ed.) International handbook of environmental sociology. Northampton, Mass.: Edward Elgar, 1997.

FISHER, Mitchell Salem. Robert Boyle, devout naturalist. Filadélfia: Oshiver Studio Press, 1945.

FOSTER, John Bellamy "Marx and the environment". In: Wood, Ellen Meiksins; Foster, John Bellamy (eds.) In defense of history. Nova York: Monthly Review Press, 1997.

FOSTER, John Bellamy e SZLAJFER, Henryk (eds.) The faltering economy. Nova York: Monthly Review Press, 1984.

FOSTER, John Bellamy, "Introduction". In: FISCHER, Ernst. How to read Karl Marx. Nova York: Monthly Review Press, 1996.

FOSTER, John Bellamy. "Introduction to John Evelyn's Fumifugium". Organization and environment, v. 12, n. 2, junho de 1999.

FOSTER, John Bellamy. "Marx's theory of metabolic rift: classical foundations for environmental sociology", American Journal of Sociology, v. 104, n. 2, setembro 1999.

FOSTER, John Bellamy. "Robbing the Earth of its Capital Stock", Organization & Environment,

FOSTER, John Bellamy. "The communist manifesto and the environment". In: Panitch, Leo; Leys, Colin (eds.) The communist manifesto now: socialist register 1998. London: Merlin, 1998.

FOSTER, John Bellamy. The theory of monopoly capitalism. Nova York: Monthly Review Press, 1986.

REFERÊNCIAS

FOSTER, John Bellamy. *The vulnerable planet: a short economic history of the environment*. Nova York: Monthly Review Press, 1994. [*O planeta vulnerável: uma breve história econômica do ambiente*]

FOURIER, Charles *The theory of the four movements*. Cambridge: Cambridge University Press, 1996.

FOURIER, Charles. *Selections*. Londres: Swan Sonnenschein, 1901.

FREEMAN, T. W. *A hundred years of geography*. Londres: Gerald Duckworth, 1961.

FRIDAY, James R.; MCLEOD, Roy M. *John Tyndall, natural philosopher, 1820-1893: catalogue of correspondence, journals and collected papers*. Londres: Mansell, 1974.

GASSENDI, Pierre. *Selected works*. Nova York: Johnson Reprint, 1972.

GASSENDI. *Doubts*.

GAY, Peter. *The enlightenment*. Nova York: Alfred A. Knopf, 1966, v. I.

GAY, Peter. *The party of the enlightment*. Nova York: W. W. Norton, 1963. *Generelle Morphologie der Organismen* [*Morfologia geral dos organismos*],

GEORGESCU-ROEGEN, Nicholas. *The entropy law in the economic process*. Cambridge, Mass.: Harvard University Press, 1971.

GERRATANA, Valentino. "Marx and Darwin", *New Left Review*, n. 82, novembro-dezembro 1973.

GIDDENS, Anthony. *A contemporary critique of historical materialism*. Berkeley: University of California Press, 1981.

GIGANTE, Marcello. *Philodemus in Italy: The books from Herculaneum*. Ann Arbor: University of Michigan Press, 1990.

GILLISPIE, Charles Coulston. *Genesis and Geology*. Cambridge, Mass.: Harvard University Press, 1996.

GLACKEN, Clarence. *Traces on the Rhodian shore: nature and culture in western thought from ancient times to the end of the eighteenth century*. Berkeley: University of Califórnia Press, 1967.

GODWIN, William *Enquiry concerning political justice and its influence on morals and happiness* [*Investigação sobre a justiça política e sua influência na moral e na felicidade*].

GODWIN, William. *Enquiry concerning political justice and its influence on morals and happiness*. Toronto: University of Toronto Press, 1946, v. 2.

GOLDBLATT, David. *Social theory and the environment*. Boulder, Colo: Westview Press, 1996.

GOULD, Stephen Jay. "A darwinian at Marx's funeral", *Natural history*, v. 108, n. 7, primavera 1999.

GOLLEY, Frank Benjamin. *A history of the ecosystem concept in ecology*. New Haven, Conn.: Yale University Press, 1993.

GOULD, Stephen Jay. "A darwinian gentleman at Marx's funeral", v. 108, n. 7, 1999.

GOULD, Stephen Jay. *An urchin in the storm*. Nova York: W. W. Norton, 1987.

GOULD, Stephen Jay. *Dinosaur in a haystack*. Nova York: Random House, 1995.

GOULD, Stephen Jay. *Eight little piggies*. Nova York: W. W. Norton, 1993.

GOULD, Stephen Jay. *Ever since Darwin*. Nova York: W. W. NORTON, 1977, p. 21-27 [GOULD, Stephen Jay. A demora de Darwin. *In: Darwin e os grandes enigmas da vida*. São Paulo: Martins Fontes, 1999].

GOULD, Stephen Jay. *Ever since Darwin*. Nova York: W. W. Norton, 1977.

GOULD, Stephen Jay. *Full house: the spread of excellence from Plato to Darwin*. Nova York: Three Rivers Press, 1996.

GOULD, Stephen Jay. *Leonardo's mountain of clams and the diet of worms*. Nova York: Crown Publishers, 1998.

GOULD, Stephen Jay. *Ontogeny and phylogeny*. Cambridge, Mass.: Harvard University Press, 1977.

GOULD, Stephen Jay. *The mismeasure of man*. Nova York: WW Norton, 1996.

GOULD, Stephen Jay. *The rock of ages*. Nova York: Ballantine, 1999.

GRAMSCI, Antonio. *Further selections from the prison notebooks*. Minneapolis: University of Minnesota Press, 1995.

GRAMSCI, Antonio. *Selections from the prison notebooks*. Nova York: International Publishers, 1971.

GRAYSON, Donald K. *The establishment of human antiquity*. Nova York: Free Press, 1983.

GREENE, John C. *The death of Adam*. Ames, Iowa: Iowa State University Press, 1959.

GREENE, John. *The death of Adam* [A morte de Adão].

GRUBER, Howard E. *Darwin on Man*. Chicago: University of Chicago Press, 1981.

GRUBER, Jacob W. "Brixham cave and the antiquity of man" em Spiro, Melford E. (ed.) *Context and meaning in cultural anthropology*. Nova York: Free Press, 1965.

GRUNDMANN, Reiner. "The ecological challenge of marxism", *New Left Review*, n. 187, maio-

GRUNDMANN, Reiner. *Marxism and ecology*. Nova York: Oxford University Press, 1991.

GUTHRIE, W. K. C. *In the beginning: some greek views of the origin of life and the early state of man*. Ithaca, N.Y.: Cornell University Press, 1957.

HABER, Francis C. *The age of the world: Moses to Darwin*. Baltimore, Md.: Johns Hopkins University Press, 1959.

HAECKEL, Ernst. *Monism as connecting religion and science: the confession of faith of a man of science*. Londres: Adam & Charles Black, 1895.

HAILA, Yrjö; LEVINS, Richard. *Humanity and nature: ecology, science and society*. Londres: Pluto Press, 1992.

HALDANE, J. B. S. "Preface". *In*: Engels, Friedrich. *The Dialectics of nature*. Nova York: International Publishers, 1940.

HALL, Thomas S. *Ideas of life and matter: studies in the history of general physiology 600 B.C. to 1900 A. D.* [Ideias da vida e da matéria: estudos sobre a história da fisiologia geral de 600 a.C. a 1900 d.C.] Chicago: University of Chicago Press, 1969, v. II.

HALL, Thomas S. *Ideas of life and matter: studies in the history of general physiology 600 B.C. to 1900 A. D.* Chicago: University of Chicago Press, 1969, v. 2.

HANSON, Meira e Salleh, Ariel. "On production and reproduction, identity and nonidentity in ecofeminist theory". *Organization & Environment*, v. 12, n. 2, junho, 1999.

HARTLEY, David. *Observations on man* [Observações sobre o homem] (1749).

HAYWARD, Tim. *Ecological thought*. Cambridge: Polity, 1994.

HEDLEY, John. *Ciência e religião. Algumas perspectivas históricas*. Porto: Porto editora, 2005.

HEGEL, G. W. F. *Philosophy of nature*. v. I. Nova York: Humanities Press, 1970

HEGEL, Georg Wilhelm Friedrich. *Lectures on the history of philosophy*. v. 1. Lincoln: University of Nebraska Press, 1995.

HEGEL, Georg Wilhelm Friedrich. *Lectures on the history of philosophy*. v. 2. Lincoln: University of Nebraska Press, 1995.

HEGEL, Georg Wilhelm Friedrich. *Lectures on the philosophy of the world history: introduction*. Cambridge: Cambridge University Press, 1975.

HEGEL, Georg Wilhelm Friedrich. Science of Logic. New York: Humanities Pressa, 1969. [Hegel, Georg Wilhelm Friedrich. *Ciência da Lógica*. Petrópolis: Vozes, 2016].

HEGEL, Georg Wilhelm Friedrich. *The phenomenology of mind*. Nova York: Harper & Row, 1967.

HEINE, Heinrich. *Selected prose*. Harmondsworth: Penguin Books, 1993.

HELLMAN, Hal. *Great feuds in science*. Nova York: John Wiley & Sons, 1998.

HERBERT, Sandra; Barrett, Paul H., "Introduction to Notebook M". *In*: Darwin, Charles. *Notebooks, 1836-1844. Heredity and development* [Hereditariedade e desenvolvimento]

HERZEN, Alexander. *Selected philosophical works*. Moscou: Foreign Languages Publishing House, 1956.

HESSEN, Boris. "The social and economic roots of Newton's *Principia*". *In*: BUKHARIN, Nikolai et al. *Science at the cross roads: papers presented at the international congress of the history of science and technology, 1931*. Londres: Frank Cass, 1971.

REFERÊNCIAS

HEYER, Paul. *Nature, human nature and society: Marx, Darwin and the human sciences.* Westport, Conn.: Greenwood Press, 1982. [*Natureza, natureza humana e sociedade*]

HILLEL, Daniel. *Out of the earth.* Berkeley: University of California Press, 1991.

HOOK, Sidney. *Towards the understanding of Karl Marx.* Nova York: John Day Company, 1933.

HORKHEIMER, Max. *The eclipse of reason.* Nova York: Oxford University Press, 1947.

HORKHEIMER, Max; ADORNO, Theodor W. *Dialectic of enlightenment.* Nova York: Herder & Herder, 1972.

HORKHEIMER, Max; ADORNO, Theodor W. *Dialectic of enlightenment.* Nova York: Herder & Herder, 1972.

HOULGATE, Stephen (ed.) *The Hegel reader.* Oxford: Blackwell, 1998.

HUBBARD, Elbert. *Tyndall.* East Aurora, N.Y.: Roycrofters, 1905.

HUGHES, J. Donald. *Pan's travail: environmental problems of the ancient greeks and romans.* Baltimore: Johns Hopkins University Press, 1994.

HUME, David. *Enquiries concerning human understanding and concerning the principles of morals.* Oxford: Oxford University Press, 1975. [Hume, *Investigação sobre o entendimento humano e sobre os princípios da moral.* São Paulo: Editora Unesp, 2000].

Hungry for Profit. [*Fome pelo lucro*]

HUNN, Eugene S. "The value of subsistence for the future of the world", em NAZAREA, Virginia D. (ed.) *Ethnoecology.* Tucson: University of Arizona Press, 1999.

HUXLEY, Thomas H. *Darwiniana.* Nova York: D. Appleton and Co., 1897.

HUXLEY, Thomas H. *Lay Sermons, addresses and reviews.* Nova York: D. Appleton and Co., 1871.

HUXLEY, Thomas. *Evidence as to man's place in nature.* [*Evidências do lugar do homem na natureza*] *Index librorum prohibitorum* [*Índice de Livros Proibidos*]

Inquiry into the nature and progress of rent [*Investigação sobre a natureza e progresso da renda*] Institute of Marxism-Leninism. *Ex Libris, Karl Marx und Friedrich Engels.* Berlim: Dietz Verlag, 1967.

INWOOD, Brad e GERSON, L.P. (eds.) *Hellenistic philosophy.* Indianapolis: Hackett, 1988.

INWOOD, Michael. *A Hegel dictionary.* Oxford: Basil Blackwell, 1992.

JACOB, Margaret C. *Scientific Culture and the Making of the Industrial West.* Nova York: Oxford University Press, 1997.

JACOB, Margaret C. *The Radical enlightenment: Pantheists, Freemasons and Republicans.* Boston: George Allen & Unwin, 1981.

JOHNSTON, James F. W. *Notes on North America.* Londres: William Blackwood & Sons, 1851, v. 1.

JONES, Howard. *The epicurean tradition.* New York: Routledge, 1992.

JOY, Lynn Sumida. *Gassendi, the atomist.* Cambridge: Cambridge University Press, 1987. -junho 1991.

KANT, Immanuel. *Cosmogony.* Nova York: Greenwood, 1968.

KANT, Immanuel. *Critique of judgement.* Indianapolis: Hackett, 1987. [Kant, Immanuel. *Crítica da faculdade de julgar.* Petrópolis: Vozes, 2016]

KANT, Immanuel. *Critique of practical reason.* Cambridge: Cambridge University Press, 1997.

KANT, Immanuel. *Critique of Pure Reason.* Cambridge: Cambridge University Press, 1997.

KANT, Immanuel. *Logic.* Nova York: Dover, 1988. [Kant, Immanuel. *Lógica.* Rio de Janeiro: Tempo brasileiro, 1992].

KANT, Immanuel. *Metaphysical foundations of natural Science.* [*Fundamentos metafísicos da ciência natural*]

KANT, Immanuel. *Philosophy of material nature.* Indianapolis: Hackett Publishing, 1985, Livro II.

KANT, Immanuel. *Anthropology from a pragmatic point of view.* Carbondale: Southern Illinois University Press, 1978.

KAPP, K. William. *The social costs of private enterprise.* Nova York: Schocken Books, 1971.

KARGON, Robert Hugh. *Atomism in England from Hariot to Newton.* Oxford: Oxford University Press, 1966.

KAUTSKY, Karl. *The agrarian question*. Londres: Zwan, 1988, v. I.

KAUTSKY, Karl. *The agrarian question*. Londres: Zwan, 1998, v. 2.

KEMP, Jonathan (ed.) *Diderot, interpreter of nature*. Nova York: International Publishers, 1963.

KOLAKOWSKI, Leszek. *Main currents of marxism*. V. 1. Nova York: Oxford University Press, 1978.

Köppen *Frederik the Great and His Opponents* [*Frederico, o Grande, e seus adversários*].

KUHN, Thomas S. *The Copernican Revolution*. Cambridge, Mass: Harvard University Press, 1985. [Kuhn, Thomas S. *A revolução copernicana*. Coimbra: Edições 70, 2017].

LA METTRIE, Julien Offray de. *Machine man and other writings*. Nova York: Cambridge University Press, 1996.

LA METTRIE. *The System of Epicurus* [*O sistema de Epicuro*]

LA VERGATA, Atonello. "Images of Darwin". *In:* Kohn, David (ed.) *The Darwinian heritage*.

LAÉRCIO, Diógenes de. *Lives of eminent philosophers.* [*A vida de eminentes filósofos*]

LANGE, Frederick. *The history of materialism*. New York: Humanities Press, 1950. [*História do materialismo*]

LANKESTER, E. Ray. *From an easy chair*. Londres: Archibald & Constable, 1909.

LANKESTER, E. Ray. *Science from an easy chair*. Nova York: Henry Holt, 1913.

LANKESTER, E. Ray. *The kingdom of man*. Londres: Watts & Co., 1912.

LAUDAN, Rachel. *From mineralogy to geology: the foundations of a science, 1650-1830*. Chicago: University of Chicago Press, 1987.

LAWRENCE, William. *Lectures on Physiology, Zoology and the Natural History of Man* [*Lições sobre fisiologia, zoologia e a história natural do homem*].

LEACOCK, Eleanor, "Introduction". *In:* Engels, Friedrich. *The origin of the family, private property and the state*. Nova York: International Publishers, 1972.

LEBOWITZ, Michael. *Beyond Capital*. Nova York: St. Martin's Press, 1992.

LEIBNIZ, G. W. *Philosophical essays*. Indianapolis: Hackett, 1989.

LEISS, William. *The domination of nature*. Boston: Beacon Press, 1974.

LEMAHIEU, D. L. *The mind of William Paley*. Lincoln: University of Nebraska Press, 1976. LENIN, V. I. *Collected works*. Moscou: Progress Publishers, 1961, v. 5.

LENIN, V. I. *Collected works*. Moscou: Progress Publishers, 1961, v. 14.

LENIN, V. I. *Collected works*. Moscou: Progress Publishers, 1961, v. 38.

LENNOX, James G. "Teleology". *In:* KELLER, Evelyn Fox; LLOYD, Elizabeth A. (eds.) *Keywords in evolutionary biology*. Cambridge, Mass.: Harvard University Press, 1992.

LENOIR, Timothy. *The strategy of life: teleology and mechanics in nineteenth century german biology*. Boston: D. Reidel Publishing Co., 1982.

LESSNER, Friedrich. "Before 1848 and After". Ohio: Twentieth Century Press, 1976.

LESTER, Joseph. *E. Ray Lankester and the making of modern british biology*. Oxford: British Society for the History of Science, 1995.

Letters on modern agriculture [*Cartas sobre agricultura moderna*]

Letters on the subject of the utilization of the municipal sewage [*Cartas sobre a utilização do esgoto municipal*]

Letters to the president, on the foreign and domestic policy of the Union [*Cartas para o presidente sobre as políticas externas e domésticas da União*]

LEVINS, Richard e LEWONTIN, Richard. *The dialectical biologist*. Cambridge, Mass.: Harvard University Press, 1985. [*O biólogo dialético*]

LEVINS, Richard; LEWONTIN, Richard. *The dialectical biologist*. Cambridge, Mass.: Harvard University Press, 1985.

LEWONTIN, R.C.; ROSE, Steven; KAMIN, Leon J. (eds.) *Not in our genes*. Nova York: Pantheon, 1984.

LIEBIG, "Einleitung". ["Introdução"]

REFERÊNCIAS

LIEBIG, Justus von. *Animal chemistry or organic chemistry in its application to physiology and pathology*. Nova York: Johnson Reprint, 1964.

LIEBIG, Justus von. *Die Chemie in ihrer Anwendung auf Agricultur und Physiologie*. V. I. Brunswick, 1862.

LIEBIG, Justus von. *Familiar letters on chemistry*. Filadélfia: T.B. Peterson, 1852.

LIEBIG, Justus von. *Letters on modern agriculture*. Londres: Walton & Maberly, 1859.

LIEBIG, Justus von. *Letters on the subject of the utilization of the metropolitan sewage*. Londres: W. H. Collingridge, 1865.

LIEBIG, Justus von. *The natural laws of husbandry*. Nova York: D. Appleton, 1863.

LIEBIG. *Organic chemistry in its application to agriculture and physiology* [*Química orgânica em sua aplicação para a agricultura e fisiologia*]

LIEBIG. *Organic chemistry in its application to chemistry and phisiology*. In: *The chemical news*, v. 7. n. 182, 30 maio 1863. [*Química orgânica em sua aplicação para a química e fisiologia*]

LIEBKNECHT, William. "Reminiscences of Marx". In: Institute of Marxism-Leninism (ed.) *Reminiscences of Marx and Engels*. Moscou: Foreign Languages Publishing House, n.d.

LINDQUIST, Sven. *Exterminate all the brutes*. Nova York: New Press, 1996.

LIVERGOOD, Norman D. *Activity in Marx's philosophy*. The Hague: Martinus Nijhoff, 1967.

LOCKE, John. *An Essay Concerning Human Understanding*. Nova York: Dover, 1959, v. 2. [LOCKE, John. *Ensaio acerca do entendimento humano*. São Paulo: Nova Cultural, 1999, p. 224] LOHNE, J. A. "Harriot (or Hariot) Thomas". *Dictionary of scientific biography*, 1972, v. 6.

LONG, A. A. *Hellenistic philosophy: stoics, epicureans and sceptics*. Berkeley: University of California Press, 1986.

LONG, A. A.; SEDLEY, D. N. (eds.) *The hellenistic philosophers: translations of the principal sources with philosophical commentary*. Cambridge: Cambridge University Press, 1987.

LORDE Ernle. *English farming past and present*. Chicago: Quadrangle, 1961.

LOVEJOY, Arthur O. *The great chain of being*. Cambridge, Mass.: Harvard University Press,1964.

LÖWY, Michael. "For a critical marxism", *Against the current*, v. 12, n. 5, novembro-dezembro 1997.

LÖWY, Michael. "Globalization and internationalism: how up-to-date is the 'communist manifesto'?" *Monthly Review*, v. 50, n. 6, novembro 1998.

LUBBOCK, John. *Pre-historic times*. Londres: Williams & Norgate, 1890.

LUCIANO. *Selected satires*. Nova York: W. W. Norton, 1962.

LUCRÉCIO, *On the nature of the universe*. Harmondsworth: Penguin Books, 1994.

LUCRÉCIO. *On the nature of the universe* (tradução dos versos de Oxford). Nova York: Oxford University Press, 1999, p. 13-15 (I.145-214) [Lucrecio, Da natureza. In: *Epicuro, Lucrécio, Cícero, Sêneca, Marco Aurélio*. Col. Pensadores. São Paulo: abril cultural, 1973]

LUCRÉCIO. *On the nature of the universe*. Harmondsworth: Penguin Books, 1994.

LUKÁCS, Georg. *History and class consciousness*. Londres: Merlin Press, 1971 [LUKÁC, Georg. *História e consciência de classe*. São Paulo: Martins Fontes, 2003]. LUKÁCS, Georg. *Tactics and ethics*. Nova York: Harper & Row, 1972.

LUMSDEN, Charles J.; Wilson, Edward O. *Promethean fire: Reflections on the origin of mind*. Cambridge, Mass.: Harvard University Press, 1983.

LUXEMBURGO, Rosa. *Letters*. Atlantic Highlands, N. J.: Humanities Press, 1993.

LYELL, Charles. *Geological evidences of the antiquity of man*. Filadélfia: George W Childs, 1863.

LYELL, Charles. *The geological evidences of the antiquity of man*. Filadélfia: George W. Childs, 1863. [*Evidências geológicas da antiguidade do homem*]

MACFARLANE, Alan. *Marriage and love in England: modes of reproduction 1300-1840*. Oxford: Blackwell, 1986.

MACINTOSH, J. J. "Robert Boyle on Epicurean Atheism and Atomism". In: OSLER, Margaret J. (ed.) *Atoms, pneuma, and tranquility: epicurean and stoic themes in european thought*. Nova York: Cambridge University Press, 1991.

MAGDOFF, Fred, Lanyon, Less; Liebhardt, Bill. "Nutrient Cycling, Transformations and Flows". *Advances in Agronomy*, v. 60, 1997.

MAGDOFF, Fred; BUTTEL, Fred; FOSTER, John Bellamy (eds.) *Hungry for profit*. Nova York: Monthly Review Press, 1999.

Malthus, An investigation of the cause of the present high price of provisions [*Uma investigação sobre as causas dos altos preços atuais dos mantimentos*]

MALTHUS, Thomas Robert Malthus. *An Essay on the Principle of Population; A View of its past and present Effects on Human Happiness; With an Inquiry into our Prospects respecting the future Removal or Mitigation of the Evils which it occasions*. Cambridge: Cambridge University Press, 1989, v. 2 [*Segundo ensaio*]

MALTHUS, Thomas Robert. *An essay on the principle of population; or a view of its past and present effects on human happiness; with an inquiry into our prospects respecting the future removal or mitigation of the evils which it occasions*. Cambridge: Cambridge University Press, 1989, v. 2.

MALTHUS, Thomas Robert. *Occasional papers*. Nova York: Burt & Franklin, 1963.

MALTHUS, Thomas Robert. *Pamphlets*. Nova York: Augustus M. Kelley, 1970.

MALTHUS, Thomas. *An essay on the principle of population and a summary view of the principle of population*. Harmondsworth: Penguin, 1970. [Primeiro ensaio]

MALTHUS, Thomas. *Pamphlets*. Nova York: Augustus M. Kelley, 1970.

MARGULIS, Lynn *et al.*, "Foreword to the English-Language Edition". *In:* VERNADSKY, V. I. *The biosphere*. Nova York: Copernicus, 1998.

MARQUÊS DE CONDORCET. *Sketch for a historical picture of the progress of the human mind* [*Esboço para uma descrição histórica do progresso da mente humana*].

MARSH, George Perkins, *Man and nature*. Cambridge Mass.: Harvard University Press, 1965. [*O homem e a natureza*]

MARSH. *The Earth as transformed by human action* [*A Terra transformada pela ação humana*].

MARSHALL, Alfred. *Principles of economics*. Londres: Macmillan, 1920.

MARSHALL, Alfred. *Principles of economics*. Londres: Macmillan, 1920.

MARTINEZ-ALIER, Juan e NAREDO, J. M. "A marxist precursor of energy economics: Podolinsky" *Journal of peasant studies*, v. 9. n. 2, 1982.

MARTINEZ-ALIER, Juan e NAREDO, J. M. "Political ecology, distributional conflicts and economic incommensurability", *New Left Review*, n. 211, maio-junho 1995.

MARTINEZ-ALIER, Juan. *Ecological economics*. Cambridge, Mass.: Basil Blackwell, 1987.

MARX, Karl "Teses sobre Feuerbach". *In:* ENGELS, Friedrich. *Ludwig Feuerbach and the outcome of classical german philosophy*. Nova York: International Publishers, 1941.

MARX, Karl e ENGELS, Friedrich. *Collected works*. Nova York: International Publishers, 1975, v. 42.

MARX, Karl. "Confessions". *In:* Shanin, Theodor (ed.) *Late Marx and the russian road*. Nova

MARX, Karl. "Letter of December 19, 1860". *In:* MARX, Karl; ENGELS, Friedrich. *Selected correspondence*, 1846-1895. Nova York: International Publishers, 1936.

MARX, Karl. "On the union of the faithful with christ according to John". *In:* PAYNE, Robert (ed.) *The unknown Karl Marx*. Nova York: New York University Press, 1971.

MARX, Karl. *Capital*, v. 3. Nova York: Vintage, 1976.

MARX, Karl. *Capital*. Nova York: Vintage, 1976, v. 1.

MARX, Karl. *Critique of the Gotha Programme*. Moscou: Progress Publishers, 1971.

MARX, Karl. *Diferença entre a filosofia da natureza de Demócrito e a de Epicuro*. São Paulo: Boitempo, 2018.

MARX, Karl. *Early writings*. Nova York: Vintage, 1974. MARX, Karl. *Early writings*. Nova York: Vintage, 1975.

MARX, Karl. *Ethnological notebooks*. Assen, Países Baixos: Van Gorcum, 1972. [Cadernos etnológicos]

MARX, Karl. *Grundrisse*. New York: Vintage, 1973. [Marx, Karl. *Grundrisse*. São Paulo: Boitempo, 2011]

MARX, Karl. *Letters to Kugelman*. Nova York: International Publishers, 1934.

MARX, Karl. *Letters to Kugelman*. Nova York: International Publishers, 1934.

MARX, Karl. *O capital*. São Paulo: Boitempo, 2013, v. 1.

MARX, Karl. *O capital*. São Paulo: Boitempo, 2017, v. 3.

MARX, Karl. *Texts on method*. Oxford: Basil Blackwell, 1975. [Notes on Adolph Wagner 1879- 1880].

MARX, Karl. *The poverty of philosophy*. Nova York: International Publishers, 1963. [Marx, Karl. *Miséria da Filosofia*. São Paulo: Expressão Popular, 2008]

MARX, Karl. *Theories of surplus value*, parte 2. Moscou: Progress Publishers, 1968.

MARX, Karl. *Writings of the young Marx on philosophy and society*. Garden City, N.Y.: Doubleday, 1967.

MARX, Karl; ENGELS, Friedrich. "Preface to the second russian edition of *The manifesto of the communist party*". In: SHANIN, Theodor (ed.) *Late Marx and the russian road*. Nova York: Monthly Review Press, 1983.

MARX, Karl; ENGELS, Friedrich. *Collected works*. Nova York: International Publishers, 1975, v. 1.

MARX, Karl; ENGELS, Friedrich. *Collected works*. Nova York: International Publishers, 1975, v. 41.

MARX, Karl; ENGELS, Friedrich. *Collected works*. Nova York: International Publishers, 1975, v. 1.

MARX, Karl; ENGELS, Friedrich. *Collected works*. Nova York: International Publishers, 1975, v. 5. [MARX, Karl; ENGELS, Friedrich. *A ideologia alemã*. São Paulo: Expressão Popular, 2009].

MARX, Karl; ENGELS, Friedrich. *Collected works*. Nova York: International Publishers, 1975, v. 1.

MARX, Karl; ENGELS, Friedrich. *Collected works*. Nova York: International Publishers, 1975, v. 45.

MARX, Karl; ENGELS, Friedrich. *Collected works*. Nova York: International Publishers, 1975, v. 5.

MARX, Karl; ENGELS, Friedrich. *Collected works*. Nova York: International Publishers, 1975, v. 1.

MARX, Karl; ENGELS, Friedrich. *Collected works*. Nova York: International Publishers, 1975, v. 25.

MARX, Karl; ENGELS, Friedrich. *Historisch-Kritische Gesamtausgabe (MEGA)*, parte 4, v. 9, Berlim: Dietz Verlag, 1991.

MARX, Karl; ENGELS, Friedrich. *On religion*. Moscou: Foreign Languages Publishing House, n.d.

MARX, Karl; ENGELS, Friedrich. *Selected correspondence, 1846-1895*. Nova York: International Publishers, 1936.

MARX, Karl; ENGELS, Friedrich. *Selected correspondence*. Moscou: Progress Publishers, 1975.

MARX, Karl; ENGELS, Friedrich. *The communist manifesto*. Nova York: Monthly Review Press, 1998. [MARX, Karl; ENGELS, Friedrich. *Manifesto comunista*. São Paulo: Estudos Avançados, 1998]

MAYER, Julius Robert. "The motions of organisms and their relation to metabolism". In: LINDSAY, Robert Bruce (ed.) *Julius Robert Mayer: prophet of energy*. Nova York: Pergamon, 1973.

MAYO, Thomas Franklin. *Epicurus in England (1650-1725)*. Dallas: Southwest Press, 1934. MAYR, Ernst. *One long argument: Charles Darwin and the genesis of modern evolutionary thought*. Cambridge, Mass.: Harvard University Press, 1991.

MAYR, Ernst. *The growth of biological thought*. Cambridge, Mass.: Harvard University.

MAYUMI, Kozo. "Temporary emancipation from the land", *Ecological economics*, v. 4. n. 1, 1991.

MCCARTHY, George E. *Marx and the ancients*. Savage, Md: Rowman & Littlefield, 1990.

MCCONNELL, Campbell. *Economics*. Nova York: McGraw Hill, 1987.

MCLAUGHLIN, Andrew. "Ecology, capitalism, and socialism", *Socialism and Democracy*, v. 10, 1990.

MCLELLAN, David. *Karl Marx*. Nova York: Harper & Row, 1973.

MCLELLAN, David. *Marx before marxism*. Nova York: Harper & Row, 1970.

MCLEOD, Roy. "Tyndall, John". *Dictionary of scientific biography*. Nova York: Charles Scribner's Sons, 1976. v. 13.

MEHRING, Franz. *Karl Marx*. Arn Arbor: University of Michigan Press, 1962.

MELLOR, Mary. *Feminism and ecology*. Cambridge: Polity, 1997.

MELLOR, Mary. *Feminism and ecology*. Cambridge: Polity, 1997.

MELVILLE, Ronald. *On the nature of the universe*. Nova York: Oxford University Press, 1999.

MERCHANT, Carolyn, *The death of nature*. Nova York: Harper & Row, 1980.

MÉSZÁROS, István. *Beyond Capital*. Nova York: Monthly Review Press, 1995.

Monism as connecting religion and science: the confession of faith of a man of Science. [*Monismo como a conexão da religião com a ciência: confissão de fé de um homem da ciência*]

MONTAIGNE, Michel de. *Apology fo Raymond Sebond*. Harmondsworth: Penguin Books, 1993. [*Apologia a Raymond Sebond*]

MOORE, James R. "Darwin of down". In: Kohn, David (ed.) *The darwinian heritage*. Princeton, N.J.: Princeton University Press, 1985.

MORGAN, Lewis Henry. *Ancient society, or researches in the lines of human progress from savagery through barbarism to civilization*. Nova York: World Publishing Company, 1963.

MORRIS, William, "Three letters on epping forest", *Organization & Environment*, v. 11, n. I, março 1998.

MORRIS, William. "Notes on passing events", *Commonweal*, v. 2, 23 de outubro de 1886.

MORRIS, William. *News from nowhere and selected writings and designs*. Harmondsworth: Penguin Books, 1962.

MORRIS, William. *Selected writings*. Nova York: Random House, 1934.

MULLETT, Charles F. "A village Aristotle and the harmony of interests: James Anderson (1739-1808) of monks hill" *The Journal of British Studies*, v. 8, n. I, 1968.

MUMFORD, Lewis. *The brown decades*. Nova York: Dover, 1971.

MUMFORD, Lewis. *The city in history*. Nova York: Harcourt, Brace & World, 1961. Müntzer, Thomas. *Collected works*. Edinburgh: T. & T. Clark, 1988.

MURPHY, Raymond. *Sociology and nature*. Boulder, Colo.: Westview Press, 1996.

n. 2, junho 1989.

Neue Rheinische Zeitung [*Nova Gazeta Renana*]

NEWTON, Isaac. *Philosophiae naturalis principia mathematica* [*Princípios matemáticos da filosofia natural*]

Notes on North America [*Notas sobre a América do Norte*].

NOVE, Alec. "Socialism". In: EATWELL, John; MILGATE, Murray; NEWMAN, Peter (eds.) *The new palgrave dictionary of economics*, v. 4. Nova York: Stockholm Press, 1987.

O'CONNOR, James. *Natural causes*. Nova York: Guilford, 1998 [*Marx e a Natureza: uma perspectiva vermelha e verde*]

OAKLEY, Kenneth P. *Man the toolmaker*. Londres: British Museum, 1972.

OATES (ed.) *The stoic and epicurean philosophers*.

OATES, Whitney J. *The stoic and epicurean philosophers: the complete extant writings of Epicurus, Epictetus, Lucretius, Marcus Aurelius*. Nova York: Random House, 1940. [Epicuro. *Máximas principais*. Texto, tradução, introdução e notas: João Quartim de Moraes. São Paulo: edições Loyola. 2010, p. 14].

ODUM, Eugene. "The strategy of ecosystem development", *Science*, v. 164, 1969.

OLLMAN, Bertell, *Social and sexual revolution*. Boston: South End Press, 1979.

On political economy in connexion with the moral state and the moral prospects of society [*Sobre a Economia Política em conexão com o estado moral e os prospectos morais da sociedade*]

On the power, wisdom and goodness of god as manifested in the adaptation of external nature to the moral and intellectual constitution of man [*Sobre o poder, a sabedoria e a bondade de deus como se manifesta na adaptação da natureza externa para a constituição moral e intelectual do homem*]

Oracle of reason [*Oráculo da razão*]

Origine et transformations de l'homme et des autres êtres. [*Origem e transformações do homem e outros seres*]

OSBORN, Henry Fairfield. *From the greeks to Darwin*. Nova York: Charles Scribner's Sons, 1927.

REFERÊNCIAS

373

OSLER, Margaret J. e PANIZZA, Letizia A. "Introduction". *In:* OSLER, Margaret J. (ed.) *Atoms, pneuma, and tranquility: epicurean and stoic themes in european thought.* Nova York: Cambridge University Press, 1991.

OSPOVAT, Alexander. "Werner, Abraham Gottlob", *Dictionary of scientific biography,* v. 14.

OSPOVAT, Alexander. "Werner, Abraham Gottlob". *In: Dictionary of scientific biography,* v. 14. Whewell, William. *Astronomy and general physics considered with reference to natural theology.* Londres: William Pickering, 1834.

OWEN, Robert. *Selected works.* Londres: William Pickering, 1993, v. 2.

PALEY, *Principles of moral and political philosophy* [*Princípios da filosofia moral e política*]

PALEY, William. *Evidence of Christianity* [*Evidências do cristianismo*]

PALEY, William. *Natural theology.* London: R. Faulder, 1803.

PALEY. [*Princípios da filosofia moral e político*]

PANICHAS, George A. *Epicurus.* Nova York: Twayne, 1967.

PALEY. *Natural theology: Or evidences of the existence and attributes of the deity, collected from the appearances of nature* [*Teologia natural: Ou evidências da existência e atributos da deidade, coletadas a partir de aparições na natureza*]

PANNEKOEK, Anton. *Marxism and darwinism.* Chicago: Charles H. Kerr, 1912.

PAUL, Diane. "Fitness: Historical Perspectives". *In:* KELLER, Evelyn Fox e LLOYD, Elizabeth A. (eds.) *Keywords in evolutionary biology.* Cambridge, Mass.: Harvard University Press, 1992.

PERELMAN, Michael. "Henry Carey's Political-Ecological Economics", *Organization & Environment,* v.12, n. 3, setembro 1999.

Platonism: ancient and modern [*Platonismo: antigo e moderno*]

PLEKHANOV, Georgi. *Selected philosophical works.* Moscou: Progress Publishers, 1974, v. I.

PLUTARCO. *Moralia,* v. 14. Cambridge, Mass.: Harvard University Press, 1967.

PRIESTLEY, Joseph. *A free discussion of the doctrine of materialism* [*Uma discussão livre sobre a doutrina do materialismo*] Princeton, NJ.: Princeton University Press, 1985.

PROUDHON, Pierre Joseph. *System of economical contradictions.* Nova York: Arno Press, 1972. [Proudhon, Pierre Joseph. *Sistema das contradições econômicas ou Filosofia da Miséria.* São Paulo: Ícone, 2003]

PROUDHON, Pierre Joseph. *What is Property?* Cambridge: Cambridge University Press, 1994.

PULLMAN, Bernard. *The atom in the history of human thought.* Nova York: Oxford University Press, 1998.

QUAINI, Massimo. *Geography and marxism.* Totowa, N.J.: Barnes & Noble, 1982.

RAY, John. *The wisdom of god manifested in the works of creation.* Londres: Benjamin Walford, 1699. [*A sabedoria de deus manifestada nas obras da criação*]

Recreations in agriculture [*Reconstruções da agricultura*]

REDCLIFT, Michael; WOODGATE, Graham. "Sociology and the environment". *In:* REDCLIFT, Michael e BENTON, Ted (eds.) *Social theory and the global environment.* Nova York: Routledge, 1994.

REIMARUS, Hermann Samuel *Considerations on the art instincts of animals* [*Considerações sobre os instintos artísticos dos animais*]

REIMARUS, Hermann Samuel. *The principal truths of natural religion defended* [*Defesa das principais verdades da religião natural*]

REIMARUS, Hermann Samuel. *The principal truths of natural religion defended and illustrated, in nine dissertations; wherein the objections of Lucretius, Buffon, Maupertius, Rousseau, La Mettrie, and other Ancient and modern followers of Epicurus are considered, and their doctrines refuted.* London: B. Law, 1766.

RESAK, Carl. *Lewis Henry Morgan, american scholar.* Chicago: University of Chicago Press, 1960.

MARX, Karl; ENGELS, Friedrich. *Rheinische Zeitung* [Gazeta Renana]

RICARDO, David. *Principles of political economy and taxation*. Cambridge: Cambridge University Press, 1951.

RICARDO, David. *Works and correspondence*. Cambridge: Cambridge University Press, 1952, v. 7.

RICHARDS, Robert J. "Evolution". *In*: KELLER, Evelyn Fox e LLOYD, Elizabeth A. (eds.) *Keywords in evolutionary biology*. Cambridge, Mass.: Harvard University Press, 1992.

RITTER, Carl. *Comparative geography*. Nova York: Van Antwerp, Bragg & Co., 1881. Xxi.

ROE, Shirley A. "Voltaire *versus* Needham: atheism, materialism, and the generation of life". *In*: YOLTON, John W. (ed.) *Philosophy, religion and science in the seventeenth and eighteenth centuries*. Rochester, Nova York: University of Rochester Press 1990.

ROSE, Michael R. *Darwin's spectre*. Princeton, N.J.: Princeton University Press, 1998.

ROSSI, Paolo. *The dark abyss of time: the history of the earth and the history of nations from Hooke to Vico*. Chicago: University of Chicago Press. 1984.

ROSSITER, Margaret W. *The emergence of agricultural science: Justus von Liebig and the americans, 1840-1880*. New Haven, Conn.: Yale University Press, 1975.

ROYCE, Josiah. *The spirit of modern philosophy*. Boston: Houghton Mifflin, 1920, p. 186-189 [cf. tradução ao português Torres Filho, Rubens Rodrigues. *Profissão de fé epicurista*. Caderno Mais. *Folha de S.Paulo*, 18/07/1999. Disponível em: https://www1.folha.uol.com.br/fsp/mais/fs18079907. htm. Acesso: ago. 2021].

RUBEL, Maximilian e MANALE, Margaret, *Marx without myth: a chronological study of his life and work*. Oxford: Basil Blackwell, 1975.

RUDWICK, Martin J. S. (ed.) *Georges Cuvier, fossil bones and geological catastrophes: new translations and interpretations of the primary texts*. Chicago: University of Chicago Press, 1997.

RUSSELL, Bertrand. "Introduction". *In*: Lange, Frederick Albert. *The history of materialism*. Nova York: Humanities Press, 1950, p. v.

RUSSELL, Bertrand. *A history of western philosophy*. Nova York: Simon & Schuster, 1945.

SAINE, Thomas P. *The problem of being modern: or the german pursuit of enlightenment from Leibniz to the french Revolution*. Detroit: Wayne State University Press, 1997.

SARTRE, Jean-Paul. *The search for a method*. Nova York: Vintage, 1963. [SARTRE, Jean-Paul. *Crítica da razão dialética*. Rio de Janeiro: DP&A, 2002, p. 21].

SCHMIDT, Alfred. *Concept of nature in Marx* [*Conceito de natureza em Marx*] SCHMIDT, Alfred. *The concept of nature in Marx*. Londres: New Left Books, 1971.

SCHUMPETER, Joseph. *History of economic analysis*. New York: Oxford University Press, 1954.

SCHWARTZ, Pedro. *The new political economy of J. S. Mill*. Londres: London School of Economics and Political Science, 1968.

SEARS, Paul B. *Charles Darwin: the naturalist as a cultural force*. Nova York: Charles Scribner's Sons, 1950.

SECORD, James A. "Introduction". *In*: Lyell, Charles. *Principles of geology*. Harmondsworth: Penguin Books, 1997.

SEDLEY, David. *Lucretius and the transformation of greek wisdom*. Nova York: Cambridge University Press, 1998.

SENECA. *Ad Licilium epistulae morales*. Cambridge, Mass.: Harvard University Press, 1927, v. 1.

SHANIN, Teodor (ed.) *Late Marx and the russian road*. Nova York: Monthly Review Press, 1983. [Shanin, Teodor (ed.) *Marx tardio e a via russa*. São Paulo: Expressão Popular, 2017.] Sheasby, Walt. "Anti-Prometheus, post-Marx", *Organization & Environment*, v. 12, n. I, março

SHEEHAN, Helena. *Marxism and the philosophy of science*. Atlantic Highlands, N. J.: Humanities Press, 1985.

SHEEHAN, Helena. *Marxism and the philosophy of science*. Atlantic Highlands, N. J.: Humanities Press, 1985.

SHOREY, Paul. *Platonism: Ancient and Modern*. Berkeley: University of California Press, 1938.

SHUCKFORD, Samuel. *Sacred and profane history* [*História sagrada e profana*]

SIKORSKI, Wade, *Modernity and technology*. Tuscaloosa: University of Alabama Press, 1993.

SKAGGS, J. M. *The great guano rush*. Nova York: St. Martin's Press, 1994.

SMITH, Kenneth. *The malthusian controversy*. London: Routledge & Kegan Paul, 1951. GOULD, Stephen Jay "Darwin's delay". ["O atraso de Darwin"], 1977.

SMITH, Kenneth. *The malthusian controversy*. Londres: Routledge & Kegan Paul, 1951.

STANLEY, Thomas. *History of Philosophy [História da filosofia]* THOMPSON, E. P. *Customs in common*. Nova York: New Press, 1991. THOMPSON, E. P. *Making history*. Nova York: New Press, 1994.

STEPHEN, Leslie. *The English utilitarians*. Londres: Duckworth, 1900, v. 2. STILLINGFLEET, Edward. *Origines sacrae [Origens sagradas]*

STIRNER, Max. *The ego and its own*. Cambridge: Cambridge University Press, 1995.

STRIKER, Gisela. *Essays on hellenistic epistemology and ethics*. Cambridge: Cambridge University Press, 1996.

STRODACH, George (ed.) *The philosophy of Epicurus*. Evanston, Ill.: Northwestern University Press, 1936. [*A filosofia de Epicuro*]

STRUIK, Dirk J. (ed.) *The birth of the communist manifesto*. Nova York: International Publishers, 1971. Hofstadter, Richard. *Social darwinism in american thought*. Boston: Beacon Press, 1955.

SUMNER, William Graham. *Social darwinism*. Englewood Cliffs: Prentice-Hall, 1963.

SWEEZY, Paul M. "Cars and Cities", *Monthly Review*, v. 14, n. 11, abril 1973.

SWEEZY, Paul M. "Socialism and ecology", *Monthly Review*, v. 41, n. 4, setembro 1989. SWEEZY, Paul M. *The theory of capitalist development*. Nova York: Monthly Review Press, 1972. Talbert, Charles H. "Introduction" em REIMARUS, Hermann. *Fragments*. Chico, Calif.: Scholar's Press, 1970. [*Fragmentos*]

SWEEZY, Paul M.; MAGDOFF, Harry. "Capitalism and the environment". *Monthly Review*, v. 41,

TAYLOR, Charles. *Hegel and Modern Society*. Cambridge: Cambridge University Press, 1979.

TENNYSON, Alfred Lord. *The poems of Tennyson in three volumes*. Berkeley: University of California Press, 1987, v. 2.

TERRAY, Emmanuel. *Marxism and "primitive" societies*. Nova York: Monthly Review Press, 1972.

THAYER, H. S. (ed.) *Newton's philosophy of nature*. Nova York: Hafner Publishing Company, 1953.

The principal truths of natural religion defended [As principais verdades da religião natural defendidas]

THIERY, Paul Henry (Barão d'Holbach). *The system of nature*. Nova York: Garland Publishing, 1984, v. I, p. 138 [Thiery, Paul Henry (Barão d'Holbach). *Sistema da natureza: ou Das leis do mundo físico e do mundo moral*. São Paulo: Martins Fontes, 2011].

THOMPSON, E. P. *The making of the English working class*. Nova York: Vintage, 1963. THOMPSON, E. P. *William Morris*. Nova York: Pantheon, 1977.

THOMPSON, F. M. L. "The second agricultural revolution, 1815-1880", *Economic History Review*,

TIMIRYAZEFF, K. "Darwin and Marx". *In:* Ryazanoff, David. *Karl Marx: man, thinker and revolutionist*. Nova York: Internacional Publishers, 1927.

TIMPANARO, S. *On materialism*. Londres: Verso. 1975. p. 34

TODES, Daniel P. *Darwin without Malthus: the struggle for existence in russian evolutionary thought*. Nova York: Oxford University Press, 1989.

Traces on the Rhodian shore: nature and culture in western thought from ancient times to the end of the eighteenth century [Rastros na costa rodiana: natureza e cultura no pensamento ocidental desde a Antiguidade até ao final do século XVIII]

TRAUTMANN, Thomas R. e Kabelac, Karl Sanford. *The library of Lewis Henry Morgan*. Filadélfia: American Philosophical Society, 1994.

TRAUTMANN, Thomas R. *Lewis Henry Morgan and the invention of kinship*. Berkeley: University of California Press, 1987.

TYNDALL, John. *Fragments of science*. Nova York: A. L. Burt Co., n. d.

URANOVSKY, Y. M. "Marxism and natural science". *In:* Bukharin, Nikolai *et al. Marxism and modern thought.* Nova York: Harcourt, Brace, 1935.
v. 12, n. 3, setembro 1999.
VAILLANCOURT, Jean-Guy, "Marxism and ecology: more benedictine than franciscan", em Ted Benton (ed.) *The greening of marxism.* Nova York: Guilford, 1996.
VAVILOV, N. I. "The problem of the origin of the world's agriculture in the light of the latest investigations". *In:* BUKHARIN *et al., Science at the cross roads:* Papers Presented at the International Congress of the History of Science and Technology, 1931. Londres: Frank Cass, 1971.
VICO, Giambattista. *Scienza nuova [Ciência Nova]*
VODEN, Alexei Mikhailovich. "Talks with Engels". *In:* Institute of Marxism-Leninism, *Reminiscences from Marx and Engels.* Moscou: Foreign Languages Publishing House, n.d.
WAITZKIN, Howard. *The second sickness.* Nova York: Free Press, 1983.
WALLACE, Alfred Russell. "The origin of human races and the antiquity of man deduced from the theory of 'natural selection'". *Journal of the Anthropological Society of London,* v. 2, 1864, clxii-clxiii.
WALLACE, Robert. *Various prospects of mankind, nature and providence.* Londres: A. Millar, 1761. [*Vários prospectos da humanidade, natureza e providência*]
WARING JR., George E. "The agricultural features of the census of the United States for 1850", *Bulletin of the American Geographical and Statistical Association,* v. 2, 1857, p. 189-202 (reimpresso em *Organization & Environment,* v. 12, n. 3, setembro 1999, p. 298-307).
WARTOFSKY, Mark W. *Feuerbach.* Nova York: Cambridge University Press, 1977. Washburn, Sherwood e Moore, Ruth. *Ape into Man.* Boston: Little, Brown, 1974.
WARTOFSKY, Mark. *Feuerbach.* NovaYork: Cambridge University Press, 1977.
WASHBURN, Sherwood L. "Tools and human evolution". *Scientific American,* v. 203. n. 3, setembro 1960.
WEBSTER, Charles. *The great instauration.* Londres: Duckworth. 1975.
WEINER, Douglas. "The changing face of soviet conservation". *In:* Worster, Donald (ed.) *The ends of the earth.* Nova York: Cambridge University Press, 1998.
WERNER, Abraham Gottlob. *Short classification and description of the various rocks.* Nova York: Hafner Publishing Co., 1971.
WHITE, James D. *Karl Marx and the intellectual origins of dialectical materialism.* Nova York: St. Martin's Press, 1996.
WHITE. *Karl Marx and the intellectual origins of dialectical materialism.* [Karl Marx e as origens intelectuais do materialismo dialético.]
WILLIAMS, Raymond. *Problems in materialism and culture.* Londres: Verso, 1980.
WILLIAMS, Raymond. *Resources of hope.* Nova York: Verso, 1989.
WOLF, Abraham. *A history of science, technology and philosophy in the 18th century,* 2ª ed. rev. Nova York: Harper & Brothers, 1952.
WOOD, Ellen Meiksins. *The origin of capitalism.* Nova York: Monthly Review Press, 1999.
WOODWARD, John. *Essay towards a natural history of the Earth* [*Ensaio para uma história natural da Terra*]
YOLTON, John W. *Thinking matter: materialism in eighteenth-century Britain.* Minneapolis: University of Minnesota Press, 1983.
YOUNG, Robert. "The historiographic and ideological contexts of the nineteenth-century debate on man's place in nature", em TEICH, Mikulas e YOUNG, Robert (eds.), *Changing perspectives in the history of science: essays in honour of Joseph Needham.* Londres: Heinemann, 1973.
ZITTEL, Karl Alfred von. *History of geology and paleontology.* Nova York: Charles Scribner's Sons, 1901.

ÍNDICE ONOMÁSTICO

Allsop, Liz 25, 217
Anaxagoras 69
Anderson, James 144-145, 208, 211-216
Annenkov, P.V. 194
Aristóteles 23, 60, 62, 69, 72-73, 75, 79-80, 84, 87, 98, 105, 129, 179, 296, 301
Armstrong, A.H. 90
Aveling, Edward 295, 318
Avery, John 147-148

Bacon, Francis 13-14, 19, 31-32, 34, 43, 56, 61, 71-73, 84, 87- 88, 97, 100-104, 110, 130, 179, 200, 204, 248, 296-297, 351
Bailey, Cyril 62, 64-66, 88-89, 106
Baran, Paul 12
Bauer, Bruno 85, 99, 107, 173
Bebel, August 322, 334-335
Becquerel, Antoine Henri 276
Beesly, E.S. 317
Bentley, Richard 78-79
Benton, Ted 329, 332
Bernal, J. D. 350-351
Bhaskar, Roy 13, 18, 24-26, 42, 199
Blanqui, Auguste 200
Block, Albrecht 225
Boucher de Perthes, Jacques 315
Boyle, Robert 49, 71, 76-78, 80, 129-131
Braverman, Harry 12
Browne, William 55
Bruno, Giordano 53, 297
Büchner, Ludwig 294, 318
Buckland, William 302

Buel, Jesse 223
Buffon, Conde 52, 82
Bukharin, Nikolai 227, 311, 319-322, 334, 337-340, 342-343, 350
Burkett, Paul 15, 199, 207-208, 243, 344, 355
Burnett, Thomas 78
Burrow, J.W. 263, 270-271
Buttel, Fred 15, 39, 218

Cannan, Edwin 141, 143, 150, 213
Carey, Henry 223-226, 251
Carnegie, Andrew 270
Carson, Rachel 35, 37, 181, 344
Caudwell, Christopher 31-33, 35, 323, 326, 342, 345-349, 352
Chadwick, Edwin 226
Chalmers, Reverend Thomas 128-129, 155-157
Chambers, Robert 262
Charleton, Walter 74-75, 78
Chilton, William 258
Cícero 65, 91, 94, 105, 130, 194
Clark, John 199
Clemente de Alexandria 65, 96, 105
Cobbett, William 153-154, 159, 259
Cohen, Stephen 320-321
Collins, Hippolyte 254
Colp, Ralph 285
Commoner, Barry 35
Condillac, E. B. De 346
Condorcet, Marquês de 135, 139-141, 143, 147-148, 150
Conrad, Joseph 270, 289
Cook, Alan 79
Copérnico 53-54, 261
Cornu, Auguste 120-121
Cuvier, Georges 48, 177, 302
Dahlstrom, Daniel 84
Dante Alighieri 81
Darwin, Charles 14, 17, 18, 33-35, 37, 42-47, 49, 53-59, 70, 104, 106, 127-130, 132-133, 155, 157, 174, 180, 214, 242, 257-261, 263-279, 281-289, 292-298, 301-302, 307-309, 311-312, 314, 317-318, 323-324, 327-331, 333, 346-348, 352-355, 358
Darwin, Erasmus (irmão de Charles) 260
Darwin, Erasmus (avô de Charles) 50
Daumer, George Friedrich 186-187
Davy, Humphry 162
Demócrito 51
Descartes, René 71, 74, 101, 110, 112, 131, 297, 299
Desmond, Adrian 258-259, 263
Diderot, Denis 20, 51, 82, 346
Diogenes de Enuanda 63
Diógenes de Laerte/Laércio 66, 300-301, 356-357
Donkin, H.B. 317
Du Bois-Reymond, Emil 329

ÍNDICE ONOMÁSTICO

Dühring, Eugen 292-293
Durant, John 59
Durkheim, Emile 40

Egerton, Francis Henry, oitavo conde de Bridgewater 129, 155
Elizabeth, rainha 163, 249
Empédocles 69-70, 94, 259, 296, 329
Engels, Friedrich 7-8, 12, 19-21, 26, 28, 42, 61, 96, 101-103, 105, 106, 110, 158, 160-168, 171-175, 180, 183-187, 189, 197-198, 200-207, 213, 218, 226-227, 234, 236-238, 241-243, 253-255, 280-286, 289-296, 299-301, 310, 314, 316, 318-319, 322-334, 337, 340, 342, 346, 351-353
Epicuro 14, 18-24, 33-36, 51-52, 54, 60-61, 125, 130, 169, 177, 180, 194-195, 200, 244-245, 255, 259, 278, 282, 296-297, 299-301, 308-309, 312, 318, 324-325, 327, 329, 341, 351, 356-358
Ésquilo 41, 82, 97, 118, 200
Evelyn, John 33, 75-76

Farrington, Benjamin 63-66, 69, 89-90, 98-99, 200
Ferkiss, Victor 198
Fersman, E.A. 341
Feuerbach, Ludwing 13, 19, 23-24, 37, 43, 90, 101, 104, 106, 109-114, 119, 121-125, 160, 166-171, 173-174, 323-324, 351
Filodemo 63, 94, 356, 358
Fischer-Kowalski, Marina 236-237
Fitton, W.H. 119, 177
Fitzroy, Robert 190, 272
Fourier, F.-M.-C.187-188, 203, 206
Frederico, o Grande 86

Gall, Franz Joseph 55-56
Gassendi, Pierre, 41-42, 44, 46, 61, 64, 66, 73-74, 76, 78-79, 91, 101, 104, 297
Gay, Peter 79, 81, 86
Geikie, James 303
Gerratana, Valentino 180
Giddens, Anthony 198, 200
Gilbert, Lady 15, 217
Godwin, William 63, 135-136, 138-144, 147, 150
Goethe, J.W. von 279
Gorbachev, Mikhail 320-321
Gould, Stephen Jay 13, 27, 46-47, 78, 133, 257, 266-267, 280, 285, 290, 317-318, 352-354
Gramsci, Antonio 12, 326, 342-343
Grant, Robert 260
Greene, John 132
Grün, Karl 184,
Grundmann, Reiner 198
Guthrie, W.K.C. 70
Guyot, A. 183

Haber, Fritz 222
Haeckel, Ernst 279, 280, 289, 314
Haila, Yrjö 353, 356
Haldane, J.B.S. 181-182, 315-316, 350-351

Hall, Thomas 70-71, 79, 234
Halley, Edmund 79
Hariot, Thomas 71-72
Hartley, David 50, 103
Hartlib, Samuel 76
Hayward, Tim 232
Hegel, G.W.F. 12-14, 19-26, 36, 43, 59-61, 64, 85-87, 90, 93-94, 98-101, 104-106, 110-114, 116, 119-123, 167, 176-179, 182, 185, 299-301, 324, 326-329, 341, 356-358
Heine, Heinrich 20, 86
Helmholtz, Hermann von 236
Helvétius, C.-A. 82, 103
Henslow, J.S. 261
Heródoto 89, 64
Herzen, Alexander 101
Hess, Moses 198
Hessen, Boris 103, 350
Heyer, Paul 282
Hill, James J. 270
Hobbes, Thomas 19, 23, 43, 49, 71, 74, 76, 80, 101, 103, 110, 185, 283, 295, 297
Holbach, Baron de 20, 49, 50-51, 82, 95, 97, 100-101, 103, 346
Holyoake, George 259
Hook, Sidney 92
Hooker, Joseph 261, 263, 272, 314,
Horácio 308-309
Hughes, J. Donald 68
Hume, David 19-20, 81, 100-101, 136, 299
Hunn, Eugene 313
Hunt, Charles 12
Hutton, James 178
Huxley, Thomas 235, 262-263, 271-275, 277-279, 283-284, 296, 298, 299, 303, 311, 314, 348

James, Patrícia 150
Jenkin, Fleeming 276-277
Jermier, John 15
Johnston, James F.W. 219, 223, 227

Kant, Immanuel 14, 19-22, 60, 66, 82-84, 91, 100, 104, 177, 282, 297-299, 301, 324, 327-328, 357
Kargon, Robert 79
Kautsky, Karl 322, 334, 336
Kekulé, F.A. 300
Kepler, Johannes 72
Köppen, Karl Friedrich 85-87
Korsch, Karl 12, 326
Kropotkin, Prince Petr Alekseevich 294
Kuhn, Thomas 54

Lamarck, Jean Baptiste 180, 260, 275, 277, 293, 293
Lange, Frederick Albert 283, 296
Lankester, E. Ray 314-318
Lanyon, Less 354

ÍNDICE ONOMÁSTICO

Laplace, P.-S. 298
Lassalle, Ferdinand 23, 30, 94, 100, 245, 282
Laudan, Rachel 176
Lavrov, Pyotr Lavrovich 294
Lawes, J.B. 218, 220-221
Lawrence, William 54-55
Leclerc, Georges Louis *ver* Buflon, Comte 52
Lenin, Vladimir Ilych 319, 322-323, 326, 334, 337, 339, 341-342
Lessner, Friedrich 283
Leucipo 63, 82, 98, 300
Levins, Richard 13, 38, 352-356
Lewontin, Richard 13, 27, 38, 181, 352-355
Liebig, Justus von 14-15, 18, 34, 37, 44, 145, 162, 208, 216-229, 233-239, 243, 245, 254, 294-295,
    333, 335, 340, 344, 354, 358,
Liebknecht, Sonia 337
Liebknecht, Wilhelm 282-283
Linnaeus, Carolus 48
Locke, John 50, 74, 84, 101, 103, 114, 188
Long, A.A com D.N. Sedley 67-68, 358
Lōwy, Michael 199
Lubbock, John 70, 303, 305, 307, 310, 311, 317
Lucrécio 23, 33, 35-36, 54, 62-64, 66, 68-73, 75-76, 79-82, 87, 91, 95-102, 105, 130, 170, 179-180,
    197, 244, 259-260, 278-279, 297-298, 300, 305-306, 308-309, 312, 318, 325, 350, 356
Lukács, Gyorgy 12, 26, 326, 342-344
Luxemburgo, Rosa 332, 334, 337
Lyell, Charles 48, 157, 178, 227, 261, 263, 273, 275-276, 278, 284, 287-288, 302-303, 309, 311, 314
Lysenko, Trofim Denisovich 342

Mackintosh, Fanny 269
Mackintosh, Sir James 269
Magdoff, Fred 12, 15, 354,
Mage, John 13, 15
Maine, Henry Sumner 310-311, 317
Malthus, David 136
Malthus, Thomas Robert 45, 56, 117, 128-129, 133, 136-137, 140-155, 157, 159-164, 166, 203,
    208-212, 215-216, 218-219, 225, 243, 252, 259, 265-270, 283, 293, 318
Manale, Margaret 61
Margulis, Lynn 339
Marsh, George Perkins 183
Marshall, Alfred 244
Martineau, Harriet 269
Martinez-Alier, Juan 242
Marx, Eleanor 295, 334
Marx, Jenny *nascida como* von Westphalen 283, 317
Matthai, Rudolph 184-185
Maupertuis, P.-L. M. 88, 180
Mayer, Julius Robert 233-234, 237
Mayer, Thomas 297
Mayr, Ernst 260-261, 267-268, 273
McConnell, Campbell 244

McLaughlin, Andrew 246
Mellor, Mary 355
Mettrie, Julian Oflray de la 20, 51, 82, 88
Mill, John Stuart 154, 273
Moleschott, Jacob 235-236, 294
Montaigne, Michel de 68, 114
Moore, Ruth 263, 291, 292
More, Thomas 249
Morgan, Lewis Henry 301, 304-312, 317
Morris, William 254-255, 315, 322, 333-334
Mumford, Lewis 183
Müntzer, Thomas 118, 187

Needham, Joseph 350-351
Newton, Isaac 49, 52, 71, 76, 78-80, 82-83, 129-131
Nove, Alec 29, 246

Odum, Eugene 235
Ollman, Bertell 254
Oparin, Alexander 181-182, 316, 351
Ortes, Giammaria 159
Osler, Margaret 80
Owen, Richard 259, 279
Owen, Robert 162-163, 188, 203

Paley, William 53, 77, 88, 127-128, 130, 132-137, 145, 155-157, 259-260, 265, 274
Panichas, George 36, 66
Panizza, Letizia 46, 80
Pasteur, Louis 298
Paulo, santo 96
Petty, Sir William 47, 245
Phear, John Budd 310
Place, Francis 154
Platão 21-22, 56, 62, 66, 73, 75, 84, 87, 89, 98, 104-105, 273, 296, 324, 341, 357
Plekhanov, Georgy Valentinovich 325-326
Plutarco 59, 94-97, 102
Podolinsky, Sergei 242-243
Priestley, Joseph 50, 103
Prometeu 73, 82, 87, 97, 118, 190-194, 197, 200
Proudhon, Pierre Joseph 30, 41, 44, 160, 187-201, 204

Quaini, Massimo 28

Ray, Reverendo John 130
Redclift, Michael 29
Reimarus, Hermann Samuel 88
Resak, Cari 309
Ricardo, David 192, 196-197, 208, 210-212, 216, 218, 225, 358
Ritter, Karl 182-183
Rockefeller, John D. 270

ÍNDICE ONOMÁSTICO

Rose, Michael 71
Rousseau, Jean-Jacques 88, 136
Rubel, Maximilian 61
Ruge, Arnold 114
Ruskin, John 263
Russell, Bertrand 18-19

Salleh, Ariel 355
Sartre, Jean-Paul 29, 200
Schelling, Friedrich 84-85, 96-97, 99, 175
Schlegel, Friedrich 86
Schmidt, Alfred 235-236, 344
Schönbein, C.F. 227
Schumpeter, Joseph 145, 154
Schwann, Theodor 234, 237
Sears, Paul 260
Sedgwick, Adam 263
Sedley, David 357, 358
Sêneca 93, 100
Shanin, Teodor 311
Shapiro, Ira 11
Shelley, Percy Bysshe 41
Shorey, Paul 278
Shuckford, Samuel 80
Sikorski, Wade 199
Smith, Adam 117, 133, 156, 250
Stalin, Josef 319, 320-322
Stanley, Thomas 75
Steffens, Heinrich 175, 179
Steininger, Johann 175-176, 179
Stillingfleet, Edward 80
Stirner, Max 167, 170, 171
Strauss, David 110
Sumner, William Graham 270
Sutherland, Duquesa de 249
Sweezy, Paul 12, 16, 350
Tennyson. Alffed Lord 278-279
Thierry, Paul Henri *ver* Holbach, Barão de
Thompson, E.P. 12, 27, 218, 326, 345, 349
Thomson, William, Lord Kelvin 276-278, 298, 316
Trautmann, Thomas R 302, 307
Trémaux, Pierre 284-285
Tyndall, John 296-299, 314

Uranovsky, Y.M 340, 342
Ure, Andrew 166
Urquhart, David 202

Vavilov, N.I. 339-340, 342, 350
Vernadsky, V.I. 182, 320-321, 339, 341

Vico, Giambattista 80-81, 286, 351
Voden, A.M. 104-106, 325
Voltaire 81-82, 86

Wakefield, Edward 253
Wallace, Alfred Russell 257-258, 263, 288-289, 316
Wallace, Robert 138
Waller, Edmund 76
Waring, George 223
Washburn, Sherwood L. 291-292
Weber, Max 40, 343
Wedgwood, Hensleigh 269
Wedgwood, Josiah 258, 260
Wellington, duque de 259
Wells, H.G. 315
Werner, Abraham Gottlob 175-179
White, James 61
Wilberforce, Sam 263, 272
Williams, Raymond 12, 27-28, 349
Wittgenstein, Ludwig 321
Woodgate, Graham 29
Woodward, John 80

Young, Robert 155